KRONIEK VAN DIE
WAARHEIDSKOMMISSIE

Voorwoord deur
Aartsbiskop Desmond Tutu

KRONIEK VAN DE WAARHEID EN
VERSOENINGSKOMMISSIE

*Op reis deur die verlede en die hede
na die toekoms van Suid-Afrika*

PIET MEIRING

WIPF & STOCK · Eugene, Oregon

Wipf and Stock Publishers
199 W 8th Ave, Suite 3
Eugene, OR 97401

Kroniek van de Waarheidskommissie
Op reis deur die verlede en die hede na die toekoms van Suid-Afrika
By Meiring, Pieter and Tutu, Desmond
Copyright©1999 by Meiring, Pieter
ISBN 13: 978-1-62564-715-3
Publication date 8/15/2015
Previously published by Carpe Diem Press, 1999

INHOUD

VOORWOORD BY DIE HERDRUK VAN KRONIEK VAN DIE SUID-AFRIKAANSE WAARHEIDSEN VERSOENINGSKOMMISSIE

TOE DIE SUID-AFRIKAANSE WAARHEIDS- en Versoeningskommissie (WVK) sy werk afgehandel het, was daar groot belangstelling in die binneland sowel as in die buiteland in die werk van die kommissie. Wat was toe die bevindinge van die WVK? Was die proses vir die slagoffers sowel as vir die oortreders die moeite werd? Die heel belangriste vraag was: het Suid-Afrika op die pad van versoening gevorder?

Kort nadat die WVK sy deure gesluit het, het daar 'n paar belangrike boeke verskyn waarin persone wat nou by die werk van die kommissie betrokke was, hul ervarings gedeel het. Heel eerste was *Country of My Skull* (1998) van Anjie Krog, wat as televisie-joernalis die hele proses meegemaak het. 'n Jaar later het die voorsitter van die WVK, Aartsbiskop Desmond Tutu, sy boek *No Future Without Forgiveness* (1999) waarin hy op die werk van die kommissie terugkyk, gepubliseer. Nog 'n jaar later het *A Country Unmasked. Inside the South African Truth and Reconciliation Commission* (2000) van die hand van die ondervoorsitter van die kommissie Alex Boraine, verskyn. Elkeen van die drie het 'n besondere bydrae gelewer. Antjie Krog, vermaarde skrywer en digter, het die impak wat die proses en die onthullings van die WVK op die land én op haar persoonlike lewe gemaak het beskryf, soos sy alleen dit kon doen. Desmond Tutu het die verhaal van die kommissie met erns en met humor vertel, met die diepe oortuiging dat alhoewel versoening na enige konflik nooit maklik is nie, dit die enigste weg is wat vir ons oop is. Alex Boraine, weer, het 'n omvattende, goed gedokumenteerde, oorsig van die hele proses gelewer, wat vir navorsers nog vér in die toekoms van groot waarde sal wees.

In my *Kroniek van die Waarheids- en Versoeningskommissie* wat wat saam met Tutu se boek in 1999 verskyn het, het ek besluit om 'n ander weg te volg. Ek het probeer om met behulp van my dagboek én stapels dokumente en koerantknipsels, noukeurig rekord te hou van alles wat elke dag in en om die WVK gebeur het, om daaruit 'n kroniek saam te stel. Ek nooi die leser om as't ware saam met my kantoor toe te kom, om deur die verslae en dokumente te blaai, om saam met die WVK op reis te gaan om slagoffers en oortreders te ontmoet, om saam by die talle verhore in die bank te skuif, om na die verhale van pyn en hartseer, asook dié van heling en versoening te luister.

In die kroniekinskrywings ontmoet die leser die *dramatis personae*: Tutu en sy kollegas, slagoffers en martelare van die stryd teen apartheid, berugte oortreders met skokkende onthullings, politici van beide kante van die spektrum, mans en vroue, kinders, al die *mense* wat op een of ander wyse deur die pynlike geskiedenis van Suid-Afrika geraak is. Maar dit gaan ook om instellings en strukture en politieke partye wat deel van die verhaal uitmaak. Heelwat aandag word aan die rol van die verskillende geloofsgemeenskappe in die land gegee, veral van die Christelike kerke in Suid-Afrika wat graag as 'n "Christelike land" bekend wou staan. Vir die Nederduitse Gereformeerde Kerk, die grootse Afrikaanse kerk in die land, wat vir baie jare nie net kritiekloos die praktyk van apartheid aanvaar het nie maar wat 'n teologiese argument daarvoor ontwikkel en verdedig het, was die WVK-proses traumaties. Maande lank was daar 'n hewige diskussie onder kerkleiers of hulle hoegenaamd met die WVK moes saamwerk. Vandaar die gereëlde inskrywings in die kroniek oor die kerk se worsteling met sy eie verlede en hede.

Het Suid-Afrika toe op die pad van versoening en genesing gevorder? Was die WVK-proses die moeite werd? Ek hoop dat die lesers terwyl hulle deur die kroniek blaai, antwoorde op die vrae sal vind.

Piet Meiring
Pretoria, September 2013

VOORWOORD

Toe die Waarheid-en-versoeningskommissie deur president Nelson Mandela aangestel is, was dit ons taak om nog 'n aantal persone as lede van die Menseregteskendingskomitee en Reparasie-en-rehabilitasiekomitee te nomineer en aan te stel. Dit was vir ons van groot belang dat die persone wat genomineer word, alle segmente van die samelewing, met inagneming van geslag en ras, sowel as geografiese, politieke, kulturele, taal- en ander faktore, moes verteenwoordig. Dit was vir ons veral belangrik om iemand uit die Afrikaanse gemeenskap te vind wat die insette wat die twee Afrikaanse kommissarisse, Wynand Malan en Chris de Jager, sou maak, kon versterk. (Chris de Jager het later as kommissaris bedank, maar tog as lid van die Amnestiekomitee voortgegaan met sy werk.)

Ek het professor Piet Meiring voorgestel omdat ek geglo het dat hy 'n posisie van besondere geloofwaardigheid en invloed binne 'n belangrike deel van ons Suid-Afrikaanse gemeenskap beklee het. Hy sou op 'n betekenisvolle wyse die denke, perspektiewe en ook bekommernisse van die Afrikaanse gemeenskap kon verwoord. Hy was trouens 'n hoogaangeskrewe Ned. Geref. Kerk-teoloog – professor aan 'n universiteit wat tot enkele jare gelede slegs Afrikaans was, en 'n persoon wat 'n leiersposisie in die kerk ingeneem het. Toe ons hom genader het, was hy moderator van een van die streeksinodes van die kerk.

Daar was mense wat ons van 'n heksejagtery op die vorige regering én op Afrikaners beskuldig het, wat gesê het dat die WVK eensydig en bevooroordeeld ten gunste van die ANC was. As dit waar was, sou ons beslis nie soveel moeite gedoen het om iemand aan te stel wat die werklike standpunte van sy gemeenskap kon verteenwoordig nie. Om iemand bloot as 'n gebaar aan te stel, sou nie sin gemaak het nie. Die mense sou in elk geval gou deur so 'n slenter gesien het. Ek het professor Meiring as 'n man van groot integriteit leer ken, iemand wat 'n wye ekumeniese belangstelling gekoester het. Ons was bly toe hy ons uitnodiging aanvaar het. Ons is op 'n heel besondere manier verryk deur sy innige spiritualiteit, sy warm menslikheid en sy mededoë, sowel as deur sy ywer vir geregtigheid, vryheid en versoening, wat deur sy skerp teologiese insig gedra is.

Professor Meiring het hom uitstekend gekwyt van sy taak om oor die WVK te praat en dit by die Afrikanergemeenskap aan te beveel. Sy gereelde rubriek in Beeld, die belangrikste Afrikaanse koerant in Gauteng, het hy in dié verband goed gebruik. Sy bydrae tot die werk van die WVK was uitstaande. Hy het méér as aan ons verwagtings voldoen.

Dit, dan, is die persoon wat hierdie besinning oor die werk van die Waarheid-en-versoeningskommissie geskryf het. Dit is nie verbasend dat hy as motief die *trek* gekies het nie — 'n motief wat veral by Afrikaners aanklank sal vind. Soos 'n ligstraal wat deur 'n prisma skyn — die prisma van die trek — word die werk van die WVK in talle kleure opgebreek. En die kommentator is 'n Afrikaner. Dis belangrik om daarop te let dat hierdie reeds die tweede boek is wat oor die werk van die WVK gepubliseer word. Sou dit toevallig wees dat al twee boeke deur Afrikaners geskryf is?

Dit is my vurige hoop dat my Afrikaanse mede-Suid-Afrikaners deur Piet Meiring beweeg sal word om die WVK as die heel besondere instrument te aanvaar waardeur ons as Suid-Afrikaners sover sal kom om ons gruwelike verlede so eerlik as moontlik in die oë te kyk, om ons skuld te erken, om te vergewe en om vergifnis te ontvang. Mag dit ons help om op die merkwaardige groothartigheid van die slagoffers — swart sowel as wit — te reageer, sodat ons versoening kan ervaar én genesing kan ontvang. Die wêreld kyk met verbasing na ons, terwyl ons daarna strewe om al meer en meer die reënboognasie van God te word, terwyl ons ons in ons Godgegewe verskeidenheid van taal, kultuur, etnisiteit en godsdiens verlustig. En die wêreld wonder: "As hierdie dinge in post-apartheid Suid-Afrika kan gebeur, sou dit dan nie ook in Rwanda, Noord-Ierland, Bosnië, Sri Lanka én in ander lande kan gebeur nie?"

En ons *sal* in ons moedige proefneming slaag — ter wille van God en ⁺er wille van God se wêreld. En Piet Meiring se bydrae tot dié sukses sal gróót wees.

— Aartsbiskop Desmond Tutu —
(Voorsitter van die Waarheid-en-versoeningskommissie)

DIE GROOT TREK NA DIE VERLEDE

16 JANUARIE 1996: DIE TELEFOON LUI

"Hallo Piet, dis Desmond wat praat. Sit jy ...?"

Ek was die Dinsdagmiddag rustig in my kantoor aan die werk toe die telefoon lui. Oor 'n week of wat sou die akademiese jaar van die Universiteit van Pretoria in alle erns begin, sou die teologiese studente hul opwagting begin maak. Dit was my verantwoordelikheid om toe te sien dat al die nodige reëlings in die departement Sending- en Godsdienswetenskap getref is. Ek was toegegooi onder kursusmateriaal, notules en korrespondensie wat die middag nog afgehandel moes word, en die Waarheid-en-versoeningskommissie was die heel laaste ding in my gedagte. In die pers en oor die eter is daar weliswaar heelwat oor die aanstelling van die WVK gerapporteer, en oor die geweldige taak wat daar op die kommissarisse gewag het. Maar ek was nie daarby betrokke nie – en heimlik dankbaar dat dit die geval was. Soos talle Suid-Afrikaners het ek, wanneer ons wel oor die werk van die Waarheidskommissie gepraat het, my hart vasgehou. Waarheen sou die proses lei? Watter skokkende waarhede gaan opgediep word? Sal ons land en sy mense die werk van die WVK oorleef?

"... Die WVK het, soos jy seker weet, die reg verkry om benewens die sewentien kommissarisse wat aangestel is, nog 'n aantal komiteelede te benoem," het aartsbiskop Desmond Tutu voortgegaan. "Die idee is om die WVK so verteenwoordigend moontlik van die Suid-Afrikaanse samelewing te maak. Dit bekommer ons dat daar nie 'n enkele verteenwoordiger van die Afrikaanse kerke op die WVK is nie. Dis hoekom ek jou bel. Jou naam is onder al die belanghebbendes gesirkuleer en aanvaarbaar gevind."

Terwyl my hart in my keel klop, het ek verder geluister. Met sy kenmerkende laggie het die Aartsbiskop voortgegaan.

"Piet, jy weet natuurlik dat ek die Aartsbiskop van Kaapstad is en dat ek namens die Here God mag praat. Wel, die Here sê jy moet kom ... maar jy het drie dae om oor die saak te besluit!"

Op dié manier het ek vertrek op 'n reis wat my lewe eens en vir altyd sou verander. Soos ook die Suid-Afrikaanse volk op 'n reis vertrek het, 'n epiese trek, terug na die verlede, en verder na die toekoms, 'n groot trek wat nie een van die inwoners van die land onaangeraak sou laat nie. Vir die volgende twee en 'n half jaar sou die Waarheidskommissie op almal se lippe wees, sou die koerante en die radio daagliks oor die werk van die kommissie verslag doen, sou die gesigte van honderde slagoffers en oortreders saans op miljoene televisieskerms verskyn.

◆ ◆ ◆

Oor die totstandkoming van die Waarheid-en-versoeningskommissie is lank en hewig gedebatteer. Die veelpartykonferensie wat in die eerste maande van 1994 die oorgang van die ou Suid-Afrika na die nuwe moes begelei, het dae en nagte lank met die probleem geworstel: Wat maak ons met die onbetaalde rekening van die verlede, met die duisende slagoffers wat dekades lank swaar gely het en met die onbekende aantal oortreders wat hulle die afgelope jare aan growwe menseregteskendings skuldig gemaak het? Hoe op aarde gaan ons 'n getroue beeld kry van alles wat die afgelope dertig jaar, die sogenaamde apartheidsjare, in ons land afgespeel het? Hoe moet daar te werk gegaan word om die eerste boustene van versoening te lê?

Verskillende moontlikhede is oorweeg.

Aan die een kant van die skaal was daar die opsie van 'n Neurenbergse verhoor. Soos die Geallieerdes ná die Tweede Wêreldoorlog die Duitse oorlogsmisdadigers voor die hof gedaag en veroordeel het – sommige tot die dood, ander tot lewenslange gevangenisstraf – sou die ergste oortreders in ons land – politici, weermagsmense en polisielede wat hulle aan growwe mensregteskendings skuldig gemaak het – voor die gereg gedaag kon word. Die doodstraf bestaan nie meer in Suid-Afrika nie, maar lewenslange vonnisse sou opgelê kon word. Baie gou is egter van dié moontlikheid afgesien. Die omstandighede destyds in Duitsland en vandag in Suid-Afrika is nie vergelykbaar nie, het geskiedkundiges verduidelik. Neurenberg-tipe verhore veronderstel dat een groep as die onbetwyfelbare oorwinnaars uit die stryd moes tree, terwyl die ander die besliste verloorders was. En dit was nie die geval in Suid-Afrika nie waar al die verskillende partye na jare van stryd sáám ooreengekom het om die wapens neer te lê, om sáám na 'n politieke oplossing te soek. Neurenbergse verhore sou ook nie prakties uitvoerbaar wees nie. Die koste van hofgedinge wat oor baie jare strek, sou astronomies wees. Bowenal sou dié tipe verhore nie tot versoening in die land lei nie. Inteendeel, nuwe martelare sou geskep word, nuwe wonde geslaan word wat baie jare sou neem om te genees.

Heeltemal aan die ander kant van die skaal was daar die moontlikheid om 'n algemene amnestie af te kondig, om, soos in die geval van die buurlande Zambië, Zimbabwe en Namibië tydens hul onafhanklikwording, die boeke toe te maak, om te probeer vergewe en vergeet. Maar, het kenners gewaarsku, dis óók nie die ideale oplossing nie. Vir die groot aantal slagoffers en hulle families sou dit 'n klap in die gesig beteken, asof hul pyn en lyding in die verlede nie so erg was nie, asof dit maklik eenkant toe geskuif kan word. Bygesê, dit sou ook nie werk nie: 'n Mens kan nie die spoke van die verlede in 'n kas toemaak en maak asof hulle nie bestaan nie. Onafgehandelde sake, ou onregte en verwyte het 'n manier om terug te kom, om met die loop van jare groter en groter te word. In ons buurlande is dit wat op die oomblik aan die gebeur is, tydens die debatte geargumenteer. 'n Maklike algemene amnestie was nie die antwoord nie. Dis veel beter om die verlede vierkant in die oë te kyk, om die waarheid op die tafel te kry, al is dit hoe swaar.

"Natuurlik moet ons die boeke toemaak," het aartsbiskop Tutu oor die televisie verklaar. "Maar die boeke moet eers behoorlik óópgemaak word voordat ons hulle finaal kan toemaak."

Die oplossing moes êrens in die middel, tussen die Neurenbergse model en die algemene amnestiemodel, gevind word. 'n Proses moes ontwikkel word waartydens daar aan die behoeftes van die slagoffers sowel as aan dié van die oortreders aandag gegee kan word. Op die vooraand van die verkiesing op 14 April 1994, laat in die namiddag, is die sogenaamde *sunset clause* deur die verskillende partye van die veelpartykonferensie aanvaar: 'n Waarheid-en-versoeningskommissie sou in die lewe geroep word, met drie komitees wat elk 'n eie agenda sou hê: 'n Komitee vir Growwe Menseregteskendings, wat aan die duisende slagoffers in die land die geleentheid sou bied om hulle verhale te vertel, om 'n tot nog toe ongeskrewe hoofstuk van ons geskiedenis te skryf. Op dieselfde manier sou die Amnestiekomitee dit vir die baie oortreders – aan albei kante van die spektrum, blank sowel as swart – moontlik moes maak om die WVK te nader, ook met hulle verhale en getuienisse, om uiteindelik om amnestie aansoek te doen.

Derdens moes voorsiening gemaak word vir 'n Reparasie-en-rehabilitasiekomitee, wat veral aandag sou gee aan die behoeftes en omstandighede van die slagoffers, om voorstelle vir vergoeding en herstel voor te berei.

Die instelling van 'n Suid-Afrikaanse Waarheid-en-versoenings–kommissie was nie heeltemal uniek nie. Van 1974 tot 1994 was daar negentien soortgelyke kommissies in altesaam sestien lande aan die werk, in Latyns-Amerika in lande soos Chili, Argentinië, Brasilië, Bolivië en El Salvador; in Afrika in Uganda, Tsjaad, Etiopië, Rwanda; asook in Europa met die eenwording van Oos- en Wes-Duitsland. Sommige van die kommissies is deur internasionale organisasies soos die Verenigde Nasies byeengeroep; ander weer deur plaaslike regeringsliggame of soms deur nie-regeringsorganisasies (NGO's). Van die kommissies het goeie werk gedoen en met uitgebreide verslae gekom, soos dié van die Chileense kommissie. Ander kon nooit behoorlik aan die gang kom nie.

Wat die werk van die Suid-Afrikaanse WVK wel anders as die ander kommissies gemaak het, was onder meer die volgende:

◆ Die instelling van die WVK was so demokraties moontlik, met soveel mense moontlik wat inspraak in die saak gehad het.

◆ Die kommissarisse is deur middel van 'n proses, wat so demokraties en deursigtig as moontlik was, uit verskeie belangegroepe aangestel.

◆ Die kommissie se instelling, doelstellings en werkswyse is op 'n wet gegrond wat deur die Parlement aanvaar is.

◆ Die verhore is geheel en al oopgestel vir die media en die publiek.

◆ Die kommissie het die bevoegdheid ontvang om mense te dagvaar en op dokumente beslag te lê.

◆ Die kommissie het die mag ontvang om amnestie aan oortreders toe te staan.

◆ Nie alleen die name van slagoffers nie, maar ook dié van menseregteskenders sou bekendgemaak word.

◆ ◆ ◆

Kort ná die inhuldiging van die nuwe president, Nelson Mandela, is met die skryf van die wet begin. In Julie 1995 het die Minister van Justisie, mnr. Dullah Omar, die wetsontwerp aan die Suid-Afrikaanse parlement voorgelê. Op 19 Julie 1995 is Wet No. 34 van 1995, die Wet op die Bevordering van Nasionale Eenheid en Versoening, met 'n groot meerderheid en met ewe groot verwagting deur die Parlement aanvaar.

Die Nasionale Party het ten gunste van die wet gestem, al het die leier, mnr. F.W. de Klerk, gewaarsku dat die WVK nie in 'n heksejag moet ontaard nie. Generaal Constand Viljoen van die Vryheidsfront het ook besware gehad en gevra dat die President die afsnydatum moes verleng, van Desember 1993 tot met die inhuldiging van die nuwe president op 10 Mei 1994. Die Inkatha Vryheidsparty, wat ernstige kritiek teen die wet gehad het, het téén die wetgewing gestem.

Die lang Aanhef tot die Wet, gebaseer op die finale klousule van die Tussentydse Grondwet, is aangrypend, byna poëties. Destyds het Kader Asmal, wat die teks van die finale klousule vir goedkeuring moes voorlê, 'n aantal persone – onder wie die bekende Afrikaanse romanskrywer André P. Brink – sover gekry om hom met die bewoording te help.

Mooier kon dit nie:

"Aangesien die Grondwet van die Republiek van Suid-Afrika, 1995 (Wet No. 20 van 1995), 'n geskiedkundige brug bou tussen die verlede van 'n diep verdeelde gemeenskap wat gekenmerk is deur tweespalt, konflik, ongekende lyding en ongeregtigheid, en 'n toekoms wat gevestig is op die erkenning van menseregte, demokrasie en vreedsame naasbestaan vir alle Suid-Afrikaners, ongeag kleur, ras, klas, geloof of geslag;

"En aangesien dit nodig geag word om die waarheid vas te stel met betrekking tot gebeure in die verlede, sowel as die motiewe vir en die omstandighede waarin growwe skendings van menseregte plaasgevind het, en sodanige bevindings bekend te maak ten einde 'n herhaling van sulke dade te voorkom;

"En aangesien die Grondwet bepaal dat die nastrewing van nasionale eenheid, die welsyn van alle Suid-Afrikaanse burgers en vrede, versoening tussen die mense van Suid-Afrika en die herstrukturering van die gemeenskap vereis;

"En aangesien die Grondwet bepaal dat daar 'n behoefte bestaan aan begrip en nie wraaksug nie, 'n behoefte aan herstel en nie vergelding nie, 'n behoefte aan mede-menslikheid (ubuntu) en nie viktimisering nie;

"En aangesien die Grondwet bepaal dat ten einde sodanige versoening en herstrukturering te bevorder, amnestie verleen moet word ten opsigte van dade, versuime en misdrywe wat met politieke oogmerke in verband staan en in die loop van die konflikte van die verlede gepleeg is;

"En aangesien die Grondwet bepaal dat die Parlement kragtens die Grondwet 'n wet moet aanneem wat 'n vaste afsnydatum bepaal, wat 'n datum na 8 Oktober 1990 en voor die afsnydatum beoog in die Grondwet moet wees, en waarin voorsiening gemaak moet word vir meganismes, maatstawwe en prosedures, met inbegrip van tribunale, indien nodig, deur middel waarvan sodanige amnestie behandel moet word;

"– daarom word die volgende regulasies die wet van die land ..."

Die oogmerke van die Waarheid-en-versoeningskommissie, het minister Omar in sy toespraak voor die Parlement verduidelik, was om nasionale eenheid en versoening in Suid-Afrika te bevorder, in 'n gees van begrip wat bo die konflikte en verdeeldheid van die verlede uitstyg, deur:

◆ so 'n volledig moontlike beeld te kry van die oorsake, aard en omvang van die growwe skendings van menseregte wat tussen die tydperk van 1 Maart 1960 tot die afsnydatum gepleeg is, met inbegrip van die voorafgaande gebeure, omstandighede, faktore en konteks van sodanige skendings, asook die perspektiewe van die slagoffers en die beweegredes en die perspektiewe van die persone wat vir die pleeg van sodanige skending verantwoordelik is, deur ondersoek in te stel en verhore te hou;

◆ die verlening van amnestie te vergemaklik wat alle relevante feite wat verband hou met dade wat met politieke oogmerke in verband staan, ten volle openbaar en wat aan die vereistes van die wet voldoen;

◆ die omstandighede of verblyfplek van slagoffers vas te stel en bekend te maak, en hulle menslike en burgerlike waardigheid te herstel deur aan hulle die geleentheid te bied om hulle eie weergawe te verskaf van die skendings waarvan hulle die slagoffers is, en deur herstelmaatreëls ten opsigte van hulle aan te beveel;

◆ 'n verslag saam te stel wat so 'n volledig moontlike oorsig gee van die Kommissie se bedrywighede en bevindinge en wat die aanbevelings van maatreëls bevat ten einde toekomstige skendings van menseregte te voorkom.

"Dis ons erns om die verlede agter ons te laat, om die wonde van die verlede te genees, om te vergewe maar nie te vergeet nie, om 'n toekoms te bou wat op respek vir menseregte gegrond is," het Dullah Omar gesê. "Ons moet die Groot Trek weg van die verlede, deur ons oorgangs-tydperk, en binne-in 'n nuwe toekoms in, onderneem."

13 FEBRUARIE 1996: DIE TREK BEGIN

In Kaapstad, in die nuut ingerigte kantoor van die WVK in Adderleystraat, was alles in rep en roer. Die dag vir die amptelike opening van die Waarheid-en-versoeningskommissie het aangebreek. Heel gepas sou dit in die St. George-katedraal, die katedraal van die voorsitter van die WVK, geskied. Van die streekkantore in Johannesburg, Durban en Oos-Londen, het die sewentien kommissarisse, tesame met die elf komiteelede, Kaap toe gereis. Vir die geleentheid kon ons eggenotes saamkom. "Hulle sal nog baie moet opoffer, lang tye sonder hul mans en vroue moet klaar-kom," het die ondervoorsitter, Alex Boraine, verduidelik. "Dié keer kan ons hulle maar 'n bietjie verwen."

Tydens 'n vingerete, om eenuur, kon die WVK-lede mekaar behoorlik leer ken. 'n Interessante en uiteenlopende groep was dit beslis, swart en bruin en blank en Indiër, oud en (redelik) jonk, regsgeleerdes en predikante, skrywers, akademici, oudgevangenes, dokters en sielkun-diges, aktiviste en parlementariërs, mense wat in die verlede aan verskil-lende kante van die stryd gestaan het, verteenwoordigers van vrywel alle godsdienste in die land, Christen, Jood, Moslem en Hindoe. Die reënboognasie in die kleine!

Zapiro, bekende Engelse spotprenttekenaar, se kommentaar op die nuus dat die Waarheidskommissie met sy werk begin het.

Die drie regters, Hassen Mall, Andrew Wilson en Bernard Ngoepe, wat saam met advokate Chris de Jager en Sisi Khampepe op die Amnestie-komitee sou dien, was daar. So ook die mense van die Menseregte-skendingskomitee: Desmond Tutu en Alex Boraine, Yasmin Sooka, Wynand Malan, Mary Burton, Bongani Finca, Richard Lyster, Fazel Randera, Dumisa Ntsebeza, Denzil Potgieter, Pumla Gobode-Madizikela, Joyce Seroke, Hugh Lewin, Russel Alley en Ilan Lax. Derdens was daar die lede van die Reparasie-en-rehabilitasiekomitee, die komitee waarop ek self vir meer as twee jaar lank sou dien: Hlengiwe Mkhize, Wendy Orr, Khoza Mgojo, Mapule Ramashala, Glenda Wildschut, Piet Meiring, Tom Manthata, Mcibisi Xundu en Smangele Mgwaza.

Vir ons drie Afrikaners op die WVK, Chris de Jager (oud-Konserwa-tiewe Party en Vryheidsfront Parlementslid en medestigter van die Afrikaner Weerstandsbeweging), Wynand Malan (bekende "verligte"

Nasionale LP wat later sy weg na die Demokratiese Party gevind het)
en ekself (Nederduitse Gereformeerde dominee wat later professor aan
die Teologiese Fakulteit, Universiteit van Pretoria, geword het) was dit
lekker om vir almal wat wou hoor – en ook nie wou hoor nie – te vertel
dat ons al drie Tukkies was. Meer nog, dat ons al drie inwoners van
dieselfde koshuis, Sonoptehuis, was.

◆ ◆ ◆

Toe die diens moes begin, was die katedraal reeds gepak. Van heinde en
ver het mense gekom, slagoffers en belangstellendes, kore en vroue-
groepe in uniform, ambassadeurs en politici, mediamense van oor die
wye wêreld. Daar is gesing en gebid en versoeningskerse aangesteek.
Nadat die WVK-kommissarisse plegtig ingesweer is, is aan elkeen van
hulle 'n olyftakkie oorhandig.

Die hele gehoor is gevra om op te staan toe Barney Beck van die
Wes-Kaapse Vredesentrum 'n aangrypende litanie uit die hart van die
Kwakertradisie, in Afrikaans, voorgelees het:

In angs en skaamte bring ons die pole van ons samelewing voor U,
onderdrukker en onderdrukte, slagoffer en oortreder,
en ons bid om 'n einde aan die vervreemding,
vir genesing en herstel.

Gemeente: Hoor ons gebed.

Ons het in ons kinders se oë gekyk en ons was oorweldig.
Ons het in ons ouers se oë gekyk en ons was teleurgesteld.
Ons het in mekaar se oë gekyk en ons het weggedraai.

Gemeente: Ons vra om vrede.

Genadige God, ons erken dat ons nooit geglo het wat gebeur het nie.
Ons het die werklikheid probeer ontvlug.
Ons het nooit werklik geluister of gehoor nie.
Ons het toegelaat dat daar 'n wig tussen ons ingedryf word.
Vergewe ons.
Ons bid om vergifnis.

Gemeente: Hoor ons in genade.

President Mandela het met erns oor die kommissie en sy werk gepraat. Politici wat die verlede wil onderdruk, begaan 'n groot fout, het hy gesê. Gewone Suid-Afrikaners is vasbeslote dat dit bekend moet word om te verseker dat die foute van die verlede nooit herhaal sal word nie. "Die keuse voor ons is nie óf ons die verlede moet openbaar maak nie, maar hóé dit gedoen moet word. Dit moet so geskied dat dit versoening en vrede bevorder."

As 'n mens terugkyk, het hy voortgegaan, besef jy dat ons almal slagoffers was, dat die hele Suid-Afrikaanse nasie gely het. Die genesingsproses wat aan die gang gesit word, is eweneens vir almal bedoel, vir enkelinge, gesinne en gemeenskappe. Bo alles is dit vir die hele nasie bedoel, die nasie wat deur die proses wat voor ons lê, genesing en bevryding moet vind.

"Ek is nie juis bekend as 'n man van min woorde nie," het Desmond Tutu aan die einde van die seremonie verklaar, "maar die diens, die gebede laat my spraakloos!"

Drama was daar egter ook in die diens – in 'n mate reeds 'n voorafskaduwing van wat op ons gewag het in die maande wat voorgelê het.

Eerstens het adjunkpresident F.W. de Klerk nie opgedaag om sy plek in die voorste bank, langs president Nelson Mandela, in te neem nie. Waarom nie? was die vraag op baie lippe. Onttrek hy sy steun aan die proses? Die verduideliking het later van mnr. De Klerk se kantoor gekom: Hy is te laat in kennis gestel van die diens in die katedraal!

Tweedens was me. Winnie Madikizela-Mandela ook daar, sjarmant geklee, lyfwag en al. Sy was toe reeds van haar man vervreem. Die egskeiding sou binnekort volg. Maar haar plek sou in die voorste ry wees, 'n paar sitplekke van die President af, op die stoel wat vir die Adjunkpresident bedoel was. Die President het nie een keer in haar rigting gekyk nie. Maar toe mnr. Mandela aan die einde van die diens die katedraal 'n paar minute voor die res van die gehoor verlaat, het Winnie Madikizela-Mandela opgestaan en ongenooi saamgestap om vir die skare buite die kerk te wuif. Dit sou nie die laaste keer wees dat sy op 'n onortodokse wyse haar verskyning by die WVK maak nie.

Ná die diens het ek en my vrou, Inza, met Tim du Plessis, adjunk-redakteur van Beeld, op die trappe van die katedraal staan en gesels: oor die diens, president Mandela se woorde, oor Tutu se reaksie, oor die aangrypende Afrikaanse gebed. Dat die WVK – en ook die hele volk van Suid-Afrika – op 'n lewensbelangrike reis vertrek het, 'n Groot Trek deur die geskiedenis van ons land, was duidelik. Waarheen sou die trek uiteindelik lei? Watter ervarings het op ons almal gewag? Hoeveel ongevalle sou daar langs die pad wees? Wat sou die rol van die media – Tim se koerant én al die ander koerante in die land – in die proses wees? Daar was meer vrae as antwoorde.

29 FEBRUARIE 1996: DIE WIND VAN VOOR

Dat die WVK die wind van voor sou kry, het ons baie gou besef. In die Johannesburgse kantoor op die tiende vloer van die Sanlamsentrum – die "Boere-Carlton", soos plaaslik daarna verwys word – het die kommissarisse en komiteelede daagliks byeengekom. Planne moes beraam word, administratiewe reëlings getref en personeellede aangestel word. Bo alles moes die Wet op Nasionale Eenheid en Versoening, met al die voorskrifte vir die werk van die drie komitees, noukeurig bestudeer word.

Wat die Reparasie-en-rehabilitasiekomitee se werk betref, was die eerste proeflopie 'n vergádering in KwaZulu-Natal wat reeds op 7 Februarie plaasgevind het, enkele dae voor die amptelike opening van die WVK in Kaapstad. In die omgewing van Port Shepstone was daar, oor 'n baie lang tyd, berigte van onrus en geweldpleging. Ou twisgeskille, waarvan sommige dekades lank geduur het, het weer opgevlam. Talle slagoffers aan die kant van die ANC en die Inkhata Vryheidsparty, sowel as ander politieke groeperinge, wou lede van die Waarheidskommissie te woord staan. Wat gaan die WVK doen om die lot van die slagoffers en hul families te verlig? het almal gevra.

Onder swaar polisiebegeleiding het die WVK-lede van Durban na Port Shepstone gereis. In die eerste weke was sowel die WVK as die veiligheidsmense wat hulle moes oppas, redelik op hul senuwees. Geen onheil moes die kommissarisse tref nie! In die saal was 'n mengelmoes van slagoffers, belangstellendes, persmense. Ure lank is geredeneer en vrae gestel, vrae, vrees ek, waarop die WVK nie al die antwoorde gehad het nie. Die proses het nog skaars begin, behoeftes moes nog geïdentifiseer en beleid geformuleer word.

Waar die WVK in die maande wat sou volg dikwels onder kritiek uit Afrikanergeledere moes deurloop, het díe eerste slae van die teenoorgestelde kant van die politieke spektrum gekom. Tydens die Port Shepstone-byeenkoms het vader Cosmas Desmond, oudpriester en anti-apartheidsaktivis wat as PAC-kandidaat aan die 1994-verkiesing deelgeneem het, vlymskerp vrae gestel. Sommige van die vrae het hy 'n week of wat later in 'n artikel in die Johannesburgse koerant The Star (29 Februarie 1996) herhaal: Die belangrikste kriterium vir die aanstelling van WVK-kommissarisse was dat hulle nie persone met 'n hoë politieke profiel moes wees nie, het Cosmas Desmond betoog. 'n Mens kan nog verstaan dat daar plek moes wees vir Desmond Tutu, wat "Johannes die Doper" moes speel teenoor die "messias" Nelson Mandela. Maar wat soek Alex Boraine, wat self lid van die onwettige apartheidsparlement in die ou Suid-Afrika was, op die WVK? Dit was nie goed genoeg om te sê dat Boraine en van sy medestanders in die opposisiebanke gesit het nie. Hulle was deel van 'n onwettige en onbillike sisteem, 'n sisteem wat hulle nou as regters moes beoordeel. En die komiteelede, waar kom hulle vandaan? En die baie dominees? En die "Christelike" – beter gestel "Westerse" – aanpak van die proses? Is dit billik en effektief? Dat die Reparasie-en-rehabilitasiekomitee die Katolieke vader dié dag in Port Shepstone teleurgestel het, was so duidelik soos daglig.

Terwyl ons, half bekommerd, op kantoor in Johannesburg Cosmas Desmond se artikel sit en bespreek, het Yasmin Sooka opgemerk:

"Dis maar die puntjie van die ysberg. Daar is talle persone, veral uit die kringe van Azapo en die PAC, van die eertydse Black Consciousness-beweging, wat net so ongelukkig voel. Ons gaan nog baie met hulle te make kry. In die Oos-Kaap het die families van Steve Biko, Matthew Goniwe en 'n hele paar ander aktiviste reeds hul misnoeë met die WVK-wet uitgespreek. Die proses is oortredervriendelik, sê hulle. Die oortreders wat om amnestie aansoek doen, en dit kry, ontvang volledige kwytskelding van alles wat hulle gedoen het. Dit maak nie saak of hulle veertig moorde gepleeg het nie! Geen strafregtelike of siviele aksies kan teen hulle ingestel word nie. En die slagoffers, wat is daar vir hulle? So goed as niks! Die familielede kan die oortreders nie eers om skade-vergoeding dagvaar nie. Die WVK, sê hulle, neem die brood uit die monde van weduwees en wese!"

"Ons sal aan die werk moet spring met ons voorstelle oor wat gedoen kan word om die lot van die slagoffers en hul gesinne te verlig," het Hlengiwe Mkhize, voorsitter van die Reparasie-en-rehabilitasiekomitee, opgemerk. "Dis ons enigste verweer teen die kritiek van Cosmas Desmond en die ander. Ons sal duidelik moet wys deur wat ons vir die duisende mans en vroue en kinders beding wat aan growwe menseregte-skendings onderwerp was, dat ons regtig vir die mense omgee, dat die WVK-proses ten diepste slagoffervriendelik is."

1 MAART 1996: DIE NG KERK LAAT VAN HOM HOOR

Dat die Nederduitse Gereformeerde Kerk, miskien meer as enige ander kerkgenootskap in die land, in die volgende maande by die werk van die WVK betrek sou word, was duidelik. In die oë van baie mense – in die binneland sowel as die buiteland – was dié kerk die apartheidskerk, "the National Party at prayer", wat nie net die teologiese onderbou vir die stelsel van apartheid daargestel het nie, maar ook die kerk waar talle politici en staatsamptenare, polisie- en weermaglede, die toepassers van die apartheidsbeleid, Sondae aanbid het. Ontwikkelinge in die kerk, ook die moeisame proses waartydens die NG Kerk in die tagtigerjare van apartheid afskeid geneem het, was vir die WVK van groot belang.

Die NG Kerk het op sy beurt deeglik van die werk van die WVK kennis geneem. Reeds teen die einde van 1995 het die Algemene Sinodale Kommissie besluite geneem waarin die kerk sy steun en sy voorbidding beloof het, maar ook die ernstige versoek gerig het dat die WVK na alle kante toe regverdig sal optree. Die kerk het selfs verder gegaan en sewe kandidate benoem om as kommissarisse aangestel te word. Dat nie een van die sewe die paal gehaal het nie, was 'n redelike teleurstelling. Die feit dat ek self later deur die WVK betrek is, al was dit nie as offisiële verteenwoordiger van die kerk nie, was 'n mate van troos.

In 'n ope brief aan Die Kerkbode (9/10 Februarie 1996), amptelike mondstuk van die NG Kerk, het 'n groep van ses en veertig predikante en hoogleraars van die kerk hul steun aan die WVK toegesê. Die tyd het vir die NG Kerk aangebreek, het die brief gelui, om sy hande na ander uit te steek, om saam te werk in die proses van die soeke na waarheid en versoening.

"Die sake wat in die WVK ter sprake kom," het die ses en veertig geskryf, "te wete waarheid, skuldbelydenis, restitusie, bewoënheid oor die lot van slagoffers, versoening ensovoorts, is almal sake wat die kerk ten nouste raak. Dit is sentrale temas van die evangelie en behoort die lewe van die kerk te tipeer. Hieruit en hiervoor leef 'n kerk wat Christus liefhet. Boonop weet die kerk dat die waarheid nie bedreig nie maar bevry; dat versoening nie selfvernietigend werk nie, maar verrykend; dat, daarteenoor, die leuen verslaaf en saam met onboetvaardigheid en hoogmoed die lewe vernietig."

"Eintlik moes die kerk self die voortou geneem het in die soeke na waarheid en versoening, maar noudat die wiele van die WVK aan die rol is, behoort die kerk sy entoesiastiese, kritiese en heelhartige same-werking te gee. Sowel slagoffers as oortreders wat in die komende maande hul weg na die WVK vind, verdien die empatie en ondersteuning van die kerk.

"Die NG Kerk het reeds by verskillende geleenthede skuld bely ten opsigte van die daarstel en instandhouding van die apartheidstelsel. Ons het ook erken dat ernstige vergrype teen mense se basiese regte en menswaardigheid sistematies en gereeld plaasgevind het. Ons staan nou voor die toets om hierdie belydenisse om te sit in dade. Een daarvan is 'n opregte ondersteuning van die Waarheidskommissie en die sake waarvoor hy hom beywer. Enige verdagmaking of omseiling van die saak kan die morele grondslae van ons lewe as kerk en gemeenskap vir jare vorentoe ernstig skaad. Sonder insig in die diep ambivalensies van die NG Kerk se verlede en dié van die gemeenskap wat deur hierdie kerk gedien word, sal ons onsself nie verstaan nie. Daarsonder bly die kerk ook onontvanklik vir verandering en vernuwing. Om nou die verlede bloot te lê, veral ook as mense voor God, is om gelowig aan 'n nuwe toekoms te werk. Ons vertrou dat die kerk die moed en die ootmoed sal hê om hierdie moeilike taak te aanvaar." Die brief sluit op 'n baie ernstige noot af: "Ons mag die lidmate hierin nie in die steek laat nie."

In Die Kerkbode van 1 Maart word berig dat die moderatuur van die Algemene Sinode van die kerk die kantoor van die WVK in Kaapstad besoek het. Oor die onderhoud wat hulle met aartsbiskop Tutu gevoer het, is volledig en entoesiasties berig. Tutu het op sy beurt gevra dat die Waarheidskommissie 'n kans gegee moet word om hom te bewys en te toon dat hy opreg is in sy bedoelings om sake billik en ewewigtig te hanteer.

"Die kommissie wil geen heksejag op tou sit nie, maar aan Suid-Afrikaners van alle oortuigings kans gee om die boek van die verlede af te sluit."

Van die NG Kerk se kant het ds. Freek Swanepoel, die moderator, saam met sy kollegas herbevestig dat hulle die werk van die WVK wil steun en dat hulle gereeld daarvoor voorbidding sal doen. Hulle het bygevoeg:

"Die NG Kerk sal ook van hom laat hoor as die kommissie sy werk na die kerk se oordeel billik en regverdig doen – en as dit nie gebeur nie."

In sy kommentaar op die gebeure het die redakteur van Die Kerkbode bygevoeg:

"Dit sal vir ons almal 'n traumatiese tyd wees, maar, reg aangepak, kan dit ook 'n tyd van suiwering wees, 'n katarsis wat vir ons verskeurde samelewing uiteindelik heling kan bring. Uit die gesprek het dit geblyk dat dr. Tutu begryp hoe gedug die taak is en hoe maklik dit presies die teenoorgestelde uitwerking kan hê as wat hy beoog. Dit is immers uiters moeilik om die onlangse geskiedenis objektief te beskou en die 'waarheid' van gister vas te stel vanuit die perspektief van vandag."

Presies hoe moeilik dit sou wees om op hierdie reis deur die verlede te vertrek, sou nie net die lidmate van die NG Kerk in die volgende maande ervaar nie. Teen wil en dank sou elke Suid-Afrikaner met die verlede gekonfronteer word.

16-19 APRIL 1996: OOS-LONDEN – DIE HEEL EERSTE MENSEREGTESKENDINGSVERHOOR

Van heinde en ver het die mense na die stadsaal in Oos-Londen gestroom. Die heel eerste menseregteskendingsverhoor sou begin. Slagoffers en hul families het die vorige dag al begin aankom; joernaliste en kameramense saam met hulle. In die kantoor van die WVK in Oxfordstraat het aartsbiskop Tutu, wat as voorsitter sou optree, die verrigtinge vir die volgende vier dae met sy kollegas bespreek.

Daar was genoeg om oor verslag te lewer. In al vier die streekkantore van die WVK, in Kaapstad, Johannesburg, Durban en Oos-Londen, is gedurende Maartmaand reëlings vir soortgelyke verhore getref. Elke kantoor sou sy eie program volg. Protospanne het reeds talle stede en dorpe besoek om met slagoffers kontak te maak en mense te help om die nodige vorms in te vul. Inligtingsvergaderings is oral gehou. In die geselskap van Fazel Randera, die kantoorhoof in Johannesburg, asook Wynand Malan, Tom Manthata, Russel Alley, Hugh Lewin en Joyce Seroke moes ek gehore in die mees uiteenlopende plekke in die vier noordelike provinsies ontmoet, van Potchefstroom, Klerksdorp en Zeerust tot Pietersburg, Louis Trichardt en Messina; van Thohoyandou in Venda tot Giyani, hoofstad van die vroeëre Gazankulu. In Mpumalanga is talle stede en dorpe besoek: Nelspruit, Witbank, Standerton, Volksrust en Balfour. Oral is ons met dieselfde vrae gekonfronteer: Wat wil die WVK regtig bereik? Is dit nie maar net 'n heksejag van een groep teenoor die ander, swartes (eintlik maar die ANC) teenoor die wittes (die apartheidsregime), nie? Hoe billik gaan die proses verloop? Gaan die gegewens wat bekendgemaak word nie 'n golf van haat en weerwraak in die samelewing veroorsaak nie?

Meer nog: die Oos-Londense sitting sou onder ietwat van 'n wolk begin. Wat Yasmin Sooka 'n week of twee tevore voorspel het, het waar geword. Op 15 April, 'n week voor die sitting sou begin, het die koerante aangekondig dat die families van 'n aantal vooraanstaande slagoffers – Griffiths Mxenge, Steve Biko en Fabian Ribeiro – 'n aansoek by die Konstitusionele Hof ingedien het om die hele wet waarvolgens die WVK tot stand gekom het, ongeldig te verklaar. Hulle motivering was dat amnestie aan die skuldiges nie reg aan die vermoordes en hul naasbe-staandes kan laat geskied nie. Hulle was ook nie die enigstes nie. Vroeër al, op 5 April, het die uitgesproke president van die South African Pris-oners Organisation for Human Rights (SAPOHR), Golden Miles Bhudu, 'n sterk bewoorde brief aan aartsbiskop Tutu gestuur waarin hy ernstige bedenkinge oor die hele WVK-proses, veral die amnestieaanbod aan oortreders van die ou apartheidsregime, uitgespreek het.

Daar was dus talle vrae wat op antwoorde gewag het, meer as een dringende probleem wat opgelos moes word. Prosedures vir die hantering van die slagoffers sou vir die eerste keer bepaal en uitgetoets word.

◆ ◆ ◆

Een na die ander het die slagoffers, altesaam drie en dertig mans en vroue, na vore gekom om, oor die loop van vier dae, hul getuienis te lewer. Sewe en twintig insidente van growwe menseregteskendings sou onder die loep geneem word. Slagoffers en hul familie, kommissarisse en komiteelede, joernaliste, fotograwe, skares belangstellendes – die meerderheid swart, met hier en daar 'n groepie blankes tussenin – het die stadsaal volgepak.

Elke oggend om nege-uur het aartsbiskop Tutu, gevolg deur die WVK-lede wat by die betrokke dag se verhoor teenwoordig sou wees, die saal binnegestap. Agter hulle het die groep slagoffers wat die dag sou getuig, gevolg. Nadat Tutu 'n kers, die simbool van versoening wat elke dag sou brand, aangesteek het, het die ondervoorsitter, Alex Boraine, die slagoffers, een na die ander, na vore genooi om die eed te neem en hul verhaal te vertel. Saam met elke getuie het twee of drie persone hul plek op die verhoog ingeneem: 'n familielid of 'n vriend, soms 'n predikant wat die familie jare lank ondersteun het, asook 'n amptelike begeleier wat die getuie sou bystaan. Met 'n hand op die skouer om te troos, dikwels met 'n papiersakdoek om die trane te keer, het die ondersteuner – wat dikwels in die voorafgaande weke kontak met die slagoffers en hul gesinne gehad het – 'n heel belangrike rol gespeel.

Die verrigtinge het die eerste dag op 'n redelik formele noot begin. Nóg die voorsitter en sy kollegas, nóg die getuies en die gehoor, het presies geweet wat voorlê. Langsamerhand het die verrigtinge egter meer informeel geraak. Dit kon nie anders nie, die drama wat afgespeel het, die emosies wat opgewek is, kon nie maar net op 'n juridies korrekte, hiperformele toon hanteer word nie. Die getuies kon in die taal van hul keuse getuig. Oorfone, met gelyktydige vertalings in Engels en Xhosa, is vir dié doel aan almal beskikbaar gestel.

Van die drie en dertig getuies wat in Oos-Londen aan die woord gekom het, het agt die geleentheid gebruik om oor hulleself te praat, oor die growwe menseregteskendings wat teenoor hulle persoonlik gepleeg is. Die res van die getuies het vertel van hul naasbestaandes, hul eggenotes wat doodgemaak is, van kinders, vriende of 'n broer wat vermoor is of net eenvoudig verdwyn het. Die verhaal van Singqokwana Malgas, een van die eerstes in die Oos-Kaap wat in polisieaanhouding gesterf het, het die gehoor ver teruggeneem, na die vroeë sestigerjare. Ander verhale – die meerderheid – het uit die era 1980-1992 gekom.

Heel eerste het die meer bekende, berugte sake aan die orde gekom: die ontvoering van die Pepco Drie, die moord op die Cradock Vier, en die aanvalle op die Highgate Hotel en die King William's Town gholfklub. Later sou die stories van minder bekende, half vergete slagoffers soos Billy Kohl en Mandisa Mbovane ook vertel word. Die slagoffers het onder verskillende vaandels geveg: ANC, PAC, AZAPO, SRC en Cosas. Ander het geen politieke affiliasie gehad nie en het as onskuldige toeskouers in die kruisvuur beland. Die meerderheid oortreders wat aan die kaak gestel is, het uit die geledere van die Polisie en die Weermag gekom, alhoewel beskuldigende vingers ook na lede van APLA, die ANC en die Ciskeise weermag gewys is.

Drama en hooggespanne emosie was aan die orde van die dag. Toe mev. Nomonde Calata, vrou van Fort Calata, een van die Cradock Vier wat in Junie 1985 ontvoer en vermoor is, op die tweede dag aan die woord gekom het, het haar hartseer haar oorweldig. Haar woorde het opgeraak en sy het 'n lang, hartseer kreet geuiter. Daar was 'n geskokte stilte in die saal. Die voorsitter het die verhoor vir tien minute verdaag om mev. Calata en haar ondersteuner die kans te gee om eers buite tot verhaal te kom. Hoe gaan Tutu en sy kollegas die situasie hanteer? het menigeen gewonder. Toe mev. Calata weer die saal binnegelei is, het Tutu man en muis verras deur te doen wat nog nooit tevore gedoen is nie, maar wat later tydens soortgelyke situasies dikwels herhaal sou word: hy het die gehoor gevra om op te staan om eers 'n lied te sing. Hy het self die ontroerende lied *Senzeni na* ("Wat het ons gedoen?") ingesit. Ook die lede van die pers en fotograwe het saamgesing. Toe kon die verhoor voortgaan.

◆ ◆ ◆

Is dit alles die moeite werd? het ek my afgevra toe ek ná een van die oggendsittings buitentoe stap.

Wat die bejaarde Xhozavrou – een van die onbekende, feitlik vergete getuies – so pas in die saal te vertel gehad het, het nie net die Aartsbiskop in trane gehad nie, maar ons almal met 'n knop in die keel gelaat. Met moeite het sy die verhaal vertel: van hoe sy haar veertienjarige seun jare gelede winkel toe gestuur het om brood te gaan koop. Daar was onrus in die township en êrens langs die pad moes die seun in die kruisvuur beland het. Om die een of ander rede het die Veiligheidspolisie die gewonde kind gearresteer en aan brutale marteling onderwerp. Twee dae later het die moeder, wat paniekerig rondgeskarrel het om uit te vind wat met haar seun gebeur het, op die bure se televisieskerm tydens die agtuurnuus gesien hoe die seun aan sy enkels bo van 'n bakkie afgepluk word, hoe hy oor die grond gesleep word.

Dit was vir die ou moeder swaar om te vertel hoe die Polisie uiteindelik aan haar 'n adres gegee het waar sy haar seun kon gaan haal. Toe sy daar kom, was dit die lykshuis. Sy moes eiehandig die seun se liggaam – met die koeëlwonde in sy lyf, 'n gapende wond in die agterkop, die brandwonde waar hy gemartel is – gereedmaak vir die begrafnis. Jy kon 'n speld in die saal hoor val.

Met my middagete in die hand het ek die vrou tussen 'n groepie slagoffers aangetref.

"Sê asseblief vir my, mevrou," vra ek, "u het so 'n lang pad, oor soveel jare, met u verhaal gekom. U moes gister so ver ry om hier te wees. Ons het almal gesien hoe swaar dit vir u was om voor al die mense die verhaal van u seun te vertel. Sê my tog: Was dit die moeite werd?" Die spore van haar trane was nog op haar wange. Maar toe sy opkyk en glimlag, was dit asof die son opkom: "O ja, meneer, beslis! Dit was swaar om oor al die dinge te praat. Maar vannag, dink ek, gaan ek vir die eerste keer in sestien jaar dadelik aan die slaap raak. Miskien gaan ek vannag sonder nagmerries dwarsdeur slaap!"

◆ ◆ ◆

Dit was belangrik om boek te hou van die versoeke van die slagoffers. Dit móés gebeur, want die Reparasie-en-rehabilitasiekomitee het die opdrag gekry om goed te luister en navorsing te doen oor die behoeftes en omstandighede van die slagoffers en hul gesinne, om uiteindelik gepaste en prakties uitvoerbare voorstelle vir vergoeding te formuleer.

Die slagoffers het met 'n beskeie lysie na vore gekom: Feitlik almal wou inligting hê, wou weet wat met hulle of hul geliefdes gebeur het – en waarom. Ander het gevra dat foto's en ander persoonlike besittings wat destyds gekonfiskeer is, terugbesorg moes word, of dat die stoflike oorskot van 'n man of 'n kind huis toe gebring moes word om herbegrawe te word. Party het vir grafstene gevra, wat hulle destyds nie kon bekostig nie. Mevrou Mgwinya het gevra dat die WVK haar moes help om die messegoed en stoele wat sy by haar buurvrou geleen het die dag toe sy al haar besittings verloor het, terug te besorg. Twaalf getuies het hulp gevra om hulle kinders op skool te hou. Ander het oor mediese versorging en behuising gepraat, of oor die behoefte aan 'n spesiale dag van versoening in die land. Die vreemdste – en hartseerste – versoek was dié van mev. Mhlawuli, wat gevra het dat haar man se hand, wat destyds deur die Polisie afgesny is en as afskrikmiddel in 'n bottel formalien bewaar is, aan die familie terugbesorg moes word. Hulle wou dit gaan begrawe.

Was die slagoffers en hulle gesinne bereid om die oortreders, die ontvoerders en folteraars, te vergewe? Was versoening regtig moontlik? Daaroor was die getuies nie eenstemmig nie. Sommige het 'n byna ongelooflike grootmoedigheid geopenbaar – mense soos Beth Savage – om diegene wat hulle wreedaardig behandel het, onvoorwaardelik te vergewe. Ander – soos Karl Weber en mev. Kondile – het die vraag aan die orde gestel: Moet reg en geregtigheid nie éérs geskied, moet die skuldiges nie eers aan die man gebring word voordat vergifnis en versoening werklikheid kan word nie? Met dié probleem sou daar in die volgende maande nog lank geworstel word.

◆ ◆ ◆

Van Beth Savage gepraat: Haar getuienis was een van die aangrypendste wat in die hele WVK-proses gehoor is. Toe sy haar verhaal vertel het hoe sy met haar vriende die jaarlikse Kerspartytjie by die gholfklub in King William's Town bygewoon het (28 November 1992), het almal regop gesit. Terwyl hulle vrolik sit en gesels het, het Beth vertel, het sy iets soos klappers hoor skiet. Toe sy opkyk, was 'n man met 'n balaklawamus oor sy gesig en 'n AK47 in sy hand besig om op haar en haar vriende te skiet. Handgranate is gegooi. Vóór alles om haar swart geword het, het sy haar vriende om haar sien val. Beth is per helikopter na 'n Bloemfonteinse hospitaal geneem, waar sy 'n maand lank in die intensiewe sorgeenheid verkeer het. 'n Opehartoperasie het gevolg. 'n Groot gedeelte van haar ingewande moes verwyder word. Heelwat skrapnel kon nooit uit haar liggaam verwyder word nie, soveel dat (in haar eie woorde) "al die sirenes afgaan as ek op 'n lughawe deur die sekuriteitshek stap!"

Beth se lewe en dié van haar gesinslede sou nooit weer dieselfde wees nie. Haar man en kinders sukkel nou nog om die trauma te verwerk. Haar vader, wat sy lewe lank teen apartheid gekant was, het dae lank by haar bed gesit. Oor en oor het hy deur sy trane geprewel:

"Jy weet, ek kan nie glo wat gebeur het nie!" Hy het in 'n diep depressie beland. Ses maande voordat Beth in Oos-Londen sou getuig, is haar vader, 'n gebroke man, oorlede. Twee maande later het haar moeder gesterf. En tog, het Beth getuig, was alles nie sleg nie. Wat met haar gebeur het, het haar op 'n wonderlike manier verryk. Dit het haar laat groei. "Dit het dit vir my moontlik gemaak om met ander mense wat deur soortgelyke traumas moes gaan, saam te leef."

Toe een van die WVK-lede aan Beth Savage die vraag gestel het hoe sy nou oor die oortreders voel, het sy stilweg geantwoord: "Dis 'n moeilike vraag. Maar eerlik gesê: 'There, but for the grace of God, go I.' Ek weet nie hoe ek, as ek 'n vryheidsvegter was, sou reageer het nie. Dis al wat ek kan sê. Ek dink dit is fantasties dat ons 'n Waarheidskommissie kan hê. Om jou hart te kan uitpraat, bring genesing ... Ek hoop dat almal hierdie genesing sal ervaar. U weet, daar is mense hier teenwoordig wat met oneindig groter probleme as ek worstel."

Toe sy verder uitgevra is oor wat die WVK vir haar kan doen, was Beth se reaksie:

"Ek het dit al dikwels gesê: Wat ek die heel graagste wil hê, is dat ek die man wat die handgranaat gegooi het, kan ontmoet. Ek sou dit in 'n gesindheid van vergifnis wou doen, in die hoop dat hy my ook, om watter rede ook al, sal kan vergewe ..."

Aartsbiskop Tutu was diep geraak:

"Baie dankie! Al wat ek wil sê, is watter fantastiese land is ons nie! Ons het werklik buitengewone mense. Gister het ek verklaar hoe trots ek is om swart te mag wees, gesien die manier waarop swart mense die swaarkry wat hulle getref het, verduur het. En nou het ons met nog so 'n voorbeeld te make ('n wit voorbeeld)! Ek dink dit voorspel 'n wonderlike toekoms vir ons land. Ons dank u vir die gesindheid wat u openbaar en bid dat almal wat u hoor, wat u sien, sal sê: 'Ons het tog 'n ongelooflike land, met buitengewone mense, van alle rasse!'"

◆ ◆ ◆

Toe ek op die vliegtuig terug Johannesburg toe klim, was daar baie om oor na te dink. Hoe sou 'n mens al die getuienisse – Beth Savage s'n, saam met die ander – ooit kon vergeet? Met 'n gevoel van hartseer het ek 'n aantekening gemaak van die optrede van 'n swart dominee wat een oggend voor die verhoor begin het, opgestaan het om 'n vraag aan die mense om hom te stel.

"Daar moet êrens 'n fout wees," het hy gesê. "Ek het omtrent my hele gemeente saamgebring om vandag hier te wees. Hulle moes kom luister na wat die slagoffers sê. Hulle wou vandag hul hande na al die blankes van Oos-Londen kom uitsteek, om hulle te vergewe, om met hulle versoen te raak." Met sy hand het hy oor die gehoor in die stadsaal gewaai, oor die baie swart mense en die klein klompie wit mense. "Maar ek sien amper geen blankes met wie ons vandag kan praat nie. Daar is niemand met wie ons ons kan versoen nie. Wáár is hulle?"

Alles was darem nie verlore nie. 'n Dag of wat ná die verhoor het Desmond Tutu vir my 'n afskrif laat kry van 'n Engelse brief wat hy ontvang het, wat na aanleiding van die Oos-Londense verhoor geskryf is. Hy wou nie sonder die blanke skrywer se verlof die naam bekend maak nie. Die brief, met 'n gedig wat aangeheg was, lees in die oorspronklike Engels so:

"As an ordinary member of the public I would like you to know that I have been intensely moved and inspired by the testimonies heard at the TRC in East London last week. My pain and inspiration have come from the awesome, horrific and humbling stories, and the extraordinary forgiveness of those wounded people. We are all wounded. I wrote a poem to try and understand what all this means, and I would like you to know that there are many people out there, who FEEL with those people. The pain belongs to us all. Thank you, all of you, for your own humility, and for helping us towards healing."

Towards healing

    The world is wet.
    Blood and pain seep into our listening,

into our wounded souls.
The sound of your sobbing is my own weeping,
your wet handkerchief, my pillow
for a past so exhausted
it cannot rest, not yet.
Speak, weep, look, listen for us all,
oh people of the silent, hidden past,
let your stories scatter seeds
into our lonely, frightened winds;
sow more
until the stillness of this land can soften,
can dare to hope and smile and sing,
until the ghosts can dance unshackled,
until our lives can know your sorrows,
and be healed.

29 APRIL – 3 MEI 1996: JOHANNESBURGSE VERHOOR – "SO KAN DIT NIE!"

"Nee, so kan dit nie!" het die voorsitter verklaar. "So kan ons regtig nie begin nie!" Die eerste menseregteskendingsverhoor in Johannesburg, in die gebou van die Sentrale Metodistekerk in die middestad, het inderdaad op 'n vreemde manier begin.

Die Johannesburgse streekkantoor het baie moeite gedoen om alles in orde te kry. Soos in die ander drie streke van die land waar ewe hard gewerk is aan die verhore wat moes kom, het ons klompie weke lank geswoeg. Personeellede het lang ure in swart – én ook blanke – woonbuurte deurgebring. Inligtingsvergaderings is gehou en slagoffers met die invul van hul verklarings gehelp. Plaaslike gemeentes en welsynsorganisasies is besoek. Sou hulle met die begeleiding van die slagoffers en hul families kon help? Lyste moes gekoördineer word. Die program moes gebalanseer word sodat slagoffers van alle kante van die stryd op die verhoog kon verskyn. Almal moes kon sien dat die WVK in die uitvoering van sy taak billik en onbevooroordeeld optree.

'n Netelige saak waaroor daar in die Johannesburgse kantoor nogal skerp onderlinge verskille bestaan het, was oor hoe die verrigtinge geopen moes word. Die Johannesburgse verhoor sou 'n belangrike vertoonvenster vir die WVK wees. Feitlik die hele diplomatieke korps

het laat weet dat hulle daar gaan wees. Talle kabinetsminsters en se-
nior amptenare ook. Buitelandse gaste het van heinde en ver opgedaag.
Die wêreld se media het 'n dag tevore al hul kleim op die galery en in die
perskamer afgesteek. Fazel Randera, die kantoorhoof, en 'n paar van
die regsgeleerdes saam met hom, het ernstig gevoel dat die Oos-
Londense verhoor – asook ander WVK-funksies die afgelope tyd –
heeltemal te "godsdienstig" verloop het. Die baie gebede en die sing
van geestelike liedere pas nie by 'n juridiese proses nie. Dat die
Aartsbiskop sy ampsdrag, biskoplike kruis en al, dra – daaraan kon
hulle niks doen nie. Maar 'n WVK-verhoor is 'n regshandeling en nie 'n
erediens in die St. George-katedraal in Kaapstad nie! As iets plegtigs
gedoen moet word om die seremonie mee te begin, waarom dan nie net
'n halfminuut van stilte en meditasie, soos deesdae in die Parlement die
gebruik is nie? In die konsistorie van die Metodistekerk, vroeg die oggend
van Dag Nommer Een, het Tutu die saak met die plaaslike WVK-lede
bespreek. "Goed," het hy ingestem, "dis julle verhoor. Ek sal maak
soos julle vra. Ons sal net 'n oomblikkie van stilte hê en dan begin."

Toe die klok nege-uur slaan, is die getuies en hul familielede die
stampvol saal binnegelei. Tutu met sy kollegas het gevolg. Een vir een
het die voorsitter die slagoffers met die hand gegroet. Toe is hy na die
verhoog waar hy sy plek ingeneem het. Hy het vir 'n halfminuut stilte
gevra. Die eerste getuie is na die tafel gebring en ingesweer.

Maar Tutu kon maar net nie aan die gang kom nie. Hy het gaan sit.
Hy het sy papiere heen en weer geskuif. Sigbaar ongemaklik het hy na
die slagoffers, na die gehoor in die saal, gekyk. "Nee, so kan dit nie! So
kan 'n mens regtig nie begin nie," het hy oor die luidsprekers gesê.
"Mense, maak toe julle oë dat ons kan bid!"

'n Lang, ernstige, gebed – tot Christus wat die waarheid is, tot die
Heilige Gees wat ons vandag moet lei – het gevolg. Toe Tutu "Amen"
gesê het, het hy sy hande gevryf en die gehoor met 'n ontwapenende
glimlag ingelig: "So ... nou is ons reg om te begin!"

Fazel Randera en sy medestanders het goediglik bes gegee. Van toe
af sou elke dag behoorlik geopen en afgesluit word.

◆ ◆ ◆

Die Johannesburgse verhoor het groot belangstelling gewek. Aand na
aand het die beelde van die slagoffers op miljoene televisieskerms
verskyn.

Die eerste gesig was dié van die bejaarde mev. Moleseng Anna Tiro, moeder van die bekende studenteleier Abraham Tiro. Sy het die hele pad van Zeerust gekom om die verhaal van die moord op haar seun te vertel. Abraham Tiro was een van die bekendste en welsprekendste studenteaktiviste van die sewentigerjare. By die Universiteit van die Noorde het hy by SASO (South African Students Organisation) aangesluit en baie gou as vlymskerp kritikus van die "blanke oorheersing van swart universiteite" na vore getree. Toe Tiro deur die Schlebusch-kommissie, wat onrus onder swart studente ondersoek het, as een van die agt gevaarlikste studenteleiers in die land aangewys is, het hy besluit om oor die grens na Botswana te vlug.

Met trane in haar stem het die ou moeder vertel hoe haar seun op 'n Vrydagmiddag 'n pakketbom uit die posbus by sy huis in Gaborone gehaal het. Toe hy dit in die eetkamer oopmaak, het die bom in sy gesig ontplof.

"Daar was mense buite wat die geluid van die ontploffing gehoor het, maar hulle het nie gaan kyk wat gebeur het nie. Eers die volgende oggend het 'n seuntjie wat 'n boodskap by die huis moes aflewer, op

Die Johannesburgse koerant The Star se siening van die proses: wit en swart skape word geskei.

die aaklige toneel afgekom. Abraham Tiro se gesig was heeltemal vermink. Op Sondag 3 Februarie 1974 was daar 'n klop aan mev. Tiro se deur. Die was die Polisie van Gaborone wat haar kom haal het.

Kort na mev. Tiro het Lorraine Lenkoe aan die woord gekom om van die dood van haar vader, James Lenkoe, te vertel. Hy is in reeds in 1967 in politieke aanhouding dood nadat hy volgens die destydse wetgewing 180 dae sonder verhoor opgesluit is. Toe was Loraine nog maar 'n dogtertjie van twee jaar oud. Maar tot vandag toe ly hulle gesin onder die nagevolge van daardie vreeslike dag.

◆ ◆ ◆

Net na middagete op die eerste dag was daar 'n verrassing. Nadat iemand in sy oor gefluister het, het die voorsitter op sy beurt iets vir die ondervoorsitter gesê, en toe haastig die saal verlaat. Tien minute later, terwyl mnr. George Dube met sy getuienis besig was, het die voordeur oopgegaan – en president Nelson Mandela, gevolg deur Tutu en die presidensiële lyfwag, het die saal binnegestap. "Madiba magic" was aan die orde van die dag! Soos een man het die skare opgestaan en die President toegejuig. Met 'n breë glimlag het mnr. Mandela ons almal aan die tafel kom handgee, met elkeen 'n woordjie gewissel. En toe met groot belangstelling op 'n stoel wat een van die WVK-personeellede voor in die saal in gedra het, gaan sit. Met erns het hy geluister.

Ironies genoeg – en tot die verleentheid van baie – was George Dube een van die eerste swart slagoffers van die ANC, wat in kleur en geur vertel het hoe sleg die ANC ampsdraers hom behandel het nadat hy landuit gevlug het om by dié organisasie aan te sluit. Hulle het hom (verkeerdelik, het hy verklaar) vir 'n spioen uitgemaak. Hy is saam met 'n aantal gevangenes aan allerlei swaarkry en vernedering uitgelewer, in Mosambiek, in Tanzanië en in Angola. Sonder omhaal van woorde het hy vertel van sy wedervarings in die Quibashi-tronk, van hoe van sy maats gesterf het, hoe hyself dikwels gemartel is.

Met 'n ernstige gesig het die President van Suid-Afrika – ook die president van die ANC – na die lang verhaal sit en luister. Toe George Dube uiteindelik klaar was, was mnr. Mandela se uur ook verby. Hy het opgestaan en die saal verlaat, terug Pretoria toe.

◆ ◆ ◆

"Salaam aleikum, auntie Hawa," het Fazel Randera mev. Hawa Timol die

Dinsdagoggend in die getuiebank verwelkom. Op haar getikte verklaring, langs die paragrawe waarin sy van haar seun Ahmed vertel, het ek dié dag die volgende nota geskryf: *Dis 'n aangrypende gesig! Die bejaarde vroutjie wat veel ouer as haar 76 jaar lyk, sukkel met haar oorfone. Haar twee seuns moet haar eers help. Sy vra of sy in Gujerati mag getuig. Sy vee haar trane af. Sy lyk baie broos ... en baie dapper. Toe sy eers begin praat, is dit soos 'n kraan wat oopgedraai word.*

In Oktober 1977 het die Polisie landswyd op 115 huise en kantore, waarvan die meeste aan Indiërs behoort het, toegeslaan, oënskynlik op soek na inligting en dokumente wat met verbanne organisasies – veral die Indian Congress Party – te make gehad het. Sewe persone is gearresteer, onder wie die dertigjarige Roodepoortse onderwyser Ahmed Timol en sy broer, Mohammed. Op 28 Oktober het mev. Hawa Timol berig van die Polisie ontvang dat haar seun Ahmed selfmoord gepleeg het deur van die tiende verdieping van die polisiehoofkwartier, John Vorster-plein, te spring. Dit was gedurende die vyfde dag van sy aanhouding.

Gedurende die week voordat die nuus van Ahmed se dood die Timol-gesin bereik het, is hulle dikwels deur die Polisie besoek. Op allerhande maniere is hulle, sowel as hul bure, geïntimideer. Hulle vrae oor Ahmed en sy broer is geïgnoreer. "In dié tyd het ek so bang geraak dat ek aan een van die polisiemanne gevra het of hy nie self huis toe wil gaan om vir sy eie vrou te vra hoe dit voel om 'n kind in die wêreld te bring – en om dan nie te mag weet waar die kind is nie! Ek onthou dat ek nog vir dieselfde polisieman gesê het: 'As my lyf 'n ritssluiter gehad het, kan jy my oopgerits het om te sien hoe seer ek binne kry.'" Met 'n stem wat af en toe wou wegraak, het auntie Hawa verder vertel: "Die Woensdag-middag is my man en seun moskee toe om die aandgebed te gaan bid. Drie polisiemanne ... het my huis binnegestap. Een van hulle het my in 'n stoel gedruk en toe vertel dat my seun Ahmed uit aanhouding probeer ontsnap het deur van die tiende verdieping van John Vorster-plein straat toe te spring. Ek moes vir my man sê dat die lyk in die Hillbrowse staatslykshuis was. Ek het so gehuil en geskree dat die bure gedink het ek word vandag gearresteer!"

Soos die Moslemtradisie vereis, is Ahmed se liggaam die Vrydag van die begrafnis eers moskee toe geneem om gereinig en gewas te word. Toe mev. Timol, nadat die liggaam huis toe gebring is, haar seun se gesig, wat toegedraai was, wou sien, wou vriende en familielede haar keer. "Ek het egter daarop gestaan dat ek my seun die laaste keer wou sien. Niks het my voorberei vir wat ek gesien het nie. Sy gesig was geskend. Dit het gelyk asof een van sy oë uit die oogkas gepluk is. Kneusmerke en beseringsmerke was oor die hele gesig. Mense wat sy lyf gesien het, het van die wonde oor sy hele liggaam gepraat. Sy naels was uitgeruk en die kis was met bloed besmeer." Mevrou Timol het vertel dat sy nie een oomblik geglo het dat haar seun selfmoord gepleeg het nie. Dit was vir hom onmoontlik om self deur die venster te spring! Tydens 'n geregtelike ondersoek het landdros J.J. de Villiers egter die Polisie se getuienis aanvaar. Timol was 'n geswore Kommunis, het hy gesê, en van partylede word dit verwag om selfmoord te pleeg eerder as om geheime te verraai. Die wonde aan sy liggaam moes hy reeds voor sy inhegtenisneming opgedoen het, is bevind – in weerwil van die getuienis van 'n bekende patoloog, dr. Jonathan Gluckman. In 1981 is haar man, wat nooit behoorlik van die skok herstel het nie, as 'n gebroke mens oorlede. Ahmed se broer Mohammed, wat eers maande na die gebeure vrygelaat is, het sy moeder kom ondersteun: "Sy het die afgelope vyf en twintig jaar, elke dag, die dood van Ahmed herleef."

◆ ◆ ◆

Die Timol-familie was nie die enigste Indiërgesin wat swaar gely het nie. Vroeër die Dinsdagmôre reeds het mev. Rokaya Salojee getuig dat haar man Suluman – "Babla" het sy vriende hom genoem – op 'n soortgelyke manier gesterf het. Die 32-jarige Salojee het as prokureursklerk gewerk toe hy vanweë sy bedrywighede as lid van die verbode Transvaal Indian Congress en die ANC gearresteer is. Op 9 September 1964 het hy, volgens polisiegetuienis, vanuit die sewende verdieping van die Greys-gebou, die destydse kantoor van die Veiligheidspolisie in Johannesburg, getuimel. Aan die klere wat na die tyd aan die familie teruggegee is, was dit duidelik dat Babla voor sy dood erg gemartel is.

"Die klere in die sak was vol bloed. 'n Mens kon nie eers meer sien watter kleur die klere was nie, alles was swart en hard van die bloed ... Ek wil weet wat met Babla gebeur het ... Sy folteraars moet aan die man gebring word."

"Babla was in 1964 reeds die vierde persoon in die land om – nadat die eerste noodtoestand in 1960 aangekondig is – in aanhouding te sterf," het kommissaris Yasmin Sooka tydens die verhoor vertel. "Teen 1990 was daar reeds 78 000 mense gearresteer, van wie 73 in aanhouding dood is. Geregtelike ondersoeke het tot die gevolgtrekking gekom dat 33 van die persone selfmoord gepleeg het. Vyf van hulle het na bewering gesterf deur uit geboue te spring."

◆ ◆ ◆

Twee blanke vroue het ook tydens die week se verhoor hul plek in die getuiebank ingeneem. Hul verhale oor die twee mans in hul lewe was – al was dit teen daardie tyd reeds redelik bekend – ewe skokkend.

Elizabeth Floyd, vriendin van die bekende Johannesburgse dokter en vakbondman Neil Aggett, het kom vertel hoe Aggett in November 1981 deur die Veiligheidspolisie gearresteer en na John Vorster-plein geneem is. Daar is hy sestig uur lank aan ondervraging onderwerp (tussen 28 en 31 Januarie). Hy is aangerand en gemartel, en in eensame opsluiting geplaas. Medegevangenes wat hom in die verbygaan gesien het, het gemerk hoe hy agteruitgaan. Enkele ure voor sy dood het hulle gesien dat daar bloed aan sy voorkop was, dat hy geweldig moeilik loop, soos iemand wat dodelik siek is.

Dr. Neil Aggett het selfmoord gepleeg deur homself in sy sel op te hang, het die landdros in die amptelike doodsondersoek bevind. "Die punt is egter," het me. Floyd verduidelik, "dat Neil nie sou gesterf het as hy nie gearresteer was nie. Almal van ons is skepties oor die soge-naamde selfmoord. Hy het nooit die tiende vloer van John Vorster-plein verlaat nie. Hy het niemand anders as sy ondervragers gesien nie ..."

Maggie Friedman, die vriendin van David Webster, senior dosent in sosiale antropologie aan die Universiteit van die Witwatersrand en bekende aktivis en kampvegter vir menseregte, het vertel hoe hulle twee op 1 Mei 1989 – 'n openbare vakansiedag – met hul honde op 'n uitstappie gegaan het. Met David se bakkie is hulle by 'n kwekery langs om plante vir die tuin te koop.

"David het bestuur. Hy het langs die straat, voor die huis, geparkeer. David het eerste uitgeklim om die agterdeur van die bakkie oop te sluit om die honde uit te laat. Ek het stadiger uitgeklim, aan die passasiers-kant. Met die uitklim, het ek 'n motor stadig die straat af hoor beweeg. Dit het geklink asof die motor terugplof toe dit by ons verbyry – en toe weer vinnig versnel. Ek het daarvan bewus geword dat David steier. Hy het vir my gesê dat hy met 'n haelgeweer geskiet is en dat ek 'n ambulans moes laat kom. Hy het toe op die sypaadjie geval en sy bewussyn verloor. Omtrent 'n halfuur later het hy in my arms gesterf."

Daar was verskeie ondersoeke na die dood van dr. Webster, het Maggie Friedman vertel. Onder hulle was die Harms-kommissie, wat volgens haar belangrike getuienis geïgnoreer het en nie reg aan David Webster laat geskied het nie. Daar was duidelik nog baie vrae wat onbeantwoord gelaat is. Dit was haar ernstige hoop dat die WVK die magte waaroor hy beskik, sou gebruik om al die nodige inligting te verkry. "Ek is oortuig daarvan dat David Webster se moord beplan en uitgevoer is deur mense wat binne die staatstrukture gewerk het, dat heelparty werknemers van die staat daarby betrokke was, of daarvan geweet het, dat staatsfondse vir die teregstelling gebruik is, en dat staatsorgane gebruik en gemanipuleer is om die moord te verdoesel."

Maggie Friedman se wens het in die daaropvolgende maande waar geword. By talle amnestieaansoeke en ander verhore sou die naam van dr. Webster na vore kom. Sou die WVK voor die afsluiting van sy termyn die volle waarheid ontrafel?

◆ ◆ ◆

Dat die stryd wat die afgelope dekades gewoed het, slagoffers uit alle sektore van die samelewing geëis het, het tydens die Johannesburgse verhoor alte duidelik geblyk. Dikwels was dit heel onskuldige mense, mans, vroue, kinders, wat in die kruisvuur beland het.

Van só 'n geval het Johan Smit, 'n Pretorianer, kom vertel.

"Tydens die Desembervakansie in 1985, was my vader, moeder en my kind, Cornio, met vakansie in Durban. Twee dae voor Kersfees is hulle na die Sanlam-winkelsentrum (in Amanzimtoti) om inkopies te doen, toe daar 'n bom ontplof het. Dit was in die oggend.

"My oom het ons geskakel ... Eers het hy net gesê daar was 'n ongeluk. Later het hy weer geskakel en gesê dit was ernstig, ons moes Durban toe kom. Eers met ons aankoms in Durban het ons uitgevind ons kind is dood! Hy is feitlik op slag dood ... Ek het by die hospitaal gehoor dit was 'n bomontploffing. Toe ek verneem my kind is dood, het ek dit nie geglo nie. Ek wou hom eers self sien.

"Die volgende dag het ons sy liggaam gaan uitken. My vrou en my pa moes my oortuig dit is my kind. My ma is ook in die hospitaal opgeneem. Sy het nog steeds las van haar voete. Daar is nou nog skrapnel in haar wat hulle nie kan uitkry nie.

"Direk na die bomontploffing het ek gesê ons moet ophou met die nonsens, dat ons met die ANC moet onderhandel. Ons het saam gesit en gedink dat ons nie daarvan sal hou om so onderdruk te word nie. Mense wou my afslag omdat ek so gesê het. Die enigste een wat my gebel het en gelukgewens het, was dr. Alex Boraine. Mense kon dit nie verstaan nie. Mense het gedink ek is 'n verraaier. Daar is sommige wat vandag nog so dink. Ons stel ook nie eintlik belang in wie die ontploffing beplan het nie. Ek wil ook nie weet nie. Wat verby is, is verby.

"Daar moet nou nie in die toekoms omgekeerde rassisme (in ons land) toegepas word nie. Daar moet van velkleur vergeet word. Daarom is regstellende aksie gevaarlik. Ons is almal net Suid-Afrikaners.

"Ons kind was agt jaar oud met hierdie gebeure. Die res van my familie voel nie soos ek voel nie. Ook nie my vrou nie. Ek weet dat as 'n mens in die Weermag is, jy bevele uitvoer. Jy doen wat vir jou gesê word.

"My vrou voel dit is 'n troos dat die persoon wat die bom geplant het, gehang is."

Andrew Zondo, 'n ANC-lid, is ter dood veroordeel – en tereggestel – vir sy aandeel in die bomontploffing. Hy het in die hof verklaar dat hy so woedend was oor 'n aanval van die Suid-Afrikaanse Polisie in Lesotho waarin onder andere Jackie Quin gedood is, dat hy dadelik ingestem het om die bom te plant toe sy bevelvoerder in Durban hom die opdrag gegee het. Ter versagting is aangevoer dat hy wel probeer het om 'n waarskuwing te rig, maar dat hy nie betyds by 'n telefoon kon uitkom nie.

◆ ◆ ◆

Die bomontploffing in Kerkstraat, Pretoria, op 20 Mei 1983 het heelwat aandag getrek. Ek onthou self nog hoe geskok die mense was. Dit was Pinkstertyd en in ons gemeente, Lynnwoodrif, soos in die meeste gemeentes van die NG Kerk, het gelowiges die aand kerk toe gegaan. Een van my kollegas, ds. Kobus Bezuidenhout, het ternouernood aan die dood ontkom. Oomblikke voor die bom ontplof het, het hy in Kerkstraat afgestap. In ons kerk het daar dankgebede opgegaan.

Maar almal was nie so gelukkig nie. Twee van hulle het hul verskyning in die getuiebank in Johannesburg gemaak.

Eers het P.F. Botha, 'n stafoffisier in die Weermag, vertel hoe hy op dié noodlottige dag toe 19 mense gesterf het en 219 beseer is, deur die geweld van die ontploffing tot binne-in 'n restaurant geslinger is. Dertien jaar later het hy nog las van sy veelvuldige beserings gehad.

Daarna het Marina Geldenhuys, 31 jaar oud, haar plek in die getuiebank ingeneem. "In een oomblik, een flits, is my jeug vernietig," het sy begin. Haar stem het plek-plek weggeraak toe sy verder vertel wat met haar as agtienjarige meisie gebeur het.

"Ek het pas die Nedbank-gebou, die hoofkwartier van die Suid-Afrikaanse Lugmag waar ek gewerk het, verlaat ... Dit was ongeveer kwart oor vier die middag. Net toe ek op die sypaadjie kom, het die bom ontplof. My kollega Paula Francke was saam met my.

"Al twee van ons is die lug in geblaas. Ons het reg binne-in 'n winkel geland. Mense het aangehardloop gekom om ons te help ... Ek is na die H.F. Verwoerd-hospitaal geneem, waar ek dadelik geopereer is ... Ek was drie dae lank bewusteloos. Ek het vier weke in die hospitaal deurgebring. Vir vyf maande kon ek nie gaan werk nie."

Marina Geldenhuys se gehoor is permanent aangetas. Daar was diep wonde aan haar bene. Sy moes talle veloorplantings ondergaan. Sy het inwendige beserings opgedoen en kan nou nog nie haar duime gebruik nie. Haar gesig dra die letsels van die ontploffing. Daar wag nog operasies op Marina. Bo alles was daar die emosionele skade wat sy te bowe moes kom.

Met 'n hartseer glimlaggie het Marina na die paneellede gekyk: "Ek was pas uit die skool toe dit alles gebeur het. My droom was om eendag 'n skoonheidskundige te word. Nou dra ek letsels oor my gesig, oral oor my liggaam. 'n Skoonheidskundige sal ek nooit kan wees nie. My droom lê aan skerwe ..." Toe een van die WVK-lede oor haar politieke agtergrond uitvra, het Marina geantwoord: "Ek kan regtig nie sê dat ek in die tyd baie bewus was van wat op politieke gebied aan die gang was nie. Ons het nie regtig geweet wat reg of verkeerd was nie. Ons was redelik verward. Maar terwyl ek gister en vandag na die getuienisse van ander slagoffers geluister het, dink ek ek verstaan iets van die frustrasie wat swart mense in daardie jare in ons land moes ervaar het."

Die Kerkstraatbom was nie 'n geïsoleerde insident nie. In die tagtigerjare het die ANC sy gewapende verset verstewig. In een jaar alleen (1982) is byvoorbeeld 29 gevalle van sabotasie, twee sluipmoorde en een gewapende aanval aan die ANC toegeskryf. Die opspraakwekkendste van al hierdie optredes was die aanslag op die Koebergse kragstasie in Desember 1982, toe vier ploftoestelle binne die kernaanleg ontplof het.

◆ ◆ ◆

Nog een van die toevallige slagoffers van wie sy moeder kom vertel het, was die jong skolier van Soweto, Mbuyisa Makhubu. Terwyl sy naam vir die meeste mense nie bekend klink nie, is sy gesig – die gesig van die jong seun wat die eerste kinderslagoffer van die 1976-opstand, Hector Peterson, in sy arms opgetel het – aan miljoene dwarsoor die wêreld bekend. Die foto van die huilende seun met die sterwende kind in sy arms het in byna in elke koerant op aarde verskyn. Op 'n metaalplaat teen die muur van die Hector Peterson-gedenkteken in Soweto is die foto afgeëts.

Vandag weet sy moeder nie wat van hom geword het nie.

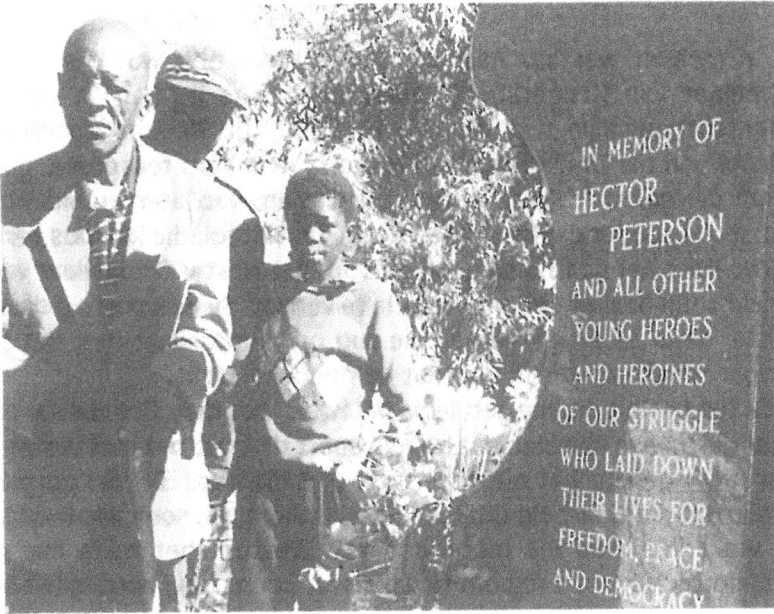

Die bejaarde mnr. Victor Peterson by die graf van sy seun Hector

Mevrou Makhubu het na die Waarheidskommissie gekom om hulp te vra om haar seun op te spoor. "Sy enigste oortreding was dat hy 'n kind wat geval het, opgetel het. Hy was nie 'n held nie. Hy het gedoen wat in ons tradisie vanselfsprekend is toe hy Hector Peterson sien val."

"Op die sestiende Junie," het sy bygevoeg, "is ons almal se lewe onherroeplik verander." Die oomblik toe daar foto's van Mbuyisa met die kind in sy arms geneem is, het hy 'n teiken vir die Polisie geword. Hy is op allerlei maniere lastig geval en geteister. Uiteindelik het hy besluit om die land te verlaat, eers as banneling in Botswana en daarna in Nigerië. In Nigerië het hy siek geword. Uiteindelik is hy as vermis aangegee. Niemand het ooit weer van hom gehoor nie.

"Elke jaar, as 16 Junie naderkom, plaas die koerante en die televisie allerhande sensasionele berigte. Maar wat vir hulle nuus is, besorg aan my pyn." Mevrou Makhubu het op 'n hartsogtelike noot afgesluit: "Vir my is die Waarheidskommissie my heel laaste kans om my kind te vind.

Ek wil met iemand wat hom gesien het, praat, met iemand wat iets weet."

◆ ◆ ◆

Nog 'n moeder wat oor haar seun kom praat het, was mev. Hester Grobbelaar van Krugersdorp. Haar seun was lid van 'n verregse studenteorganisasie wat die dag in 1990 toe Nelson Mandela die studente aan die Universiteit van Pretoria wou kom toespreek, gehelp het om die geleentheid te ontwrig. Die man wat later President sou word, moes sonder dat hy sy toespraak kon voltooi, die kampus verlaat.

Gevoelens het daarna so hoog geloop, het Hester Grobbelaar vertel, dat haar seun besluit het om Pretoria te verlaat. Sy was oortuig daarvan dat haar seun se eie kamerade die rug op hom gekeer het, dat hulle daarvoor verantwoordelik was dat hy doodgeskiet is.

"Ek het besluit om my getuienis te lewer," het mev. Grobbelaar gesê, "sodat die mense kan sien dat hierdie soort ding nie net met mense van ander rasse gebeur het nie, maar ook met blankes. Ek voel omgekrap en hoop dat die waarheid uiteindelik sal uitkom. Ek soek antwoorde op baie vrae. Wie was die moordenaars? Waarom het hulle my seun doodgemaak? Dis ons reg om te weet wat in ons land aangegaan het."

◆ ◆ ◆

En dan was daar, laastens, die moeder en haar skoondogter, Catherine Mhlangeni en die jong Seipoti Mhlangeni, wat vertel het van die noodlottige dag toe Bheki Mhlangeni, bekende prokureur en aktivis, op 'n skokkende wyse aan sy einde gekom het. As Bheki nie soveel sukses behaal het met sy werk, om vir die destydse Harms-kommissie inligting oor die Veiligheidspolisie se "hit squads" te versamel nie, sou hy na alle waarskynlikheid vandag nog geleef het.

Die trane het vryelik gevloei toe die ma en vrou van Bheki Mhlangeni hul storie vertel het. Van hoe toegewy hy in sy werk was. Hoe hy, toe sy moeder hom probeer afraai het om met sy gevaarlike werk voort te gaan, geantwoord het: "Ek leef om ander mense te help. Dis die werk wat ek wil doen." Al twee vroue het getuig hoeveel hy vir hulle omgegee het, in hoe 'n mate hul toekomsverwagtings om hom gedraai het. "Eendag gaan ek sorg dat Ma nie meer arm is nie," het hy beloof. "Hy was so bedagsaam dat hy nie eers omgegee het om my dogter se klere te was nie," het Seipoti bygevoeg. "Hy was vir my meer as my minnaar, hy was vir my 'n broer en 'n vriend!"

Al was hy met studieverlof het Bheki een middag 'n draai by die kantoor gaan maak – betyds om die noodlottige pakkie op te tel. Die pakkie was klaarblyklik bedoel vir Dirk Coetzee, vroeëre Vlakplaas-operateur wat intussen in die buiteland met die ANC begin saamwerk het. Die pakkie is nie afgelewer nie en is teruggestuur na die afsender, wat valslik as Bheki Mhlangeni aangegee is.

Die aand nadat Bheki en Seipoti van 'n bioskoopvertoning teruggekeer het – ironies genoeg was dit 'n vertoning van 'n politieke riller, *Reversal of Fortune* – wou Bheki die pakkie oopmaak. Binne-in was 'n draagbare bandmasjien met oorfone, plus 'n band getiteld: "New Evidence: Hit Squads". In die verlede het Mhlangeni met Coetzee oor dié sake gepraat, en hy wou klaarblyklik hoor waaroor die opname gegaan het. "Ek was al besig om uit te trek, om gereed te maak om bed toe te gaan," het Seipoti vertel. "Ek het nog vir hom gesê: 'Hoekom speel jy die bandjie nie op die hoëtroustel nie? Dan kan ek ook hoor …'

Maar Bheki het reeds die oorfone oor sy kop getrek en die bandjie in die masjien gedruk. Die volgende oomblik was daar 'n luide knal, soos 'n geweerskoot. Seipoti het haar man se lewelose liggaam grond toe sien val. Die ploftoestel in die oorfone het sy aaklige werk gedoen.

In skone paniek het Seipoti buitentoe gevlug. Toe die bejaarde Catherine Mhlangeni die huis ingegaan het – teen die raad van die bure wat buite saamgekom het – het sy haar seun aangetref, "in stukke geskiet … stukkies van Bheki, sy brein, het oor die hele kamer gespat". Bewoë het sy na die gehoor gekyk: "Dit was die einde van Bheki." Vir Seipoti, wat skaars twee maande tevore getroud is, was dit die einde van haar drome. Wally Mbhele, gesoute swart joernalis, het later opgemerk: "Selfs die mees geharde koerantmense het hul trane met moeite bedwing."

In die saal het simpatieke koppe geknik toe mev. Mhlangeni die kommissarisse toegespreek het: "Die moordenaars van my seun moet gevind en vervolg word! Ek verstaan dat Eugène de Kock van julle amnestie vra. Ek is daarteen! Toe hy daardie plofstof gepos het, het hy geweet mense gaan sterf. Ek is vandag 'n weduwee. Ek voel soos 'n uitgeworpene deur wat 'n man wat om amnestie aansoek doen, aan my gedoen het. Hoe kan 'n mens onskuldige mense vermoor en dan om amnestie vra?"

Aartsbiskop Tutu het in sy antwoord daarop gewys dat daar in die verlede baie slegte dinge gebeur het, dat baie mense haar pyn met haar deel. "Maar," het hy bygevoeg, "as u die amnestieaansoek wil teenstaan,

staan dit u vry. Niemand kan u verplig om te vergewe nie ..."

◆ ◆ ◆

Terug in die kantoor, die volgende Maandagoggend, is daar lank kajuitraad gehou.

Die Johannesburgse verhoor was 'n groot sukses, is gevoel. Heelwat belangrike getuienis het uitgekom. Hoe gaan ons die getuienis verwerk? Wat gaan ons uiteindelik daarmee maak?

Dat die Amnestiekomitee, wat binne dae met hul openbare sittings sou begin, met heelwat probleme en ook heelwat emosie te make sou kry, het tydens die verhoor duidelik geword. Catherine Mhlangeni, wat skepties was oor die maklike verlening van amnestie aan oortreders wat soveel leed in mense se lewe veroorsaak het, het namens talle ander gepraat. Daarby het ons nog gewag op die uitspraak van die Konstitusionele Hof na aanleiding van die klag van die Mxenge-, Biko- en Ribeiro-gesin wat die hele WVK-proses bevraagteken het.

'n Verdere, baie moeilike vraag was in watter mate 'n mens die getuienisse van die honderde slagoffers wat reeds skriftelik hul voorleggings gemaak het, asook van die groep wat hul getuienis in die openbaar gelewer het, kan aanvaar. Soos een joernalis dit gestel het: "Eet julle wraggieswaar alles wat julle hoor vir soetkoek op?"

Kort voor die verhoor het die bekende Johannesburgse advokaat, die man wat jare lank ANC-aangeklaagdes voor die hof verdedig het, George Bizos, die plaaslike WVK-lede onder hande geneem. Nadat hy die presiese regsprosedures wat ons sou moes toepas, verduidelik het, het hy ons gewaarsku: "Dit mag vir julle vreemd voorkom dat ék dit vir julle sê. Maar julle moet daarmee rekening hou dat selfs die ernstigste en eerlikste van alle getuies aan die algemene menslike swakheid, die swakheid van oordrywing, ly." Nou kon ons die wysheid van sy woorde ervaar. "Ons ondersoekspanne sal dag en nag moet werk," het Wynand Malan en sy mederegsgeleerdes op die kommissie die posisie opgesom.

"Hulle sal die nodige bewysmateriaal moet vind. Eers as hulle behoorlike, stawende getuienisse vir elke enkele voorlegging gevind het, sal ons bevindings kan maak." So sou dit dan ook gebeur. Dwarsdeur die volgende twee jaar het die Johannesburgse ondersoekspan – soos ook dié in die ander streekkantore – eers onder leiding van André Steenkamp, daarna Fanie Kilian, die land deurkruis. Polisierekords is aangevra, hospitaalverslae deursoek, radio- en televisieberigte oorgespeel, koerantartikels en verslae gefynkam, boeke gelees, ooggetuies ondervra.

Die opdrag was om vir elke storie van elke slagoffer en familielid wat voor die WVK moes dien, twee of drie stukke stawende getuienis te vind. Eers dan sou 'n bevinding gemaak kon word. Ongetoetste getuienis was nie vir die WVK aanvaarbaar nie. Daar was te veel op die spel.

'n Groeiende bron van bekommernis was die grootskaalse afwesigheid van blankes by die verhore. Klein groepies Afrikaans- en Engels-sprekendes het wel hul opwagting gemaak. 'n Paar ondernemende onderwysers het skoolkinders aangery. Maar die Oos-Londense kreet het in my ore bly klink: Waar is die mense met wie ons ons wil versoen? Dat ons hele personeel – veral Wynand Malan, Chris de Jager en ek - met nog meer ywer sou moes uitreik na ons blanke medeburgers, het soos 'n paal bo water gestaan.

Daar was darem ook rede tot vrolikheid. Na aanleiding van die verhoor van die afgelope week het 'n onbekende persoon, skuilnaam en al, die volgende slimmigheid na die WVK-kantoor gestuur – verwysende na die ernstige wyse waarop Desmond Tutu toegesien het dat elke getuie die voorgeskrewe eed behoorlik aflê:

TOOTH COMMISSION, OR K9
THE SWEARING IN:
I BISHOP DESMOND (TANDARTS) TU TUTH DO HEREBY SWEAR TO UPHOLD THE TOOTH, THE WHOLE TOOTH AND NOTHING BUT THE TOOTH. I APPOINT THE TOOTH FAIRY TO BE THE JUDGE OF RIGHT AND WRONG AND TO ENSURE THAT THERE IS NO FALSE TOOTH. THE MISSION SHALL BE TO STOP PEOPLE LYING THROUGH THEIR EYE TOOTH, IF NECESSARY TO DRILL THE TOOTH OUT, AND TO USE OUR WISDOM TOO(TH). WE SHALL DISCONTINUE THE USE OF COLGATE AS WE NOW WISH NOT ONLY THE WHITE TOOTH, NO FALSE TOOTH BUT THE REAL TOOTH, AND NOTHING BUT THE TOOTH.
SO HELP ME BITE!

20-21 MEI 1996: PHOKENG – DIE EERSTE AMNESTIEVERHOOR

Niks moes verkeerd loop nie. Die plek en die tyd, asook die saak wat verhoor sou word, is met groot sorg uitgekies. Die oë van Suid-Afrika en van die wêreld – bo alles die oë van die uitgesproke kritici van die amnestieproses – was op Phokeng gerig.

'n Entjie buite Rustenburg in die Noordwes-provinsie, in Phokeng, woon die Bafokeng-stam. Hulle is 'n onafhanklike groep mense, trots op hulle tradisie, en, anders as baie swart gemeenskappe in die omgewing van Rustenburg, glad nie arm nie. Vir baie jare reeds word daar op hulle stamgebied gemyn, wat aan die kaptein en die stamowerheid en die res van die Bafokeng-stam 'n bestendige inkomste bied.

Jare gelede het president Lucas Mangope, die staatshoof van Bophuthatswana, die gewilde Bafokeng-kaptein Molotlegi uit sy pos onthef en een van sy vertrouelinge in sy plek aangestel. Van die eerste dag was Glad Mokgatle 'n gehate figuur. Hoe meer hy sy gesag probeer afdwing het, hoe meer het die verset teen hom gegroei. Op 'n dag het twee jong heethoofde uit die stam, Boy Diale en Christopher Makgale, die kaptein in sy kantoor gaan konfronteer. Hulle het hom op allerlei maniere gedreig en later selfs ontvoer. Nadat hulle hom te lyf gegaan het, het Diale en Makgale besluit om die kaptein om die lewe te bring. As hulle dit nie doen nie, het hulle geredeneer, sal hy hulle by die Polisie aangee. Die hele Bafokeng-stam sou dit in elk geval verwelkom, daarvan was hulle seker.

Die twee jongmanne is later gevang en ter dood veroordeel. Met die afskaf van die doodstraf in die land is hul vonnis tot lewenslange tronkstraf verander. Toe die amnestieaanbod bekendgemaak is, was Diale en Makgale van die eerstes om aansoek te doen.

Feitlik die hele Bafokeng-stam het in die groot gehoorsaal, wat die stam met sy eie fondse gebou het, saamgedrom.

◆ ◆ ◆

Voordat regter Hassen Mall, voorsitter van die Amnestiekomitee, en sy twee kollegas, regters Andrew Wilson en Bernard Ngoepe, saam met die twee advokate, Chris de Jager en Sisi Khampepe, hulle plekke in die saal kon inneem, moes daar heelwat gebeur ...

Nie net die Amnestiekomitee nie, maar al die kommissarisse en komiteelede het weke tevore reeds moeite gedoen om die gedeeltes van die wet wat op amnestie van toepassing is, te bestudeer. Talle vergaderings en werkswinkels is gehou. By twee geleenthede, in Johannesburg en in Kaapstad, het professor Carl Norgaard, bekende Deense juris wat destyds 'n groot rol gespeel het by die vasstel van die amnestiekriteria wat deur die Chileense waarheidskommissie aanvaar is, aan die besprekings deelgeneem. Hy en sy vrou, self 'n regskenner, het spesiaal vir dié doel na Suid-Afrika gereis.

Die Norgaard-beginsels is ook in die Suid-Afrikaanse WVK-wet opgeneem. Kortweg het dit daarop neergekom dat amnestie aan oortreders toegestaan sal word, op voorwaarde dat hulle bereid is om 'n volle blootlegging te maak van die gebeurtenis waarvoor hulle amnestie vra. Die konteks en die motief van die daad moes verder in ag geneem word. As die oortreder kon aandui dat hy 'n opdrag gehad het om die daad te pleeg, of dat hy dit in terme van die militêre stryd gedoen het, of selfs dat hy die een of ander politieke motief daarvoor gehad het, kon amnestie aan hom verleen word. Die amnestieaanbod was verrassend wyd en ruim. Geen strafregtelike saak sou meer vir dié bepaalde oortreding teen die oortreder aanhangig gemaak kon word nie. Siviele eise sou ook nie meer ingestel kon word nie. Die oortreder wat amnestie kry, sou so vry soos 'n voël die hofsaal verlaat. Dit is nie as voorwaarde gestel dat die applikant berou moes toon vir sy dade of dat hy spyt moes uitspreek teenoor diegene wat hy verontreg het nie. Vir baie van ons – vir my ook – het hierdie bepaling vreemd voorgekom. Die minste wat 'n mens van 'n oortreder sou verwag, is om te sê: "Ek is jammer!" Regter Mall het dit egter in perspektief geplaas: "Dis baie goed dat daar nie so 'n vereiste in die wet is nie. Want hoe kan jy 'n man se hart lees? Hoe sal 'n mens ooit weet dat hy opregte berou het, of hy nie maar net die regte woorde sê nie? So 'n voorwaarde sou party mense dwing om oneerlik te wees." Die eerste reeks amnestieaansoeke het feitlik almal uit gevangenisse gekom, heel dikwels van gewone misdadigers wat geensins gekwalifiseer het nie, maar – heel verstaanbaar – 'n kans wou waag. Allerlei vindingryke motiewe is uitgedink: bankrowers wat derduisende rande weggedra het omdat hulle dit eintlik aan 'n politieke party wou oorhandig om sy verkiesingsonkoste te help dek!

Maar Diale en Makgale se saak was anders. Volgens regskenners, wat die saak van alle kante bespreek het, het hulle 'n goeie kans gestaan.

◆ ◆ ◆

Chris de Jager, wat nie wou gehad het dat daar iets tydens die Phokeng-verhoor skeefloop nie, het vir my en Tom Manthata weke tevore na Phokeng vergesel. Ons moes 'n inligtingsvergadering gaan hou en Chris wou dinge met die oog op die amnestieverhoor gaan deurkyk. Na die byeenkoms het ons by die waarnemende kaptein, 'n vrou, gaan eet, net om alles nog 'n keer deur te praat.

Vir my en Tom, lede van die Reparasie-en-rehabilitasiekomitee, was dit net so belangrik dat alles glad verloop. Dié komitee het immers die opdrag gehad om die slagoffers en hul familielede, ook dié wat die amnestieverhore sou bywoon, by te staan en te begelei. 'n Vraag wat ons hewig onder mekaar gedebatteer het, was of oortreders ook op begeleiding aanspraak kon maak. Die proses het alreeds soveel aan hulle gebied. Moes ons hulle ook nog bystaan en troos? Hoe meer ons gepraat het, hoe meer het die oortuiging egter gegroei: Ja, ons het 'n verantwoordelikheid teenoor die oortreders en hulle gesinne. Sommige van die oortreders kon ook as slagoffers beskou word, is gesê. Om van hulle gesinne nie eens te praat nie. Baie vroue en kinders het nooit 'n idee gehad waarmee die mans besig was nie. Baie van hulle was so geskok oor die onthullings dat hulle inderdaad professionele hulp nodig gehad het. Meer nog, as die einddoel van die WVK-proses versoening in die land was, het ons nie 'n keuse gehad nie: ons moes alles in ons vermoë doen om ook die oortreders te help om weer hul plek in die samelewing in te neem.

Maar Diale en Makgale het nie regtig ons komitee se ondersteuning nodig gehad nie. Die hele gemeenskap was in die saal en het hulle luid ondersteun.

◆ ◆ ◆

Twee dae lank het regter Mall en sy kollegas na die verhaal van die twee jongmanne geluister. Talle vrae is gestel, regspunte geopper. Toe Boy Diale en Christopher Makgale vertel hoe hulle die kaptein ontvoer het, kon jy 'n speld in die saal hoor val. Sonder om doekies om te draai, het die twee oortreders, amper hou vir hou, beskryf hoe hulle Glad Mokgatle vermoor het. Veel berou het hulle nie eintlik getoon nie. Hulle het die Bafokeng-stam 'n guns bewys! Dit was duidelik dat die meeste mense in die saal saamgestem het.

Toe die verhoor so te sê verby was, het daar iets gebeur waaroor ons nog lank sou praat, iets wat die bloed warmer deur jou are laat klop het. Heel onverwags het die seun van die vermoorde kaptein Mokgatle 'n dringende boodskap aan die voorsitter gestuur. Sou hy 'n spreekbeurt kon kry? Hy het iets op die hart gehad. Toe regter Mall instem, het die jongman op die verhoog geklim. Hy het na Diale en Makgale en na die skare voor hom gedraai.

"Ek staan vandag hier as die seun van die man wat julle vermoor het. Van gister af luister ek al hoe julle dit gedoen het en hoekom julle dit gedoen het. Ek dink ek begin verstaan waarom julle hom so gehaat het. Die afgelope jare leef ons familie onder 'n wolk oor alles wat gebeur het. Nou wil ek graag my hande na julle uitsteek en vergifnis vra vir wat my pa julle aangedoen het. Vergewe ons asseblief! En as julle van julle kant af my en my familie se vergifnis wil hê, gee ons dit graag." Toe die jongman die twee moordenaars omhels, het 'n luide applous uitgebreek. Iemand het 'n loflied begin sing, waarby die hele saal ingeval het.

Die eerste amnestieverhoor, wat met soveel vrae begin het, het op 'n hoë noot afgesluit.

◆ ◆ ◆

Die eerste hoofstuk van die verhaal was geskryf. Die eerste skof op die Groot Trek deur die verlede van ons land was agter ons. In die geheel gesien, het dit redelik voorspoedig verloop. Die eerste besluite is geneem, die eerste prosedures aanvaar. Foute is ook gemaak, maar dié sou in die maande wat voorlê, hopelik reggestel kon word. Dat die volgende skof veel vinniger sou verloop, dat hoër eise gestel sou word, dat daar meer hindernisse in die pad sou wees, dit kon ons reeds raai.

In dié dae is 'n filmweergawe van Ariel Dorfman se drama *Death and the Maiden*, wat oor die Chileense waarheidskommissie handel, oor die Suid-Afrikaanse televisie uitgesaai. Een aanhaling wat in my kop bly draai het, het by die afsluiting van die eerste skof – en by die aanpak van die nuwe skof – alles gesê:

Hoe moet ons die verlede lewend hou
sonder om sy gevangene te word?
Hoe moet ons dit vergeet
sonder die gevaar van herhaling in die toekoms?

VIA DOLOROSA

Die tweede skof van die reis het op 'n vrolike noot begin. Die groepie WVK-lede wat die dag na die ampswoning van die President in Pretoria gereis het om die eerste interimverslag van die Waarheidskommissie aan president Mandela te oorhandig, is met gasvryheid oorlaai. Daar was genoeg om te eet en te drink. En die President was sy sjarmante self. Met elkeen van ons het hy 'n praatjie aangeknoop, gevra hoe ons ons werk op die Waarheidskommissie ervaar.

Die oorhandiging van die eerste halfjaarverslag van die WVK aan president Nelson Mandela

Die koerante was in dié dae propvol nuus oor die verhouding wat daar tussen die President en mev. Graça Machel, die weduwee van die vorige staatshoof van Mosambiek, aan die ontwikkel was. Tyd vir korswil was daar genoeg, en om die tafel het aartsbiskop Tutu die staatshoof gelukgewens – en goedig gespot. Op sy beurt het die President die draak gesteek met die voorsitter van die WVK wat na die eerste ses maande alreeds besluit het dat die kommissie nie betyds gaan klaarkry nie, wat na ses maande se werk al klaar vir ses maande se uitstel kom vra het. Is dit hoe die kerk sy aartsbiskoppe leer om te beplan?

Tydens 'n fotosessie het die President ons op een staaltjie na die ander getrakteer, van hoe hy met sy Robbeneiland-agtergrond moes leer om homself in die deftige ampswoning, Mahlambandlopfu, tuis te maak. Sy pad, sy "long walk to freedom", het merkwaardig verloop. Maar wat van die ander slagoffers in die land, die duisende mans en vroue en kinders wat elk hul eie paadjie deur 'n donker verlede moes vind?

Hoe sou dit met die Waarheidskommissie op sy Groot Trek, dwarsdeur die land, dwarsdeur die verlede met al sy pyn en lyding, met die onreg en die stryd, die bloed en die trane, gaan?

Vir die Waarheidskommissie, vir die slagoffers en hul gesinne, vir die oortreders, eintlik vir almal in die land, was die tweede skof niks minder nie as 'n *via dolorosa*, 'n weg van smarte.

◆◆◆

Gedurende die volgende ses maande sou WVK-spanne na al vier windrigtings vertrek, om dwarsdeur die land inligtingsvergaderings te hou en slagoffers te ontmoet. En, veral, om verhore te hou. Uiteindelik is daar, toe die Desembervakansie aanbreek, gerapporteer dat 57 verhore gehou is: 45 menseregteskendingsverhore en 12 amnestieverhore.

WVK-spanne het na die groot Suid-Afrikaanse stede vertrek om te midde van wye mediabelangstelling na getuies te gaan luister – in Johannesburg en Pretoria, in Kaapstad, Port Elizabeth en Oos-Londen, in Durban en Pietermaritzburg en Bloemfontein. Ander spanne het na die provinsiale hoofstede vertrek waar groepe slagoffers hulle ingewag het: in Pietersburg, Mmabatho, Nelspruit en Bisho. In die groot myndorpe van die land – in Welkom en Klerksdorp – het daar verhore plaasgevind. In KwaZulu-Natal, in Empangeni, Port Shepstone en Newcastle, het baie gewonder of dit, te midde van die ANC-Inkatha-stryd, veilig genoeg was om na die verhore te kom – en toe tóg gekom. In die groot swart woongebiede van Gauteng, in Soweto en Alexandra, in Sebokeng en Boipatong, het getuies hul verhale van massamoorde en geweld kom vertel. In Moutse, anderkant Pretoria, het mans en vroue tougestaan om gehoor te word.

In Uitenhage in die Oos-Kaap, asook in Umtata en Queenstown, het plakkate langs die strate van WVK-verhore vertel. In die Suid-Kaap was George die bestemde plek. In twee Bolandse dorpe, in die Paarl en Worcester, het kommissarisse en komiteelede na die ervarings van plaasarbeiders en sakelui, dominees en aktiviste, gaan luister. In twee dorpe langs die Oranjerivier, honderde kilometer van mekaar, in Aliwal-Noord en Upington, het slagoffers en familielede aangemeld. Een WVK-trek het na drie Karoo-dorpe vertrek, na Beaufort-Wes, Hanover en De Aar, om verhore te hou. 'n Ander na die Hoëveld, om in Kroonstad en Potchefstroom getuies in te sweer. In die veraf platteland, in Thohoyandou, het slagoffers van wie die wêreld skynbaar vergeet het, hul verhale op die tafel kom sit.

'n Groot verskeidenheid mense het kom getuig. Politieke leiers het namens hul partye voor die mikrofoon ingeskuif. Hoëprofielpersone wie se verhale alreeds bekend was, het gevolg. Oor hul wedervarings is koerantartikels, soms boeke, geskryf. Van party is films en televisie-programme gemaak. Die meeste getuies was egter doodgewone, dikwels halfvergete mans en vroue, soms kinders, wat hul verhale kom vertel het. Vir my het dit dikwels gevoel asof ek saam met die ander WVK-lede die pynlike, maar ook ongelooflik wonderlike voorreg gehad het om as 't ware met 'n reuse fotoalbum van die geskiedenis van ons land voor ons te sit. Uit alle oorde het 'n stroom mense gekom, verteenwoordigers van alle gemeenskappe, swart, bruin, wit, om die foto's van hul ervarings in die album te kom plak. Teen Desember 1996 het 6 000 slagoffers reeds hul verklarings by die WVK-kantore ingelewer. Van hulle het 1 200 in openbare verhore opgetree.

Maar van trane gepraat. Vir talle Suid-Afrikaners wat saans na die WVK-uitsendings oor die televisie gekyk het, het die huilende gesigte vreemd en ontstellend voorgekom. Baie het hul daaraan geërger. Baie gou het die WVK, as gevolg van die baie papiersakdoekies wat deur getuies en familielede gebruik is, die bynaam "die Kleenex-kommissie" gekry. En tog was die trane belangrik. Vir die meeste slagoffers was hul getuienis voor die WVK 'n katartiese ervaring, was die trane wat gevloei het helende trane. Vir talle wat jare lank alleen met hul hartseer en pyn, dikwels met groot frustrasie, geworstel het, was dit al wat hulle nodig gehad het: om 'n slag gehoor te word. Een man het een oggend tydens die Soweto-verhoor namens duisende gepraat: "Toe die offisier my destyds in John Vorster-plein gemartel het, het hy vir my gelag: 'Skreeu maar jou kop af, niemand sal jou ooit hoor nie!' Hy was verkeerd. Vandag is daar mense wat hoor."

9 JULIE 1996: TUTU BY DIE VROUEMOMUMENT

Vir Afrikaners was die onthullings waaroor daar dag na dag in die koerante en oor die radio en televisie berig is, pynlik. In 'n heel spesiale sin van die woord was die tweede skof van die Waarheidskommissie ook vir hulle 'n *via dolorosa*, 'n weg van smart.

Omdat ek 'n dominee is, is ek genooi om feitlik elke Sondag – partykeer ook in die week – voor gemeentes dwarsoor ons land op te tree, om eredienste te hou, om oor vergifnis en versoening te preek, om veral na die diens vrae te probeer beantwoord. Die vrae wat feitlik elke keer in elke gemeente geopper is, het die vrae in my eie hart weerspieël: Was dit regtig moontlik dat al hierdie dinge kon gebeur het? Is dit alles waar? Hoe moet ons dit verwerk? Ons het dit nooit geweet nie, in elk geval nie alles nie. In watter mate is ons tog skuldig? Uiteindelik ook: Hoe nodig is dit om juis nou in hierdie moeilike oorgangstyd, al die narighede te gaan oprakel? Soms was die diskus-sies pynlik, ander kere heftig.

Op 9 Julie het daar op die middelblad van die Johannesburgse koerant Beeld 'n groot foto van aartsbiskop Tutu verskyn. 'n Paar dae tevore het hy, as voorsitter van die WVK, die Vrouemonument in Bloemfontein gaan besoek. Dis nogal 'n treffende foto: Desmond Tutu in sy biskoplike drag, voor die beeld van die twee vroue met die sterwende kind. As daar maar 'n waarheidskommisie ná die Anglo-Boereoorlog was, het Tutu by meer as een geleentheid opgemerk, as daar maar 'n geleentheid was waartydens al die onreg en pyn van daardie oorlog – alles wat aan die vroue en kinders in die krygsgevangenekampe gedoen is – in die oë gekyk en deurgepraat kon word, hoe anders sou die politieke geskiedenis van Suid-Afrika nie verloop het nie? Maar die boeke het toegebly – en vir meer as 'n halwe eeu het Afrikaner en Engelsman die oorlog bly oorveg. Spoke wat 'n mens nie hanteer nie, bly by jou spook!

Terwyl ons 'n week later in die motor op pad was na 'n byeenkoms in Pietersburg, het ek en Tom Manthata oor die prentjie gesels: Tutu by die Vrouemonument. Tom, oudaktivis, een van die Komitee van Tien wat Soweto in die sewentigerjare met 'n ysterhand regeer het, was my gids na die swart gemeenskap. In Soweto het omtrent almal hom geken. Om met hom deur die strate te stap was 'n ervaring! Maar ook in die Noordelike Provinsie het sy spore gelê. Tydens die *struggle* het hy van dorpie na dorpie gereis om steun vir die ANC te werf. Oor wát alles wáár gebeur het, het hy alles geweet.

Maar dié keer wou Tom oor die Afrikaners gesels. "Ons het dikwels vir mekaar gesê dat, van alle mense, die Boere ons stryd moes verstaan het. Hulle het lank genoeg teen die Engelse geveg om hul eie onafhanklikheid te verkry. Die Afrikaners het ervaar wat dit beteken om in ballingskap te gaan, om in die tronk te sit ter wille van hul vryheidsideale. Dis ironies dat dit juis die Afrikaners was wat apartheid gevestig het, wat ons deur die jare so swaar laat leef het."

Na 'n rukkie het Tom weer gepraat. 'n Dag of wat tevore het ons twee 'n aantal Afrikaners in Warmbad, in die pastorie van een van die dominees, ontmoet. Dit was 'n aangename ontmoeting, met koffie en koeksisters, maar Tom het tog gewonder.

"Dit pla my dat die Waarheidskommissie nie daarin slaag om behoorlik met die Afrikaners te kommunikeer nie. Die mense met wie ons eergister gepraat het, is goeie, gawe mense. Maar dit voel vir my asof hulle bra afsydig staan, asof hulle nie regtig die nodigheid van die proses insien nie."

In Pietersburg is Tom se vermoede bewaarheid: 'n saal vol swart mense, 'n klompie Indiërs en kleurlinge. Maar die blankes – Afrikaners en Engelse – sou nie twee rye stoele volgesit het nie.

My gevoel, wat ek ook met Tom gedeel het, was: Dis nie net dat hulle nie wou kom nie. Dis vir hulle *swaar* om te kom, swaar om voor die spieël van die geskiedenis te gaan staan.

En tog was dit vir die hele land van belang dat blankes wel aan die proses deelneem. Tussen my Pietersburgse papiere was daar 'n koerant-uitknipsel waarin Beyers Naudé 'n rukkie tevore, in Durban, 'n ernstige pleidooi gelewer het dat blankes wat in die verlede deel gehad het aan politieke geweld, wat aan growwe menseregteskendings skuldig was, na vore moes kom. Die "donderende stilte" van die groot groep oortreders was skokkend! Maar saam met die oortreders was dit oneindig belangrik dat gewone Afrikaners, dié wat hulle nie aan growwe skendings skuldig gemaak het nie, hulle met die proses moes vereenselwig. Hulle was dit aan die slagoffers – en ook aan hulleself – verskuldig om te kom en te luister.

Sommige Afrikaners het wel hul draai by die menseregteskendings-verhore gemaak, om te hoor wat gesê word en ook om te kom praat. Die getuienisse wat hulle gebring het, het 'n besliste impak gehad. Toe 'n jong teologiese student uit Bloemfontein by een van die verhore kom vertel het hoe sy hele lewe verander het die dag toe hy met sy pa se bakkie oor 'n landmyn gery het, het dit talle swart Suid-Afrikaners in die gehoor se oë laat oopgaan: daar was ook slagoffers aan die ander kant.

Talle verhale wat egter vertel moes word, is ongelukkig nooit gehoor nie: plase wat aangeval is, lewens wat geneem is. Die WVK-proses het beslis skade gely as gevolg van die onwilligheid van sommige om te kom getuig. In Messina en Louis Trichardt moes ek persoonlik 'n aantal slagoffers bel. "Ons het julle ervarings nodig. Wat met julle gebeur het, moet aan die groot klok gehang word," het ek probeer verduidelik. Hulle was egter nie gewillig om te getuig nie. "Nee wat," was 'n tipiese reaksie, "laat die swart mense maar hul huile gaan huil. Dis nie ons styl nie ... ons probeer maar op ons eie manier vrede maak met die verlede."

22 JULIE 1996: OP BESOEK AAN DIE BROEDERBOND

Die gesprek oor die Afrikaners en die Waarheidskommissie is 'n paar dae later voortgesit toe ek en Wynand Malan na die hoofkantoor van die Afrikanerbond genooi is. Vir my, wat my lewe lank ver anderkant die draad van die Broederbond gestaan het, was dit 'n interessante ervaring om deur die voordeur van Die Eike te stap. Vir Wynand Malan, wat in sy vroeëre lewe 'n voorste broeder was voordat hy uit die AB bedank het, was dit bekende terrein. Boet Schoeman en sy kollegas op die Uitvoerende Raad van die AB het ons vriendelik verwelkom.

Tydens die gesprek het ek en Wynand ons bes gedoen om die WVK-proses te verduidelik en om die baie vrae wat geopper is, te antwoord. Dit was duidelik dat die persepsie reeds aan die groei was dat die WVK eensydig was, dat 'n aantal kommissarisse hul mes ingehad het vir die Afrikaner en sy instellings. Vir my was dit weer belangik dat die Afrikaanse gemeenskap die historiese geleentheid wat die WVK bied, moes benut – om saam met hul mede-Suid-Afrikaners die reis deur ons gemeenskaplike verlede na die toekoms wat op ons almal wag, aan te pak. Die Broederbond behoort dit te oorweeg om 'rr formele voorlegging aan die WVK te maak, het ek en Wynand benadruk. Die perspektief wat die AB al die jare op die samelewing gehad het, die inligting wat hulle alleen kon verskaf, ook oor die AB se eie invloed en bedrywighede, sou vir die skryf van die finale verslag van deurslaggewende betekenis wees.

Dr. Gerrit Viljoen, oudakademikus en oudpolitikus, se afskeidswoorde het ons ernstig opgeneem; so ernstig dat ek en Wynand dit in 'n memorandum aan die voorsitter en ondervoorsitter van die WVK deurgegee het: "Julle sal iets moet doen wat julle kommunikasie betref. Ons aanvaar graag julle woord dat die WVK billik en onpartydig wil optree. Maar die persepsie van die mense – gevoed deur wat hulle daagliks in die pers lees en oor die radio en televisie verneem – is anders. Ons mense beleef die Waarheidskommissie as 'n heksejag!" Een van sy kollegas het bygevoeg: "Dit voel vir ons asof julle ons almal al klaar skuldig bevind het, en almal was darem regtig nie skuldig aan die vergrype nie."

Terwyl ons oor dié dinge gesit en gesels het, het die eerste slagoffers met hul gesinne in die groot Katolieke Regina Mundi-kerk in Soweto, 'n halfuur per motor van Die Eike, begin aanmeld. Dieselfde oggend sou die Soweto-verhoor begin.

22-26 JULIE 1996: DIE SOWETO-VERHOOR (1) – ASPEKTE VAN PYN

Mense het op verskillende maniere op hul pyn – op die lydensweg waarop die WVK ons almal geneem het – gereageer. Daarvan was die Soweto-verhoor 'n sprekende voorbeeld.

Die eerste oggend van die verhoor, vroeg, net voor die eerste getuie ingesweer is, het aartsbiskop Tutu 'n openingswoord gespreek. Dat die verhoor in Soweto gehou word, was van simboliese belang. Soveel van wat in die geskiedenis van Suid-Afrika afgespeel het, bo alles die "swart" geskiedenis van die land, het met dié groot swart stad te make gehad. Van hierdie historiese verhale en episodes sou gedurende die volgende dae aan die orde gestel word.

Maar voordat dit kon gebeur, het Tutu verklaar, wou hy eers 'n brief voorlees. Die brief wat 'n blanke dominee uit die NG Kerk aan die WVK gestuur het, het 'n geweldige indruk op die gehoor gemaak. Ek het gewens dat alle Afrikaners – ook die broeders van Die Eike – dit kon hoor.

Na aanleiding van die dinge wat die afgelope jare in ons land gebeur het, het die dominee oor sy persoonlike via dolorosa geskryf:

"Ek is 33 jaar oud, gebore in Suid-Afrika ... My moeder is 'n goeie mens wat sover as wat sy kon, probeer het om reg te lewe teenoor haar medemens. Maar sy was ook maar 'n kind van haar tyd. Ek het met haar oor die dinge gepraat wat die afgelope dekades gebeur het, en dan hoor ek ... (die) woorde soos 'n refrein: 'Maar ons het niks daarvan geweet nie.' Dit is vir my die ... moeilikste ding om te glo, te verwerk en te aanvaar. Dan weet ek in my familie se verlede is daar 'n verskriklike donker kol en dit lyk soos 'n swart hand wat uitsteek op soek na hulp. Dan huil ek oor dit wat gebeur het, al kan ek niks daaraan verander nie. Dan soek ek in my binneste om te verstaan, hoe is dit moontlik dat niemand eenvoudig geweet het nie? Hoe is dit moontlik dat so min iets daaraan gedoen het? Hoe is dit moontlik dat ek ook maar baiekeer net toegekyk het? Dan wonder ek hoe is dit moontlik om met daardie skuld en skande van ons in my binneste saam te lewe? Ek weet nie wat om te sê en te doen nie.

"Ek vra hiervoor om verskoning. Ek is jammer oor al die pyn en die hartseer. Ek sê dit nie maklik nie. Ek sê dit met 'n hart wat stukkend is en met trane in my oë. Dan vra ek, vergewe my die kere dat ek weggekyk het, die kere dat ek stilgebly het, die kere dat ek weggeloop het. Die Here weet, sonder julle vergifnis kan ek en ander soos ek nie verder nie. Dit lê te swaar en te seer op my en dan weet ek dat julle seer en julle pyn nog groter en swaarder as myne is, maar ek vra my broer en suster in Christus, vergewe my.

"Mag die Here julle baie genade, wysheid en krag gee vir julle werksaamhede. Mag Hy julle toevou met sy liefde sodat julle staande kan bly in die aanhoor van die gruwels wat gepleeg is."

◆ ◆ ◆

'n Groot verskeidenheid mense het kom getuig. Politieke leiers het namens hul partye voor die mikrofoon ingeskuif.

In dié dae het Lesley Morgan, 'n Engelssprekende vrou van een van die noordelike voorstede van Johannesburg, 'n soortgelyke verklaring gemaak. Sy het kom vertel hoe pynlik die pad deur die verlede vir 'n blanke vrou kan wees. Sy was nie 'n dominee nie, maar tog iemand wat in die Presbiteriaanse kerk 'n leidende rol gespeel het. By 'n openbare vergadering in die middestad het Lesley Morgan haar hart uitgestort:

"Ek is 47 jaar oud, 'n middeljarige, middelklas Suid-Afrikaanse huisvrou, 'n ouderling in my gemeente, eggenoot, ma, verpleegsuster van beroep … Ek het met al die voorregte en geleenthede van 'n blanke grootgeword … as kind was ek totaal onbewus van die lot van baie ander, minder-bevoorregte mense om my – nie omdat ek ongevoelig was nie. Ek het hulle net nie raakgesien nie. In die hoërskool het ek meer bewus daarvan geraak. Ek onthou nog ons warm klaskamerdebatte.

"In my twintigerjare is 'n hele paar van my universiteitsvriende deur lede van die Veiligheidspolisie lastig geval en in hegtenis neem. Dit het my met woede gevul, maar ook met magteloosheid.

"In die laat sewentigerjare en die vroeë tagtigerjare was ek reeds getroud, ma van 'n jong gesin. Ek was ten volle daarvan bewus dat verskriklike dinge om my aan die gebeur was, maar my vrees het my verlam. Ek was nie 'n aktivis nie. Ek was bang om gearresteer te word, bang om sonder verhoor aangehou te word, bang om gemartel en gedood te word. Ek het nie eers die verskoning dat ek nie geweet het nie. Ek het die publikasies van die Black Sash gelees, ek het van die vreeslike apartheidswette geweet ... God vergewe my, ek het niks gedoen om beswaar te maak nie.

"Die WVK se menseregteverhore het my vermorsel! Ek het dit op televisie gevolg en in die koerante daarvan gelees. Ek het uit woede en afsku gehuil. Ek het 'n sterk gevoel van ontkenning ervaar ... ek wou die dinge nie glo nie ... Ek voel aandadig ... ek voel ek is 'n mislukking. 'n Aanhaling wat ek lank gelede gelees het, spook nog altyd by my: 'Vir die Bose is dit meer as genoeg as goeie mense net niks doen nie.'

"Dit pla my dat ek nie die WVK se verhore bygewoon het nie. Ek het daaroor met my gemeentelede gepraat. Ek weet dat ons afwesigheid die swart gemeenskap seermaak. Ek kan my nie voorstel hoe dit moet voel om jou pyn in die openbaar bloot te lê, om jou hand in vergifnis uit te steek – net om uit te vind dat daar niemand is om jou hand te vat nie! Dis nie ontkenning wat my weghou nie ... dis my skaamte wat my oorweldig. Ek vind dit feitlik onmoontlik om julle in die oë te kyk."

Na aanleiding van 'n verhoor wat sy wél bygewoon het, skaars 'n week tevore, het Lesley Morgan voortgegaan:

"As iemand my 'n week gelede oor my geloof uitgevra het, sou ek my antwoord gereed gehad het: Ek glo in God die Vader ... ek glo in Jesus my Verlosser ... ek het probeer om my geloof uit te lewe ... om die aanwysings van die Bybel getrou te volg. Ek het God met my hele hart liefgehad ... my naaste dikwels met minder sukses! ... Ek kom uit die Gereformeerde tradisie. Pinkster- of charismatiese ervarings is vir ons bra vreemd. Maar verlede Woensdag, toe ek na 'n konferensie oor armoede in ons land op pad was ... het ek die stem van Christus gehoor. Ek het die noodroep van die armes gehoor, het Hy my laat verstaan, en niks daaraan gedoen nie. Soos Petrus het ek, ter wille van my eie sekuriteit en veiligheid, my Here verloën. My hart het, soos Petrus s'n, oorgeloop van smart ... Die besef dat my geloof so klein, so selfsugtig, so leeg is, het my gebreek. Ek het bely dat ek 'n volgeling van Christus is, maar ek was onwillig om te volg waarheen Hy my wou lei ... Dit sou maklik wees om apartheid vir alles te blameer. Maar die waarheid is, ek het my eie keuses gemaak ... Een ding is sêker: ek sal nie weer weghardloop van my verantwoordelikhede nie.

"Die heel laaste ding wat ek heel aan die einde van my voorlegging wil sê, is die moeilikste van alles. Dit sal nooit alles kan regmaak wat ek verbrou het nie. In die lig van alles wat u gely het, klink dit voorbarig. Maar dis al wat ek het om te gee, al wat ek kan sê: Ek is jammer!"

Na Lesley klaar gepraat het, was daar 'n doodse stilte. Toe het applous uitgebreek. Iemand het 'n lied ingesit. Vroue uit Soweto en Alexandra, van oraloor, het vorentoe gekom om die wit, Engelssprekende, middeljarige huisvrou uit die noordelike voorstede te omhels en te verseker dat haar pleidooi, haar apologie, aanvaar is.

22-26 JULIE 1996: DIE SOWETO-VERHOOR (2) - DIE DAG TOE DIE KINDERS OPGESTAAN HET

Terug na die Soweto-verhoor.

Op die pad van Suid-Afrika sal 16 Junie 1976 altyd as een van die belangrikste bakens uitstaan, dié dag toe die jeug van Soweto in opstand gekom het. Die proses wat dié dag aan die gang gesit is, sou die politieke en sosiale landskap van Suid-Afrika onherroeplik verander. Getuie na getuie het oor dié dag en oor die dae wat daarop gevolg het, kom praat. Die pyn het niemand ontsien nie.

Twee swart vroue, albei joernaliste, het aan die woord gekom. Sophie Tema, wat in 1976 aan die swart koerant The World verbonde was, het vertel hoe opgewonde en uitbundig die kinders dié dag in Soweto bymekaar gekom het. Hulle sou 'n optog hou. Toe die optog in Orlando-Wes aankom, was die Polisie reeds daar.

"Die kinders het die Polisie getart, soos kinders sal doen. Sommige kinders het klein klippies na die Polisie gegooi. Dit het die Polisie kwaad gemaak – en hulle het op die kinders begin skiet."

Sophie Tema het getuig dat sy nooit enige waarskuwing van die kant van die Polisie gehoor het nie. Nadat sy en haar motorbestuurder, Stanley, 'n gewonde seun na 'n kliniek geneem het, het hulle teruggekeer. Hulle het 'n meisie "met smart op haar gesig" die straat sien afhardloop. Langs die meisie was 'n jong kêrel wat 'n gewonde seun in sy arms gedra het. Die seun se naam was Hector Peterson. Die motorbestuurder het die jongmense in sy kar gelaai om hulle kliniek toe te neem. Sy wat Sophie was, het agterna gehardloop.

"By die kliniek aangekom, het die dokter vir my gesê dit was te laat – Hector was in die keel geskiet."

Me. Nomavenda Mathiane, wat destyds aan die tydskrif True Love verbonde was, het vertel dat die dokter, Abu-Baker Asvat, in Soweto die "mense se dokter" genoem is. Hy was altyd gereed om die mense te help. Sy was die dag toevallig in dr. Asvat se spreekkamer toe 'n groep gewonde skoolkinders ingestorm het. Die kinders het geweet dat hulle veilig was, dat die dokter hulle nie by die Polisie sou verklik nie. Terwyl die dokter besig was om die ernstigste gevalle te hanteer, het 'n paar vroue wat in die spreekkamer was, gehelp om die donshael uit die kinders se wonde te druk.

Christina Buthelezi, permanent verlam nadat sy op 16 Junie in die rug geskiet is, het ook haar storie kom vertel. In 1976 was sy 'n standerd 7-leerling. Sy het nie eers geweet dat daar dié dag 'n optog sou wees nie nie. Maar toe sy by die skool kom en sien wat aan die gebeur was, het sy by die optog aangesluit. Saam met die ander kinders het sy "baie kwaad geword" toe sy van die dood van Hector Peterson gehoor het.

Na die betoging het sy haar skoolboeke wat sy by haar tante se huis gelaat het, gaan haal. Op pad terug het sy haar in 'n polisiekonvooi vasgeloop.

"Hulle het wild geskiet, en ek is raakgeskiet. Ek het my bewussyn verloor."

In die hospitaal het die Polisie haar kom ondervra. Hulle het gemeen dat sy Antoinette Sithole, die suster van Hector Peterson, was. Wat sy van die Waarheidskommissie kom vra het, is of sy nie 'n rolstoel en mediese behandeling kon kry nie.

Johannes Dube was ook in die getuiebank. Hy het kom vertel hoe hy, 'n standerd 8-leerling, dieselfde dag die straat af geloop het. Polisie in kamoefleerdrag het op hom geskiet. Dit was die heel laaste wat hy ooit gesien het – sedertdien is hy blind. Hy wou graag 'n onderwyser geword het, het hy vertel. Dit was toe nooit moontlik nie.

Dit was egter nie net kinders wat die dag getraumatiseer is nie, het Leonard Mosala tydens die verhoor verklaar. Ook die mans wat gewere gedra het, sou die dag nie kon vergeet nie. Meneer Mosala, wat 'n lid van die stedelike raad was wat destyds met die Regering saamgewerk het, het getuig hoe hy 'n jong polisieman op die vroue in die straat hoor skree het, om "asseblief pad te gee omdat hy hulle nie wil skiet nie".

Kort na die voorval het Leonard Mosala sy bande met die stedelike raad verbreek, omdat hy nie meer geglo het dat samewerking met die Regering sou help om dinge te verander nie. Later, as een van die Komitee van Tien wat deur die mense van Soweto aangewys is, het hy aan sy eie lyf ervaar wat dit beteken om teen die Regering in opstand te kom. Hy en sy vrou is gearresteer en gemartel. Hy het in dié tyd vir die IBMmaatskappy gewerk, wat druk op 'n aantal ambassades uitgeoefen het om Leonard en sy vrou se saak met die Regering op te neem. Die destydse Minister van Justisie, mnr. Jimmy Kruger, het Mosala uit die gevangenis laat haal en hom persoonlik om verskoning gevra.

As 'n mens nou terugkyk, besef jy dat 16 Junie een van die belangrikste datums in ons geskiedenis is, het Leonard Mosala gesê. "Die oomblik toe die staat sy mag teen die ongewapende swart kinders ontketen het, het die swart jeug die inisiatief vir die styd uit hul ouers se hande gegryp. Terselfdertyd is die ouers tot aktiewe ondersteuning van die kinders geskok. Hulle sou nie meer wat die kinders doen, bevraagteken nie. Op 'n wyse wat nog nooit tevore geëwenaar is nie, het oud en jonk hande gevat in die stryd teen onderdrukking en brutaliteit."

◆ ◆ ◆

Wie was vir die optog op 16 Junie verantwoordelik? Murphy Morobe – tans 'n senior staatsamptenaar – was in 1976 een van die studenteleiers wat die reëlings getref het. Hy en sy kollegas in die Swart Bewussynsbeweging wou "swart mense leer om trots te wees".

Die South African Students Movement het kort voor 16 Junie 'n aksie-komitee in die lewe geroep om te besin hoe om die smeulende spanning en onrus in Soweto te verlig. Die komitee, het Morobe vertel, het wel die optog wat op 16 Junie plaasgevind het, gereël, "maar geweld was nie deel van hul planne nie". Volgens Murphy Morobe het die Polisie die dag in Orlando-Wes 'n hond op die singende kinders losgelaat. Die kinders het die hond doodgemaak. Daarna het die Polisie op die kinders begin skiet. "Die meeste van die polisiemanne," het die gewese stadsraadslid getuig, "was swart. Hulle het die bevele van 'n wit bevelvoerder gehoorsaam. Ek dink daardie groep polisiemanne het nog baie om te verduidelik."

◆ ◆ ◆

Oor die dood van die bekende dr. Melville Edelstein dié noodlottige dag is in die verlede baie geskryf. Die foto van sy geskende liggaam, in die straat in Soweto, het Suid-Afrikaners diep geskok. Want dr. Edelstein het sy hele lewe aan Soweto gewy. Hy het sy werk as sosioloog in diens van die Westelike Administrasieraad geweldig ernstig opgeneem.

"My pa was vir die mense van Soweto amper net so lief as wat hy vir sy gesin was," het Janet Goldblatt voor die WVK getuig. Dr. Edelstein het haar en haar suster, Shana, die oggend voor werk nog skool toe geneem. "Hy het nooit weer teruggekom nie," het mev. Goldblatt bygevoeg. Hy is later die dag dood aangetref nadat hy uit sy motor geruk en met grawe doodgeslaan is.

"Ons het na die tyd gehoor dat hy al op pad uit Soweto was toe hy, bekommerd oor 'n vrou wat saam met hom gewerk het, teruggedraai het." Haar pa, het sy gesê, was 'n wonderlike mens wat vir minderbevoorregtes omgegee het. Hy was 'n kampvegter vir beter onderwys en het self 'n spesiale projek om gestremde swartmense te help, geïnisieer. Sy proefskrif het destyds oor die vraag gehandel: Hoe dink jong swartmense?

Dr. Edelstein het nooit onveilig gevoel in Soweto nie. Maar die week voor sy dood het hy vir sy vrou gesê dat hy "'n slegte gevoel gehad het oor die gemoedstoestand van die studente".

Niks sou haar pa weer kon terugbring nie, het Shana Goldblatt kom sê. Maar die familie wou weet wat dié dag presies gebeur het. As iemand inligting gehad het, moes hy asseblief na vore kom. "Ek sal graag wil hê dat 'n monument, of so iets, opgerig moet word op die plek waar hy dood is. Hy was deel van die *struggle* en lief vir die mense van Soweto."

◆ ◆ ◆

'n Laaste getuie was die bejaarde mnr. Elliot Ndlovu, wat tydens die 1967-onluste 'n laerskoolhoof in Soweto was. Hy het van sy seun Hastings kom vertel, wat ook op 16 Junie doodgeskiet is. Sy slotopmerking het die gehoor laat regop sit. Die dag was nie net 'n dag van hartseer en pyn nie, het hy gesê, maar ook 'n dag van oorwinning. "Selfs dié van ons wat geliefdes verloor het, het gemeen die skoolkinders doen die regte ding. Die boom van vryheid is met bloed water gegee ..."

24 JULIE 1996: WEER KAAP TOE, WEER NA DIE NG KERK

Terwyl die Soweto-verhoor nog aan die gang was, moes ek Kaap toe vlieg. Mary Burton, Wilhelm Verwoerd en Pumla Gobode-Madizikela het 'n afspraak met die moderatuur van die Wes- en Suid-Kaapse Sinode gereël en ek moes saamkom. Die WVK wou nie die steun van die Afrikaanse gemeenskap verloor nie – ook nie dié van die Afrikaanse kerke nie – en het raad nodig gehad. Dr. Frits Gaum, die Moderator, en sy kollegas het heel openhartig gesels. Andermaal het hulle die Waarheidskommissie van hul samewerking en voorbidding verseker. Hulp met die begeleiding en pastorale versorging van slagoffers en oortreders het hulle graag beloof. Maar hulle was tog ook bekommerd oor die billikheid van die proses. "Julle sal meer moeite moet doen om te verseker – en om die mense te oortuig – dat die WVK nie in 'n heksejag ontaard nie," was die algemene gevoel.

Met die gebeure van die afgelope dae – die Soweto-verhoor wat op daardie oomblik aan die gang was – in ons gedagtes, het ons van die WVK-kant ook 'n aantal versoeke gehad. Wil die NG Kerk nie, soos ook ander kerke in ons land, eienaarskap van die proses aanvaar nie?

Wie was beter in staat om die volk op die pad van waarheid, vergifnis en versoening te begelei as juis die kerke? Teen dié tyd was dit al duidelik dat nie net die groot getal slagoffers wat na vore gekom het pastorale begeleiding nodig gehad het nie, maar veral ook die oortreders en hulle gesinne. Sou die kerk sy verantwoordelikheid nakom? Die belangrikste van alles was na ons mening dat die kerk *al* sy lidmate, wat ook deur die proses in 'n krisis gedompel is, wat voor die spieël van die geskiedenis te staan gekom het, wat skrik vir wat hulle sien, gedurende dié tyd begelei. Sou die kerk sy lidmate op die moeilike pad van belydenis en versoening voorgaan?

21 AUGUSTUS 1996: WIE IS ALMAL DIE SKULDIGES?

"Die dinge wat gebeur het, is verskriklik. 'n Mens kan jou oë en ore nie glo as jy so na die slagoffers luister nie. 'n Mens vra jouself af: Is dit die land waarin ek die afgelope jare geleef het? Is dit wat ons mense aan ander gedoen het?" Daar was algemene instemming met die ouderling se woorde.

Ek is dié aand na 'n gemeentevergadering in Randfontein, aan die Wes-Rand, genooi. Soos gedurende die maande in talle gemeentes gebeur het, wou hulle oor die Waarheidskommissie praat. Wat aan die bespreking die betrokke Woensdagaand 'n ekstra dringendheid gegee het, was die WVK-verhoor in Sebokeng, waaroor daar die voorafgaande week wyd gerapporteer is. In Sebokeng en in die nabygeleë Boipatong het daar oor die afgelope jare van die ernstigste menseregteskendings van almal plaasgevind. Jongmense is gearresteer, vroue verkrag, mans het van gruwelike martelmetodes kom vertel. Die samelewing was verdeeld: aktiviste het gesterf, maar so ook stadsraadslede en hul gesinne – op die wreedaardige halssnoermetode. Bendes het gedurende die nagte in die strate regeer – met die toestemming en samewerking van sommige polisielede, het van die slagoffers beweer. Mense is uit bewegende treine gegooi. Bowenal was daar die berigte van die een bloedbad na die ander in Sebokeng en in Boipatong. Niemand weet presies hoeveel mense gesterf het nie. Nou nog nie eers nie. Daarby het onthullings van die mees onlangse amnestieverhore die broers en susters ontstel. "Ons het dit nie geweet nie!" Net soos talle Duitsers ná die Tweede Wêreld-oorlog, toe al die wreedhede van die Nazi's op die lappe gekom het, het ons die betrokke Woensdagaand in die Randfonteinse kerksaal met die probleem geworstel. "Ons het dit regtig nie geweet nie!" het 'n middeljarige vrou met 'n diep frons op haar gesig by die ouderling aangesluit. "Kan ons verantwoordelik gehou word vir die wandade van 'n klein groep misdadigers? Ek was nie in die Veiligheidspolisie nie. My man het nie op Vlakplaas gewerk nie! Om die waarheid te sê, my ouers het my jare gelede geleer om respek vir ander mense te hê – ook vir swart mense."

◆ ◆ ◆

Karl Jaspers, 'n Duitse filosoof, het in 1946, pas na afloop van die Tweede Wêreldoorlog, 'n beroemde lesing aan die Universiteit van Heidelberg gelewer waarin hy die vraag: "Wie is skuldig?" probeer beantwoord het. Hy het rede gehad om oor dié dinge te skryf. Omdat hy met 'n vrou van Joodse afkoms getroud was, het hy en sy self ternouernood aan die Duitse doodskampe ontkom. Sy analise van wat skuld in die Duitse konteks beteken het, kan óns ook help.

Suid-Afrika is nie Duitsland nie, en wat in die dertiger- en veertigerjare in Nazi-Duitsland gebeur het, pas ook nie presies op wat in die apart-heidsjare in Suid-Afrika aan die orde was nie. Sy vier kategorieë van skuld kan ons egter help om ons eie situasie te verstaan.

Ten eerste, het Jaspers vertel, is daar so iets soos *kriminele skuld*. In Duitsland was daar 'n groep mense, politici, SS-offisiere en ander, wat direk by growwe menseregteskendings betrokke was. Hulle is tydens die Neurenbergse verhoor van spesifieke misdade aangekla en veroor-deel. Dieselfde geld Suid-Afrika, waar talle mense – aan alle kante van die stryd – hulle aan baie spesifieke oortredings skuldig gemaak het. Hulle skuld is nie moeilik om aan te toon nie. In baie gevalle is dit van die dakke verkondig. Baie van die mense het intussen om amnestie aansoek gedoen.

Dan is daar, ten tweede, *politieke skuld*. Deur die jare was daar miljoene Duitsers wat vir Hitler en die Nazi-party gestem het, wat hulle beleid ondersteun het, wat die Führer geesdriftig in die state toegejuig het, wat politieke verantwoordelikheid behoort te aanvaar vir wat gebeur het. Soos ook die geval in ons land is. Die Nasionale Party, wat apartheid in die eerste plek as beleidsrigting aanvaar en geïmplementeer het, het homself nie in die kussings geplaas nie. Derduisende blankes in die land – die mense wat stemreg gehad het – het elke keer dat daar 'n verkiesing gehou is met hul kruisies 'n dawerende "Ja" laat hoor. Op baie verskillende maniere het ons ons goedkeuring aan die apartheidsbeleid gegee. En daarvoor dra ons die skuld.

Die derde kategorie is volgens Jaspers dié van *morele skuld* – die keersy van politieke skuld. Dis die skuld van mense in Duitsland – en ook hier by ons – wat hulle laat mislei het, wat die voordele van 'n baie onbillike sisteem gesmaak het en nie daarteen beswaar gemaak het nie. Daar is min blanke Suid-Afrikaners wat met 'n skoon gemoed kan sê, noudat van die onregverdige dinge op die lappe kom, hulle het niks geweet nie. Nader aan die waarheid is: Ek het van sekere dinge geweet, maar ek het my dom gehou; in talle koerante het daar van tyd tot tyd berigte verskyn, maar ek wou dit nie ernstig opneem nie; ek het verbygeloop toe mense onregverdig behandel is, en ek wou nie betrokke raak nie; my gewete het my aangepor om te praat, maar ek was bang en het stilgebly.

Genadiglik is daar ook 'n vierde kategorie. Jaspers het dit *metafisiese skuld* genoem. Hier gaan dit om ons gemeenskaplike skuld. Wanneer alle mense voor God staan, is ons diep skuldig. "Voor God is dit nie net 'n paar, of baie, of selfs die meerderheid, wat skuldig is nie," het Jaspers verduidelik, "maar almal!"

Kollektief dra ons die skuld van die mensdom op ons skouers! As 'n mens dit weet, maak dit jou nederig, minder veroordelend teenoor ander. Want wie van ons kan waarborg dat ons, as ons in dieselfde omstandighede verkeer het en aan dieselfde invloede onderwerp was, anders as byvoorbeeld van die SS-soldate sou opgetree het? Van die jong Duitsers wat hulle aan growwe oortredings skuldig gemaak het, het uit die beste huise in die land gekom, het Jaspers gesê. Die wete dat ons almal skuldig staan, maak dit moontlik dat ons mekaar kan vergewe.

'n Anekdote uit ons Johannesburgse kantoor, wat ek aan die

Randfonteinse mense oorvertel het, illustreer Jaspers se laaste punt op 'n interessante manier. Jan Luuks was 'n Hollandse speurhoof wat deur die Nederlandse regering na die WVK gesekondeer is om ons met ons ondersoekwerk te help. Hy was lank hoof van sekuriteit aan die Soestdijk paleis waar die Nederlandse koningsgesin tuisgaan. Die verhaal wat Jan aan ons vertel het, het egter nie oor koningin Beatrix gehandel nie, maar oor 'n groep Amerikaanse studente.

In die vyftigerjare het 'n groep studente in kriminologie aan twee Amerikaanse universiteite, Yale en Stanford, verlof gekry om onder leiding van hul dosente 'n rollespeleksperiment aan te pak. Hulle sou saam in 'n leë, gerestoureerde tronk gaan woon waar hulle verhoudings in die gevangenis sou bestudeer. Die studente kon hul rolle self kies: die een helfte moes gevangenes wees, die ander helfte bewaarders. Reeds op die eerste dag, het Jan Luuks vertel, was daar klagtes. Sommige "bewaarders" het die "gevangenes" sleg behandel. Teen die einde van die tweede dag moes die hele eksperiment geskrap word, so onmenslik het die "bewaarders" hul "gevangenes", hul eie klasmaats, behandel. "Dit wys jou net," het Jan bygevoeg. "Dit pas nie een van ons om té regverdig te wees nie. Wie sê ons sou nie ook maar so opgetree het nie?"

◆ ◆ ◆

"Maar wat maak ek met my skuld?" het die vrou dié aand in Randfontein redelik ontsteld voortgegaan. "Moet ek voor aartsbiskop Tutu gaan bieg?"

Die antwoord is duidelik, het die groep die aand besluit. In die eerste plek is dit die Here God wat deur sy Gees in ons werk wat ons van ons skuld moet oortuig. En met dié oortuiging moet ons na die Here gaan, voor Hom ons harte uitpraat. Ons moet met Hom, in die eerste plek, versoen raak. Maar dan, het die Here Jesus ons ook geleer, moet jy ook uitreik na jou naaste. As jy iemand benadeel het, moet jou ook voor hom of haar jou skuld gaan bely en om vergifnis vra. Jy moet gaan regmaak wat jy verkeerd gedoen het. Jy moet met God én jou naaste versoen raak. Daaroor is die Bergrede, om maar een voorbeeld te noem, baie duidelik: *"As jy dus jou gawe na die altaar toe bring en dit jou daar byval dat jou broer iets teen jou het, laat staan jou gawe daar by die altaar en gaan maak eers vrede met jou broer en kom dan en bring jou gawe."* (Matt. 5:23-24)

Die WVK is nie ons biegbank nie, maar dit is één belangrike forum waar ons na mekaar kan uitreik, waar ons die dinge kan sê wat gesê moet word, waar ons kan leer om te luister en te verstaan, waar die trane van genesing kan vloei.

Ek het die aand eers baie laat by my huis in Pretoria aangeland, doodmoeg, maar tog ook met die gevoel in my hart dat ons klompie dié aand êrens gekom het. Vrae was daar nog baie, maar daar was ook 'n nuwe begrip van die moeilike pad, ons Afrikaners se stukkie van die *via dolorosa*, wat voorgelê het.

22 AUGUSTUS 1996: WAT VAN DIE ENGELSE?

Die volgende oggend het ek en Hugh Lewin oor die vorige aand se gesprek staan en gesels. Teetyd in die WVK-kantoor was redelik informeel. Dikwels was ons besig en het elkeen met sy of haar koppie tee of koffie teruggestap kantoor toe. Tyd vir gesels was daar nie altyd nie. Maar Hugh was geïnteresseerd in die Roodepoortse diskussie en in wat Karl Jaspers oor die kategorieë van skuld gesê het. "Jy bekommer jou oor die Afrikaners," het Hugh opgemerk. "Ek bekommer my oor die Engelse! Ek dink ek sukkel méér met my taalgenote as jy met joune. Almal voel nie soos Lesley Morgan nie. Was dit maar so. Julle Afrikaners praat darem nog oor die Waarheidskommissie. Julle is daarvóór of daartéén. Julle het sterk gevoelens oor die saak. Maar baie Engels-sprekendes leef voort asof dié dinge hulle hoegenaamd nie raak nie. Dis mos nie hulle wat apartheid ingestel het nie. Hulle is nie Boere of Natte nie! En tog het hulle net soveel voordeel uit die proses getrek."

"Wel," het ek onthou, "toe ek in die sestigerjare 'n student was, het die verhaal die rondte gedoen dat Engelssprekende Suid-Afrikaners, elke keer dat daar 'n verkiesing was, op 'n taamlik tipiese manier gereageer het. In hul harte het hulle die Verenigde Party gesteun. Om hulle kollegas te beïndruk, het hulle Progressief gestem. En die aand ná die verkiesing het hulle die Here gedank dat die Nasionale Party tog weer gewen het!"

"Ons sal hard moet werk om Engelssprekende Suid-Afrikaners op die pad van waarheid en versoening te begelei," het Hugh die gesprek afgesluit. "Glo my, dis ook vir ons mense 'n pynlike proses, al wil ons dit nie maklik toegee nie. Dis nie lekker om voor die spieël van die verlede te gaan staan nie."

3 SEPTEMBER 1996: VERSKONING VIR DIE MOORD OP PIET RETIEF

Teen die einde van Augustus het verskillende politieke partye hul eerste voorleggings voor die WVK gemaak. Die Afrikaner-Volksfront, die Nasionale Party en die ANC het elk met lywige verslae gekom. Hierdie verslae sou in die volgende maande noukeurig bestudeer word, sodat wanneer die partye opgeroep word vir hul tweede verskyning, daar 'n behoorlike bespreking van die inhoud van die verslae gevoer kon word.

Die feit dat dr. Mangosuthu Buthelezi, leier van die Inkatha Vryheids-party, ook sy draai by die WVK kom maak het, is as 'n deurbraak beskou. Buthelezi en die IVP was baie krities oor die werk van die Waarheids-kommissie. Toe die wet wat voorsiening moes maak vir die instelling van die WVK in Julie 1995 voor die Parlement gedien het, het die IVP teen die aanvaarding van die wet gestem. Wat sou Buthelezi, wat as Minister van Binnelandse Sake in die nasionale kabinet gedien het, aan die WVK te sê hê?

Buthelezi het die joernaliste wat teenwoordig was sommer dadelik na hul penne laat gryp. "Ek het vanoggend toe ek stiltetyd gehou het op 'n besondere gesang afgekom wat presies by vandag se gebeure pas. Ek wil dit vir u sing." In 'n sterk stem het die leier van die IVP weggeval. Tutu het begin saamsing: "Just as I am, without one plea, I come before the Lamb of God ..."

Vóór Buthelezi aan dr. Ben Ngubane die geleentheid gegee het om die uitvoerige IVP-verslag – vyfhonderd bladsye lank – voor te lê, het hy self eers 'n paar sake aangeroer wat hom swaar op die hart gelê het.

Ten eerste het hy 'n woord vir die Afrikaners in die land gehad: "Ek wil my Afrikaner-broers om verskoning vra vir die moord, in die vorige eeu, deur Dingaan op Piet Retief en sy manne."

Ten tweede wou hy oor die geweld in Suid-Afrika én oor die rol van die IVP in die geweld iets sê: "Ek verwerp geweld! Soms gebeur dit dat IVP-lede teen hulle sin by die geweld ingesleep word ... Ek sê aan Suid-Afrika ek is jammer hieroor. Al het ek geen enkele geweldsdaad teen enige slagoffer van die politieke geweld georkestreer nie, weet ek dat ek die finale verantwoordelikheid dra. *The buck stops here!*" Namens sy ondersteuners het Buthelezi verskoning gevra aan almal wat in die proses seergekry het, ook vir enige pyn wat hy die ANC-leierskap aangedoen het. "Ek hoop van harte dat die verskoning aan mnr. Nelson

Mandela en ander wat ek in my hart dra, ook so eenvoudig en in die openbaar deur hom en andere uitgespreek sal word, soos ek nou gedoen het."

Wat nie beteken het dat die IVP-leier nie ook 'n byltjie met die ANC te slyp gehad het nie! In sterk taal het Buthelezi voortgegaan en die ANC van vertrouensbreuk beskuldig deur nie sy belofte om internasionale bemiddelaars na ons land te nooi, gestand te doen nie. Komplotte van die ANC teen die IVP was daar ook – soos die verslag sou aandui – waarteen die IVP ten sterkste beswaar gemaak het.

Toe dr. Ngubane begin het om groot dele van die lang verslag voor te lees, het die gehoor teruggeskuif in hul stoele. Drie uur lank sou hy besig wees! 'n Joernalis van Beeld het ondeund opgemerk dat een van die WVK-kommissarisse onder die eerstes was wat ingedut het. Tutu moes hom in die ribbes pomp.

5 SEPTEMBER 1996: HERE, WAAROM?

Tydens die sitting van die Waarheidskommissie in Nelspruit het talle getuies na vore gekom – mense uit verskillende gemeenskappe, swart sowel as blank – om hul verhale te vertel.

Toe mnr. Johan Roos, wat tydelik in Botswana woon, begin praat het, het talle in die gehoor met hul gesigte in hul hande geluister.

Die aand van 27 Augustus 1976, het Johan Roos vertel, was hy en sy gesin in die kerk op Nelspruit. Daar moes hulle die skokkende nuus hoor dat 'n landmynontploffing vroeër die dag op een van die plase in die omgewing voorgekom het en dat 'n aantal mense dood is. Min het Johan en sy gesin geweet wat dié aand nog op hulle wag.

Op pad huis toe het Johan se vrou, Marietjie, met hul drie kinders in 'n ander motor gery. Op die grondpad naby hulle huis het hy skielik gesien hoe vlamme onder sy vrou se motor uitborrel. Die motor het die lug ingevlieg. "Stukke metaal, stof en grond het deur die lug getrek. Ek het gesê: 'Here, waarom?'" Toe hy by haar kom, het sy vrou nog op die voorste sitplek gesit. "Gedeeltes van haar voete was nie meer daar nie. Sy het gekerm en gevra: 'Waar is my bene, hoekom het ek seer?'"

Hulle agtjarige seuntjie, Jaco, het bewusteloos agter sy ma gesit. Johan Roos het sy ander twee verskrikte kinders uit die wrak getel en by 'n buurman hulp gaan soek. Terug by die motor het hy by Marietjie gekniel: "Moenie moed verloor nie," het hy getroos. "Die Here sal ons deurdra." In die hospitaal is Marietjie Roos se regterbeen onder die

knie afgesit. Haar linkerbeen was vergruis. Haar keel was oopgesny.
"Ek het geweet dat daar nog 'n deel van haar maermerrie in die wrak
was. Ek het daarna gaan soek sodat ek dit kon begrawe. Pleks daarvan
het ek 'n deel van my seun se voorkop gekry. Ek het van sy harsings op
die sitplek gekry. Ek het dit opgetel, in 'n sneesdoekie gesit, toegemaak
en by die huis gaan begrawe. Hoe moet jy na so 'n ervaring weer 'n
mens wees?"

Drie dae na die voorval is Marietjie Roos oorlede. "My seun het
konvulsie-aanvalle gekry, so erg dat vier susters, ek en my pa hom op
die hospitaalbed moes vasdruk. Hulle moes ander pasiënte se morfien
vir hom gee. Ons het die voorreg gehad om hom vir Kersdag by die huis
te hê. Maar dit was nie my kind nie. Hy het nie na sy ma gevra nie. Hy
het my as sy pa nie herken nie."

Toe die seun "na sewe maande van hel en lyding" dood is, het hy 15
kilogram geweeg, teenoor die 35 kilogram voor die aanval.

"My dogterjie – sy was toe vyf – het nog nooit gehuil nie. Sy huil
vandag nog nie. My seun Johan, wat vyftien maande oud was, het dit
beter verwerk. Hy is 'n gelukkige kind, maar ek weet nie hoe hy sal
ontwikkel nie.

"Watter monsters dié dinge bepaal het, weet ons nie. Ek vra dat die
verantwoordelike party moet opstaan, sy gesig na die ander kant draai
en vertel hoekom hy dit gedoen het ..."

Voordat hy uit die getuiebank opgestaan het, het Johan Roos gevra
of hy 'n gebed mag doen. Ontroerd het die kommissarisse, saam met
die gehoor, geluister hoe die bedroefde pa die land, sy mense en veral
die werk van die Waarheidskommissie aan die Here opdra, hoe hy by
die Here om vrede in die nuwe Suid-Afrika pleit.

◆ ◆ ◆

Nog 'n slagoffer wat by die verhoor in Nelspruit aan die woord gekom
het, was mnr. Dirk van Eck.

Gedurende 1985 het Dirk van Eck saam met sy gesin in die omgewing
van Messina by Koos de Nyschen en sy vrou gaan vakansie hou. Op 15
Desember, vieruur die middag, het die twee gesinne saam gaan wild
kyk. Die motorbakkie was gelaai.

"Teen ongeveer vyfuur het ek 'n geweldige ontploffing gehoor. Daar
was 'n geweldige hitte en ek het die gevoel gehad dat ons deur die lug
trek en met 'n slag die grond tref. Om my was daar net vlamme en stof.
Ek het my seuntjie Erick, agtien maande oud, in my arms vasgehou. Hy

het nog geleef, maar ek glo nie hy het besef wat gebeur het nie. My vriend Koos de Nyschen het met sy gesig teen die stuurwiel gelê. Hy was bloedbelope en sy hare was besig om te brand.

"Ek kon nie die deur aan my kant oopkry nie. Ek het hom probeer oopskop. Ek het nie geslaag nie en deur die vlamme by die venster uitgekruip en toe die kind uitgehaal en in die pad neergesit. Koos het intussen bygekom en ek het hom ook deur my venster uitgehelp. Sy kopvel was losgeskeur en het oor sy gesig gehang. Ek het my en sy sakdoeke aanmekaar gebind en sy kop verbind.

"Daarna het ek na ander oorlewendes gaan soek. Toe ek agter by die voertuig, wat nou 'n totale wrak was, kom, het ek mev. Theo de Nyschen gevind waar sy besig was om te brand. Ek het met my hande die vlamme op haar doodgedruk en haar gehelp om plat in die pad te lê. Haar arms en haar hande was erg gebrand. Haar onderlyf het gebloei.

"Ek het verder gaan soek en my vrou saam met mev. Marie de Nyschen dood aangetref. Hulle het ongeveer ses meter agter die bakkie in die bosse gelê. Albei was erg vermink. My vrou se bene was albei af. Haar dood en die toestand was uiters skokkend.

"Ek het verder gaan soek en ongeveer tien meter aan die noordekant het ek my dogtertjie Nelmarie, agt jaar, en Carla de Nyschen, tien jaar, dood aangetref. Albei was pikswart gebrand.

"Ek het nog verder na my seuntjie Ignatius Michael, twee en 'n half jaar oud, gaan soek. Ek kon hom nooit vind nie. Ek het later gehoor dat die Polisie sy voetjie ongeveer honderd meter daarvandaan gekry het.

"Een van Koos se dogters, Grizelle, het uit die veld aangestap gekom. Sy was ongeveer agt jaar oud. Dit was duidelik dat sy erg geskok was. Sy was swart van die stof of roet. Sy het 'n sny op haar neus gehad. Ek het haar na haar pa gevat waar sy gaan sit het. Ek het besef dat van die beseerdes se lewe in gevaar kan wees en het na die opstal ongeveer agt kilometer daarvandaan gehardloop om hulp te ontbied.

"Ek het groot probleme gehad om met die Polisie te praat, want ek moes toe agterkom dat ek as gevolg van die landmynontploffing 'n gehoorprobleem opgedoen het. Hulle het darem my boodskap ontvang. Ek het my voertuig gevat en teruggejaag na die toneel, met die nodige mediese middels wat ek kon bymekaarskraap. Met my aankoms was die plaaslike kommandolede reeds op die toneel en hulle het toe reeds noodhulp toegepas.

"Teen nege-uur het die veldambulans van die Weermag daar aangekom. Omdat hulle vir nog landmyne bang was, het hulle deur die veld gery. Dit was skokkend om te sien hoe mev. Theo de Nyschen met haar erg verbrande hande moes klou om in die voertuig op die draagbaar te bly. Ons het ongeveer twaalfuur die nag by die hospitaal in Messina aangekom waar die beseerdes behandel is. Hulle het besluit om ons oor te plaas na die Pietersburgse hospitaal. Ons is met 'n Dakota na Pietersburg geneem ... My seuntjie Erick en ek is die volgende dag ontslaan. Mnr. Koos de Nyschen, sy vrou, Theo, en hul dogtertjie Grizelle het in die hospitaal agtergebly.

"Ongeveer 'n week later – ná die begrafnis – het ek rugpyn begin kry. Die dokter ... het plate geneem en my meegedeel dat my onderste vyf rugwerwels ernstig beskadig is. Hy het beweer dat as ek nie versigtig is nie, ek binne vyf jaar in 'n rolstoel sou sit. Die geestelike skade was egter die ergste. Ek het my vrou en twee kinders, wat in die fleur van hulle lewe was, verloor, asook lede van my beste vriend se gesin. Dit was veroorsaak deur 'n lafhartige en kriminele daad, wat, soos ek later gehoor het, deur lede van die ANC gepleeg is. Ek het aan slaaploosheid gely. Sodra ek slaap, het die grusame toneel voor my afgespeel. Na al die jare ondervind ek dit met afwisseling nog, veral noudat die Waarheidskommissie ou koeie uit die sloot grawe."

Toe die landmynontploffing plaasgevind het, was Dirk van Eck 'n welvarende boer met vyf blanke en tot negehonderd swart werkers in sy diens. Van toe af moes hy hom egter voltyds wy aan die versorging van sy seuntjie, wat erg geskok was en sy ma geweldig gemis het. Sy boerdery en besigheidsbelange het agteruitgegaan. Hy is later gesekwestreer en het, soos hy dit gestel het, "van aalmoese geleef totdat my skoonvader my gehelp het om 'n blyplek te bekom".

Dirk van Eck het getuig dat die twee mans wat die landmyn gestel het, gevang is en in 1988 ter dood veroordeel is. In 1991 is die vonnis na negentien jaar tronkstraf verander. Hulle is egter kort daarna vrygelaat en in Desember 1993 het hulle "toekennings vir dapperheid" van die ANC gekry. "Ek sit met 'n probleem oor hoe 'n mens die dapperheid raaksien," het hy sy getuienis afgesluit.

6 SEPTEMBER 1996: "ONS GAAN DIT NIE MAAK NIE ..."

Ek was redelik moedeloos toe ek die oggend die kantoor binnestap. Dit was een van dáárdie dae. Die verkeer was onmoontlik, die rit van Pretoria na Johannesburg het meer as twee uur geduur. En die hele tyd, oor die radio, het dit oor die moord en geweld, oor die korrupsie en die misdaad in ons land gegaan. Mense het ingebel. Party was kwaad, ander bang of moedeloos. Mooipraatjies oor vrede en versoening was nie welkom nie. "Fazel," het ek vir ons kantoorhoof gesê, "ek weet nie of ons dit gaan maak nie. Die gesindheid van die mense, die gees wat in die land heers, laat my snags wakker lê. Watter kans het ons om in hierdie tyd met die Waarheidskommissie te slaag as al dié dinge in die land gebeur?"

Fazel het op sy rustige manier geantwoord: "Dit mag waar wees, Piet. Maar kan jy aan 'n nodiger tyd dink om met die werk besig te wees?"

9-11 SEPTEMBER 1996: VERSOENING IN BISHO

Op 7 September 1992 het die brose oorgangsproses in Suid-Afrika byna skipbreuk gely toe 'n groep Ciskeise soldate op 'n groep ontstuimige optoggangers geskiet het. Die ANC het daarop gestaan dat hulle ten spyte van die gespanne toestand in die voormalige Ciskei 'n groot vergadering in Bisho wou hou. Met baniere en plakkate het hulle deur die strate van Bisho gemarsjeer. Toe 'n groep optoggangers onder leiding van mnr. Ronnie Kasrils van die res van die ANC-mense weggebreek het, het die Ciskeise soldate op hulle begin skiet. In die daaropvolgende chaos het 28 mense gesterf, terwyl meer as 200 gewond is. Volgens ooggetuies is daar skote op Ronnie Kasrils en ook op Cyril Ramaphosa afgevuur. In die Goldstone-kommissie se verslag is die optrede van die Ciskeise soldate skerp veroordeel, terwyl die ANC ook onder kritiek moes deurloop.

Vier jaar later, van 9 tot 11 September 1996, het die WVK 'n spesiale geleentheid gereël waartydens die "menseslagting van Bisho" onder die loep geneem kon word. Alle partye was teenwoordig: Ronnie Kasrils en Cyril Ramaphosa, oudminister Pik Botha, asook twee senior offisiere, generaal Marius Oelshig, hoof van die Ciskeise weermag, en die hoof van stafoperasies, Horst Schobersberger.

Net so insiggewend soos die feite wat aan die lig gekom het, was die kommentaar van 'n aantal senior joernaliste wat die verhoor bygewoon het. Vir hulle was die getuienisse van die drie dae 'n bewys daarvan dat die WVK in sy opdrag slaag. Vir die Waarheidskommissie wat van tyd tot tyd onder kritiek moes deurloop, was die koerantmanne se woorde musiek in die ore: "Die feit dat die WVK daarin geslaag het om oortreders en slagoffers tydens die verhoor by mekaar uit te bring, het in 'n groot mate daarvoor gesorg dat 'n basis vir versoening gelê is," het die politieke korrespondent van die Sowetan, Mzimsi Ngudle, geskryf. "Behalwe dat Oupa Gqozo nie kom getuig het nie en dat Pik Botha ontken het dat die Suid-Afrikaanse regering nie die politieke wil gehad het om die bloedbad te voorkom nie, het ons 'n so te sê volledige beeld ontvang van wat alles in die drie vreeslike dae afgespeel het. Die verhoor het duidelik getoon dat 'n mens sowel die getuienis van die slagoffers as dié van die oortreders nodig het as jy by ware versoening wil uitkom."

Ross Colvin van Sapa het die verhoor beskou as die beste wat hy nog bygewoon het. "Dit was belangrik dat soveel hoëprofielmense in die openbaar verskyn het om rekenskap te gee ..." Die verslaggewer van die Daily Despatch, Eric Naki, het geskryf dat die feit dat die WVK daarin geslaag het om sowel oortreders as slagoffers op een verhoog te kry, 'n aanduiding is van die invloed en mag van die WVK. Dit het die feit geïllustreer dat die WVK uiteindelik, op enkele uitsonderings na, deur albei kante van die konflik aanvaar word. "Tot nog toe het die soeklig feitlik uitsluitlik op die Polisie geval. Nou het dit uiteindelik ook met die Weermag gebeur ..." Die kommissarisse en komiteelede het die veertjie in hul hoed nodig gehad, want partykeer wou-wou die moedeloosheid en moegheid hulle oorweldig. Die pas was oneindig vinnig en veeleisend.

13 SEPTEMBER 1996: AS DIE PAD VIR DIE KOMMISSARISSE TE VEEL WORD, WAT DAN?

In die vliegtuig op pad Stellenbosch toe waar ek genooi is om 'n oggenddiens in die Moederkerk te lei, het ek die September-uitgawe van The Evangelical Alliance of South Africa (TEASA) se Truth and Reconcilition Prayer Bulletin sit en lees. Dit het my bloed warmer deur my are laat klop. Tradisioneel wou die Engelssprekende evangeliese kerke in ons land nie graag by sosiopolitieke sake betrokke raak nie. Die vrees vir *social gospel* was net te groot! Maar met Moss Nthla as die nuwe, energieke sekretaris van TEASA aan die stuur, het talle evangeliese kerke en parakerklike organisasies hulle tot die proses van waarheid en versoening verbind. Moss was 'n gereelde besoeker aan die Gautengse WVK-kantoor. Hy het talle van ons konferensies en werksessies bygewoon en dikwels van sy kollegas saamgebring.

In dié blaadjie het Michael Cassidy, een van die invloedryke evangeliese leiers, hom entoesiasties oor die werk van die WVK uitgelaat: "Ek glo dat die WVK, met die hulp van God, as 'n baken sal uitstaan, nie net in Suid-Afrika nie, maar in die res van die wêreld ... Maar as die proses moet slaag, sal elke greintjie morele en geestelike krag wat in ons land beskikbaar is, aangewend moet word."

Moss Nthla wou selfs meer hê. By die morele en geestelike wou hy ook aan evangeliese gelowiges die kans gee om hul finansiële kragte te wys. TEASA het aangekondig dat die organisasie besig was om een miljoen rand in te samel. Die geld sou aan die WVK beskikbaar gestel word om slagoffers, veral dié wat ekstra swaarkry, wat nie veel langer kan wag nie, te help.

◆ ◆ ◆

Op die voorblad van TEASA se bulletin het daar ook 'n tweede berig verskyn wat ek met aandag gelees het – en met my vrou, wat na Stellenbosch saamgenooi is, in die vliegtuig bespreek het.

In groot letters het die opskrif gelui:

TRC TAKES ITS TOLL ON COMMISSIONERS

"Die kommissarisse het die pastorale opdrag ontvang om na al die slagoffers wat hul verhale van growwe menseregteskendings kom vertel, te luister. Dikwels kom dit met lewendige en ook skrikwekkende besonderhede, asof dit net gister gebeur het. Die vraag is: Hoe hou die kommissarisse dit? Hulle werk nie maar net van nege tot vyf nie, hulle dra die wrede verhale saam met hulle huis toe. Baie nagte kan hulle nie slaap nie. Almal vind die taak oorweldigend en traumaties."

Om sy stelling te staaf, het die redakteur 'n aantal kommissarisse en komiteelede ondervra. Uit hul antwoorde was dit duidelik dat ook die WVK-mense gedurende die maande van verhoor op 'n eie lydensweg geneem is. Drie voorbeelde is genoeg: Hlengiwe Mkhize (voorsitter van die Reparasie-en-rehabilitasiekomitee, Johannesburg): "Elke storie het groter en groter wonde gelaat. Op 'n bepaalde punt word dit vir 'n mens moeilik, begin jy gespanne en ongemaklik raak ..."

Russel Alley (lid van die Mensregteskendingskomitee, Johannesburg): "Die getuienisse het 'n kumulatiewe effek op 'n mens. Dit bou op en op, totdat jy aan die einde van 'n verhoor emosioneel en fisies aan flarde is ... Voordat die WVK met sy werk begin het, was dit onmoontlik om die werklike wreedheid van die verlede te boekstaaf."

Bongani Finca (Metodiste-predikant, lid van die Mensregte-skendingskomitee, Oos-Londen): "Terwyl ons luister, is dit moeilik om ons trane te keer. As ons huis toe gaan, spook die pyn by ons. Ons het gedink ons het alles geweet, maar nou sien ons daar is baie dinge wat ons nooit geweet het nie ..." Nie net die kommissarisse en komiteelede het swaargekry nie. Ook die ander personeellede – die persone wat verklarings afgeneem ("statement takers") en deur die land beweeg het, die helpers en raadgewers tydens die verhore, die vertalers en die navorsers – het harde bene gekou. Slaaploosheid, nagmerries en depressie was aan die orde van die dag.

Frank Mohape, een van die Johannesburgse persone wat verklarings afgeneem het, het op 'n keer vertel hoe hy in 'n kamer gesit het, besig om verklarings van drie persone af te neem. Die res van die gesin is almal in dieselfde wrede moordaanval op die huis uitgewis. Terwyl Frank sit en skryf het, het hy opgemerk dat die stoel waarop hy gesit het, vol koeëlgate was. "Toe ek rondkyk, het ek ook koeëlmerke aan die mure, aan baie meubelstukke, gesien. Skielik het ek besef: Die mense leef nog al die jare in dieselfde haglike omstandighede, in armoede. En ek gaan vanaand terug na my hotelkamer, na my skoon lakens en 'n warm maaltyd. Daar was bitter min wat ek kon doen om hulle te help."

Kwaad en verward oor sy eie rol in die proses is Frank die aand hotel toe. Hy het in die kroeg gaan sit ... en probeer vergeet.

In 'n stadium het die WVK, bekommerd oor die welstand van sy personeel, besluit om 'n voltydse sielkundige aan te stel. Thulani Grenville-Grey het uit Engeland gekom. Sy pa was 'n blanke kerkman, raadgewer van die biskop van Johannesburg, sy moeder 'n swart vrou. Ter wille van hul huwelik moes hulle die land uit omdat gemengde huwelike in die sestigerjare 'n oortreding van die wet was. Thulani met sy vriendelike glimlag, sy liefde vir sy saksofoon en sy welige bos *dreadlocks*, het hom gou tuisgemaak. Sy weeklikse terapiesessies was gewild onder kommissarisse en personeellede.

Thulani moes die WVK-personeel help om hulle eie reaksies te verstaan en te verwerk. Hulle het met van die verskriklikste menseregteskendings op die aarde te make gekry – en hulle moes leer om dit emosioneel te hanteer. "Die WVK-mense het op verskillende maniere gereageer," het Thulani vertel. "Soos sponse het hulle die hartseer, pyn en aggressie van ander opgesuig. Baie van hulle het die klassieke simptome van posttraumatiese stres begin vertoon. Dit was belangrik dat hulle die weeklikse sessies moes bywoon om hul gevoelens en ervarings deur te praat."

By meer as een geleentheid het die vertalers, wat weke lank by die verhore betrokke was, na Grenville-Grey gekom om hulp te vra. Hulle het in 'n sekere sin die swaarste gekry. Terwyl hulle, in die eerste persoon, die verhale vertaal het, het hulle ook met die emosies van die slagoffers geïdentifiseer. Een aand tydens die agtuurnuus het die kameraman sy lens weg van die getuie na die gesig van een van die vertalers gedraai. Sy het agter die glas gesit en vertaal met trane wat oor haar wange vloei. "Die vertalery," het dr. Theo du Plessis van die Vrystaatse Univer-siteit, wat die koördineerder van die vertaaldiens was, op 'n dag in 'n koerantonderhoud toegegee, "het 'n helse effek op almal van ons gehad! Nie net wanneer jy besig was nie, maar veral wanneer jy saans probeer het om te ontspan." As daar die dag tydens die verhoor verhale was van kinders wat gely het, was dit dubbeld so erg: "Ek is self 'n pa en by een of twee geleenthede, toe ouers getuig het oor wat met hul kinders gebeur het, het ek in trane uitgebars en gehuil."

Ook joernaliste het by Thulani aangemeld. Die blootstelling wat hulle gehad het, die druk om elke dag daaroor te rapporteer, om vir die lesers en luisteraars te interpreteer wat gebeur het, het vir baie amper te veel geword. Baie het siek geword. Ander het spesiale verlof gevra, om net weer balans te kry. Ross Colvin wat vir Sapa gewerk het, het gesê: "Ek het genoeg gehad van al die geluister na verhale van dood, marteling, vergiftiging, van liggaame wat verbrand is. Ek was besig met die mees onstellende werk wat jy jou kon voorstel ... Partykeer het ek gedink ek het afgestomp geraak, dat niks wat mense nog vertel my kan raak nie ... En dan kom iemand met nog 'n storie wat my geheel en al vang."

Hoofpyn, slaaploosheid, lae bloeddruk het gemaak dat die joernalis wou ophou skryf.

Toe 'n paar veiligheidspolisielede tydens een van die amnestieverhore vertel het hoe hulle langs die brandstapel waarop hulle die lyke van hul slagoffers verbrand het, by hul eie vuur staan en vleisbraai het, was dit vir die swart joernalis Thapelo Mokushane eens te veel. Dit het hom fisies siek gemaak, het hy later vertel. Oor en oor het beelde van wat gebeur het op die mees onverwagte tye deur sy gedagtes geflits. "Om my werk te hou, moes ek gedurig teen my emosies veg!"

Dat Thulani Grenville-Grey, sielkundige, belangrike werk te doen gehad het, het soos 'n paal bo water gestaan.

◆ ◆ ◆

Desmond Tutu het in dié verband óók advies gehad. Hy het dikwels met groot waardering melding gemaak van die werk wat Thulani gedoen het. Maar as pastoor en geestelike vader het hy sy eie raad aangebied vir almal wat op hul persoonlike *via dolorosa* beland het. "Ons moet mekaar oppas en vir mekaar sorg," was hy lief om te herhaal. "Maak seker dat julle jul bande met julle mans en vroue, met jul kinders, stewig hou. Dis hulle belangstelling en liefde en aanmoediging wat dit vir julle moontlik sal maak om aan te gaan." Dat dit werk, kon ons aan hom en Leah, sy vrou, sien. Male sonder tal, wanneer dinge ekstra vinnig en spannend verloop het, wanneer amper bomenslike eise aan die Aartsbiskop gestel is, het Leah onopvallend, met haar vriendelike glimlag, haar verskyning gemaak. 'n Mens kon sien hoe Desmond Tutu opleef, hoe hy 'n tweede asem kry as Leah in die omgewing was.

Hoe ons ook vir mekaar familie moes wees, het Tutu deur sy eie voorbeeld geïllustreer. 'n Briefie, 'n vriendelike omhelsing, 'n woordjie van waardering, 'n kaartjie, 'n e-pos-boodskappie op jou skerm, 'n bos blomme as daar in die gesin siekte was, op allerlei maniere het hy sy kollegas ondersteun. Ek was op 'n keer by toe hy 'n baie deftige en invloedryke vrou wat uit Engeland gebel het, 'n hele paar minute laat wag het – om eers oor 'n tweede telefoon vir prof. Janis Grobbelaar (wat die WVK met sy navorsingswerk gehelp het) wat binne oomblikke die teater vir 'n ernstige hartoperasie ingestoot sou word, te bid.

Op 'n keer toe ek eers ná nege op kantoor gekom het – ek moes die oggend vroeg aan 'n ontbytprogram oor die radio deelneem – het die telefoniste uitasem gesê: "Die Aartsbiskop het jou al drie keer vanoggend gebel. Hy soek jou dringend. Jy moet dadelik Kaap toe bel!" Redelik bekommerd het ek gehoorsaam. Waar het ek verkeerd getrap? Lavinia Browne, Tutu se sekretaresse, het my eers laat wonder. "Dis goed dat jy bel. Die Aartsbiskop soek jou al die hele oggend!" Toe sy my egter deurskakel, het Tutu met 'n lag in sy stem van hom laat hoor: "Haai, Piet, ek het jou al drie keer vanoggend gesoek. Dis dringend. Dit kon nie wag nie. Ek wil vir jou dankie sê vir die werk wat jy doen ..." Hoeveel ander het hy nie deur die maande op dieselfde manier bemoedig nie, het ek met die telefoon in my hand gewonder.

"Bo alles moet julle aan die Here vashou, moet julle erns met julle geloof maak," was Tutu se raad. En ook hier het hy die daad by die woord gevoeg. Middae, tussen een en twee, wanneer ons ander gaan eet het, het Tutu weggeraak. Dit was 'n oop geheim wat hy gaan doen het. Êrens, in 'n stil vertrek, het Tutu hom onttrek. Hy wou bid. Hy wou met die Here praat. "As ek nie baie naby aan die Here bly nie, sal ek nooit met my werk kan aangaan nie," was hy lief om te sê. "En dieselfde geld vir julle!"

Op 'n keer, tydens die Sebokeng-verhoor, het ek etenstyd na die verhoog gestap om my papiere te gaan haal. Skuins, met sy skouer teen die glasvenster, het ek die pers figuur van die Aartsbiskop toe-oë in een van die vertaalhokkies aangetref. In die hele grote kompleks was dit die enigste stil plekkie wat hy kon kry.

18-19 SEPTEMBER 1996: BOSBERAAD IN DIE LORD CHARLES-HOTEL

Dit was tyd dat die WVK-trek 'n oomblik tot stilstand kom, dat halt geroep word. Agt maande het agter ons gelê – en dit was nodig om terug te kyk voordat ons weer vorentoe kon beur.

Vroeg die oggend, op Woensdag 18 September, het die kommissarisse en komiteelede in een van die konferensiesale van die Lord Charles-hotel, net buite Somerset-Wes, byeengekom. Voordat Alex Boraine aan die woord gekom het om die agenda van die dag in te lei, is prof. John de Gruchy, kerkhistorikus aan die Universiteit van Kaapstad, nader geroep om ons in meditasie te lei.

In plaas van die tradisonele Skriflesing en gebed het John de Gruchy ons na die hartseer klanke van die Derde Simfonie van die Poolse komponis Henryk Gorecki laat luister. In die derde beweging sing 'n Poolse moeder 'n volksliedjie waarin sy, soos talle vroue van haar dag, treur oor haar seun wat in die Poolse opstand dood is.

Met die lang reeks verhore agter ons, die honderde slagoffers wat hul pynlike verhale kom vertel het, het Gorecki se lied nuwe betekenis gekry. Die Poolse vroutjie aan die Oderrivier het namens die moeders van alle slagoffers – ook dié in Soweto en Sebokeng, Kaapstad en Bisho – gesing:

Where has he gone
My dearest son?
Killed by the harsh enemy, perhaps,
In the rebellion.
You bad people,
In the name of the Holy God,
Tell me why you killed
My dear son.

Never more
Will I have his protection,
Even if I weep
My old eyes away,
Or if my bitter tears
Were to make another Oder
They would not bring back
My son to life.

He lies in the grave
I know not where
Though I ask people
Everywhere.
Perhaps the poor boy
Lies in a rough trench
Instead of lying, as he might,
In a warm bed.

Sing for him,
Little song-birds of God,
For his mother
Cannot find him.
And God's little flowers
May you bloom all around
So that my son
May sleep happy.

"Ná agt maande," het Alex Boraine aan die woord gekom, "is daar onder ons diegene wat, met 'n mate van reg, voel dat ons 'n enorme hoeveelheid werk in 'n relatief kort tyd afgehandel het. Ander meen dat ons – as ons daaraan dink wat ons nog alles moet doen, wat die Wet van ons verwag – met niks minder as 'n krisis te make het nie."

Nadat hy 'n kort oorsig van die verhore gegee het, van die slagoffers wat na die WVK gekom het, van die politieke partye wat getuienis kom aflê het, van die nuwe inligting wat tydens die gebeurtenisverhore na vore gekom het, het hy voortgegaan: "Die verhore was belangrik, maar ten diepste was hulle middele tot 'n doel. Die slagoffers het genesing nodig gehad. Dit het in 'n mate gebeur. Dié wat oorleef het, wou dringend weet wie vir hul lyding verantwoordelik was. En wat dit betref, sal ons nog baie moet doen. Die skuldiges moet aan die man gebring word!

Met ander woorde, terwyl ons daarin geslaag het om groot getalle slagoffers na die WVK te bring, lê daar vir ons, wat die oortreders betref, nog 'n lang pad voor. Sommige skuldiges sal ons moet aanmoedig om te kom ... ander sal ons moet dwing."

Dat die amnestieproses in die volgende maande baie aandag sou opeis, het almal besef. Dieselfde was waar van die werk van die Reparasie-en-rehabilitasiekomitee. Daar was talle slagoffers wat in haglike omstandighede verkeer het. Daar was ou mense en siek mense wat nie veel langer kon wag nie. Iets drasties moes gedoen word om hulle te help. "Dit is egter ook vir ons belangrik om te onthou dat die kommissie nie net met die verlede te make het nie, maar veral met die toekoms. 'n Nuwe Suid-Afrika waar menseregte vir alle inwoners gewaarborg word, moet gebou word. Die foute van die verlede durf ons nie herhaal nie! Dus, terwyl ons baie aandag aan die verlede gee, moet ons oë op die toekoms gevestig wees. Ons mag nie deur die verlede vasgevang word nie, ons moet die verlede te bowe kom. Ons mag nie deur wat agter ons lê, verlam word nie, ons moet eerder aan 'n nuwe gemeenskap bou waar ordentlikheid, liefde en onderlinge respek die botoon voer. Dis nooit te vroeg om oor dié dinge te begin dink nie."

Overgezet zijnde: daar was werk, genoeg vir almal!

5 OKTOBER 1996: OP BESOEK AAN DIE TROOSTER

Oktobermaand 1996 was die maand van die kerke. Terwyl die verhore en amnestiesittings eenstryk aangegaan het, het verskillende kerke van hulle laat hoor.

Heel eerste was daar die nuus dat biskop Modise, die leier van die International Pentecostal Church, aan Tutu en aan die Waarheids-kommissie 'n spesiale toekenning gemaak het. Die prys sou met groot seremonie op Saterdag 5 Oktober by die reuse kerksentrum van die kerk by Zuurbekom, halfpad op pad na Potchefstroom, oorhandig word.

Die International Pentecostal Church is een van die groot swart onafhanklike kerke in ons land, met – volgens hul eie berekening – een miljoen lidmate. Of dit waar is, weet ek nie, maar in die kerk, so groot soos 'n vliegtuigskuur, was daar dié dag twintigduisend feesgangers. Kore het gesing, ampsdraers in kleurvolle uniforms het gemarsjeer. Uiteindelik het die biskop, wat deur sy volgelinge The Comforter (die

Trooster) genoem word, op die podium verskyn. Saam met hom is Tutu met 'n gejuig verwelkom. Vir die WVK was dit belangrik dat een van die groot onafhanklike kerke hulle op dié manier met die werk van die Waarheidskommisie vereenselwig. As daar van toekomstige toenadering en versoening in die land gepraat moes word, moes al die rolspelers bereid wees om vir die gesprek aan te meld.

Die verteenwoordigers van die WVK het ereplekke op die verhoog gekry en is gevra om saam op te staan toe die oorkonde, tesame met 'n groot silwer trofee, aan die Aartsbiskop oorhandig is.

Biskop J.S. Modise het die woorde voorgelees:

Star of Silo Award

In recognition of the
Truth and Reconciliation Commission,
in their strive in pursuing the Doctrines of Love
Caring and Understanding amongst
people who hurt each other and view each other as enemies.
In the quest for forgiveness and for people
to find each other as practised by the Truth and Reconciliation
Commission,
The Star of Silo
is hereby bestowed upon the Commission
in terms of the teachings of the Comforter that
who even serves a person unknown serves God,
and that you will never see God with your naked eyes,
but will always see a person before you.

With love and showers of blessings
Comforter: J.S. Modise
1996–10–05
Zuurbekom, Gauteng, South Africa

Dit was 'n vreugdevolle geleentheid, met baie toesprake en heelwat gesingery. In een stadium het een van Modise se voorgangers, klaarblyklik bang dat Tutu te veel lof ontvang en dat sy eie biskop begin afsteek, na vore gekom. Na elke frase van lofbetuiging oor wat Tutu en die WVK doen, het hy uitgeroep: "Ja, maar weet julle wat The Comforter alles gedoen het?" – en dan van die een wonderwerk na die ander vertel. As iemand telling gehou het, sou die uitslag van die komplimentewedstryd aan die einde van 'n lang dag 'n goeie vyftig-vyftig gewees het!

15 OKTOBER: 'N BELYDENIS IN DIE PAARL

Toe die Kaapse WVK-kantoor my nooi om deel uit te maak van die verhoor voor die Menseregteskendingskomitee wat in die Paarl gehou sou word, het ek dadelik ja gesê. Nie net vir my nie, maar vir baie mense in die land was die driedaagse verhoor in die mooi Bolandse dorp in die skadu van die Afrikaanse taalmonument van besondere betekenis.

Daar was heelwat om oor te praat. In die plaaslike museum was daar 'n spesiale uitstalling waar sommige van die gebeurtenisse uitgebeeld is: die skokkende Poqo-moorde wat jare gelede gepleeg is, onreg op die plase, kinders wat weggeraak het, mans en vroue wat gearresteer is en nooit weer teruggekom het nie. Die hartseer het ook nie net van een kant gekom nie. Tydens die verhoor het mev. McGregor van haar seun Wallace kom vertel. As dienspligtige is hy, 'n vrolike jong man, grens toe ... om in 'n doodskis terug te keer Paarl toe. Waaroor het dit alles gegaan? wou mev. McGregor weet. Waarvoor, presies, het my seun – en talle saam met hom – gesterf? Was dit 'n regverdige oorlog waarin hy geveg het? Of was dit om 'n onregverdige bestel in stand te hou, 'n bestel wat vreeslike dinge aan mense gedoen het?

Wat ek egter die langste sal onthou, was die optrede van die twee Stellenbosse dominees wat namens die Ring van Stellenbosch 'n verklaring kom maak het. Dat hulle sou kom, het ons lankal geweet. Die nuus dat die Ring van Stellenbosch, wat al die gemeentes in en om die dorp verteenwoordig, besluit het om 'n eie voorlegging voor die WVK te kom maak, is wyd versprei. Terwyl daar landswyd in talle sinodale gebiede debat gevoer is oor die vraag of die NG Kerk dit aan die land en ook aan die WVK skuld om 'n "belydenis" te kom maak, het dié Ring die voortou geneem. Dat die belydenis juis uit Stellenbosch gekom het – die dorp wat so 'n groot rol in die lewe van die kerk gespeel het, waar die kweekskool opgerig is, waar geslagte leiers aan die universiteit gekweek is, die bakermat van Afrikanernasionalisme – was van historiese en simboliese betekenis.

Die saal was behoorlik gepak, die pers in volle sterkte teenwoordig, toe prof. Bethel Muller en ds. Jan Marais na die verhoog gestap het. "'n Uitsonderlike oomblik," het Tutu na my kant toe gefluister. Toe het hy na die gehoor gedraai. "Dit is merkwaardig dat van alle kerke dit juis lede van die NG Kerk is wat eerste na die Waarheidskommissie toe kom. Dit is gepas, want dié kerk het in die verlede 'n belangrike plek in die samelewing ingeneem. Maar ek hoop dat talle kerke hierdie voorbeeld sal volg."

Vir die twee teoloë het Tutu 'n spesiale woord gehad. "Julle optrede vul 'n mens met ootmoed. Dankie dat julle gekom het. Ek voel lus om te juig!"

Net soos die WVK wou die Ring 'n bydrae tot die proses van heling en versoening lewer, het die verklaring begin. Daarom wou die Ring iets vertel van die verhaal van Stellenbosch, soos hulle dit gesien het:

"Die NG Kerk is al vir meer as driehonderd jaar in Stellenbosch werksaam. In 1686 is die gemeente Stellenbosch gestig en vanuit hierdie gemeente het daar sedertdien 'n hele aantal gemeentes gegroei. As kerk van Christus is dit vir ons belangrik om in gehoorsaamheid aan die Bybel as Woord van God te leef. Ons is deel van die Gereformeerde tradisie binne die Christendom wat leer dat Jesus Christus die Here van allè here is en dat die heerskappy van God daarom geproklameer moet word oor elke aspek van die samelewing. Ons glo daarom dat die kerk van Christus in elke situasie 'n getuie moet wees van die waarheid, van geregtigheid, van versoening en van liefde.

"As ons terugkyk, besef ons dat daar tye in Stellenbosch se geskiedenis was toe ons as Ring (en ook as afsonderlike gemeentes) hierdie profetiese verantwoordelikheid wat die Here van ons vra, óf glad nie nagekom het nie, óf dit baie skroomvallig probeer verrig het. Ons dink veral aan die afgelope veertig jaar toe die owerheid se beleid van apartheid die menswaardigheid van mense in ons omgewing grondig aangetas en growwe skendings van menseregte tot gevolg gehad het. In ons eie Ringsgebied was daar ook diegene wat die ideologiese raamwerk waardeur hierdie skendings en optredes geregverdig is, aktief uitgebou en verdedig het. Standpunte wat in die Ring ingeneem is en besluite wat geneem is, het soms self ook binne hierdie ideologiese raamwerk gefunksioneer.

"Daar was wel stemme uit ons eie geledere, asook uit die breë kerk, wat apartheid veroordeel het, wat die kerk tot besinning probeer oproep het en wat getuig het teen die ongeregtigheid in die samelewing. Baie van hierdie persone se getuienis en protes is telkens gesmoor of geïgnoreer, ook vanuit eie geledere. Ander se name is beswadder en geëtiketteer. Sommige is selfs persoonlik verontreg. Daarom is daar vir jare lank oor hierdie sake nooit werklik 'n sterk eenheidsgetuienis vanuit die Ring gehoor nie.

"Daar is verskillende faktore wat tot hierdie versuim van ons Ring aanleiding gegee het. Ook hier plaaslik het die ideologie van nasionalisme, die manier waarop Christene dink en selfs die manier waarop hulle die Bybel gelees het, wesenlik gestempel. Dit het ons onsensitief gemaak vir die onreg en leed wat die beleid van apartheid aan die mense wat rondom ons geleef het, aangedoen het. Ander faktore wat hierdie situasie vererger het, was onder meer die posisie van bevoorregting waarin die meeste van ons lidmate verkeer het en die feit dat apartheid mense al meer geïsoleer het van mekaar se leefwêrelde en ervarings.

"Ook die groeiende ekumeniese isolasie van die NG Kerk en die gebrek aan sinvolle kerkeenheid het gemaak dat ons doof was vir die protes en noodoproepe van baie van ons broers en susters in die geloof. Lidmate en predikante het daarom dikwels onkrities aanvaar dat, omdat baie politieke leiers self lidmate was, hulle ten volle vertrou kon word om te doen wat reg was. Dit het die wydverspreide aanvaarding dat apartheid of afsonderlike ontwikkeling regtig in belang van al die groepe in die land is, help versterk. Disinformasie en 'n gebrek aan blootstelling aan die lyding van mense is ander faktore wat tot hierdie versuim bygedra het.

"Dat agter al hierdie faktore daar dikwels ook 'n groot stuk selfsug gesit het en 'n onwil om eerlik na die Woord van die Here en na medegelowiges te luister, kan en wil ons nie ontken nie.

"Die resultaat hiervan was dat ons op Stellenbosch nie genoeg getuig het teen onreg in ons samelewing, teen rassistiese gesindhede by ons lidmate en teen die aantasting van mense se regte en menswaardigheid nie.

"Ten tyde van die Soweto-onluste in 1976 en die landswye onrus wat daarna gevolg het, is algemene besluite oor die toestand in die land geneem, maar weinig protes is aangeteken teen die growwe skending van mense se regte wat in daardie tyd plaasgevind het.

"Teen die gedwonge verskuiwings in ons dorp, toe mense uit hul historiese omgewing gedwing is en hulle elders moes hervestig, is weinig of geen protes van die kant van die Ring aangeteken nie. Hierdie verskuiwings was 'n skending van mense se regte wat altyd met groot persoonlike trauma, finansiële verlies en sosiale ontwrigting gepaardgegaan het. Dit is tragies dat ons as gevolg van ons verwydering van mekaar dikwels nie eers bewus was van die leed wat dit veroorsaak het nie.

"Vir jare is mense in ons dorp van belangrike posisies van besluitneming uitgesluit bloot vanweë hul velkleur en is daar meer besluite oor hulle as saam met hulle geneem. Ook in die kerk en onder Christene was daar dikwels 'n onsensitiwiteit vir hoe erg mense se menswaardigheid op hierdie en baie ander maniere aangetas is.

"Dit is hierdie onsensitiwiteit en veral die ideologiese verblinding wat daaruit gespruit het wat ook veroorsaak het dat daar in 1982 by soveel lidmate in ons Ringsgemeentes 'n totale onbegrip was vir die kreet wat by monde van die Belydenis van Belhar uit die hart van ons broers en susters in die destydse NG Sendingkerk gekom het ...

"Sedert die laat sestigerjare is daar weliswaar positiewe pogings aangewend om hierdie kloof tussen ons en die ander lede van die NG kerkfamilie plaaslik te probeer oorbrug. Dat ten spyte van goeie vordering wat gemaak is, die inisiatief (waaronder die stigting van 'n Gekombineerde Ring van Stellenbosch) tog uiteindelik skipbreuk gely het, is iets waaraan ons self minstens medeaandadig was ...

"Uiteindelik het ons tot nuwe insigte begin kom. Daarom het die Ring in 1985 ons skuld met betrekking tot ons optrede in die apartheidsera by wyse van 'n Ringsbesluit bely. Noudat ons vanweë die werk van die Waarheid-en-versoeningskommissie weer eens gekonfronteer word met die pyn en hartseer wat medelandsburgers en geloofsgenote in die vorige politieke bedeling gely het, het ons egter die behoefte om opnuut voor God en voor mense te bely. Ons wil dit juis by hierdie sitting van die Waarheid-en-versoeningskommissie doen waar die mense van ons eie omgewing hulle ervarings van pyn en hartseer kom deel. Ons bely dat ons geswyg het op tye toe ons duidelik moes getuig het. Ons bely dat hoewel ons soms probeer het om te protesteer teen die onregverdige behandeling van mense, dit dikwels maar met groot skroom en omsigtigheid was. Ons het by tye kritiese kommentaar gelewer, maar ons het dikwels nie kans gesien om teen die stelsel self te getuig nie. Ons het ook dikwels geswig voor die teenstand wat ons ervaar het. Ons het moeg geword en opgehou protesteer op tye toe ons juis moes voortgaan om helder vir die waarheid teen die onreg te getuig.

"Ons bely dit vandag opnuut teenoor die mense van Stellenbosch en omgewing wat hierdeur verontreg is ... die jongmense en kinders van ons eie kerk ... wat voel dat ons hulle deur ons optrede in die steek gelaat het.

"Hierdie verhaal is egter vir ons ook 'n verhaal van hoop. Dat die Here ons ten spyte van alles nie prysgegee het nie, gee ons hoop vir die toekoms. Ons wil daarom ten slotte ook getuig dat ons werklik glo dat die Here ware vergifnis, versoening en heling in ons land kan bewerkstellig ... dat die Here ons ook as Ring en as kerk in die toekoms as instrument van versoening sal kan gebruik, ten spyte van ons baie foute en versuim van die verlede. Daarom verbind ons onsself daartoe om saam met ons medegelowiges uit ander kerke op plaaslike vlak eerlik te bly soek na die wil van die Here vir ons totale gemeenskap ...

"Saam met die profeet Miga getuig ons daarom dat die God vir wie ons dien ook in Suid-Afrika dit vir ons uit genade kan gee dat swaarde ploegskare word, dat spiese snoeimesse word en dat mense in vrede en versoening met mekaar kan begin saamlewe. Daarvoor sal ons bly bid."

Toe die twee Stellenbossers hul verklaring klaar gelees het, kon jy 'n speld in die saal hoor val. Prof. Muller, emeritus, wat jare lank predikante aan die kweekskool opgelei het, het nog iets op die hart gehad. "Ek is een van die oues van dae. Wat in die verklaring staan, geld ook vir my. Ek het niemand fisies geslaan of tronk toe gesleep of vermoor nie! Maar die Bybel sê dat as ek iets toelaat, ek medeaandadig is. Dan staan ek skuldig voor die Hoë Reg. En voor u. Ek vra dat u my – ons almal – sal vergewe." Die jonger dominee, Jan Marais, het bygevoeg: "Die jongmense met wie ek te make het, vra my: 'Hoe is dit moontlik dat sulke dinge in 'n land waarin daar soveel Christene woon, kon gebeur?' Daar is van hulle wat sê: 'Dis te pynlik. Ek kan nie meer in die land bly nie!' Dan sê ek vir hulle: Daar is vir ons 'n toekoms in die land. Maar ons toekoms moet op die waarheid van die verlede gegrond word. Die Woord van God leer ons dat die waarheid ons vrymaak!" Die Aartsbiskop was sigbaar geroer. "Ek is seker dat ek die gevoelens van almal in die saal uitspreek as ek sê hoe diep dankbaar ek teenoor die Here is vir wat vandag hier gebeur het. I am deeply humbled! Maar dit is wat die genade van God met 'n mens maak. As jy soos Jesaja die profeet ervaar hoe skuldig en vol skande jy voor God staan, ervaar jy ook hoe die Here saam met jou in die vuur kom staan, soos met Daniël se drie vriende gebeur het! Die God van heerlikheid is ook die God van die kruis ... Julle is vandag hier as gewonde heelmeesters, die soort heelmeesters wat God op die beste kan gebruik. "Ek dink dat die Here God oor 'n wonderlike humorsin beskik. Hy kyk af en sê vir ons: Maar wat het julle dan gedink? Dis my wêreld dié! Alles sal regkom!"

Wat Tutu – en ook die meeste van ons getref het – was dat die dominees nie probeer rasionaliseer het, dat hulle nie hul belydenis met 'n "Ja, maar ..." gebalanseer het nie. Hulle het nie in die versoeking geval om die gehoor ook aan die goeie dinge wat die kerk deur die jare gedoen het, te herinner nie. Die gevolg was dat Tutu dit toe gedoen het, dat hy vir die hele saal vertel het dat alhoewel die NG Kerk skuldig aan apartheid was, die kerk deur die jare tog ook goeie dinge gedoen het, dinge wat tot voorbeeld vir die ander kerke in die land kon dien. "Afrikaners is interessante mense," het hy afgesluit. "Hulle is nie baie subtiel nie. Jy weet presies waar jy met hulle staan. As hulle eers eenmaal hul draai gemaak het, as hulle afskeid van die foute van die verlede gemaak het, kan jy toe-oë die toekoms met hulle instap!"

16 OKTOBER 1996: GOEIE NUUS UIT DIE OOS-KAAP

'n Dag na die belydenis van die Stellenbosse dominees was daar nog 'n brokkie goeie nuus. Op 16 Oktober het John Allen, mediaverteenwoordiger van die WVK, die volgende persverklaring uitgereik:

VERKLARING VAN AARTSBISKOP TUTU NA AANLEIDING VAN DIE BESLUIT VAN DIE NG KERK IN DIE OOS-KAAP OM SY LIDMATE OP TE ROEP OM VOOR DIE WVK TE KOM GETUIG

"Ons is hoog in ons skik! Dank die Here vir die manier waarop die NG Kerk in die Oos-Kaap op Gods genade gereageer het. Ek het alreeds sedert 1980 aanhou sê dat sonder die bydrae van die NG Kerk ons nooit geregtigheid en versoening in Suid-Afrika sou kon bereik nie. Dit is veral van groot belang dat die oproep uit die Oos-Kaap kom waar daar soveel menseregteskendings plaasgevind het. Ek hoop net dat die NG Kerk landswyd – sowel as al die ander kerke – hierdie uitstekende voorbeeld sal volg. Die NG Kerk gaan nog 'n uitstekende bydrae ten opsigte van versoening in ons land maak."

23-25 OKTOBER 1996: DIE VUUR VAN VERSOENING - WÊRELDHANDELSENTRUM

'n Week later is Tutu se wens vervul. 'n Groot aantal kerkleiers vanuit die binneland en die buiteland het in die Wêreldhandelsentrum in Kempton Park byeengekom. In die gebou waar die afgevaardigdes na die veelpartykonferensie twee jaar tevore mekaar oor die riglyne vir die Waarheid-en-versoeningskommissie gevind het, sou die kerke drie dae lank konfereer. Kort na die 1994-verkiesing, toe die konsepwetgewing voorberei is, het die Suid-Afrikaanse Raad van Kerke 'n belangrike aandeel daaraan gehad. Aan die begin van die jaar toe die WVK op sy eerste skof vertrek het, was die SARK by om raad te gee en saam te bid. Maar nou het tien maande verloop. Die trek was in volle gang. Wat sou die rol van die kerke op die pad vorentoe wees?

In sy openingswoord het die president, biskop Dwane, 'n ernstige pleidooi gelewer dat die kerke veral by die genesingsproses betrokke moes raak. Bo alles was dit die bydrae wat Christene kon lewer. "Ek is soms bekommerd dat die politieke partye in ons land die werk van die kommissie vir hul eie doeleindes sal wil uitbuit. Dit moenie gebeur nie!"

Dwane het afgesluit: "Ons moet vorentoe. Ek het baie hoop vir die toekoms."

Na hom het senator Wally Moosa, voorsitter van die Gekose Komitee oor Geregtigheid, aan die woord gekom. "Die grootste dilemma waarmee ons sit," het hy gesê, "is hoe ons die geweldige pyn en woede, die herinneringe wat mense met hulle saamdra, kan verlig. Ons moet verder as die individuele pyn van die slagoffers kyk; ons moet die kollektiewe skuld van die samelewing besweer. Ons grootste verantwoordelikheid is nie teenoor die geslagte agter ons nie, maar teenoor die geslagte voor ons, tot vér in die toekoms. Ons mag hulle nie in die steek laat nie!" Dat die kerke – soos ook die ander geloofsgemeenskappe – hier 'n onvervangbare rol te speel het, spreek vanself. Uiteindelik was dit Tutu se beurt om te praat. Hy het met 'n anekdote begin. "Op die Olimpiese Spele in Atlanta het 'n klomp mense by 'n ondergrondse stasie om my saamgedrom. Hulle wou handtekeninge hê. Skielik het 'n grootgeboude Amerikaanse dame tussen hulle deurgebeur. Terwyl sy die laastes wegstoot, het sy 'n papier in my hand gestop: 'Ek wil ook jou handte-kening hê!' Toe sy wegstap, het ek haar duidelik vir een van die omstanders hoor vra: 'Sê my tog, wie is die mannetjie nou eintlik? Wat doen hy?'"

Na die gelag bedaar het, het die voorsitter van die WVK voortgegaan: "Dis wat ek vandag vir die kerke kom vra het. Wie is julle nou eintlik? Wat doen julle?"

As ons die kerk van Christus is, behoort ons te weet wat van ons verwag word. Wanneer dit om waarheid, geregtigheid, vergifnis en versoening gaan, kan die kerk nie anders as om betrokke te wees nie, het Tutu verduidelik. Dis deur en deur godsdienstige begrippe, net soos die proses deur en deur godsdienstig is.

Oor die moontlikheid van versoening het Tutu met entoesiasme gepraat. "Ek het al dikwels lus gevoel om vir die Here te sê: U het ongelooflik wonderlike mense in Suid-Afrika geplaas! In die Paarl het 'n ou man na die WVK gekom, met die letsels van sy lyding, net om te sê:

'Ek vergewe dié wat dit aan my gedoen het.' In King William's Town vertel 'n vrou, met die skrapnel nog in haar liggaam, hoe die pyn haar lewe verryk het. In Bisho verskyn vier generaals voor die mense om oor die menseslagting te praat. 'Ons het destyds die bevel gegee om te skiet. Ons is skuldig. Maar ons is ook oneindig jammer oor wat gebeur het. Ons vra of julle ons sal vergewe.' En wat het die skare gemaak? Hulle het hande geklap en die generaals luid toegejuig! In die Paarl het twee NG dominees verskyn. Nie 'n woord van selfregverdiging nie, slegs 'n nederige belydenis. Waar was die ander kerke? het ek gevra. Hulle het net soveel om te bely as die Afrikaanse kerk! Het julle van die versoening by Phokeng gehoor? Ek sê weer, watter ongelooflike land, watter ongelooflike mense! Die Here is vir ons onvoorstelbaar goed ..."

Nadat Desmond Tutu vir die konferensie 'n voëlvlugoorsig oor die werk van die WVK gegee het, het hy ter afsluiting oor die teologie van die kerk begin praat. "Julle moet die groot teologiese waarhede, die dinge wat julle uit die Skrif haal, baie ernstig opneem. Julle moet dit vir julle gemeentelede onderstreep. Ten eerste: Julle moet die leerstuk van die sondeval ernstig opneem. Die sonde sit in elkeen van ons. Ons sal moet keer dat gister se verdruktes môre se verdrukkers word. Ten tweede moet julle die genade van die Here verkondig. Dit pas elkeen van ons, terwyl ons na die oortredings van die verlede kyk, om te sê: 'There but for the grace of God go I.' Ons durf ons nie in die verleentheid van ander verlekker nie. Wie sê ons sou anders opgetree het? Laastens: Die Bybel leer ons om nie te veroordeel nie. Ons durf niemand hel toe te stuur nie! Mense kan verander. Mense kan nuut gemaak word. Dis tog waaroor die evangelie gaan."

◆　◆　◆

Drie dae lank is gekonfereer. Insette het van talle kante gekom, ook van buitelandse sprekers wat spesiaal vir dié doel hierheen gereis het. Oor die bydrae wat die kerke kon lewer om die slagoffers en hul gesinne te begelei, is heelwat gesê. Oor die kerke se verantwoordelikheid ten opsigte van die oortreders, oor hoe hulle weer teruggebring kan word in die samelewing, is net so baie gepraat. Ook oor vergoeding, oor die rehabilitasie van slagoffers en gemeenskappe, kon die kerke heelwat insette lewer. Oor simboliese prosesse om die land te help om sy herinneringe te verwerk, om sy ideale lewend te hou, is interessante voorstelle gemaak.

En toe, op die laaste dag, is 'n versoeningsdiens gehou. Ek sal die geleentheid nie maklik vergeet nie. Ek het die dag iets beleef van die "ongelooflike" waarvan Tutu so graag gepraat het.

Die liturgie vir die diens was keurig voorberei. Die bejaarde swart dominee wat die diens gelei het, het die tweehonderd afgevaardigdes gevra om op te staan vir die gebed:

"O Vader, suiwer ons harte deur u Heilige Gees. Brand die mure van skeiding tussen ons af. Suiwer ons deur u Woord, reinig ons harte, toets ons geloof, verdryf ons vrees uit ons harte. Laat ons mekaar se warmte ontdek. Help ons om die spoke van die verlede te verdryf ..."

Na sy ernstige gebed het die dominee al die afgevaardigdes na vore genooi. Voor die podium het die vlam wat hy so pas aangesteek het, helder gebrand. In twee lang toue het die mans en vroue vorentoe gestap. Twee-twee het hulle toe hulle by die vuur gekom het, hul hande oor die vlamme beweeg. As 'n gebaar van versoening het hulle mekaar omhels.

Versoening? Daar word baie oor gepraat, maar hoe moeilik word dit bereik? het ek loop en dink terwyl ons ry stadig vorentoe beweeg het. Het die kerke ooit regtig 'n oplossing vir die land? Om te praat, konferensie te hou, is maklik. Maar om werklik, onvoorwaardelik na mekaar uit te reik ...

Hoe moeilik dit vir dominees is wat uit verskillende agtergronde kom om hul harte vir mekaar oop te maak, het ek self dertien jaar gelede ervaar. Ek was met studieverlof in Engeland, besig om stof te versamel vir 'n publikasie oor Marxisme en die kerke in Afrika. In die vroeë jare tagtig was almal maar te bewus van die lot van Christene in Mosambiek, Angola, Etiopië en 'n klompie ander lande waar kommunistiese regerings die septer geswaai het. Die Marxistiese ondertone in baie ANC-uitsprake – waaroor dikwels in die pers berig is – het talle Suid-Afrikaners bekommer. "Jy moet met Michael Lapsley gaan praat," het die sekretaris van die Britse Raad van Kerke op 'n dag gesê, en sommer ook 'n afspraak gereël.

Dit was 'n vreemde ervaring, dié dag in Londen, om met vader Lapsley, die uitgeweke Anglikaanse priester oor wie die koerante soveel te sê gehad het, te gesels; die man wat voor die Veiligheidspolisie uit Suid-Afrika gevlug het. Met entoesiasme het Lapsley, radikale bevrydings-teoloog, die dag oor Marxisme gepraat. My Nederduitse Gereformeerde ore het getuit!

Sover ek kon onthou, het ons mekaar se integriteit aanvaar. Maar in ons harte was ons myle van mekaar. Hoe is dit moontlik dat Christene wat dieselfde Here dien, wat dieselfde Bybel lees, in sulke verskillende kampe kan beland? het ek my afgevra toe ons gegroet en elkeen op sy eie pad vertrek het.

My pad het huis toe gelei, na my gemeente in Pretoria. Michael Lapsley se pad het na Zimbabwe gelei, waar hy saam met sy ANC-makkers die stryd voortgesit het. Een oggend, in April 1990, was dit voorbladnuus: 'n Briefbom het in Harare in die hande van die berugte vader Lapsley ontplof. Sy hande is aan flarde geruk. Hy het sy oog verloor, asook die gehoor in een oor.

My hart het na hom uitgegaan, maar nader aan mekaar was ons nie. Met sy radikale standpunte en al, was Lapsley wat my betref in die vyand se kamp. Ek sou hom in elk geval nooit weer sien nie ...

Toe ek my kom kry, was ek, nog met my gedagtes besig, voor in die ry. Dit was my beurt om saam met die voorste persoon in die ander ry na die vlam te stap, waar ons saam ons hande sou warm maak, waar ons mekaar as broers sou omhels.

Ek het my twee hande uitgesteek – en hy sy twee vleklose staalhake. Toe ek opkyk, was dit in die glimlag van vader Lapsley. Na dertien jaar, oor die afgrond van ons verskille, kon ons mekaar omhels. By die kruis van Christus het die onmoontlike moontlik geword; kon twee dominees ervaar dat die dinge wat ons saambind, oneindig meer is as dié wat ons uitmekaar hou. Natuurlik sal ons vorentoe nog oor baie dinge met mekaar moet gesels. Maar by die vuur van versoening het ons mekaar se warmte ontdek. Ons het begin om die spoke van die verlede te verdryf. "Vader, verlig ons pad met u vuur," het die gebed van die bejaarde voorganger ons teruggelei na ons banke. "Steek ons harte aan die brand. Help ons om met ywer nuwe vure aan te pak."

26 OKTOBER 1996: FRUSTRASIE IN MAMELODI

Almal was nie ewe in hul skik met die Waarheidskommissie se werk nie. 'n Deel van ons verantwoordelikheid – veral dié van ons wat aan die Reparasie-en-rehabilitasiekomitee verbonde was – was om groepies slagoffers in verskillende dele van die land te woord te staan.

Op 'n Saterdagmiddag is ek en Tom Manthata na Mamelodi, die swart woonbuurt oos van Pretoria, om 'n aantal families te ontmoet. Die Khulumani-organisasie, wat groepe slagoffers in verskillende sentra in Gauteng op 'n gereelde basis byeengebring het om oor hul probleme te beraadslaag, het ons gevra om te kom. "Khulumani" beteken "kom ons praat saam" – en dis presies wat ons dié middag gedoen het.

Die groep mense met wie ons in die gemeenskapsentrum van

Mamelodi gesels het, was feitlik almal óf slagoffers, óf gesinslede van slagoffers van die sogenaamde Mamelodi-bloedbad en van die KwaNde-bele-onluste wat die lewe van 'n hele aantal jongmense geëis het.

Die groep was ongeduldig met die WVK. Die kommissie was al vir die grootste deel van 'n jaar aan die werk en hulle omstandighede het nog niks verander nie. Hulle hoor van reparasie en vergoeding, maar niks het hulle nog bereik nie. Ek en Tom het ons bes gedoen om vir hulle te verduidelik hoe langsaam die proses werk: Opnames moet gemaak word, inligting verwerk word, voorstelle geformuleer word, en dan, uiteindelik, sou daar met die uitbetaling van geld of die toekenning van ander hulp begin kon word. Die gehoor was min geïmponeer!

Die meeste van hulle was ouer mense wat afhanklik van hul kinders was en noudat hul seuns van hulle weggeneem is, was daar niemand om vir hulle te sorg nie. In Mamelodi was daar, ten tye van ons besoek, 'n huurboikot aan die gang en gevoelens het hoog geloop. Die owerhede het gedreig om mense wat nie hul agterstallige huur betaal het nie, uit hul huis te gooi. Die Polisie het plek-plek al begin om dit te doen. "Niks het verander nie," het een van die vroue gesug. "Ons is terug in die ou dae!"

"As die Waarheidskommissie ernstig is oor versoening, moet hulle met die stadsraad oor die huurboikot gaan onderhandel," het 'n ander bygevoeg. "Kan aartsbiskop Tutu nie iets vir ons doen nie?"

Die frustrasie van die Mamelodi-gesinne was ook ons frustrasie. In die WVK-wet is aan die kommissie die reg gegee om in gevalle van dringende nood – waar die slagoffers of hul afhanklikes baie oud of siek is, of as hulle in haglike omstandighede verkeer – tussentydse hulp te verskaf. Oor die toepassing van dringende interimvergoeding is lank gepraat en baie planne gemaak, maar die program het gesukkel om aan die gang te kom. Wat wel gebeur het, is dat slagoffers wat by verhore aangekom het en wie se omstandighede ekstra ernstig was, op 'n ad hoc-basis gehelp kon word. Hier en daar is nuwe rystoele gevind, is pasiënte na spesialiste verwys, is met opgrawings en herbegrafnisse hulp verleen. Maar dit was 'n druppeltjie in die emmer.

Geld was wel beskikbaar. Die Switserse regering het 'n groot bedrag vir tussentydse hulp bewillig, maar die prosedures om die geld aan te wend, het ons dikwels gepootjie. Een van die groot verleenthede waarmee die Johannesburgse kantoor op 'n dag gesit het, het juis hiermee te make gehad. Nadat die eerste bedrag opgebruik is, het die Switserse regering laat weet dat hulle graag 'n volgende toekenning wou maak. 'n Switserse televisiespan het spesiaal Johannesburg toe gereis om 'n film te kom skiet om te illustreer hoe die geld gebruik is en watter gesinne die voordeel daaruit getrek het. Met televisiefilm sou die Switserse parlement maklik oorreed kon word om nog te gee.

Op kantoor het ons 'n hele paar adresse van dankbare mense wat gehelp is aan die filmspan gegee. Hulle sou 'n mooi, inspirerende opname kon maak.

Later die middag was die span terug. Asvaal. Morsdood geskrik. Kort nadat hulle in Soweto se state begin rondstap het op soek na die huise en gesinne wat hulle wou verfilm, het hulle vertel, is hulle deur 'n groep misdadigers gekonfronteer en beroof. Hulle het alles verloor: hul beursies, hul peperduur kameras, alles wat hulle by hulle gehad het. Dat die Switsers ten spyte van wat gebeur het, weer geld beskikbaar gestel het, spreek boekdele!

Die frustrasie van die mense in Mamelodi sou op baie plekke in die land na vore kom. Namate die amnestieproses gevorder het en in die koerante berigte van oortreders verskyn het wat ten spyte van alles wat hulle gedoen het, amnestie ontvang het, het slagoffers begin wonder of die Oos-Kaapse families wat die WVK as "oortreder-vriendelik" afgemaak het, nie dalk reg was nie. Dat die WVK die gulle amnestieaanbod met 'n dinamiese vergoedingsprogram sou moes balanseer, het vir ons op kantoor – en vir my en Tom dié Saterdag in Mamelodi – al duideliker en dringender geword.

28-30 OKTOBER 1996: DIE ALEXANDRA-VERHOOR – HUGH LEWIN VERTEL

In die Johannesburgse kantoor het Hugh Lewin 'n besondere rol gespeel. Hy het nie net in die Menseregteskendingskomitee 'n groot rol gespeel nie. Hy was ook 'n knap akademikus en navorser, 'n gewilde spreker. En Hugh het nie van hoorsê gepraat nie. Hy was self jare lank in die gevangenis. In die sestigerjare het hy as jong student aan die Universiteit van die Witwatersrand by 'n ANC-sel aangesluit en by hul onwettige bedrywighede betrokke geraak. Hy is gearresteer en tot jare lange tronkstraf veroordeel. In die maksimumveiligheidsafdeling van die Pretoriase tronk in Potgieterstraat is Hugh – die jong pastorieseun – saam met 'n groepie politieke gevangenes tussen geharde misdadigers, selfs terdoodveroordeeldes, opgesluit.

Dit alles het gemaak dat Hugh 'n besondere empatie gehad het met slagoffers wat oor hul tronkervarings gepraat het. Daarby was hy 'n digter wat met fyn aanvoeling kon weergee wat hy gesien het.

Tydens die Alexandra-verhoor het talle getuies hul verhale vertel. Hugh Lewin het soos volg gerapporteer:

One witness
has a dark suit and waistcoat and a glove on his hand
to help with his arthritis – and a stick.
Thirty years before he didn't need a stick
to stir the streets, him and the other kids.
They picked him up, he said
and roughed him up a bit in Alex
before taking him to Pretoria
    – Kompol, the big house, their house
    with the warrens of offices like cells.
    In corridors where they do what they want –
and they start giving him the treatment,
pausing only to bring in another pick-up
(looking dazed) to watch,
while they batter him, and batter him, and batter him.
But I was lucky, he said, I shat myself
and they said: Yussus, maar die kaffer't gekak en – vat hom weg –
hy stink.
They start instead on the spectator. He is from Cape Town.
His name is Looksmart. By morning he's dead.

Another witness
tells how she heard about her teenage son;
how he'd been passing in the street with friends
when a passing hippo shot him
    – no sense to it, no reason –
then they collect him, she said, still alive
and batter his head against a rock.
Twenty years later, tall and high-pitched,
she spits fury
    red-hot.
Maybe, she says, crumpling into her pain,
he'd still be there
if they hadn't hit his head against the rock.

Three witnesses together –
grannies, with doeks and darting eyes –
take it in turns to weep
as they tell of their children across the border in the safety
of Gaborone.
So many details: of the cars they took to get there,
the scenery along the way, all the details.
The soldiers, they explain, shot anything that moved
and raked the cupboard (where the overnight visitor hid)
tore even the cupboard to pieces, pieces, to pieces.
There was this large white sheet at the funeral, she said,
with all the names listed – and his wasn't there
    wasn't there
    wasn't there
but there, right at the bottom ... ah, Joseph.

Afterwards, the hall echoes
with the laughter of kids on the square outside
and we sit
wondering about these lists of bodies
    and mortuaries and more mortuaries
    and coffins, coffins, coffins
    bones, bones
and the glistening eyes of their mothers
    and survivors.
The evening shadows ring with the sounds of the children
and you have to think of tomorrow
    and tomorrow
    and tomorrow.

30 OKTOBER 1996: NEE EN JA

Tydens die vergadering van die Algemene Sinodale Kommissie van die
NG Kerk wat op 29 en 30 Oktober in Pretoria gehou is, is die bydrae
van die kerk tot die WVK-proses langdurig bespreek.

Al die vooraf besluite oor samewerking en voorbidding en kritiese
begeleiding is herbevestig. Maar of die kerk 'n amptelike voorlegging
voor die WVK moes maak, soos die Stellenbosse dominees gedoen het,
daaroor was die broers erg verdeeld. Met 'n meerderheid van drie stemme

is besluit om nie so 'n amptelike belydenis, namens die hele NG Kerk, landswyd, aan die WVK voor te lê nie. Dit sou 'n te groot beroering veroorsaak onder lidmate wat ernstig verdeeld was oor die WVK.

Ek was teleurgesteld en hartseer.

'n Paar dae later was daar 'n stukkie troos: die Sinode van die Wes- en Suid-Kaap het besluit om wel 'n voorlegging te maak. Hulle wou graag die verhaal van die NG Kerk se betrokkenheid in die samelewing – veral oor wat in die Wes- en Suid-Kaap gebeur het – aan die WVK voorlê. Ds. Christo Alheit, skriba van die Sinode, het aan die pers gesê: "Die Wes-Kaapse moderamen meen dat die WVK 'n getuienisgeleentheid bied wat benut moet word."

4 NOVEMBER 1996: AFRIKANER-REAKSIE (1)

Dit was nie net die mense van Mamelodi en Alexandra wat hul frustrasie, soms selfs hul woede, begin lug het nie. Dit was ook nie net sinodale vergaderings wat van hulle laat hoor het nie.

Uit die Wes-Transvaal het ek 'n paar dae later die volgende brief, aan my persoonlik gerig, ontvang: "Ons verfoei die WVK en sy werkswyse. Dit is net Afrikaners wat moet bieg, terwyl ons mense daagliks vermoor, verkrag en beroof word deur barbare, en geen woord word gerep en geen daad gedoen om ons te beskerm nie. Dís nie skending van menseregte nie. Ons gaan onsself beskerm. Ons moet gaan bieg voor 'n godlose regering se maaksel. Hulle glo nie in die Drie-enige Ware God nie. Julle speel regter en wil versoening bring. Met wie? Julle moet ook maar julle sondes gaan bely op die regte plek. Dit is heerlik om so 'n vet tjek te ontvang terwyl mense honger ly en werkloos gemaak word."

5 NOVEMBER 1998: AFRIKANER-REAKSIE (2)

Met 'n vriendeliker – sy dit tog ook kritiese – reaksie het ek die volgende dag te make gekry.

Leon Malan, bekende sakeman van Clarens in die Vrystaat, het daarvoor gesorg dat die gemeente my genooi het om 'n erediens en gemeentekonferensie te kom hou.

"Terwyl jy en Inza tog kom," het Leon oor die telefoon verduidelik, "het ons gehoop dat jy sommer ook met 'n groepie van ons Afrikaners oor die Waarheidskommissie sal kom gesels. Ons wonder oor baie dinge en jy sal ons vrae moet kom beantwoord."

Die Saterdagaand is ek en my vrou saam met die Malans na die spog-
plaas van die Farrells, net buite die dorp. Die groot ontvangskamer van
Paul Farrell, op sy tyd Nasionale Party parlementslid vir Bethlehem,
was stampvol. 'n Vyftigtal gaste van oraloor die twee distrikte, Clarens
en Bethlehem, was daar. Tussen die Afrikaners het daar, soos dit in dié
deel van die Vrystaat gaan, 'n paar Engelse vriende gesit wat saamgenooi
is. Talle standpunte is gestel. Heelwat vrae het na my kant toe gekom.
Kritiek is geopper. Alles in 'n baie goeie gees. Daar was wel 'n paar
gaste wat, soos dit vir my gelyk het, positief was, wat die WVK-proses
ondersteun het. Maar vir die meerderheid was die Waarheidskommissie
iets vreemds. Kon ons nie maar vergewe en vergeet, die boeke vir eens
en vir altyd toemaak nie? Ek het die Boereoorlog-argument ingespan:
As daar na 1902 iets soos die WVK was, as al die ellende van die kampe,
al die onreg van die stryd, die dinge wat ook in die Oos-Vrystaat afgespeel
het, na die tyd behoorlik uitgepraat kon word, sou dinge in ons land
beslis anders verloop het. Almal was nie oortuig nie! Die persepsie van
'n eensydige proses, 'n heksejag, het swaar in die kamer gelê.

Oor die ete – so 'n oorweldigende, smaaklike ete as wat mens omtrent
net in die Vrystaat te beurt val – is die gesprek verder gevoer. "Ek aan-
vaar wat jy sê," het Paul Farrell beklemtoon. "Maar julle sal baie hard
daaraan moet werk om die Afrikaners te oortuig dat die proses billik is.
Dit voel vir ons al asof elke blanke, elke Afrikaner, voor die voet in die
beskuldigdebank geplaas word."

4 DESEMBER 1996: RAPPORT EN BEELD

Iets moes gedoen word om die persepsies wat die gemiddelde Afrikaner
van die Waarheidskommissie gehad het, te verbeter. Maar wat? Ek en
John Allen, die WVK se mediaskakelpersoon, het dikwels met mekaar
oor dié dinge gepraat. Moes ons nie 'n keer reël dat aartsbiskop Tutu
die redakteurs van die Afrikaanse koerante ontmoet nie? Dalk sou hulle
oor 'n koppie tee die belangrikste probleme en misverstande uit die
weg kon ruim. Toe ek maande tevore met Izak de Villiers van die Sondag-
koerant Rapport hieroor gepraat het, was hy nie entoesiasties nie. Hy
het nie van die Waarheidskommissie, sy voorsitter of sy werkswyse
gehou nie. Toe ek Izak de Villiers egter by 'n kerklike funksie in Novem-
ber in Pretoria raakgeloop het, het hy ingestem: Hy sou Tutu in sy re-
daksiekantoor ontvang.

Op 4 Desember sou Desmond Tutu in Johannesburg wees. Ek het twee afsprake gemaak: met die redakteur van Rapport, vir oggendtee, en met die redakteur van Beeld, vir middagete.

Die gesprek met Rapport het – om dit sagkens te stel – nie aan die verwagtings voldoen nie. Izak de Villiers was van die begin af aanvallend. Hy het dit baie duidelik gestel dat hy nie die WVK-proses vertrou het nie en dat dit niks anders as 'n politieke aanval op die Afrikaner en sy verlede was nie. Natuurlik is daar baie verkeerde dinge in die verlede gedoen, het Izak gesê. Maar wat ons nou kry, is apartheid in trurat. Die Aartsbiskop het probeer verduidelik. Soos dikwels in die verlede het hy sy hoop dat die Afrikaners 'n deurslaggewende rol in die toekoms van die land gaan speel, herhaal. Die Afrikaanse koerante – Rapport – sou baie kon doen om 'n positiewe geluid te laat hoor, om Afrikaners op die pad van waarheid en versoening te begelei. Die Aartsbiskop was bekommerd oor Rapport se beriggewing, wat na sy mening eensydig was.

Die gesprek wou nie vlot nie. Ook nie toe ek vir Izak en sy subredakteur, Z.B. du Toit, probeer oortuig het dat die Afrikaners – soos ook die ander mense in Suid-Afrika – op een van die belangrikste reise in hul bestaan vertrek het nie. As ons nie die historiese oomblik benut nie, as ons nie ons mense op die trek dwarsdeur die verlede en na die toekoms begelei nie, doen ons hulle 'n onreg aan.

Toe Izak de Villiers in 'n stadium vir Tutu gemaan het dat alles in die verlede nie regtig so sleg was nie, dat apartheid ook 'n goeie kant gehad het, het die gesprek al warmer geword. "Nie so sleg nie? Kom ek vertel jou wat apartheid net met my en my gesin gemaak het," het Tutu geantwoord. En toe begin hy vertel! Van sy kinderdae, hoe swaar hulle as gesin gekry het, hoe vernederend dit was om in Suid-Afrika 'n swart mens te wees . . . tot waar hy die eerste keer in sy lewe, in 1994, aan 'n demokratiese verkiesing kon deelneem, toe hy vir die eerste keer as redelik bejaarde man kon stem! Uiteindelik moes ons die gesprek op 'n onbevredigende noot afsluit.

"Ek ken Tutu al baie jare lank," het John Allen teenoor my opgemerk toe ons die gebou uitstap. "En ek het hom in al die jare nog net een keer kwaad gesien. Vandag was die tweede keer."

◆ ◆ ◆

Die besoek aan Beeld het salf op die wonde gegiet.

Voor die gebou het 'n sekretaresse ons met 'n vriendelike glimlag ingewag, om ons met die hysbak na die kantoor van die redakteur te begelei. Oor 'n gesellige middagete het Johan de Wet, Tim du Plessis en die ander Beeld-mense aan die gesels gekom. Hulle het waardering vir die WVK gehad – en ook vrae gevra. Maar hul hele houding was so positief, hulle het hulleself so betrokke gevoel by die oorgangsproses waarin ons hele land verkeer, dat die voorsitter van die Waarheids-kommissie met dubbele erns geluister het. Hy het Beeld van sy groot waardering vir hul billike en positiewe beriggewing verseker – en ook gesê dat waar Beeld die WVK wel op sekere punte kritiseer, dit met ewe veel erns bestudeer word. Saam met die koffie, aan die einde van die ete, het Johan de Wet vir Tutu 'n vrolike geraamde spotprent van homself, wat onlangs in die koerant verskyn het, present gegee. John Allen en ek moes elk met 'n mooi almanak tevrede wees. Ons was.

Op pad terug het ons drie in die motor oor die dag se ervarings gepraat. Ons het baie duidelik na twee stemme uit die geledere van die Afrikaanse pers geluister. Dat ons nog vir 'n lang tyd met die twee ver-skillende perspektiewe, die twee geluide uit die kring van die Afrikaners, te make sou hê, het soos 'n paal bo water gestaan.

Min kon ons raai wat nog alles sou volg.

31 DESEMBER 1996: EK HET VREDE

So het die jaar 1996 tot 'n einde gekom. Dit was 'n moeilike jaar. Die tweede skof wat ons moes aflê – almal van ons, die WVK, die slagoffers, die oortreders, die hele land – was in baie opsigte 'n *via dolorosa*. Min van ons het die reis ongeskonde voltooi. Maar deur die genade van die Here het ons tog met dankbaarheid, met 'n nuwe begrip van wat vergifnis en versoening beteken, anderkant uitgekom.

Op Oujaarsaand, 31 Desember 1996, is Mahlomola Isaac Tlale oorlede.

Twee maande tevore, op 28 Oktober, was hy die heel eerste getuie wat by die verhoor in Alexandra, Johannesburg, verhoog toe gestap het om sy verhaal te vertel. Hy het 'n onvergeetlike indruk gemaak, 83 jaar oud, deftig geklee in 'n nuwe pak klere, kersregop, wandelstok in die hand. Vyftig jaar lank, het hy gesê, was hy 'n lid van die ANC. In 1963 het vyf mans met drie karre opgedaag om hom te arresteer. In Pretoria is hy ondervra en met 'n plastieksak oor sy kop gemartel. Hy is op aanklag van sabotasie skuldig bevind en twaalf jaar na Robbeneiland gestuur. Toe hy uiteindelik vrygelaat is, is hy na Kwa-Kwa verban. Dit sou nog jare duur voordat hy toegelaat is om na sy geliefdes in Alexandra terug te keer.

"Sedert 1965 was ek 'n siek man," het mnr. Tlale vertel. "Ek ly aan hoë bloeddruk en het al 'n hartaanval gehad. Ek het lank in die tronkhospitaal gelê. Ek het gely. Ek het gely. Ek het gely ..." En toe, op die laaste dag van die jaar, het die grysaard gesterf. Met sy begrafnis het die priester vertel hoe Mahlomola Tlale vir hom op 'n dag van sy bitterheid vertel het. Hy was regtig verbitter.

"As ek vandag moet sterf," het Tlale gesê, "en as ek in die hemel kom, en die oortreder daar aantref wat my soveel kwaad aangedoen het, sal ek vir die Here sê: Ek is op die verkeerde plek. Stuur my asseblief hel toe!" Maar, het die priester voortgegaan, toe Tlale van die verhoor in Alexandra huis toe gekom het, was hy geheel en al 'n ander mens. Sy bitterheid was weg. Hy het met die priester gaan praat: "As ek nou moet sterf en ek kom in die hemel, sal ek die oortreders wat my kwaad aangedoen het, kan vergewe. Ek het vrede gevind. Ek is versoen."

Op Oujaarsaand, aan die einde van sy pynlike reis, het die bejaarde Mahlomola Tlale in vrede gesterf.

OP BERGE EN IN DALE

"Op berge en in dale,
en oral is my God
waar ons ook telkemale
mag swerwe, daar is God!"

Volgens geskiedskrywers was Gesang 7 (Gesang 47 in die nuwe Afrikaan-
se Gesangbundel) een van die mees geliefde liedere wat die Voortrekkers
op hul pad die binneland in gesing het. In die aande by die kampvuur, ná
die soveelste tog oor die berge in die binnneland, of deur die laagtes
wat anderkant die berge gewag het, het die woorde opgeklink. By elke
hoogtepunt op die pad, sowel as by die baie laagtepunte, was hulle
daarvan seker: Die Here is ook hier. Hy dra ons deur sy genade!

Dis 'n gesangvers wat die WVK – en Suid-Afrika – net so nodig gehad
het. Op sy volgende skof deur die verlede het die Waarheidskommissie
met talle berge en dale, met meer as een hoogtepunt en laagtepunt, te
make gekry.

In Januarie 1997 het die WVK-trek op 'n stamperige pad vertrek.
Die reis het al meer gekompliseerd geraak. Kritiek van buite was daar
dikwels. In eie geledere was daar van tyd tot tyd spanning. Daar was
hoogtepunte, 'n hele paar van hulle. Maar daar was beslis ook laagte-
punte. Foute is gemaak. Teenslae is verduur. Bo alles is daar, vroeg in
die nuwe jaar, kanker by Desmond Tutu, voorsitter van die WVK,
gediagnoseer.

10 JANUARIE 1997: DIE GEREFORMEERDE KERKE SÊ NEE

Toe dit tyd geword het dat die Sinode van die Gereformeerde Kerke in
Suid-Afrika (GKSA), die kerk waaraan onder andere oudpresident F.W.
de Klerk behoort, in Potchefstroom sou vergader, het daar 'n gevoel
van afwagting – by sommige eerder bekommernis – geheers. Die GKSA
is die kleinste van die drie Afrikaanse kerke in die land, met ongeveer
125 000 lidmate. Maar deur die jare het die kerk, veral in die geledere

van Afrikaners, 'n belangrike plek ingeneem. Wat in Potchefstroom met betrekking tot die Waarheidskommissie besluit sou word, sou van groot betekenis wees.

Kort voor die Sinode begin het, het die redakteur van Beeld in sy inleidingsartikel (10 Januarie 1997) geskryf dat die Gereformeerde Kerke in Suid-Afrika nou by dieselfde kruispad gekom het wat ander instellings reeds bereik het of binnekort gaan bereik. Wat gaan die GKSA oor sy rol in die apartheidsverlede sê? "Die Gereformeerdes beroem hulle graag daarop dat hulle nooit probeer het om apartheid Bybels te regverdig nie. Dit strek tot hulle krediet. Maar het hulle apartheid ooit as onbybels veroordeel? En as dit gedoen is, hoe daadkragtig en op watter vlak is dit gedoen?" het die redakteur gevra.

Dat dit vir die GKSA moeilik sou wees om met 'n voorlegging na die WVK te gaan, was te verstane. Baie van hul lidmate sou skeef opgekyk het. Wou die GKSA dan die WVK-proses steun? Maar, het die redakteur betoog, soos die ander kerke in die land, het die GKSA nie los gestaan van die apartheidsbedeling nie. Daarom behoort hulle ook nie nou los te staan van wat op die oomblik in die land aan die gebeur was nie. "Die hele land gaan tans deur die pynlike, onthutsende proses om die verlede opnuut onder die soeklig te bring; nie sodat die verlede uit die graf kan regeer nie, maar juis om dit ter ruste te lê, so rasioneel en sistematies moontlik. Die kerke sal 'n historiese fout begaan as hulle hul doelbewus van die proses afsny, om watter rede ook al."

Die GKSA se getuienis, Skrifgebonde en beginselvas, moes *nou* gehoor word!

Toe die GKSA se Sinode uiteindelik in Potchefstroom byeengekom het, is 'n beskrywingspunt waarin die Suidelike Partikuliere Sinode gevra het dat die Nasionale Sinode van die GKSA hom oor die vraag moes uitspreek, ter tafel geneem: Moes die Gereformeerde Kerke 'n bepaalde aanspreeklikheid aanvaar met betrekking tot die vestiging en uitvoering van die beleid van afsonderlike ontwikkeling of apartheid?

Na 'n lang en heftige debat het die Sinode besluit om *nie* uitvoering aan die beskrywingspunt te gee nie. Die motivering vir die besluit was die volgende: Die skrywers van die beskrywingspunt het nie aangedui oor presies *watter* besluite wat die GKSA ten opsigte van apartheid in die verlede geneem het, verantwoording gedoen moet word nie. Uit die debat wat gevoer is, was dit egter duidelik dat baie afgevaardigdes dit nie net oor die tegniese punt gehad het nie. Hulle wou ook oor die inhoud van die beskrywingspunt gepraat het.

Die voorsitter van die Sinode, dr. Jan Visser, het hom sterk uitgedruk oor die feit dat die kerk se lidmate in 'n land leef "wat verpes geraak het deur 'n skuldpsigose", dat kerke in dié klimaat versigtig moes wees om "nie die kluts kwyt te raak nie". As lidmaat van die GKSA het hy hom geensins verantwoordelik gevoel vir die gruwels wat in die naam van apartheid gepleeg is nie.

Daar was egter ook ander sprekers wat – in die gees van die Beeld-artikel – daarvoor gepleit het dat die GKSA nie die historiese geleentheid om sy apartheidsverlede eens en vir altyd agter die rug te kry, onbenut moes laat nie. Maar hulle was in die minderheid. Tydens die debat was daar, volgens een joernalis, redelike ongemaklikheid te bespeur oor die belangrike vraag of die GKSA in die verlede ooit apartheidsbesluite geneem het. Sommige het die bestaan van sulke besluite ontken. Maar kort voor die aanvang van die Sinode het dr. Theuns Eloff, 'n voormalige predikant van die GKSA, in 'n wydgelese koerantartikel 'n volledige uiteensetting van al hierdie besluite van die verlede gepubliseer. Een van die afgevaardigdes na die Sinode het in 'n gesprek opgemerk dat, as dit vir dr. Eloff moontlik was om al hierdie besluite byeen te bring, dit ook vir die Sinode self moontlik moes gewees het.

Wat was Beeld se reaksie? Die redakteur het die gevoelens van baie – ook myne – verwoord (21 Januarie 1997): "Die GKSA ... het toe die geleentheid verby laat gaan om met 'n helder stem morele leiding te gee oor die apartheidsverlede ... Die afgevaardigdes het vasgeval in prosedurereëls en ander tegniese argumente, wat veroorsaak het dat die groter prentjie misgekyk is."

Dit kan waar wees, het hy voortgegaan, dat die GKSA nie van al die gruwels geweet het nie, maar dan was dit mos nou die tyd om die onkunde – en onverskilligheid – te bely. Nie om in skuldgevoel weg te sink nie, maar om deur die waarheid bevry te word! Daar mag vele goeie lidmate van die Afrikaanse kerke wees wat bly is oor die wyse waarop die GKSA die saak hanteer het, het die redakteur afgesluit, "maar daar is mede-Suid-Afrikaners daarbuite en 'n nuwe geslag lidmate wat vra: waarom het die kerke nie destyds gepraat toe hulle moes nie? En waarom swyg hulle nou? Regstegniese argumente gaan nie daardie vrae beantwoord nie."

Kort na die sinodebesluit bekendgemaak is, het ek 'n telefoonoproep van prof. Bennie van der Walt van die Potchefstroomse Universiteit ontvang. "Piet," was sy woorde, "die sinodebesluit is nie die enigste stem wat uit die Gereformeerde Kerke kom nie. 'n Paar van ons, lidmate van die kerk, oorweeg dit sterk om ons eie belydenis op te stel. Daar is talle lidmate en ook teoloë wat meen dat ons wel na die WVK moet gaan, dat ons iets oor die rol van die kerk in die verlede moet sê. Ons sal nog van ons laat hoor."

16 JANUARIE 1997: TUTU HET KANKER!

Die nuusberig wat Donderdagaand 16 Januarie oor die eter gekom het, het almal in die land, ook die WVK-lede, regop laat sit: Tutu het kanker!

Die volgende oggend, in die Johannesburgse kantoor, het ons, nadat ons ons aanvanklike hartseer en skok te bowe gekom het, oor die implikasies van Desmond Tutu se siekte vir die WVK-proses gesels. Hoe siek was hy? Sou hy kon voortgaan met die werk? Die afgelope jaar het Tutu homself so as die hart en siel van die proses bewys, is hy in so 'n mate deur die publiek as die verpersoonliking van die WVK aanvaar, dat 'n mens jou nie kon voorstel dat ons sonder hom met die werk sou kon aangaan nie.

Terwyl ons nog aan die gesels was, het 'n nota van Alex Boraine tesame met die persverklaring van John Allen oor die e-pos op ons skerms verskyn:

VAN: Dr. Alex Boraine

Liewe Kollegas

Tot my groot ontsteltenis moet ek julle verder inlig oor die gesondheid van aartsbiskop Tutu. Dié keer is die nuus nie goed nie. Nadat verdere toetse gedoen is – soos die ingeslote persverklaring aandui – is daar vasgestel dat hy beslis prostaatkanker het.

Omdat Tutu die man is wat hy is, en omdat hy soveel vir ons almal beteken, weet ek dat julle die nuus eers self wou ontvang, voordat julle dit in die koerante lees of oor die eter hoor.

Ek weet dat julle almal net so bekommerd soos ek oor hom is en dat julle hom, Leah en die gesin, in julle gebede aan die Here opdra.

◆   ◆   ◆

VAN: John Allen

PERSVERKLARING VAN DIE WAARHEID-EN-VERSOENINGSKOMMISSIE

Dokters het kanker in aartsbiskop Desmond Tutu se prostaat ontdek, maar dit sal nog 'n paar weke neem om presies vas te stel hoe ernstig dit is, en of die kanker verder as die prostaat versprei het.

Verdere toetse wat gedoen is, het dit aan die lig gebring nadat daar aanvanklik gerapporteer is dat geen kwaadaardigheid ontdek is nie.

Aanvanklik het die spesialiste wat die Aartsbiskop behandel het, slegs 'n eenvoudige biopsie gedoen. Die weefsel wat van die periferie van die prostaat verkry is, het geen kankertekens vertoon nie. Die Aartsbiskop se uroloog het toe voortgegaan met 'n volle operasie waartydens die grootste deel van die prostaat verwyder is.

Verdere weefseltoetse is toe gedoen, wat op besliste prostaatkanker gewys het. Hoe ver dit versprei het en hoe ernstig dit is, sal eers later vasgestel kan word. Niks dui daarop dat die kanker verder versprei het nie, maar nog toetse sal eers gedoen moet word om dit vas te stel.

Die uroloog glo nie dat daar in dié stadium oor die prognose, of oor die uitslae van die toetse, gespekuleer behoort te word nie. Wanneer verdere resultate beskikbaar is, sal dit bekendgemaak word.

◆ ◆ ◆

Die telefoon het die res van die dag onophoudelik gelui. Almal wou weet hoe dit met die Aartsbiskop gaan. Dit het my in die dae en weke wat sou volg, opgeval hoeveel mense wat vroeër erg krities was, met deernis navraag na Desmond Tutu gedoen het. Briewe en fakse het van oraloor bly instroom, van die binneland en die buiteland, ook van mense wat aan ander geloofsgemeenskappe behoort het. Dat die Aartsbiskop 'n spesiale plek in die harte van miljoene verwerf het, was duidelik.

◆ ◆ ◆

AAN: Aartsbiskop Desmond Tutu
VAN: Piet Meiring

Liewe aartsbiskop Desmond en Leah
Saam met al ons kollegas op die WVK – en tesame met miljoene mense in ons land en ook in die buiteland – was dit 'n groot skok om te hoor dat u in die hospitaal opgeneem is, en ook vir langer as wat aanvanklik gemeen is. Mag die goeie Vader gee dat die herstel vinnig en totaal sal wees, en dat u spoedig gereed sal wees vir al die werk wat wag.

Natuurlik is u bewus van hoeveel daar in dié dae vir u gebid word. Wat u miskien nie besef nie, is hoeveel gebede uit die monde van Afrikaanse Christene kom. U het dit reggekry om diep in die harte van baie van ons mense te kruip. Om een voorbeeld te noem: Ek en Joyce Seroke was verlede week na 'n vergadering met 'n dertigtal NG Kerk-dominees aan die Oos-Rand. Ons was effens bekommerd dat hulle negatief teenoor die werk van die WVK sou wees. Hulle was nie. Inteendeel, hulle was verbasend positief, veral oor u rol in die proses. Met groot erns is u en Leah aan die Here se sorg opgedra. Die dominees het vir die Here vertel (asof Hy dit nie weet nie!) dat die WVK nooit sonder hul voorsitter die mas sal opkom nie.

Verlede week het die moderatuur van die Oos-Transvaalse Sinode in Pretoria vergader. Hulle het my gevra om u namens die Sinode en al die gemeentes in die Sinode alles van die beste toe te wens.

Persoonlik wil ek ook weer 'n keer my opregte waardering en dankbaarheid teenoor u uitspreek vir u voorbeeld en liefde ... Toe u my destyds omgepraat het om op die WVK te dien, was dit enersyds omdat ek geglo het dat die proses van waarheid en versoening belangrik en hoogs nodig in ons land is, maar andersyds (moet ek maar erken) was die geleentheid om vir twee jaar in u skaduwee te werk, iets wat ek nie van die hand kon wys nie.

My vrou en kinders staan agter my as ek sê: Ons bid daagliks vir u al twee. Mag die Here gee dat u elke dag sterker en gesonder sal word. En mag Leah daagliks die krag ontvang om u te versorg en by te staan. Mag die vrede van God wat alle verstand te bowe gaan, u harte en sinne bewaar.

21 JANUARIE 1997: VERDEELDHEID IN DIE WVK

Tutu se siekte was nie die enigste teenslag nie. Al langs die strate van Johannesburg het The Citizen se plakkate die storie uitbasuin: "TRC divided over the race issue." Ek kon nie wag om die koerant oop te slaan nie. Met groeiende bekommernis het ek begin lees:

KAAPSTAD. Verskille in agtergrond en personeelstrukture wat veroorsaak het dat blankes in die belangriker poste aangestel is, terwyl swart werknemers met 'mindere poste' tevrede moes wees, was volgens 'n senior amptenaar van die dinge wat veroorsaak het dat daar onder talle WVK-werknemers ernstige wantroue heers. 'Daar is rassespanning in die geledere van die WVK, maar die eintlike probleem het met die samestelling van die kommissie te make,' het die amptenaar gesê. 'Advokate en predikante is op die kommissie saamgegooi. Hulle agtergronde verskil te veel. Daar is heelwat wantroue. Gewese swart aktiviste en wit liberale intelligentsia dien saam op die kommissie - en dit werk nie. Die oogmerk van die WVK was lofwaardig; om (ook) werklose en ongeskoolde persone in diens te neem. Maar dis juis dié persone wat nie die mas kan opkom nie, en wat eenkant geskuif voel.'

Volgens die berig was 'n wit liberale "kliek" in beheer van die werkspro-gram van die WVK, by name in Durban, waar blanke kommissielede die hoof van die kantoor, dr. Khoza Mgojo, verbygaan in baie besluite wat geneem word. Hlengiwe Mkhize, voorsitter van die Reparasie-en-rehabilitasiekomitee, is deur die koerant om kommentaar genader:

"Dis vir die WVK belangrik om op die verskillende agtergronde van sy werknemers te let. 'n Mens moet onthou dat baie van die swart werknemers die beste deel van hul lewe erg ondermyn is, dat hulle jare lank nie ernstig opgeneem is nie. As iets gebeur wat hierdie gevoelens opnuut laat opvlam, is dit moeilik om hul woede te beheer. Dat daar 'n mate van rassespanning in die geledere van die WVK was, moes 'n mens eintlik verwag het. Dis hoe Suid-Afrika lyk! Ons betaal nog almal die prys van die verlede ... Tog het die WVK 'n unieke verantwoordelikheid om aan die hele land te wys dat ons saam Suid-Afrikaners is, en nie in die eerste plek mense uit verskillende rassegroepe of etniese agtergronde nie."

The Star se kommentaar op die nuus dat daar onenigheid binne die WVK te bespeur was.

Die volgende oggend het Dumisa Ntsebeza en Alex Boraine uit die Kaap van hulle laat hoor. "Dis waar dat daar soms spanning in die WVK-geledere is. 'n Mens moes dit eintlik verwag het," het Dumisa, die hoof

van die ondersoekeenheid, toegegee. "Maar dis nog ver van 'n krisis!"
"Die WVK is 'n mikrokosmos van Suid-Afrika," het Boraine bygevoeg,
"en dit sou snaaks gewees het as daar nie soms onderlinge verskille
was nie." Suid-Afrika het na die 1994-verkiesing nie sommerso in 'n
paradys verander nie, het Dumisa verder betoog. "Ons moet nog baie
ongelykhede regstel, nie net ten opsigte van rassesake nie, maar veral
ook wat die posisie van vroue betref. Die WVK verdien egter 'n pluimpie
dat daar nog geen werklike krisis ontwikkel het nie!"

Toe 'n soortgelyke berig egter in die Natal Witness verskyn het oor
die vermeende spanning in die Durbanse kantoor, het die Natalse lede
van die WVK heftig gereageer.

"Dis onwaar dat swart mense gemarginaliseer word," het Khoza Mgojo in 'n
persverklaring gesê. "Vir die rekord wil ek dit stel: van twaalf lede van die WVK se
bestuurspan in Durban is slegs drie blankes. Ons werk goed saam. Daar bestaan beslis
geen gevoel dat sekere persone eenkant toe geskuif word nie. Die aantygings maak nie
net seer nie, dit benadeel die werk van die WVK. Dit kom ook die persoon van dr. Mgojo
te na ... In die Durbanse kantoor is daar geen rassespanning nie - wat 'n wonderwerk is,
as 'n mens dink uit watter stukkende verlede, uit watter verskeurde samelewing ons
almal kom."

Tom Manthata, Barbara Watson (die nasionale koördineerder van die
Reparasie-en-rehabilitasiekomitee) en ek het nogal kopgekrap oor die
berigte. Was daar 'n element van waarheid in? Dit was sekerlik waar
dat die kommissarisse en komiteelede uit verskillende gemeenskappe
gekom het. Dit was so bedoel – dat soveel gemeenskappe moontlik
verteenwoordig sou wees, dat mense met 'n groot verskeidenheid opvat-
tings en ervarings, mense wat uit talle godsdienstige gemeenskappe en
beroepsgroepe gekies is, op die WVK sou dien. In die vergaderings,
tydens die diskussies, is elkeen toegelaat, selfs aangemoedig, om hul
eie standpunte te stel. Natuurlik het mense mekaar soms verkeerd
opgevryf. Talle van die WVK-lede was mense met sterk persoonlikhede
wat nie baie daarvan gehou het om weerspreek te word nie! Soms moes
ons onder taamlike druk werk. En wanneer die spanning hoog loop,
trap mense maklik op mekaar se tone.

Daar was van tyd tot tyd 'n gevoel onder sommige personeellede –
die sekretaresses, die navorsers, die persone wat verklarings afneem
en die ondersoekspan – dat die kommissarisse en komiteelede nie genoeg
simpatie met hulle het nie, dat hulle hul 'n bietjie eenkant hou. Een van
ons amptelike ondersteuners, Fikile Mlotshwa, het die gang waar die

kommissarisse en komiteelede hulle kantore gehad het, "Kommis-sarisstraat" (Johannesburg se hoofstraat) gedoop, terwyl die res van die personeel in "die onderdorp" gewoon het!

En tog was dit my ervaring – en ook dié van Tom en Barbara – dat dit eintlik merkwaardig goed gegaan het. Soos die maande gevorder het, het ons al meer waardering vir mekaar gekry; kon ons van mekaar leer en mekaar verryk. Ek en Tom het dit self ervaar. Hy was 'n ANC-aktivis, 'n man met 'n gedugte reputasie, oudgevangene op Robbeneiland, een van die Komitee van Tien wat Soweto in die sewentigerjare regeer het. Ek was 'n wit Afrikaner, 'n NG Kerk-dominee, deel van die bevoorregte gemeenskap wat al die jare die vrugte van apartheid gepluk het. Maar op die Waarheidskommissie kon ons mekaar leer ken; het ons broers geword. Hy het my aan Soweto en sy mense bekendgestel. En ek kon Tom saamneem na my mense, om by Afrikaners aan huis te kom, om hul gasvryheid te beleef, om te hoor hoe hul harte klop.

En Barbara Watson, dogter van 'n blanke pa en swart ma, sjarmante maar ook vurige kampvegter vir vroue- en kinderregte, het sonder ophou, daagliks, aan ons twee se (vermeende) "chauvinisme" gewerk.

Ek het dieselfde van die res van die personeel ervaar. Toegegee, die eerste maand of twee het ek nogal die gevoel gekry dat van die WVK-lede my met 'n houtoog bekyk, asof hulle eers wou seker maak met wie hulle te doen het. In dié tyd het almal konsekwent met my in Engels gepraat.

Maar baie gou het hulle ontspan. Van die jong swart sekretaresses het my "oom Piet" begin noem – en die naam het bly steek, tot op die punt waar selfs Desmond Tutu en Alex Boraine dit begin gebruik het. In die gange is geselsies met my in Afrikaans aangeknoop. En as een van die "exiles" wie se Afrikaans verroes was, kom bystaan het, was my gespreksgenoot se reaksie gewoonlik: "A nee a man. Jy is nou in Suid-Afrika. Jy moet leer om Afrikaans te praat." Dit het my hart goed gedoen om te sien dat dieselfde waar was van my twee mede-Afrikaners. Wynand Malan met sy regsagtergrond en skerp intellek, was dikwels die sentrum van warm debatte – maar na sy woorde is met groot erns geluister. En as Chris de Jager, stigterslid van die AWB, konserwatiewe politikus, die gang afgestap het om iets met sy medeadvokaat op die Amnestiekomitee, Sisi Khampepe, te bespreek, kon jy van die vrolike groetery aflei watter spesiale plek hy in die harte van die mense van Kommissarisstraat verwerf het.

◆　◆　◆

Om van rassespanning te praat, van 'n kommissie wat op die randjie van 'n ontploffing gestaan het, was beslis 'n oordrywing. Om van 'n "wit liberale kliek" te praat, wat, terwyl die voorsitter siek was, onder leiding van Alex Boraine die septer geswaai het, was onbillik. Die berigte het Tutu omgekrap. Op 22 Januarie, toe daar vir 'n tweede keer berigte in dié verband verskyn het, het die Aartsbiskop John Allen hospitaal toe laat kom en sommerso, uit die bed, 'n persverklaring gedikteer:

"Die koerantberigte oor die beweerde marginalisering van swart lede van die WVK dwing my om iets te doen wat ek eintlik nie behoort te doen nie, om vanuit my siekbed 'n verklaring te maak.

"Ten eerste, alle belangrike besluite word deur die volle Kommissie geneem. Die meeste kommissarisse is swart. Die meeste lede van die drie komitees van die WVK is swart. Die voorsitters van elk van die drie komitees, soos ook die hoof-uitvoerende beampte, is swart.

"Ten tweede is die blote suggestie van naamlose bronne in die WVK wat kla dat die kommissie deur 'n 'liberale kliek' oorheers word, 'n belediging vir my persoonlik, waarteen ek sterk beswaar maak.

"Die implikasie is dat ek eintlik maar net in naam voorsitter ('token chairman') is en dat ek nie in beheer van die kommissie is nie. Enigeen wat my ken, weet dat ek my deur geen kliek laat manipuleer nie. Dr. Alex Boraine raadpleeg my elke dag en neem geen besluite - behalwe oor sake wat sy spesifieke verantwoordelikheid is - sonder om met my daaroor te beraadslaag nie.

"Wat meer is, toe ons verlede jaar 'n hoof-uitvoerende beampte moes aanstel, was dit juis dr. Boraine wat daarop aangedring het dat dit 'n goed gekwalifiseerde swart persoon moes wees.

"Dit maak my hartseer dat 'n paar naamlose persone nie die kanale wat binne die WVK bestaan, gebruik het om hul besware te lug nie. Op dié manier ondermyn hulle die geweldig harde en toegewyde werk van die WVK se personeel, komiteelede en kommissarisse."

◆ ◆ ◆

Dit was in dié tyd dat Dudu Chili, een van ons damespersoneel, my netjies op my plek gesit het. In die teekamer wou iemand my standpunt oor 'n saak hoor. Kamma beskeie het ek teëgestribbel: "Nee, jong, ek hou liewer my mond. Ons 'white liberals' moet maar versigtig trap."

"Waarvan praat jy?" het Dudu geantwoord. "Jy's nie 'n 'white liberal' nie. Jy's ons 'white conservative'! Praat maar."

27 JANUARIE 1997: BESOEKERS UIT RWANDA

Dr. Faustin Ntezilyayo, Minister van Justisie en leier van die Rwandese afvaardiging na die WVK, was sigbaar geïrriteerd met my vraag. Sy oë het geblits toe hy my geantwoord het ...

Die besoek van 'n hoëprofiel afvaardiging van Rwanda aan ons Johannesburgse kantoor het nogal 'n rimpel of twee veroorsaak. Op uitnodiging van die Rwandese regering het 'n groep WVK-lede 'n paar maande tevore die oorloggeteisterde land besoek (5-8 Oktober 1996). Die regering wou graag uit die Suid-Afrikaanse ervaring leer en wou veral oor die hantering van slagoffers en die amnestieproses samesprekings voer. Alex Boraine het net voor die besoek siek geword en gevra dat Hlengiwe Mkhize die WVK-afvaardiging moes lei. Toe sy terugkom, het sy en haar medereisigers die ontsellendste en grieselrigste berigte met hulle saamgebring.

Naby Nyamate, het Thulani Grenville-Grey vertel, is hulle na 'n kerk geneem waar een van die ergste massamoorde in die stryd tussen die Hutu's en die Tutsi's plaasgevind het. Die honderde lyke is nooit begrawe nie, maar is net so in die kerk gelaat om as afskrikmiddel, as makabere "monument" vir die mense van die land te dien.

"Die hele vloer van die kerk, die paadjies, tussen die banke, voor die preekstoel, was bestrooi met geraamtes - nog altyd in hul verweerde stukke klere geklee. Ons moes oor die kerkbanke loop om nie op die dooies te trap nie. Eenkeer het my voet geglip. Die geraamte onder my skoene het soos droë hout gebreek." Wat hom egter die meeste ontstel het, waaroor hy later nagmerries gekry het, was die klomp klein kindertjies wat buite op die gras gespeel het. "Hier en daar het nog 'n geraamte onder die bome gelê, maar die kinders het doodluiters tussen die dooies rondgehardloop, asof dit die mees alledaagse gesig was."

Dit alles het veroorsaak dat, toe dr. Ntezilyayo aan die woord gekom het, ons almal met aandag geluister het. Hy het van die drie bloedige maande (Februarie-April 1994) vertel, toe meer as 'n miljoen Rwandese hulle lewe verloor het. "Die ergste van die verhaal," het die minister beklemtoon, "was dat die mense nie in groot groepe met masjiengewere afgemaai is, of deur bomme wat uit die lug gereën het nie, maar dat hulle met pangas doodgekap is. Bure het mekaar se huise binnegestorm. Mans, vroue en kinders is een-een doodgekap. In ons land is daar 'n halfmiljoen mense met bloed aan hul hande!"

Nadat Faustin Ntezilyayo en sy kollegas die somber prent geskilder het, het 'n lang bespreking gevolg. Hoe hanteer 'n samelewing soveel ellende? Hoe moet die slagoffers begelei word? Wat van die kinders? Bo alles, hoe moet die sake van die duisende oortreders, van wie groot getalle reeds in oorvol tronke aangehou word, hanteer word? Die Rwandese het kritiek op die WVK se amnestieproses gehad. Om oortreders wat na vore kom om hul skuld te bely, sommerso kwyt te skeld, sou nie in hulle land werk nie. Amnestie sou wel oorweeg kon word, maar nie totale kwytskelding nie. Amnestie, soos hulle dit gesien het, kon beteken dat vonnisse versag word, dat die doodstaf in sekere gevalle byvoorbeeld deur langtermyn gevangenisstraf vervang word, of dat die getal jare wat 'n oortreder opgelê is, verminder word. Maar totale vergifnis, om die oortreders net eenvoudig vry te laat, was te veel gevra.

Dit was tydens dié debat dat ek my vraag gestel het. Ek het nogal gedink dat dit nie so 'n dom vraag was nie! Rwanda, volgens al die handboeke, was een van die mees "Christelike" lande in Afrika. Minstens 85 persent van die mense het aan die een of ander kerk behoort. "Terwyl al die dinge in Rwanda gebeur het," was my vraag, "wat was die rol wat die kerke gespeel het? Met so baie gelowiges in die land moes hulle darem êrens 'n verskil gemaak het? Het die kerke 'n bydrae ten opsigte van versoening gelewer?" "Die kerke!" het die minister ontplof. "Hulle het geen rol gespeel nie. Nee, dis erger. Die Christene was deel van die probleem! Van die predikante en priesters en selfs nonne was net so skuldig soos al die ander. Hulle het ook bloed aan hul hande gehad. In sommige kerke het dit gebeur dat die priester vlugtelinge toegelaat het om in die gebou skuiling te soek, net om dan die deure van die kerk te sluit en die soldate met hul gewere en pangas te gaan haal. In party kerke is mans en vroue en kinders voor die preekstoel en altaar afgemaai. Christene wat jare lank bure was, Tutsi's en Hutu's, het mekaar aangeval."

Laat die middag, na al die pratery, is ons na 'n Johannesburgse restaurant om te gaan eet. Toe ek my kom kry, het ek reg teenoor Faustin Ntezilyayo gesit. Teen dié tyd was hy al afgekoel. Maar hy het nie my vraag vergeet nie. Terwyl ons vir die kelner gewag het om ons voorgereg te bedien, het hy my met 'n skalkse glimlag aangekyk. "Dit was mos jy wat die vraag oor die kerke gestel het. Ek het vir jou ook een: Suid-Afrika, so hoor ek, is ook een van die mees Christelike lande in Afrika. Daar is miljoene Christene in die land. Oraloor sien ons kerke staan. Sê my tog, met al die dinge wat in julle verlede gebeur het, al die dinge wat die WVK na vore bring, het die Christene enige rol gespeel? Het die kerke die nood van die mense ernstig opgeneem, die mense gehelp om te versoen? Meer nog, met die probleme wat julle vandag in die gesig staar, maak dit saak dat daar Christene in Suid-Afrika is?"

Die vraag sou nog lank in my ore bly klink.

10 FEBRUARIE 1997: 'N SAMELEWING IN TRAUMA; BEGRIP GEVRA

"Maak dit saak dat daar Christene in Suid-Afrika is?"

Die jaarlikse opening van die Teologiese Fakulteit aan die Universiteit van Stellenbosch is 'n belangrike dag op die kerklike kalender. Van heinde en ver kom dominees om konferensie te hou. Die 1997-konferensie sou oor waarheid en versoening handel, oor die rol wat van die kerke in ons land in dié verband verwag kan word. Twee van die plaaslike dosente, prof. Hannes Olivier, bekende Ou-Testamentikus, en dr. Jan Botha, Nuwe-Testamentikus, het interessant en baie inspirerend vertel hoe belangrik die begrippe waarheid, vergifnis en versoening in die Bybel figureer, dat geen gelowige hom of haar aan die proses om waarheid en versoening te bevorder, kan onttrek nie.

Toe moes ek praat oor die uitdagings wat die waarheid-en-versoeningsproses aan die kerke in ons land, by name aan die NG Kerk, bied. Ek kon aan geen beter aanknopingspunt dink as die woorde van Faustin Ntezilyayo van Rwanda nie. Nadat ek vir die dominees van die besoek van die afvaardiging uit Sentraal-Afrika vertel het, het ek die minister se vraag aan die gehoor deurgegee: "Maak die kerke in die land 'n verskil? Maak dit regtig saak dat daar Christene in Suid-Afrika is?"

Dat die NG Kerk 'n profetiese taak gehad het om die lig van die Woord op ons samelewing te laat val, om oor die betekenis van waarheid, geregtigheid, vergifnis en versoening in ons omstandighede te praat, dat die kerk verder ook 'n lewende voorbeeld van sy boodskap moes wees, 'n gemeenskap waar liefde en genesing ervaar word, sou almal my toegee. Ek wou egter dié dag veral een spesifieke probleem aanroer: Was die NG Kerk in staat en ook besig om sy lidmate op die pad van waarheid en versoening te begelei?

Na net meer as 'n jaar was dit duidelik dat die WVK-proses niemand in die land onaangeraak gelaat het nie. Die meerderheid swart Suid-Afrikaners was positief oor die werk van die kommissie. Natuurlik was dit swaar, partykeer skokkend, om na al die onthullings te luister. Maar dit was *hulle* verhale, *hulle* leed, wat aan die lig gebring is – en daarvoor was hulle dankbaar. Uiteindelik het hulle erkenning gekry vir al die onreg en pyn wat agter hulle gelê het. Vir hulle was die WVK-proses 'n genesende proses.

Maar vir die meerderheid blanke Suid-Afrikaners was die proses 'n nagmerrie. "Ek luister nie meer na die nuusprogramme nie," het talle teenoor my opgemerk. "As ek die logo van die WVK op die skerm sien, skakel ek die televisie af. Ek kan die huilende gesigte, die narighede wat opgedis word, nie meer verduur nie!"

Briewe wat aan die WVK gestuur is of in koerante verskyn het, het dit bevestig. Die ontstellende berigte en die onderliggende implikasie dat blanke Suid-Afrikaners vir die meeste van dié dinge verantwoordelik was, was vir hulle een te veel. Talle blanke Suid-Afrikaners het die proses as uiters traumaties beleef. Die vraag was: kon die NG Kerk – soos ook al die ander kerke in die land – sy lidmate op die pad ondersteun?

◆   ◆   ◆

Van predikante word verwag om hulle lidmate pastoraal by te staan en te begelei wanneer hulle in geweldige nood, in 'n eksistensiële krisis beland. Vir dié doel word teologiese studente aan die werk van die Amerikaanse terapeut Elizabeth Kuebler-Ross bekendgestel. Wêreldwyd is sy as een van die grootste gesaghebbendes op die gebied van traumabegeleiding beskou. Sedert die WVK-proses aan die gang gekom het, het die gedagte by my begin groei: Was die dinge wat Kuebler-Ross geskryf het oor haar werk onder individue wat in ernstige trauma verkeer het, nie ook van toepassing op *groepe* mense wat onder soort-gelyke omstandighede verkeer nie?

Wanneer iemand in 'n bestaanskrisis beland – wanneer die dokter byvoorbeeld 'n terminale siekte diagnoseer, of wanneer die persoon by die sterfbed van 'n kind sit of met die finale verbrokkeling van sy of haar huwelik gekonfronteer word – verloop die proses waartydens die trauma verwerk moet word, volgens Kuebler-Ross, deur verskillende stadiums. Verskillende verdedigingsmeganismes word aangewend. Om as terapeut die pasiënt by te staan, of om as dominee die gemeentelid deur die krisis te help, is dit belangrik om te bepaal in watter stadium die persoon verkeer, watter verdedigingsmeganisme uitgehaal word. As dit eers gedoen is, kan die persoon gehelp word. Wat vir enkelinge gegeld het, so het dit vir my gelyk, was ook op groepe mense – in hierdie geval Afrikaners en Engelse tydens die WVK-proses – van toepassing.

Die eerste stadium is *ontkenning*. Die pasiënt aanvaar eenvoudig nie wat die dokter sê nie. Die nuus is te erg. Dit kan nie waar wees nie! 'n Tweede opinie word gesoek. En selfs as die tweede diagnose die oorspronklike bevestig, weier die pasiënt nog om dit te aanvaar. Dieselfde geld vir die moeder wat by die bed van haar kind sit, of die vrou wat met die dagvaarding om 'n egskeiding in haar hand by haar dominee aankom. Ek glo dit eenvoudig nie!

Is dit wat ook in ons samelewing aan die gebeur is? Die ontstellende nuus wat deur die WVK-proses op die lappe gekom het, die moontlikheid dat van "ons mense" vir die growwe menseregteskendings verantwoordelik was, was eenvoudig te veel. Die eerste reaksie van talle Suid-Afrikaners was: Dis nie waar nie! Ek glo dit nie! "Dis ongetoetste getuienis," het meer as een vir my gesê, "dis 'n verdraaiing van die feite, dis alles growwe oordrywings." Die natuurlike reaksie van baie was om eenvoudig die televisiestel of radio af te skakel. Hulle wou nie die nuus hoor nie. Tydens die Suid-Afrikaanse Raad van Kerke se konferensie, aan die einde van 1996, het 'n Duitse teoloog, Geiko Mueller Fahrenholz, die wyse beskryf waarop talle Duitsers na die Tweede Wêreldoorlog op die bekendmaking van die misdade van die Nazi's gereageer het. Ontkenning was ook in hulle geval die eerste verdedigingsmeganisme. Ontkenning, het hy verduidelik, het gewoonlik twee aspekte: moreel en psigologies. Daar was van die Nazi's wat moreel net nie in staat was om te erken dat hulle skuldig was nie. Wat hulle gedoen het, het nie vir hulle verkeerd gelyk nie; dit was ter wille van die vaderland dat hulle die dade gepleeg het. Vir ander was dit egter psigologies onmoontlik om te erken dat hulle by wandade betrokke was. As hulle eers teenoor hulleself – en teenoor die samelewing – hul skuld sou erken het, sou hulle hele bestaan in duie gestort het. Instinktief het hulle geweier om aanspreeklikheid te aanvaar. Hulle *kon* eenvoudig nie. Was dit ook in Suid-Afrika die geval?

Die tweede stadium, oftewel verdedigingsmeganisme, is *woede*. Wanneer die pasiënt of die verontregte vrou met die slegte nuus gekonfronteer word, reageer hy of sy met aggressie, soms selfs woede. Dikwels moet die dokter of 'n eggenoot dit ontgeld. Soms is die Here God, wat dié dinge in 'n mens se lewe toelaat, die skyf van sy of haar verontwaardiging. "Moes ons dit nie verwag het nie," wou ek van my NG Kerk-kollegas weet, "dat talle van ons lidmate met woede op die openbaringe van die WVK sou reageer nie?"

Die aggressie van baie blankes, die reaksie van sommige politici, die talle geïrriteerde briewe in koerante, baie van die kwaai telefoonoproepe wat ons op kantoor ontvang het, was – as 'n mens Kuebler-Ross ernstig opneem – te verwagte en te verstane.

Die derde stadium is dié van *onderhandeling* en *rasionalisering*. As ontkenning nie meer help nie en as die woede bedaar het, begin die pasiënt te onderhandel – met die dokter, met die eggenoot, veral met die Here. As die Here tog maar net genesing sal gee, as my kind net gespaar kan bly, as my huwelik gered kan word, sal ek my hele lewe aan Hom wy. Op allerlei maniere word die krisis, die dinge wat gebeur het, gerasionaliseer.

So het dit ook die afgelope tyd in ons land gebeur. Oor die menseregte-skendings van die verlede, oor die wreedhede wat bekend geword het, is onderhandel en gerasionaliseer. Veral gerasionaliseer! "Natuurlik is 'n mens skaam oor die dinge wat gebeur het, maar jy moet darem onthou: ons was met 'n 'totale aanslag' gekonfronteer. Kommunisme was in die sestiger- en sewentigerjare 'n wesenlike gevaar. Ons moes dit op allerlei maniere beveg. Al het daar baie verkeerde dinge plaasgevind, was ons bedoelings gewoonlik darem nie so sleg nie."

'n Tweede argument wat dikwels gebruik is, was: "Was die dinge wat in ons land gebeur het, regtig so uniek? Het elke land, elke regering, nie maar 'n eie 'dirty tricks department' nie? En wat van die bevrydings-bewegings – het hulle hulle nie ook dikwels aan menseregteoortredings skuldig gemaak nie?"

Dat talle Suid-Afrikaners hierdie verdedigingsmeganisme gebruik het, was duidelik.

Die vierde stadium is 'n *diep depressie*. Die pasiënt, die persoon wat in trauma verkeer, het alles probeer: ontkenning, woede, onder-handeling, sonder enige sukses. Moeg en hulpeloos beland hy of sy op moedverloor se vlakte. Die pasiënt, die verontregte, onttrek hom of haar aan alles en almal. Alle bande word verbreek, selfs met dié wat die naaste aan jou is. Jy wil jou man of vrou nie weer sien nie. Jy draai jou rug op God. Op 'n bondeltjie, eensaam en verlate, is jy reg om boedel oor te gee.

So het baie mense in ons land in 'n depressie, in totale moedeloosheid versink. Hulle kan nie verder nie. Sommige emigreer omdat hulle geen hoop meer vir die land sien nie. Ander emigreer na binne, hulle onttrek hulle uit die samelewing. Interessant genoeg beskou Kuebler-Ross hierdie vierde stadium nie as negatief nie, maar as potensieel baie positief: Gestroop van alle uitwendige dinge, van alle valse sekerhede, is die persoon gereed om weer sy kop op te tel. Wanneer die persoon deur die smeltkroes gegaan het, kom die suiwer goud na vore.

Daarom is die laaste fase 'n baie positiewe een: die fase van aanvaar-
ding. Uiteindelik bereik die persoon wat in 'n bestaanskrisis gedompel
is, wat deur die een fase na die ander beweeg het, die volwasse stadium
waar hy of sy die krisis in die oë staar, sy of haar reaksies verwerk en
daaruit leer. Die persoon het aanvaarding geleer en vrede gevind. Wat
ook al voorlê, daarvoor sien die persoon nou kans. Die siekte, die
naderende dood, die hangende egskeiding word aanvaar. Met vertroue
word die toekoms binnegegaan.

Genadiglik was daar ook talle voorbeelde hiervan: dat Suid-Afrikaners
deur die diep trauma van die waarheid-en-versoeningsproses by die
punt van aanvaarding en rus uitgekom het.

My pleidooi voor die kweekskoolgehoor was dat die kerk sy lidmate
op dié moeisame pad moes begelei, deur al die verdedigingsmeganismes
en stadiums heen, tot by die punt van aanvaarding en van vrede maak
met die verlede, van hande na mekaar uitsteek, van werklike vergifnis
en versoening. Dit behoort vir ons as dominees moontlik te wees, was
my argument, want ons is saam op die pad, ons moet self leer om ons
weg deur die fases van ontkenning en woede, van rasionalisering en
depressie te vind. Nie uit die hoogte nie, maar as medereisgers, as
medegewondes, kon ons saam die tog aanpak.

Die vraag was, wou ons? Wou die kerk die uitdaging aanvaar?

◆　◆　◆

Een roerende antwoord wat tydens die daaropvolgende bespreking uit
die gehoor gekom het, was dié van die bekende emeritus teoloog, prof.
Dawid de Villiers. Terwyl hy na sy kollegas en oudstudente om hom in
die ouditorium gekyk het, het "Heilige Dawid", wat die studente jare
lank in Praktiese Teologie, ook in die pastorale begeleiding van hul
gemeentelede, opgelei het, gesê: "Ons kan nie meer bekostig om
speletjies te speel nie. Die NG Kerk het 'n ontsaglike verantwoordelikeid
om ons mense in hierdie tyd te begelei. Ons mag nie hul hande los nie.
Met al die erns van my hart doen ek 'n beroep op julle, aanvaar die uit-
daging. Ek is al 'n ou man. My tyd is kort. Maar ek wat in die paradystyd
van apartheid geleef het, smeek julle jonger broers: Doen iets! Plaas die
geskiedenis van my kerk voor die voete van die Waarheidskommissie,
voordat dit te laat is, voordat die nuwe millennium aanbreek."

17-19 FEBRUARIE 1997: DRIE MERKWAARDIGE DAE OP OUDTSHOORN

In Januarie en Februarie was al drie komitees van die WVK druk besig met die beplanning van hul program vir die nuwe jaar. Die Menseregte-skendingskomitee het in talle dele van die land verhore beplan. Die Amnestiekomitee was toegegooi onder 'n stapel aansoeke. Die Reparasie-en-rehabilitasiekomitee het op 'n proefneming besluit: Die soeklig sou op een spesifieke gemeenskap in Suid-Afrika wat in die verlede erg getrau-matiseer is, gewerp word om te probeer verstaan wat hul omstandighede is, wat in die harte van die mense leef en wat die WVK desnoods sou kon voorstel om in hul diepste behoeftes te voorsien.

Sak en pak het die Reparasie-en-rehabilitasiekomitee op Oudtshoorn aangeland. Dié dorp was immers nie net bekend vir sy volstruispaleise en vrugbare plase, vir die imposante Kangogrot of die Klein Karoo Nasionale Kunstefees wat jaarliks duisende besoekers gelok het nie. Oudtshoorn was ook die dorp waar spanning tussen rassegroepe in die verlede dikwels oorgekook het. In talle voorleggings wat voor die WVK gedoen is, is daarvan melding gemaak: van die politieke verdeeldheid, van die konserwatisme van talle blankes in die dorp wat daarop gestaan het dat Oudtshoorn deel van 'n toekomstige Afrikaner-volkstaat moet uitmaak, en van die protes van baie inwoners van Bridgton, die gekleurde woonbuurt net buite die dorp, wat dit tot elke prys wou verhoed. As daar een dorp was wat as proefkonyn vir die Reparasie-en-rehabilitasie-komitee kon dien, was dit Oudtshoorn.

Eers is met 'n groepie verteenwoordigers uit die gemeenskap beraad-slaag. Die stormagtige geskiedenis van alles wat van 1960 tot 1994 in en om die Karoodorp afgespeel het, is aan die orde gestel. Dié wat nie op hoogte was nie, is na 'n spesiale uitstalling oor die geskiedenis van die dorp – wat deur Alex Boraine geopen is – verwys. Op Dinsdagaand, 18 Februarie, is 'n erediens in die kerkgebou van die Verenigende Gereformeerde Kerk in Bridgton gehou. Honderde gemeentelede uit verskillende denominasies was teenwoordig. Elk van die drie dominees van die Reparasie-en-rehabilitasiekomitee het 'n werkie gekry: Khoza Mgojo het gepreek, Mcibisi Xundu moes bid, ek moes die werk van die WVK verduidelik. Thulani Grenville-Grey, die WVK se sielkundige uit Engeland wat maar min Afrikaans verstaan het, se kommentaar op my poging was ewe vriendelik: "Ek het nie 'n woord verstaan van wat jy gesê het nie, maar ek hou van die manier waarop jy dit gesê het!"

Die volgende oggend, 19 Februarie, het ons vroeg ontbyt geëet. Daarna is die Reparasiekomitee met twee kombi's na die swart woonbuurt Bongolethu. Hlengiwe Mkhize het ons oortuig dat ons, voordat ons na die verhale uit die swart gemeenskap luister, eers van die mense self moes ontmoet. Ons moes sien hoe hulle lewe. Met 'n uur en 'n half tot ons beskikking het ons deur die strate van Bongolethu gery. Plekplek het ons stilgehou en met die ietwat verbaasde mense gepraat. Baie van hulle, ook dié wat reeds op pad was na die saal, was nie heeltemal seker hoe hulle die "WVK-inval" moes hanteer nie! Met groot waardigheid het die mense ons egter te woord gestaan en selfs in hul huise in genooi. Mapule Ramashala en 'n paar ander het die uitnodiging gretig aanvaar. Ek het op my horlosie gekyk – dit was twintig voor nege – en besluit dat ons hopeloos laat gaan wees. Gelukkig was ek die bestuurder van die een kombi, en of my medepassasiers wou of nie, het ek deur die kronkelpaadjies van Bongolethu die pad gevat. Nege-uur sou die verhoor in die saal van die Onderwyskollege begin – en hoe sou dit lyk as die WVK-lede die burgemeester en die res van die dorp laat wag?

Nege-uur, toe die klok slaan, was die saal gepak. Meer as vyfhonderd mense het saam kom luister en saam kom praat oor alles wat in die dorp en die distrik afgespeel het. Verteenwoordigers van 'n hele aantal belangegroepe het opgetree: vroue, jeugleiers, plaaslike joernaliste, die kerke, slagoffers en hul gesinne. Elke groep het iets spesiaals gehad om te vertel, maar almal was ewe haastig dat iets nou gedoen moes word om die nood van die samelewing te verlig. "Die mense," het Mapule Ramashala (wat 'n goeie uur laat, maar met 'n breë glimlag en 'n paar mooi stories wat sy en haar reisgenote versamel het, opgedaag het) later teenoor die pers opgemerk, "is nie bereid om langer te wag nie. Hulle wil beweeg. Hulle wil nie wag totdat die President eendag die WVK se voorstelle aan die volk deurgee nie. Hulle sal self sorg dat reparasie, sommer dadelik, op Oudtshoorn begin!"

Persoonlike betrokkenheid van die plaaslike gemeenskap, wat dikwels vir die WVK 'n kopseer was, was op Oudtshoorn geen probleem nie. Die vroue het onderneem om persoonlik die slagoffers en hul gesinne te gaan opsoek, om te besluit wat daar vir hulle gedoen kan word. "Ons wil 'n fonds in die lewe roep om met die skoolgeld van die kinders van slagoffers te help," was een van hul voornemens. Vir die kinders het die gemeenskap heelwat planne gehad: die bou van 'n technikon, werkverskaffingsaksies, beter samewerking tussen skole, ontmoetingsgeleenthede tussen wit en bruin en swart kinders. Die kerke het, in die gees van ons tyd, aangekondig dat hulle met 'n "kerklike Kodesa" vir die dorp sou begin. In die tagtigerjare het 'n oorloggie op joernalistieke gebied in Oudtshoorn gewoed toe die blanke inwoners van die dorp en die Kleurlinge elk hul eie koerant op straat gehad het. Die Kleurling-redakteur van Saamstaan het die pynlike verhaal kom vertel van hoe sy koerant deurgeloop het, hoe dit uiteindelik verbied is. Nooit mag dit weer gebeur nie, het die vergadering besluit. Wat hulle nodig gehad het, was objektiewe en omvattende nuusdekking. Die foute van die verlede mag nie herhaal word nie. Die gemeenskap moes leer om krities te dink. Dit moes ook die gevolge van die apartheidsverlede leer verwerk en hanteer. Sal die persmense in die toekoms asseblief hul verantwoor-delikhede nakom!

Soos by talle WVK-geleenthede was daar tog 'n wanklank: tussen die baie gekleurde en swart inwoners van Oudtshoorn was net 'n handjie vol blankes. Wat kon gedoen word om hulle te betrek? Pieter Fourie, hooforganiseerder van die Klein Karoo Nasionale Kunstefees, wat enkele weke later sou begin, was wel by ons byeenkoms. "Die KKNK," het hy my oor 'n koppie koffie die middag getroos, "is een van die geleenthede wat ons kan benut om die gemeenskappe aan mekaar voor te stel en aan mekaar te bind. Trouens, dit is wat ons beoog wanneer die feestelikhede begin. Die mense van ons dorp moet leer om saam te lag, saam te geniet, saam te bou aan ons gemeenskaplike kultuurgoed." Min het ons toe geweet dat die bekende swart sangeres Miriam Makeba, wat as 'n gebaar van versoening fees toe sou kom, met 'n gejou en met leë bierblikke op die verhoog begroet sou word.

Op pad terug na die lughawe het die lede van die Reparasie-en-rehabilitasiekomitee oor die merkwaardige drie dae in die Karoodorp sit en gesels. Die eksperiment was geslaag, het ons gevoel. Oudtshoorn, in elk geval 'n groot deel van Oudtshoorn, het hul harte vir ons oopgemaak, hul pyn en hul verwagtings met ons gedeel. Planne is gesmee, drome gedroom. Sou dit stand hou? Sou dinge regtig verander? Sou Oudtshoorn as voorbeeld vir die res van die land kon dien? Dit sou die toekoms ons moes leer. In elk geval het ons heelwat gehad om die volgende dag te rapporteer wanneer die WVK-kommissarisse vir hul gereelde maandelikse vergadering in Kaapstad byeengekom het.

20 FEBRUARIE 1997: TUTU IS TERUG OP KANTOOR

Toe aartsbiskop Tutu die WVK-konferensiesaal binnegestap het, het man en muis opgestaan om hande te klap. Ons voorsitter was gesond! In elk geval gesond genoeg om met sy werk voort te gaan.

"There is nothing that concentrates the mind so much as a bout with cancer," het Tutu begin. "My siekte het my 'n paar duidelike lesse geleer. Een van die lesse is dat 'n mens gedwing word om tussen die belangrike dinge in jou lewe en die *baie* belangrike dinge te onderskei. Wat ek vandag vir julle wil vra, is: Kom ons konsentreer vanjaar op die baie belangrike dinge ..."

Vir byna twee uur het aartsbiskop Tutu, voor by die tafel, die vergadering gelei. Sy operasie en die behandeling wat daarna gevolg het, het hom nie onaangeraak gelaat nie, dit kon 'n mens sien. Hy het swakker en kleiner as 'n paar weke gelede gelyk. Maar die vuur was terug in sy oë. So ook die laggie om sy mond. Later, toe die staan hom moeg gemaak het, het hy gaan sit. Maar hy het baie op sy hart gehad.

Die koerantberigte oor onenigheid in die WVK het Tutu bekommer. Daaroor moes gepraat word. Ook oor die geweldige taak wat voorgelê het. "Ons taak is 'n Godgegewe roeping," het hy gesê.

"Dis 'n eer en 'n buitengewone voorreg om met hierdie werk besig te mag wees, om ons jong demokrasie op die pad van oorlog na vrede, van chaos na orde, van onderdrukking na bevryding, van haat na liefde te begelei. Die nasie wag met ingehoue asem. Die buitewêreld kyk met verwondering en ontsag na wat aan die gebeur is. Dwarsoor die wêreld bid mense vir die proses. Hulle meen dat mense in Duitsland en Nieu-Seeland, in Noord-Ierland en Rwanda, lesse by ons kan leer. Ons durf al hierdie mense nie teleurstel nie! Veral nie die duisende slagoffers en hul gesinne nie. Dis nie belangrik wie ons is, hoe hoog die mense ons ag, of ons in die kalklig verskyn nie. Wat ons kan gee, ons diens aan ander, is belangrik. Jesus Christus het ons geleer dat as jy jou lewe wil wen, moet jy leer om dit prys te gee ..."

"My kanker, al is dit nie terminaal nie, het my aan die dink gesit. Jy word aan jou eie sterflikheid herinner! Van alles wat in my lewe gebeur, is dit die een ding waarvan ek die sekerste kan wees: ek gaan sterf. As vandag my laaste dag sou wees, waarmee sou ek graag besig wou wees? Wat is die laaste wat ek nog graag sou wou doen? Dis die vrae wat ons onsself moet afvra in die weke en maande wat voorlê."

Op dié ernstige noot is ons huis toe.

11 MAART 1997: TWEE VILJOENS

MEMORANDUM

Aan: Aartsbiskop Desmond Tutu
Van: Piet Meiring
Re: Ontmoeting met generaal Constand Viljoen en oudminister Gerrit Viljoen

Die NG gemeente Waterkloof, Pretoria, het my genooi om eergister in die oggend- en aanddiens oor die werk van die WVK te praat. Onder die gemeentelede wat altwee dienste bygewoon het, was dr. Gerrit Viljoen, oudminister en destydse voorsitter van die Afrikaner Broederbond, en genl. Constand Viljoen, oud-Weermaghoof en politikus. Albei het aan die besprekings na die aanddiens deelgeneem en alhoewel hulle kritiese vrae gestel het, is dit op die vriendelikste wyse gedoen.

Na die aanddiens het ek 'n lang gesprek met genl. Viljoen gehad, veral oor die amnestieproses en die massabyeenkoms van oud- Weermaglede wat teen die einde van die maand in Pretoria gehou gaan word. Ek het sterk onder die indruk daarvan gekom dat die generaal die WVK-wet, asook van die prosedures wat ons in dié verband volg, op talle plekke anders interpreteer as wat ons dit doen. Na my mening is hy oor 'n hele aantal sake verniet bekommerd.

Genl. Viljoen het reeds met dr. Boraine gepraat, maar hy het met my saamgestem dat dit waarskynlik vir hom die moeite werd sal wees om die sake met u persoonlik op te klaar, veral voordat die vergadering in Pretoria plaasvind. "Ek wil graag die beste moontlike advies aan die offisiere en soldate gee," het hy verklaar.

Ek het aangebied om die saak met u op te neem, om te vra of 'n ontmoeting tussen u en die generaal gereël kan word. Hoe gouer dit kan gebeur, hoe beter.

Mag ek aanvaar dat u kantoor die saak met genl. Viljoen sal opneem?

11 MAART 1997: DIE SUID-AFRIKAANSE RAAD VAN KERKE VRA VIR 'N "KERKLIKE VERHOOR"

Brigalia Bam, sekretaris-generaal van die Suid-Afrikaanse Raad van Kerke, was bekommerd dat die kerklike *establishment* in die land nie genoeg doen om die waarheid-en-versoeningsproses aan te help nie. Op 11

Maart sou die sentrale komitee van die Raad in Johannesburg byeenkom, het sy vir my oor die telefoon vertel. Ek moes kom om verslag te gee van die werk van die WVK en om die broers en susters aan te moedig om hul deel by te dra.

Dit was 'n interessante vergadering. Die Minister van Veiligheid en Sekuriteit, mnr. Sydney Mufamadi, is eers genooi om oor die veiligheid-situasie in ons land te praat. Een na die ander het die kerkleiers hul bekommernis oor die groeiende geweld en misdaad in Suid-Afrika uitgespreek. Die kerke sou hul deel doen, was die konsensus, maar dat die Regering drastiese stappe moes neem, het soos 'n paal bo water gestaan.

En toe was dit die WVK se beurt. Daar was baie waarvoor ek die kerkleiers kon bedank. Die hulp wat ons van die kerke ontvang het, veral op plaaslike vlak waar dominees en pastore en priesters reusewerk gedoen het om slagoffers en hul gesinne tydens die verhore te begelei, was groot. Op my vraag of 'n openbare geleentheid gereël moes word waartydens al die kerke – meer nog, al die godsdienstige gemeenskappe in die land – genooi moes word om getuienisse te kom lewer, was die reaksie oorweldigend. "Dis nie net die Afrikaanse kerke wat iets het om te bely nie," het biskop Dwane, president van die SARK, beklemtoon. "Elke kerk, elke geloofsgemeenskap het 'n storie om te vertel. Elkeen het dinge om te bely. As die kerke in die land nie hiermee voortgaan nie, wie sal dit doen?"

10 APRIL 1997: GETUIENIS UIT DIE GRAF

VERKLARING DEUR DUMISA NTSEBEZA, HOOF VAN DIE WVK-ONDERSOEKEENHEID. KAAPSTAD, 10 APRIL.

Opgrawings op 'n plaas in die omgewing van Aliwal-Noord, waar die liggame van MK-soldate na bewering in die geheim begrawe is, is voorlopig gestaak toe mensbene, onder andere 'n menslike femur, rugwerwels en ribbes, op die terrein gevind is.

'n Patoloog is uit Bloemfontein ontbied, en eers wanneer hy aangekom het, sal met die opgrawings voortgegaan kan word. Ons het tot nou met meganiese grawe gewerk, maar sal die opgrawing verder versigtig met gewone grawe voortsit.

Vandag se ontdekking is gemaak pas nadat ons op 'n ander plek begin opgrawe het. Ons het die presiese plek bepaal na samesprekings met die polisieman wat die liggame destyds na die plaas vervoer het, met die begrafnisondernemer, sowel as met plaasarbeiders wat die omgewing goed ken.

Honde wat spesiaal van Durban gebring is, is ingespan om die plek waar die bene gevind is, uit te ruik.

Die soldate na wie se liggame gesoek is, is in twee afsonderlike skietvoorvalle in die omgewing van Elliot in Augustus 1981 gedood. Ondersoekers wat deur mnr. Tokyo Sexwale aangestel is om die dood van sy broer, wat een van die vermoorde soldate was, te ondersoek, het die bevindinge van ons eie ondersoekspan bevestig, naamlik dat vier soldate destyds in die geheim op die plaas begrawe is.

Die Waarheidskommissie sal nie die name van die soldate bekendmaak voordat die liggame gevind en positief geïdentifiseer is, en die naasbestaandes in kennis gestel is nie.

13 APRIL 1997: BRIAN MITCHELL VRA VERGIFNIS

Op my rekenaarskerm het ek dié oggend, toe ek die vorige dag se e-pos deurgaan, die interessante bekrywing gelees van Brian Mitchell se besoek aan die Trust Feeds-gemeenskap in KwaZulu-Natal, wat enkele weke tevore plaasgevind het. Die nuus was nie meer vars nie, maar dit was lekker om te sien wat 'n oorsese joernalis daarvan gemaak het.

Toe Brian Mitchell die Sondagmiddag die Trust Feeds-skoolsaal ingestap het, lui die storie, het 'n gehoor van driehonderd hom ingewag. Een lied na die ander het gevolg voordat die oudpolisieman aan die woord gekom het. "Ek verstaan dat dit nie maklik is om te vergewe nie," het Mitchell, met 'n senuweeagtige trek om die mond, begin praat. "Maar ek wil julle tog vra om my te vergewe vir alles wat gebeur het."

Daar was baie om te vergewe. Net meer as agt jaar tevore het drie polisielede, van wie Mitchell een was, 'n huis in Trust Feeds aangeval. Hulle was onder die indruk dat 'n groep United Democratic Front-amptenare, wat noue bande met die ANC gehad het, in die huis was. Hulle was verkeerd. Die huis was vol mense – mans, vroue en kinders – besig met 'n nagwaak met die oog op 'n begrafnis die volgende môre. Toe die drie polisiemanne wegjaag, het daar elf lyke op die vloer gelê, saam met 'n groot aantal gewondes.

Brian Mitchell is in 1992 gearresteer en op elf aanklagte van moord ter dood veroordeel. Toe die doodstraf in 1994 afgeskaf is, is die vonnis na dertig jaar gevangenisstraf verander. Die Trust Feeds-gemeenskap was bitterlik gekant teen Mitchell se amnestieaansoek voor die WVK.

Die feit dat die Amnestiekomitee, nadat hulle Mitchell se saak goed oorweeg het, bevind het dat sy daad polities geïnspireer was, dat dit deel van 'n destydse veldtog teen die ANC was, het die gesinne van die slagoffers dwars in die krop gesteek. Mitchell se eerste pogings om die mense van Trust Feeds te ontmoet, is ferm van die hand gewys. Hulle wou niks met hom te make gehad het nie. En toe die byeenkoms uiteindelik wel gereël is, was dit duidelik dat daar talle mense was wat nie van plan was om die polisieman te vergewe nie. "Ek het my man op daardie vreeslike dag in Desember 1988 verloor," het Mavis Madondo in trane uitgeroep. "Nou moet ek alleen met al my kinders klaarkom. Ek kan hulle nie skool toe stuur nie. Hoe kan jy ons help?"

'n Bejaarde vrou, met krukke as gevolg van die wonde wat sy dié nag opgedoen het, het langs Mavis gestaan. Moeders in die saal het die twee huilende vroue getroos en na hul sitplekke teruggelei.

Die WVK-kommissarisse wat as fasiliteerdes na die byeenkoms gekom het, was heimlik dankbaar dat 'n sterk beskermingseenheid, altesaam tagtig polisiemanne en weermagoffisiere, teenwoordig was. Enigiets kon gebeur. Terwyl die een lied na die ander gesing is en talle dorpsbewoners na vore gekom het om te praat, het Brian Mitchell, alleen op 'n stoel voor in die saal gesit. Uiteindelik het hy opgestaan en met 'n luidspreker in sy hand die mense toegespreek.

Eenvoudig, sonder omhaal van woorde, het Mitchell die Trust Feeds-gemeenskap bedank dat hulle bereid was om hom te ontmoet. Hy het vertel hoe lank hy deur middel van tussengangers – kerkgroepe en ander instansies – probeer het om so 'n geleentheid te skep, hoe hy by verskillende projekte betrokke geraak het wat daarop gemik was om die gemeenskap ekonomies te help ontwikkel. Hy het verder vertel hoe hy sy eie werk verloor het toe sy kollegas van sy donker verlede te hore gekom het, hoe moeilik dit vir hom geword het om sy eie gesin te onderhou.

Nadat Mitchell klaar gepraat het, het baie vrae gevolg. Dit was duidelik dat almal nie tevrede was nie. Maar die meerderheid in die saal was wel bereid om 'n olyftakkie na die oudpolisieman uit te hou.

Jabulisiwe Ngubane, wat haar moeder en 'n paar kinders in die aanval verloor het, het aan verslaggewers gesê haar geloof in God – die God wat ons sondes gedurig vergewe – het dit vir haar moontlik gemaak om na Brian Mitchell uit te reik: "Dis nie maklik nie, maar omdat hy na vore gekom het om om vergifnis te vra, het ek geen opsie nie. Ek moet hom vergewe …"

21 APRIL 1997: "THE GOD OF SURPRISES"

"'n Mens kan die hand van God sien in wat vanaand gebeur," het Mcibisi Xundu, predikant en komiteelid van die WVK, dié aand gesê. Hy het Eric Taylor, voormalige polisieoffisier wat om amnestie aansoek gedoen het vir sy aandeel aan die dood van die Cradock Vier, ernstig aangekyk. "Dis die Here wat jou op die pad van versoening gelei het. Ons besef dat dit vir jou 'n pynlike proses moet wees, maar wees verseker: Ons sal probeer verstaan, soos Jesus verstaan. Ons sal met 'n positiewe gesindheid luister na wat jy vir ons wil sê."

'n Paar weke gelede sou niemand van dié byeenkoms kon droom nie.

Vroeër die jaar het die moderatuur van die Oos-Kaapse Sinode van die NG Kerk besluit om 'n spesiale vergadering byeen te roep waarop die kerk se verantwoordelikheid bespreek sou word ten opsigte van die amnestieproses – hoe die slagoffers bygestaan kan word en hoe lidmate van die kerk wat om amnestie aansoek sou doen, pastoraal begelei sou moes word.

Ná die vergadering het 'n jong dominee, Charl Coetzee, met my kom praat. Een van sy gemeentelede, Eric Taylor, wat om amnestie aansoek gedoen het, het laat blyk dat hy graag die gesinne van die Cradock Vier wou ontmoet. Hy wou hulle om vergifnis vra vir wat hy hulle aangedoen het. "Dis wonderlike nuus," was my antwoord. "Maar jy sal eers moet gaan seker maak of mnr. Taylor weet waarvoor hy hom inlaat. As hy eers sy voet op die pad van versoening en vergifnis geplaas het, sal hy nie kan omdraai nie. Ons sal intussen met die families van Matthew Goniwe en Fort Calata en die ander praat. Ons sal moet hoor of hulle kans sien vir so 'n ontmoeting."

Ek het my hart vasgehou. Sou Eric Taylor, as hy eers die die volle implikasie van wat hy wou doen met sy dominee deurgepraat het, nog kans sien om die gesinne van die slagoffers te ontmoet? Meer nog: sou die gesinne van die Cradock Vier bereid wees om hom te woord te staan? Mev. Goniwe het haar so dikwels heel krities oor die WVK-proses uitgelaat dat dit my laat wonder het.

Charl Coetzee het egter met die boodskap teruggekom: Eric Taylor weet waarvoor hy hom inlaat, selfs hoe dit dalk sy amnestieaansoek kan beïnvloed. Maar al is dit teen die advies van sy regsverteenwoordiger, wil hy graag voortgaan.

In Kaapstad het Glenda Wildschut, wat mev. Goniwe goed geken het, aan die saak begin roer. In die Oos-Kaap het June Chrighton, asook

Mcibisi Xundu, wat destyds die begrafnisdiens van die Cradock Vier gelei het, met die families onderhandel. Mev. Goniwe het laat weet dat dit vir haar persoonlik baie moeilik sal wees om die man wat haar eggenoot vermoor het, in die oë te kyk en te vergewe. Maar dis nie haar besluit nie, die familie in Cradock sou die finale woord moes spreek, het sy gesê. Die reaksie van die mense in Cradock, die Goniwe-familie en die ander, het ons harte warm laat klop. Hulle was bereid om Eric Taylor te ontmoet, om te kom luister na wat hy hulle wou meedeel.

Intussen het ds. Coetzee, soos hy later vertel het, effens bekommerd begin raak. Wat sou sy kerkraad en gemeente van sy pogings dink? Nie almal is ewe lief vir die WVK nie. Gaan hulle hom verkwalik vir sy betrokkenheid by die saak? Op 'n aand het hy die dagbestuur van die kerkraad oor sy aandeel aan die Taylor-sage ingelig. Hulle reaksie was 'n riem onder die hart. Jy doen die regte ding, dominee. Gaan aan! En as julle 'n plek soek vir die byeenkoms, waarom nie ons kerksaal nie? Beskou dit as ons gemeente se bydrae tot die versoeningsproses.

Op Maandagaand 21 April 1997 het die familielede van die Cradock Vier van Cradock na die kerksaal van die NG gemeente Port Elizabeth-Nooitgedacht gery. Charl Coetzee, Mcibisi Xundu en June Chrighton het hulle ingewag. Saam met Eric Taylor.

Nadat eerwaarde Xundu die doel van die aand verduidelik het en ook vertel het waarom dit verstandig was om hierdie eerste ontmoetings-geleentheid in die Baai te hou, eerder as in Cradock, waar gevoelens oor die dood van die vier aktiviste nog hoog geloop het, het hy Eric Taylor aan die woord gestel.

Dit was 'n lang aand. Taylor het verduidelik waarom hy graag die families wou ontmoet, wat hy alles op die hart gehad het. "Ek het die saak met die Here uitgemaak," het hy verklaar, "en is heeltemal seker dat Hy my vergewe het. Ek het ook om amnestie aansoek gedoen en alhoewel ek nie seker is nie, bestaan daar 'n kans dat dit toegestaan sal word. Maar amnestie is 'n 'tegniese saak' en sal op sigself nie versoening tussen ons waarborg nie. Ek het besef dat daar net een manier is waarop ek werklik vrede kan vind – en dit is as ek na die families, die vroue en kinders, die broers en susters, self gaan en sê: 'Ek is jammer oor alles wat gebeur het. Kan dit gebeur dat God julle die krag gee om my te vergewe?'"

Die oudpolisieman het vertel hoe hy en sy kollegas gewoonlik te werk gegaan het, hoe hulle die opdragte wat hulle van bo ontvang het, uitgevoer het. Maar hy ook vertel hoe hy later begin twyfel het oor wat hulle gedoen het. In 1989 het hy na die rolprent *Mississippi Burning* gaan kyk. Dit het 'n diep indruk op hom gemaak. Ons is met verkeerde dinge besig, het hy besef. Later het hy president Mandela se lewensverhaal gelees. "Dit het my hart verander! Ek wens dat ek die boek reeds in 1985 kon gelees het ..."

'n Indringende gesprek het gevolg. Taylor het verduidelik wat alles dié noodlottige dag gebeur het toe Goniwe, Calata en die ander aktiviste by 'n padblokkade voorgekeer en gearresteer is. Hoe hy self aandadig was aan hulle dood. Hoe hulle eers bewusteloos geslaan is en met messe gesteek is. Die familie wou detail hê: Wat het die Polisie alles met die mans gemaak? Is hulle gemartel? Hoe het hulle gesterf?

Toe dit al laat geword het, het Eric Taylor die mense van Cradock aangekyk. "Baie dankie dat julle gekom het. Ek besef dat daar nog baie vrae oor die dood van die vier mans is ... Maar ek het gekom om te vra of julle my sal vergewe, as die Here julle die krag daarvoor gee. Baie dankie vir die geleentheid. Dankie dat julle gewillig was om my te ontmoet. Ek hoop dat die Here op sy tyd vir julle vrede sal gee."

Die reaksie was aangrypend. Die vrou van een van die aktiviste het gesê: "Ek het altyd gebid dat ek die oortreders sou ontmoet sodat hulle vir my kon verduidelik wat hulle alles gedoen het, en waarom. Ek het dit elke dag gebid. Ek het dikwels baie kwaad geword. Hulle behoort die verantwoordelikheid te aanvaar om vir my kinders te sorg, het ek gedink. Ek het my werk verloor. Ek het my man verloor, my vriend, my kinders se pa. Ek het hom liefgehad. Hy het sy kinders liefgehad. Ek was op die punt om 'n baba te kry toe hy doodgemaak is. Hy wou 'n dogtertjie gehad het. Ek wou 'n seuntjie gehad het. Die dag toe hy hier weg is, was ek veronderstel om dokter toe te gaan. Die laaste wat hy nog vir my gesê het, was: 'Sê vir die dokter ek wil 'n dogtertjie hê!'

"Toe sy gebore is, kon ek my dogtertjie nie eers in my arms vashou nie. My kinders was bekommerd oor die feit dat ek vandag hierheen gekom het. Hulle was bang dat ek sou huil ... Maar ons het geleer om saam te leef met wat gebeur het. Ek het my kinders geleer om nie te haat nie. My dogter van vyftien jaar word egter nog dikwels baie kwaad (oor wat gebeur het). Julle het my lewe, die afgelope elf en 'n half jaar, verwoes. Maar ek dank die Here dat Hy my gebede verhoor het, dat jy al hierdie dinge vir ons kom vertel het, dat jy ons vrae beantwoord het. Dit is 'n verligting." Een van die manlike familielede het vorentoe gestap en sy hand na Eric Taylor uitgesteek. "Baie dankie," het hy gesê. "Ek het die Here beloof dat as Hy jou voor my sou bring, ek jou hand sou skud. Ek het waardering vir wat jy vandag hier kom doen het. Ek is verlig ... maar nog nie heeltemal nie."

Nog 'n man, 'n familielid, het verklaar: "Ons lewe omdat hulle gesterf het! Dit was vir ons bitter pynlik om te dink aan die dood wat hulle moes smaak. Ons bedank jou vir jou eerlikheid. Wat jy vanaand vir ons vertel het, sal ons nou aan die ander vroue en familielede oordra. Ons dank die Here vir jou dominee ... Ons hoop om weer met jou te mag praat."

◆ ◆ ◆

Die volgende oggend vroeg het ds. Charl Coetzee my gebel en opgewonde vertel wat alles gebeur het, hoe die seun van Matthew Goniwe na Eric Taylor gestap het. Sy regterarm was in gips, maar met sy linkerarm het hy die wit polisieman omhels. Jy het ons pa vermoor. Maar ons vergewe jou!

Ek het dadelik my telefoon opgetel om aartsbiskop Tutu in die Kaap te bel. Hy sou bly wees oor die nuus. Voor ek nog kon vertel, het hy vir my vertel! Die Goniwe-gesin het hom alreeds uit Cradock geskakel. "En," het hy verder vertel, "mev. Goniwe sê volgende keer gaan sy saam!"

Toe ek 'n rukkie later die gesprek wou beëindig en die telefoon wou neersit, het Tutu gekeer. Die telefoon was al op pad mikkie toe toe ek hom in Afrikaans hoor roep: "O nee, ou boetie, nie so gou nie. Nou gaan ons eers bid!"

Sy gebed oor die telefoonlyn, hy in Kaapstad en ek in Johannesburg, sal ek nie maklik vergeet nie: "Ons dank U, Here, dat U die God van verrassings is [the God of surprises] en dat U ons elke dag opnuut verras oor wat U met mensekinders maak, oor die wonderwerk van versoening wat U telkens in ons land bewerkstellig. Dankie, baie dankie, dat ons in u diens mag staan!"

Later het ds. Charl Coetzee vertel dat aartsbiskop Tutu hom ook dié oggend opgebel het om hom vir sy aandeel aan die proses te bedank. Nadat hulle klaar gepraat het, het Desmond Tutu ook saam met die jong Afrikaanse dominee gebid. Charl Coetzee het dit net beter hanteer as ek. Want toe Tutu "Amen" sê, het Charl gevra: "Biskop Tutu, mag ek ook vir u bid? Mag ek u ook aan die Here opdra?"

Wat hy toe ook gedoen het.

24 APRIL 1997: GENERAAL MAGNUS MALAN STEM IN OM TE GETUIG

In al vier die streekkantore van die WVK is die nuus met groot belang-stelling ontvang: genl. Magnus Malan, destydse Weermaghoof en Min-ister van Verdediging in die regering van oudstaatspresident P.W. Botha, het ingestem om voor die WVK getuienis af te lê. Die generaal was egter nie van plan om om amnestie aansoek te doen of om verskoning vir sy dade te vra nie. "Ek het besluit om te gaan getuig omdat dit vir my wil voorkom asof daar 'n totale gebrek aan begrip in die geledere van die WVK bestaan om militêre sake behoorlik te beoordeel. Blatante onware en onbillike aanklagte teen die voormalige Suid-Afrikaanse Weermag word voor die WVK gemaak ... en ek is nie bereid om hierdie stellings onbetwis die wêreld in te stuur nie."

Volgens 'n berig wat die persagentskap Reuters bekendgemaak het, het Malan na 'n gesprek met oudstaatspresident Botha ingestem om die WVK te ontmoet. Dit mag ook wees dat die komende verkiesing van 1999 Malan – soos ook ander kollegas uit die geledere van die Nasionale Party – oorreed het om te getuig. 'n Mens kan verwag dat die WVK-verslag tydens die verkiesing 'n belangrike rol gaan speel, het prof. Jannie Gagiano, politieke wetenskaplike aan die Universiteit van Stellenbosch, volgens Reuters verklaar. "Mense gaan op politieke plat-forms staan en die verslag uitpluk asof die Here God dit persoonlik aan die mensdom oorhandig het," was sy woorde. Die Nasionale Party was volgens Gagiano glad nie oortuig van sy eie skuld wat apartheid betref nie. Dis jammer dat baie van die dinge wat gebeur het, is hulle houding, maar dit kon eintlik nie anders nie. Dat sommige oorboord gegaan en kriminele dade gepleeg het, is te betreur, maar die meeste regerings-mense het korrek en verstandig opgetree, skyn die algemene houding te wees. Genl. Malan sou die optrede van die Suid-Afrikaanse Weermag, gesien in die lig van die totale aanslag teen die land gedurende die tagtigerjare, in perspektief kon plaas.

Hoe dit ook al sy, Tutu en ook Boraine was hoogs in hulle skik met genl. Malan se voorneme. Wat hulle betref, was dit 'n deurbraak. Malan se optrede, het hulle gehoop, sou dit vir talle ander offisiere en soldate moontlik maak om self ook na die WVK te kom, óf met informasie, óf met amnestieaansoeke in die hand.

25 APRIL 1997: VRYHEIDSDAG OP UPINGTON. DONKIES EN ENGELE ... EN MANDELA

"Cut down to size" is die Engelse uitdrukking. Dis presies wat met my gebeur het op Vryheidsdag 1997.

Ek sal jok as ek nie erken dat ek 'n bietjie gevlei gevoel het toe die uitnodiging kom nie.

Vryheidsdag sou vir die derde keer in ons land gevier word. Dié keer sou die Noord-Kaap gasheer speel. Die nasionale viering sou Sondag, 25 April, aan die oewer van die Oranjerivier, in Upington, plaasvind. President Nelson Mandela sou die eregas wees. Die Afrikaanse dominee op die Waarheidskommissie is gevra om, voor die President sou praat, die erediens te lei en die preek te lewer.

Ek en Inza het reeds die vorige dag in Upington aangekom. Ds. Aubrey Beukes van die Verenigende Gereformeerde Kerk, wat ook die voorsitter van die plaaslike Raad van Kerke was, het ons ingewag. Saam het ons na die Danie Kuys-stadion gaan kyk waar die feestelikhede sou plaasvind. Hy het vir ons beduie presies watter roete die donkiewa waarop die President die volgende dag die stadion gaan binnery, gaan volg. Dit was gepas dat dit donkies sou wees – op die dorpsplein van Upington het daar nie verniet 'n bronsbeeld van 'n donkie gestaan ter ere van die rol wat die nederige pakdier in die ontwikkeling van dié deel van die wêreld gespeel het nie. Daarna het hy met ons 'n draai deur die dorp gery, al langs die oewer van die rivier, na die museum en die pragtige ou sendingkerk, 'n nasionale gedenkwaardigheid, voordat hy ons aan 'n klompie van sy gemeentelede in die bruin gemeenskap gaan voorstel het.

Na aanleiding van wat ons alles die middag gesien en gehoor het, het ek die aand in die hotel groot dele van my preek oorgeskryf. Dis maar één keer in 'n leeftyd dat 'n mens so 'n kans kry, het ek vir Inza beduie, en die preek moet behoorlik grondvat. Die hele fees, het ds. Beukes my gewaarsku, gaan regstreeks, landswyd, op televisie uitgesaai word. Wat genoeg was om my nog 'n uur of wat langer in die hotelkamer besig te hou.

Om sewe-uur die Sondagoggend het die feestelikhede begin. Kore en blaasorkeste van oor die hele provinsie het van hulle laat hoor, uit Upington en Keimoes, Kenhardt en Kimberley en Carnarvon, sewentien altesaam. Met die oog op my horlosie het ek later effens bekommerd geraak. Twintig voor tien was ons veronderstel om met die diens te begin, maar die kore was teen daardie tyd nog lustig aan die sing. Toe die laaste "Halleluja" weergalm het, was daar van die driekwartier wat vir die diens opsy gesit is, min oor. "Dit maak nie saak nie," het Aubrey Beukes my verseker toe ek en hy saam met 'n hele paar plaaslike godsdienstige leiers na die podium gestap het, "die organiseerders het my verseker dat ons 'n driekwartier het – en daardie driekwartier gaan ons gebruik. Elke minuut is afgemeet. Jy het agtien minute om te preek. Gebruik dit!" Ek was nie heeltemal so seker soos Dawid nie, want – het die Lugmag se skakeloffisier my netnou nog gewaarsku – die vliegtuie wat van Kimberley af sou opstyg om na die erediens aan die seremoniële oorvlug deel te neem, sou streng volgens die horlosie werk. Maar as Aubrey Beukes so oortuig van sy saak was, wie was ek om te stry?

Na 'n paar gebede en twee gedeeltes uit die Skrif wat in Afrikaans en Engels voorgelees is, was dit my beurt. As teksgedeelte het ek die aangrypende woorde van Psalm 85 gekies, wat, soos dit vir my gelyk het, alles vir ons land en ons tyd te sê gehad het: "U was goed vir u land, Here, U het aan die nageslag van Jakob 'n nuwe toekoms gegee, U het u volk sy sonde nie toegereken nie, hom al sy skuld kwytgeskel. . . . Ek wil luister na wat God die Here sê, want sy woord bring vrede vir sy volk, vir dié wat Hom getrou dien . . . Hy sal sy reddende mag in ons land openbaar. Liefde en trou sal mekaar ontmoet, geregtigheid en vrede sal mekaar omhels; trou sal uit die aarde uit opspruit, geregtigheid sal uit die hemel uit afkom. Die Here sal voorspoed skenk en ons land sal sy oes gee. Die geregtigheid sal Hom vooruitgaan en 'n pad maak vir sy koms."

Vir die kinders van die Here, vir alle Suid-Afrikaners wat Hom liefhet en dien, wou ek graag beklemtoon, hou Psalm 85 wonderlike beloftes in. Allerlei beelde en perspektiewe gaan oop, wat vir die boere al langs die Oranjerivier, vir die mense van die Noord-Kaap, vir alle burgers van die land, die pad vorentoe sou kon aandui. Om my boodskap van waarheid en versoening mee af te sluit, het ek die mooi gedig van H.A. Fagan, die Afrikaner-regter van lank gelede, met die titel *Nkosi Sikelel' iAfrika*, gereed gehad. Dit behoort die skare aan te gryp, het ek gedink, die gedig van die Afrikaner wat al baie jare gelede van die dag geskryf het waarop vele volke hande sou vat, van hoe baie stemme, dié dag, in een groot koor saam sou sing ...

Maar wat! Ek was skaars besig met bladsy twee van die preek, toe ek 'n geruis onder die skare op die paviljoen hoor. 'n Halwe bladsy verder het applous plek-plek uitgebreek. Genoeg om 'n dominee te laat droom! Nog 'n paragraaf verder was daar 'n algemene gejuig onder die feesgangers. So iets het nog nooit met my – of so ver ek weet met enige van my kollegas – gebeur nie ...

Toe ek egter opkyk en omkyk, was dit duidelik wat aan die gebeur was. Sonder dat ek dit besef het, het Kimberley se vliegtuie hul opwagting gemaak en laag oor die stadion gevlieg. Ek was so besig met my preek dat ek hulle nie eers gehoor het nie. Uit die maag van elke vliegtuig het 'n paar valskermspringers geval, met 'n gekleurde rookstreep wat agter elkeen aantrek, dramaties, in die kleure van die landsvlag.

Toe die laaste valskermspringer uiteindelik op die gras agter my preekstoel geland en die skare effens stiller geraak het, het ds. Beukes vir my beduie: "Gaan aan met die preek, maar maak dit maar kort!"

Met nuwe ywer het ek voortgegaan. Twee sinne verder het 'n blaas-orkesfanfare by die ingang van die stadion ons almal – veral vir my – laat wip van die skrik. 'n Paar donkies, met die Premier en die burge-meester, gevolg deur 'n eenvoudige donkiewaentjie met die President van Suid-Afrika op die bankie, het hul verskyning gemaak. Saam met hulle was daar 'n erewag en 'n klompie fakkeldraers. Die gejuig was oorverdowend. Die nasionale saluut en die volkslied het opgeklink.

Ek en Aubrey Beukes het na mekaar gekyk. Die ander geestelikes het saamgestem. Die kerk was uit! Terwyl die skare president Mandela luidkeels op sy rit, met 'n lang draai van die hek na sy ereplek reg voor die paviljoen, begelei het, het ons klompie ons Bybels gevat, ons togas uitgetrek en effe bedremmeld by ons vrouens gaan sit.

Na die President se toespraak, wat met veel meer sukses afgehandel is, was dit tyd vir middagete. Met die afstap, op die trappe, het 'n vriendelike bruin omie 'n bietjie salf oor my gekneusde selfbeeld gegiet: "Wel, dominee, jy het toe nie baie tyd gekry om te preek nie. Maar dis die eerste keer in my lewe dat ek gesien het hoe 'n predikant die engele uit die hemel uit preek – valskerms en al!"

28 APRIL 1997: EEN VAN DIE MOORDENAARS VAN AMY BIEHL VRA OM AMNESTIE

Drie dae later het een van die moordenaars van Amy Biehl, Amerikaanse uitruilstudent, voor die Amnestiekomitee in Kaapstad verskyn – 'n hartseer herinnering aan die feit dat nie net Suid-Afrikaners slagoffers van die stryd was nie, maar dat ook buitelanders, besoekers aan Suid-

Afrika, onskuldig in die kruisvuur beland het.

Amy Biehl, 'n knap jong Fulbright-beurshouer van Newport Beach, Kalifornië, het na Suid-Afrika gekom om oor vroueregte in die land navorsing te doen, en ook om, met die oog op die komende verkiesing, met kiesersopleidingsprojekte te help. Op 25 Augustus 1993 het sy 'n groepie swart kollegas na werk met haar motor huis toe geneem. Terwyl sy hulle in Guguletu, naby Kaapstad, afgelaai het, het 'n groep swart jeugdiges op die motor toegesak. Amy is uit haar sitplek gepluk. Terwyl die groep antiblanke slagspreuke geskreeu het – "One settler, one bullet!" – het hulle die Amerikaanse meisie heen en weer gejaag, met bakstene aangeval en uiteindelik met messe doodgesteek. Haar swart kollegas is deur die aanvallers hardhandig rondgestamp.

Tydens hul elf maande lange verhoor het die vier jeugdiges, wat aan die jeugbeweging van die PAC behoort het, verduidelik dat hulle beweging in die vroeë negentigerjare in 'n militêre stryd teen die apartheidsregime – en teen alle blankes – betrokke was.

Clarence Makwetu, toe nog hoofleier van die PAC, het teenoor die pers opgemerk dat die die 25-jarige Mongezi Manquina en sy drie maats amnestie behoort te kry. Toe die apartheidsregime geweld teenoor swart mense aangevuur het, het baie PAC-lede hul eie kop begin volg en sonder om die hoofkantoor in Tanzanië te raadpleeg, hul eie slagoffers uitgekies en geweld met geweld begin beantwoord, het Makwetu bygevoeg. Manquina was die eerste om aansoek om amnestie te doen, maar die aansoek van die drie medepligtiges sou spoedig volg.

Ons het verneem dat Amy se ouers by die volgende geleentheid wanneer die saak verder aangehoor sou word, teenwoordig wou wees. Wat sou hulle reaksie wees? Sou hulle die moordenaars van hul dogter in die oë kon kyk? Kan 'n mens so iets wat met jou kind gebeur het, ooit vergeef?

4 MEI 1997: LESSE UIT 'N JOODSE BEGRAAFPLAAS

Dat lyding 'n universele verskynsel is, dat gemeenskappe oor die hele wêreld moet leer hoe om met hul herinneringe van pyn saam te leef, het regter Ralph Zulman een oggend in Pretoria op 'n aangrypende wyse na vore gebring.

Op die 27ste dag van die lentemaand Nissan – in 1997 het dit op

4 Mei geval – word Jode wêreldwyd opgeroep om aan die slagoffers van die *holocaust* te dink, aan die sesmiljoen Jode wat gedurende die Tweede Wêreldoorlog gesterf het. Ek moes die WVK verteenwoordig by die jaarlikse Yom Hashua-geleentheid wat in die Joodse begraafplaas in Rebeccastraat, Pretoria, gehou is.

"Waarom herdenk mense die verlede? Wat is die punt waarom mense pynlike herinneringe uithaal?" het regter Zulman gevra. Talle mense, ook in ons land, worstel met dié probleem. As antwoord het hy die woorde aangehaal van die Joodse kunstenaar Ernest Ullman wat op 'n gedenkplaat by die Yad Vashem-gedenksentrum in Johannesburg aangebring is:

"When I remember the dead, I am awed to have been saved. Is there not a feeling of guilt in all of us to be alive? Why were we singled out for this blessing? Were we better than those who died and were we more worthy than they to be spared the bitterness of the final sacrifice?

"We ask forgiveness from the dead for having failed them and abandoned them. We want to remember their suffering because it could perhaps have been our fate as well.

"To be spared, implies an obligation. It is the duty of the son to honour his parents and their memory - love will dictate his reverence. But more than that - is it not also the sacred obligation of the living to keep the flame alight, to carry the torch, to hand on the spirit of hope to others, so that it may not be extinguished, so that the last sighs of those who have perished be heard and preserved and not be lost forever in nothing-ness?"

'n Mens kan nie maar net die boeke toemaak, vergewe en vergeet nie, het die regter met nadruk verklaar. Inteendeel, jy moet dit in herinnering roep. Jy moet leer om dit te verwerk. Op 'n aangrypende wyse het hy 'n prent van die lyding van sy mense gedurende die dertiger- en veertigerjare geteken. Ook die Suid-Afrikaanse Joodse gemeenskap is diep geraak. Meer nog, die Suid-Afrikaanse Jode was medeskuldig omdat hulle veel meer kon gedoen het om hul volksgenote gedurende die oorlogsjare die hand te reik.

Die woorde van Martin Niemöller, die Duitse duikbootkaptein in die Eerste Wêreldoorlog, wat as vurige nasionalis in 1933 Hitler se magsoorname toegejuig het, maar wat, ontgogel en teleurgestel, hom reeds in 1935 by die opposisie aangesluit het, mag ons nooit vergeet nie, het regter Zulman gesê. Niemöller, wat later 'n Protestantse dominee geword het, is in 1935 gearresteer en moes jare lank in tronke en Nazi-kampe deurbring. In 1937 het hy uit die Moabit-gevangenis geskrywe:

"Hulle het eers die Sosialiste kom haal en ek het stilgebly omdat ek nie 'n Sosialis was nie. Toe het hulle die vakbondleiers kom haal en ek het stilgebly omdat ek nie aan 'n vakbond behoort het nie. Toe het hulle die Jode kom haal en ek het stilgebly omdat ek nie 'n Jood was nie. Toe hulle vir my kom haal, was daar niemand meer oor om te praat nie ..."

Die regter se laaste aanhaling, die woorde van die Amerikaans-Joodse filosoof Hescher, het my diep laat dink en laat wonder oor myself en oor die gemeenskap waaruit ek kom, die mense wat die naaste aan my hart lê, wat so swaarkry om die dinge wat die afgelope jaar en 'n half deur die Waarheidskommissie na vore gehaal is, te verdiskonteer:

"Indifference to evil is more insidious than evil itself; it is more universal, more contagious, more dangerous. A silent justification, it makes possible an evil erupting as an exception becoming the rule, and being in turn accepted."

6-8 MEI 1997: ZEERUST, RUSTENBURG EN MABOPANE: "HAAST TE ERG OM AAN TE HOREN"

Die Waarheidskommissie deur die bril van 'n Hollander!

Jan van Butselaar, 'n ou studievriend van my met wie ek twee jaar lank in die doktorale klas aan die Vrije Universiteit in Amsterdam gesit het, was op besoek aan Suid-Afrika. Dit kon nie hoër of laer nie: Jan en sy vrou Marijke moes saam toe die WVK-wa na die Noordwes Provinsie vertrek het. Hy was sekretaris van die Nederlandse Sendingraad en het die WVK-proses met belangstelling dopgehou. Ek het vir die Van Butselaars in dieselfde hotelle as ons plek bespreek. Hulle sou die verhore in Zeerust, Rustenburg en Mabopane baie deeglik kon dophou. Oor aandetes en by ontbyt het Jan die kommissarisse langdurig ondervra. Dit was verfrissend om sy waarnemings en kommentaar te hoor.

Enkele weke later het Jan vir my 'n afskrif gestuur van 'n artikel wat op die voorblad van Centraal Weekblad, die wydgelese kerklike opinieblad, verskyn het.

Onder die titel "Haast te erg om aan te horen," het Jan van Butselaar uitvoerig oor die werk van die WVK gerapporteer. Dit was vir hom 'n traumatiese ervaring om na die verhale uit Zeerust en Mabopane te luister. Wat met talle politieke opponente van president Mangope in Bophuthatswana gebeur het, het hom aan die hart gegryp. "Tijdens een hoorzitting in Zeerust ... kwam een jongen van drie-en-twintig jaar getuigen van een overval door de Bop-politie op een anti-apartheids-groep, waarby de politie bij mannen speciaal onder de gordel schoot. Bij deze jongen moesten als gevolg daarvan later de testikels verwijderd worden.

"Vrouwen vertellen verhalen van aanranding, van verkrachting. Een van hen, Louisa Malebo, die secretaresse was van een oppositieparty in Bop, werd regelmatig 's nachts van bed gelicht en vervolgens in de politiecel mishandeld. Hartverscheurende verhalen zij het, die het (practisch uitsluitend zwarte) publiek heel emotioneel raken.

"Heel indrukwekkend is ook de houding van de commissie die zoveel verhalen van onnoemelijke leed moet aanhoren, dat het haast te veel is voor een mens te verwerken. Het gebed waarmee iedere hoorzitting door een plaatselijke predikant wordt geopend, is dan ook bepaald niet een pro forma verzoek om kracht voor de getuigen en voor de commissie. Ze hebben het hard nodig."

Maar dit was veral die getuienis van die Katolieke biskop van Rusten-burg waaroor Butselaar uitvoerig berig het. Die woorde van biskop Kevin Dowling het hom diep geraak.

"Bisschop Kevin Dowling, wiens diocees gedeeltelijk binnen het thuisland Bop lag, maar die zelf net buiten Bop woonde, verhaalde hoe thuislandleier Mangope tegenover kerkelijk verzet optrad. Het feit dat het bisschop oppositiegroepen tegen het bewind van Mangope, zoals het ANC, toestond in zijn kerk te vergaderen, leverde hem felle verwijten op. Toen hij tijdens een protestmars een van zijn priesters die gepakt was, probeerde ontzetten, werd er met traangaskogels op hem geschoten. Een paar maanden later werd zijn kerk opgeblazen."

Dit was vir die Hollandse teoloog merkwaardig dat Dowling hom nie tydens die verhoor laat verlei het om partypolitieke uitsprake te maak nie. Die kerk moet aan die kant van alle onderdruktes staan, was sy standpunt. Die biskop se liefde en versoeningsgesindheid het 'n groot indruk gemaak. Met akklamasie het Jan van Butselaar Joyce Seroke, WVK-komiteelid, se woorde aan Dowling aangehaal: "We zullen kerken en voorgangers zoals u nog hard nodig hebben voor verzoening in Zuid-Afrika." "Dat lijkt een juiste konklusie," het Jan benadruk. "De Waarheids- en Verzoeningscommissie heeft een unieke methode ontwikkeld om binnen een zameleving de weg naar verzoening oop te leggen. Zo uniek, dat die nauwelijks toepasbaar in de conflictsituasies in andere Afrikaanse

landen ... Maar het lijkt te idealistisch te verwachten dat in December,
als het werk van de commissie beeindigd wordt, verzoening definitief
gestalte heeft gekregen in de gebroken zamenleving van Zuid-Afrika.
Sommige zwarte stemmen zeggen nu al dat daar meer voor nodig is.
Sommige blanke stemmen hopen nog steeds op een blank 'thuisland'
waarin de oude bedeling worden voortgezet. Zuid-Afrika heeft nog een
lange weg te gaan om tot werkelijke en totale verzoening te komen.
Maar het werk van de Waarheids- en Verzoeningscommissie heeft wel
aangetoon hoe die weg begaanbaar kan worden gemaakt. En dat is, in
een land met zo 'n bittere geschiedenis, een zegen."

10 MEI 1997: D-DAG VIR AMNESTIE!

Op Saterdagaand 10 Mei het D-dag vir alle amnestieaansoeke aange-
breek. Tot laat in die nag het spanne werkers in Kaapstad, Johannes-
burg, Durban en Oos-Londen gewerk om die laaste aansoeke, wat nog
op die nippertjie afgelewer is, te verwerk.

'n Paar dae tevore het Tutu 'n ernstige oproep in die pers en oor die
eter gemaak. Daar was nog talle oortreders, oor die hele politieke
spektrum, wat van hulle moes laat hoor! Die afsnydatum is alreeds 'n
keer uitgestel, van Desember 1996 tot Mei 1997. Nou sou die deur
egter sluit.

"Hierdie oproep kom diep uit my hart," het die Aartsbiskop gesê.
"Ek doen op almal van u 'n beroep om te kom, om van die gulde geleent-
heid wat aan u gebied word, gebruik te maak. Ek doen 'n beroep op die
politieke leiers ... op die weermagpersoneel ... op dié wat aan bedrywig-
hede anderkant die landsgrense deelgeneem het ... aan die selfverde-
digingseenhede in die *townships* en in die hostelle ... aan die manne
van die Burgerlike Samewerkingsburo en Militêre Intelligensie ... Kom
asseblief na vore. Dit is u geleentheid om die verlede agter u rug te
plaas, om u eie genesing te help bewerkstellig, om ons pragtige land te
help heel maak. Kom asseblief!"

Toe die klok Saterdagaand twaalfuur slaan, was daar byna agtduisend
amnestieaansoeke. Baie het inderdaad van die laaste kans gebruik
gemaak.

Die Johannesburgse kantoor was 'n miernes van bedrywighede. Een
van die vrywilligers wat tot aan die einde gebly het, het later met smaak
vertel: "Nompi moes die telefoon antwoord. Talle aansoekers wou weet
hoe hulle hul dokumente kon deurfaks. Een oortreder het laat weet dat

hy by 'n partytjie was. Kon die WVK nie asseblief iemand stuur om sy aansoek te kom afhaal nie? Laterig die aand het 'n 'groot naam' die kantoor binnegestap met 'n konsertinalêer met 58 ANC-aansoeke in haar arms. Die regtige grote moes egter nog kom: Eugène de Kock. Ons het geweet dat De Kock nie self sou kon kom nie. Hy was in die tronk! Maar gaan sy regsverteenwoordiger ooit betyds opdaag? Twintig minute voor twaalf het De Kock se advokaat by die deur ingestap, maar teen dié tyd was ons so besig met 'n ander klomp laatkommers dat ons hom nie dadelik herken het nie. Sy voorlegging was egter dik genoeg om ons te oortuig: hier kom 'n gewigtige saak. Net na twaalf het ons die deur gesluit. Ons kon ontspan. Iemand het die lêers bymekaargemaak om dit in die brandkluis te gaan toesluit. Danksy Jan Luuks en sy helpers was al die aansoeke behoorlik in die rekenaar gevoer. En toe die groot skrik! Ingedagte het ek die muurprop van die rekenaar uitgetrek, met al die ure se werk in die masjien! Ek wou in trane uitbars – totdat Patrick (die kantoorbestuurder) my getroos het: 'Toemaar, ek het dit alles presies 'n minuut gelede ge-*save!*"

By al die opgewondenheid was daar ook 'n lepeltjie bekommernis: daar was talle oortreders, veral uit die geledere van die Weermag, wat nie gekom het nie, wat nie van die amnestieaanbod gebruik wou maak nie. Wat sou die redes wees?

Of die Amnestiekomitee in staat sou wees om al die aansoeke te verwerk, was 'n verdere bron van kommer. Die Regering sou dringend gevra moes word om die komitee van vyf te vergroot, anders gaan die proses vasdraai.

12-13 MEI 1997: DIE ANC MOET REGUIT VRAE BEANTWOORD

Nadat die meeste politieke partye in die land reeds maande tevore hul eerste voorleggings aan die WVK gemaak het, het die tyd uiteindelik aangebreek dat die belangrikste politieke leiers van Suid-Afrika vir 'n tweede keer voor die Waarheidskommissie sou verskyn om op spesifieke vrae te antwoord.

Daar is lank voorberei vir wat die week sou gebeur, vir die spesifieke "berge en dale" waarlangs hierdie reis ons sou neem. Werksgroepe is saamgestel wat die eerste voorleggings moes bestudeer en weeg, om onduidelikhede na vore te bring en om vrae te formuleer.

◆ ◆ ◆

Adjunkpresident Thabo Mbeki het die ANC-afvaardiging, wat eerste sou verskyn, gelei. "Die eerste ronde het ons met twee-nul gewen," het Mbeki (met verwysing na die eerste verskyning van die ANC voor die kommissie in Augustus 1996) met 'n glimlag gesê. "Ek hoop die WVK-kommissarisse gaan ons gaan toelaat om ook hierdie ronde te wen."

Toe Hanif Vally, hoof van die WVK se regsafdeling, met die ANC-voorlegging van 137 bladsye op die tafel voor hom, egter begin om die een indringende vraag na die ander te stel, het dit gelyk asof die Adjunkpresident se wens dié dag nie vervul sou word nie.

In sy verslag het die ANC verantwoordelikheid aanvaar vir meer as 500 voorvalle van geweld wat tussen die jare 1977 en 1998 gepleeg is. Die ANC-leiers het hulle egter van 95 gevalle van geweld teen "sagte teikens" – onder meer aanvalle op winkelsentrums en restaurante – gedistansieer. Wat wel waar kon wees, het die ANC toegegee, was dat verwarrende uitlatings deur die leierskap sommige ANC-lede kon laat glo het dat hulle hul nie oor burgerlike slagoffers hoef te bekommer nie. Die ANC het die voorvalle betreur.

Die Kerkstraat-bomontploffing wat op 20 Mei 1983 die lewe van negentien Pretorianers geëis het, is, volgens die ANC-verslag, wel deur die president van die beweging, mnr. Oliver Tambo, goedgekeur. Hy het dit as 'n aanval op die Lugmaghoofkwartier beskou. Vir tientalle landmynontploffings op verskillende plekke in die land wat die lewe van meer as twintig mense geeis en talle beseer het, aanvalle op polisie-beamptes en swart raadslede, asook honderde kleefmynontploffings wat groot skade aan staatsgeboue veroorsaak het, het die ANC eweneens verantwoordelikheid aanvaar.

Onder die voorvalle van geweld teen sagte teikens waarvoor die ANC nie verantwoordelikheid aanvaar het nie, maar wel toegegee het dat van sy lede sonder die medewete van die leiers verantwoordelik kon wees, was 'n motorbomontploffing in 'n winkelsentrum in Witbank waarin twee persone gedood en 42 beseer is (Oktober 1988), 'n bomontploffing by die Witwatersrandse Kommandement, Johannesburg, waarin twaalf burgerlikes gedood is, verskeie ontploffings in Wimpy-restaurante en 'n kleefmynontploffing by 'n speletjiesarkade in Johannesburg, waarin tien mense gesterf het (22 Junie 1988).

Hanif Vally het die ANC-afvaardiging noukeurig oor die "sagte teiken"-aanvalle uitgevra. Mnr. Mac Maharaj, Minister van Vervoer, het verduidelik dat talle persone wat hulle as ANC-lede voorgedoen het, nie op die amptelike lyste van die organisasie verskyn nie. "Dit was vir ons uiters moeilik om vanuit die buurstate kommunikasie met ANC-eenhede in die binneland kontak te behou," het mnr. Ronnie Kasrils, Adjunkminister van Verdediging, bygevoeg. Dit mag selfs wees, het die ANC-rapport gespekuleer, dat sommige van die voorvalle deur die Suid-Afrikaanse veiligheidsmagte uitgevoer is, net om die ANC in 'n slegte lig te plaas.

Wat egter merkwaardig was, het die ANC-woordvoerders verklaar, was dat daar relatief min gewapende aanvalle plaasgevind het waarin burgerlikes gesterf het. Die militêre vleuel van die party, Umkhonto we Sizwe (MK), het die vermoë gehad om duisende mans, vroue en kinders te laat sterf. Dit sou maklik gewees het, maar selfs onder die grootste provokasie is dié weg nie gevolg nie. "Wanneer dit vergelyk word met die beleidsrigtings en gewapende optrede van ander bevrydings-bewegings in Afrika en elders, is die mate van selfbeheersing deur die ANC en MK buitengewoon." Die ANC het egter kollektiewe aan-spreeklikheid aanvaar vir alle bona fide-aanvalle deur MK-soldate. Die organisasie het sy spyt uitgespreek oor die dood en besering van burgerlike slagoffers, en die gesinne en naasbestaandes om verskoning gevra.

In die ANC-verslag is onthul dat die leierskap een van sy eenhede wat 'n sluipmoordaanval op dr. Mangosuthu Buthelezi, leier van die IVP, beplan het, verbied het om met die plan voort te gaan. Dit is ook aan die lig gebring dat die destydse ANC-president, Oliver Tambo, in 'n sta-dium 'n boodskap aan Winnie Madikizela-Mandela gestuur het om haar te laat afsien van teregstellings deur die wrede halssnoermetode.

Oortredings wat in sommige ANC-kampe in die buiteland gepleeg is, het ook onder die soeklig gekom. Sekere bevelvoerders het beslis hul posisie misbruik en druk op jong vroue toegepas om seksuele "gunste" te verseker. "Ek dink u verstaan wat met 'seksuele gunste' bedoel word," het Joe Modise, Minister van Verdediging, verduidelik toe indringende vrae oor die beweerde skending van vroueregte in ANC-geledere gestel is. "Hierdie ernstige probleem het daartoe gelei dat die MK-leierskap verskillende kampe besoek het en kampbevelvoerders opdrag gegee het om dit stop te sit." Vir jong mans, afgesonder in militêre kampe in vyandige gebiede, ver van die huis, was dinge egter dikwels moeilik. Hulle kon nie na nabygeleë dorpe gaan "om jong vroue te gaan soek" nie. "Die inperking van mans en vroue het tot hierdie vergrype gelei," het Modise vertel.

Een van die neteligste probleme wat tydens die ANC-verhoor op die tafel beland het, was die name van 'n aantal *izimpimpi* – oftewel verraaiers, of dubbele agente in die geledere van die ANC – wat in die ANC-verslag verskyn het. "Slegs vir die WVK" het op die dokument gestaan wat saam met die verslag voorgelê is. "Moet asseblief nie die name bekendmaak nie," het Mac Maharaj gevra. Talle van die mense wie se name genoem word, het reeds bekentenisse voor die ANC afgelê en is reeds deur 'n rehabilitasieproses. "Talle van hulle leef reeds 'n normale lewe. Ons is gevolglik baie sensitief daaroor om hul name in die openbare arena te gooi." Alex Boraine het geantwoord dat alhoewel hy begrip vir die versoek het, die WVK deur die wet verplig word om deursigtig op te tree. Mettertyd sal die name bekendgemaak moet word. "Ons sal self besluit wanneer die tyd aangebreek het," het Tutu bygevoeg. "Ons sal eers wil sien dat die bewerings gestaaf kan word. Ons sal ook eers vooraf aan die betrokke mense kennis moet gee, sodat hulle hul kant van die saak kan kom stel."

14 MEI 1997: OUDPRESIDENT F.W. DE KLERK VERSKYN VOOR DIE WVK

Die reëlings vir die verskyning van die Nasionale Party voor die WVK is met groot sorg getref. Ek was deel van die werkgroep wat die NP se eerste voorlegging moes bestudeer en wat opvolgvrae moes identifiseer. Daar was heelwat waardering vir die inhoud van die verslag, veral vir die NP se beskrywing van die verskillende fases wat die party moes deurgaan, van die instelling van die beleid van apartheid tot met die aftakeling van dieselfde beleid 'n halfeeu later. Daar was egter ook talle vrae wat ons aan oudpresident F.W. de Klerk en sy kollegas wou stel. Aartsbiskop Tutu wou graag gehad het dat die geleentheid op 'n positiewe noot begin. Ek moes help skryf aan die Aartsbiskop se openingswoord, waarin hy waardering teenoor die Oudpresident wou uitspreek vir die belangrike rol wat hy die afgelope jare gespeel het, vir sy aandeel aan die oorgangsproses. Die man wat langs Nelson Mandela in Oslo gestaan het om saam die Nobel-vredesprys te ontvang, moes met agting en respek behandel word.

Dinge het egter anders verloop as wat gehoop is.

In retrospeksie was sowel die NP as die WVK daarvoor verantwoordelik. Die feit dat mnr. De Klerk verkies het om alleen voor die WVK te verskyn, om self al die vrae te beantwoord, anders as die ANC-afvaardiging wat die vorige twee dae as 'n groep verskyn het en saam die vrae hanteer het, het nie 'n gunstige indruk geskep nie. Dit was jammer dat van sy senior kollegas nie saam met hom verskyn het nie. Een man voor 'n hele paneel kommissarisse het onbillik voorgekom. Die WVK, weer, het gemeen dat dit 'n mooi gebaar sou wees om 'n blanke lid van die regspan, Glenn Goosen, aan te wys om die vrae aan die Oudpresident te stel. Maar anders as die vorige dae toe Hanif Vally die ANC-verhoor gelei het, het Glenn Goosen met sy skerp vrae plek-plek hard en uitdagend geklink; het die Engelsman met die Afrikaanse van mnr. De Klerk sigbaar verkeerd opgevryf.

Die kommissarisse het met groot verwagting – miskien met 'n te groot verwagting – na mnr. De Klerk begin luister. Sou hy bereid wees om te erken dat hy en sy regering nie maar net in die algemeen verantwoordelikheid moes ervaar vir dinge wat tydens sy regeringstyd verkeerd geloop het nie, maar ook om politieke verantwoordelikheid te aanvaar vir die wandade van baie oortreders uit die geledere van die veiligheidsmagte? Talle senior offisiere uit sowel die Polisie as die Weermag het in hul amnestieaansoeke getuig dat hulle volgens hul eerlike oortuiging regeringsbeleid uitgevoer het, dat hulle "van bo" opdragte ontvang het vir die dade waarvoor hulle om amnestie gevra het. Sou mnr. De Klerk en die NP agter hulle gaan staan?

Oud-president FW de Klerk

Groot was die teleurstelling toe dit nie gebeur nie. Mnr. De Klerk het, soos hy vroeër (in die eerste NP-voorlegging in 1996) ook reeds gedoen het, met groot erns apologie aangeteken vir die beleid van apartheid en vir die pyn wat dit in baie Suid-Afrikaners se lewe veroorsaak het. Maar vir sluipmoorde wat deur mense in diens van die Regering gepleeg is, wou hy geen verantwoordelikheid aanvaar nie. Hy het nie daarvan geweet nie. Sy regering het nooit hierdie onwettige dade gemagtig nie, was sy standpunt. "Maar daar is dan amnestieaansoeke voor die WVK waarin senior polisielede, polisiegeneraals en -kommissarisse inkluis, betrek word," het Glenn Goosen opgemerk. "Tydens 'n vergadering van die Staatsveiligheidsraad waar mnr. De Klerk self teenwoordig was, is aan generaal Malan, Minister van Verdediging, en mnr. Louis le Grange, Minister van Polisie, opdrag gegee om mense op te lei 'om terroriste uit te wis', om 'hul eie metodes' in dié verband te gebruik. Sou redelike lede van die veiligheidsmagte hierdie opdragte nie kon interpreteer as 'n magtiging om dood te maak en sluipmoorde te pleeg nie?" wou Goosen weet.

De Klerk het egter ontken dat dit ooit regeringsbeleid geword het. Besliste optredes was daar wel, buitengewone metodes is gebruik, mense het ondergronds begin werk, daar is op die vyand gespioeneer, noodtoestande is afgekondig, mense is sonder verhoor in tronke gestop. Maar moord? 'n Lisensie om dood te maak? Beslis nie!

Desmond Tutu se eerste reaksie was skok. "Ek is hoogs ontsteld met wat met De Klerk gebeur het. Nie een van ons kan die deurslaggewende rol ontken wat hy in 1990 met sy baie dapper inisiatiewe gespeel het nie. Sy plek in die geskiedenis is verseker. Maar dit ontstel my om te sien hoe hy sy eie geloofwaardigheid laat wegkalwe."

Volgens Tutu was dit nie die dinge wat die Waarheidskommissie gedoen het wat De Klerk ongelukkig gemaak het nie, maar die onthullings van die mense wat om amnestie aansoek gedoen het. "Ons het hierdie mense nie gedwing nie. Ons kan niemand forseer om om amnestie aansoek te doen nie. Die mense het uit hul eie gekom en dit was hulle getuienisse – sowel as mnr. De Klerk se reaksie daarop – wat sy reputasie geknou het."

Die volgende dag, toe hy deur 'n joernalis op 'n perskonferensie oor die verloop van sake uitgevra is, was Tutu na aan trane. Hoe kon De Klerk volhou dat hy nie van die wandade van apartheid geweet het nie? het hy gevra. Talle groepe, onder andere Lawyers for Human Rights en die Black Sash, het hom by verskeie geleenthede oor die menseregteskendings van die veiligheidsmagte ingelig. "Nadat ek Boipatong besoek het, het ek hom persoonlik ingelig oor die bewerings dat mense uit die veiligheidsmagte by die menseslagting betrokke was. Daar was 'n stortvloed informasie ... Ek kan nie verstaan hoe hy kan sê dat hy nie geweet het nie. Tydens die verhoor het ek daar gesit ... my gemoed was vol ... ek was jammer vir hom ... ek was verslae. Eers het mnr. De Klerk 'n hartstogtelike apologie aangebied, net om daarna 'n streep daardeur te trek. Al wat ons van hom verwag het, was dat hy sou erken dat die beleid waarin hulle geglo het, die lyding in ons land veroorsaak het. Dat die beleid mense se lewe gekos het. Dat dit nie per ongeluk gebeur het nie, dat mense dit so beplan het."

Die ondervoorsitter, Alex Boraine, het bygevoeg dat mnr. De Klerk homself tydens die verhoor weerspreek het. Eers het hy ontken dat die Regering die veiligheidsmagte in die steek gelaat het. Net daarna het hy hom van die optrede van die veiligheidsmagte gedistansieer.

16 MEI 1997: DIE VRYHEIDSFRONT: "ONS HET ALMAL VUIL HANDE"

Generaal Constand Viljoen se getuienis het met minder drama gepaard gegaan, wat nie beteken dat 'n paar harde woorde nie geval het nie.

In sy voorlegging het genl. Viljoen mnr. F.W. de Klerk daarvan beskuldig dat hy magshonger was. Daarom het hy en sy party tydens die onderhandelingsproses dit wat juis die skepping van die NP was – die reg op selfbeskikking – opgeoffer. Mnr. De Klerk het immers self in Londen erken dat hy en sy party "afstand gedoen het". Die gevolg was dat die "etniese Afrikaners" dwarsoor die land verraai en bedreig gevoel het.

Tydens die verkiesingstyd, het hy getuig, was daar talle mense wat planne gereed gehad het om tot geweld oor te gaan. "Ons was sover dit kapasiteit aangaan, in 'n magsposisie. Maar ons mense is nie skietmal en aggressiewe mense nie en het naarstiglik na ander maniere as na ons eie gewapende stryd gesoek."

Oral in die land was sy ondersteuners gereed om die hoogste prys te betaal, het Viljoen gesê, maar hy het as leier die saak rasioneel benader en aan die vernietigende gevolge gedink wat die Afrikaner tydens die Anglo-Boereoorlog gely het. Daarom het hy teen 'n oorlog besluit, al het hy talle van sy volgelinge daardeur erg teleurgestel.

Daar word tans nog altyd druk op hom uitgeoefen deur mense wat gefrustreerd is oor die min vordering wat ten opsigte van selfbeskikking gemaak word. Die frustrasie groei verder as gevolg van die miskenning van Afrikaans as taal en die bedreiging van moedertaalonderrig in die skole.

Wat die konflik van die verlede betref, moet 'n mens aanváar dat dit 'n politieke stryd was wat politieke verantwoording vra van almal wat betrokke was. Die verontskuldiging van die ANC dat hulle eers alle ander moontlikhede uitgeput het voordat hulle tot die gewapende stryd toegetree het, aanvaar hy nie sommerso nie. Ook nie die NP se veront-skuldiging dat hulle hande skoon is, dat die blaam vir wat gebeur het, na die operateursvlak geskuif moet word nie.

"Na my mening is dit nie so belangrik om uit te vind wie die skuldigste party is nie, want niemand van ons kan werklik aanspraak maak op skoon hande nie. Waarom kan ons nie saamstem dat ons almal vuil hande het nie? Ons het 'n oorlog geveg wat van die begin af vermy of in 'n veel vroeër stadium gestaak moes gewees het. En ons het 'n vuil oorlog geveg."

Genl. Viljoen het ook 'n vermanende woord tot die Waarheids-kommissie gerig om die versoeningsaspek van sy opdrag met meer ywer te bevorder. Tot nog toe het die optrede van die WVK eerder tot polarisasie tussen die bevolkingsgroepe van ons land gelei. Talle gemeen-skappe, ook die Afrikaanse gemeenskap, is deur die proses vervreem. Wanneer die WVK met sy werk klaar is, behoort die kommissie voort te gaan om na maniere te soek om versoening te bevorder. Organe in die kerklike en burgerlike samelewing behoort op 'n permanente grondslag by dié versoeningsaksies ingeskakel te word. Wat homself betref, het hy hom weer eens heelhartig tot versoening verbind.

◆ ◆ ◆

Dwarsdeur die volgende week is nie net in die land nie, maar ook in die WVK-kantore oor die voorleggings van die politieke partye gepraat. Elke sitting is ontleed. Standpunt is teenoor standpunt gestel. Wynand Malan was bitter ongelukkig oor die WVK se hantering van mnr. De Klerk en die NP. In sy privaat hoedanigheid het hy 'n persverklaring gemaak waarin hy by albei partye gepleit het om mekaar op die pad wat voorlê, nie te los nie. Van ons swart kollegas was nog meer ontsteld as Tutu en Boraine. Mnr. De Klerk het die waarheids- en versoeningsproses wat hy self gehelp inisieer het, in die steek gelaat, was hul mening.

Dit was duidelik dat die laaste woord oor die verskyning van die politieke partye – by name dié van die Nasionale Party – nog lank nie gehoor is nie.

20 MEI 1997: ATHLONE SE TROJAANSE PERD

In Oktober 1985 het 'n Trojaanse perd Athlone – 'n woonbuurt in Kaapstad – binnegery gekom.

Dis hoe die inwoners van Athlone, asook die wyer publiek, na die skokkende insident verwys het toe 'n groep polisielede agterop 'n vragmotor, versteek in 'n paar kratte, deur die strate van die voorstad gery het. Gemoedere het dié dag hoog geloop. Meteens het daar 'n klipgooiery in die straat ontstaan. Soos blits het die polisiemanne uit die kratte gespring en op die mense in die straat – grootmense sowel as kinders – begin vuur. Van die koeëls het deur die huise getrek. Toe die skote stil word, was daar talle gewondes in die straat, asook in die huise in die omgewing. Drie persone, 'n jong man en drie kinders, het gesterf.

Die saal in Athlone waarheen die gemeenskap gestroom het om die voorval byna twaalf jaar tevore te herdenk, was stampvol. Die emosie was rou. Dit was asof dit sommer nou die dag gebeur het. Familielede van die drie gesinne wat dié dag in rou gedompel is, was daar om te vertel. Nie een van die drie wat doodgeskiet is, was by die klipgooiery betrokke nie, het hulle verontwaardig getuig. 'n Fotograaf wat op die toneel was, het saamgestem. Die polisielede wat agterop die vragmotor geskuil het, het so vinnig opgespring en uit die kratte begin skiet, dat hulle beslis nie 'n kans gehad het om eers die werklike klipgooiers te identifiseer nie. Hulle het sommer net geskiet!

Mevrou Zainab Ryklief, wat self dié noodlottige dag gewond is, het vertel hoe 'n groep kinders wat na skool in haar huis kom skuil het, net vir 'n oomblik buite was toe die skietery losgebars het. Sy het die kinders vinnig binnetoe geroep en die deur gesluit. Een van haar eie kinders is in die harwar uitgesluit. Hy het inderhaas in die hoenderhok gaan wegkruip. Toe die hoenders 'n lawaai opgeskop het, het hy hulle een vir een nek omgedraai om hulle stil te kry voordat die Polisie op hom afkom.

In die huis was daar chaos. Een van die kinders, die sestienjarige Shaun Magmoed, het op die bed aan sy wonde gesterf. Langs hom het mev. Ryklief se boesemvriendin, mev. Amina Abrahams, en haar gewonde kinders, Toyer (12 jaar oud) en Ashraf (6 jaar) gelê. Klein Ashraf was so erg gewond dat hy nooit ten volle herstel het nie.

Zainab Ryklief het getuig dat al die vensters van haar huis stukkend geskiet is. Verskeie borde en glase in die kombuis het aan skerwe gelê. Haar matras is so deurdrenk met bloed dat sy dit nooit weer kon gebruik nie.

Mevrou Abrahams het vertel hoe 'n polisieman die deur van die huis oopgeskop het en, met 'n masjiengeweer in sy hand, die slaapkamer binnegestorm het. Hy het die geweer op haar en die kinders gerig. Sy het onthou dat sy vreesbevange om hulp geskreeu het. 'n Tweede polisieman het egter ingegryp. "Moenie *panic* nie, mamma," het hy gekeer – en toe 'n ambulans ontbied. Polisieman Nommer Een het die tienjarige Ismael Ryklief, wat gewond onder 'n spieëlkas weggekruip het, uitgesleep. Sy ouer broer, Ghalieb, het die polisieman gesmeek om sy gewonde broertjie te los en om hom in sy plek te arresteer.

Ismael het tydens die verhoor vertel dat die sterwende Shaun se heel laaste woorde was: "Die stryd moet voortgaan!"

Een van die polisiemanne het Shaun Ryklief se liggaam van die bed getrek en by die deur van die huis uitgesleep. By die voordeurtrappie, het sy ma getuig, het sy kop geruk. Die polisieman het opgemerk: "Die vark is dood!" Sedertdien moes mev. Zainab Ryklief sielkundige behandeling ontvang. "Ek het soos 'n kind geword en kan glad geen geraas verduur nie."

Van die ander familielede het vertel hoe swaar dit vir hulle was om die liggame van die drie slagoffers te gaan uitken, hoe moeilik die Polisie dit vir hulle gemaak het, hoe hulle verneder is toe hulle die lyke opgevra het om te gaan begrawe.

Om te vergewe en te vergeet, sal nie maklik wees nie, het 'n paar van die slagoffers wat dié dag gewond is – een van hulle was destyds 'n kind van elf – gesê. Eers as die skuldiges aan die man gebring is, glo ons, sal ons vrede kan maak, het hulle verklaar.

Dit was egter nie net in Athlone dat kinders seergekry het nie. Dit was nie net vanuit die Trojaanse perd dat daar op seuns en dogters geskiet is nie. Hoe erg kinders en jongmense dwarsdeur die land deurgeloop het, sou drie weke later in Johannesburg aan die groot klok gehang word.

12 JUNIE 1997: WAT MET DIE KINDERS GEBEUR HET

We share with Ingrid Jonker that noble vision of the child who
wanted only to play in the sun, the child grown into a giant,
journeying over the whole world, without a pass.
... we share with her the kowledge that this succession of massacres will not deny
us our journey over the whole world –
free at last, at last free, perhaps the last to be free, but free at last.

Met dié woorde van Oliver Tambo op die voorblad van haar voorlegging namens die National Children and Violence Trust, het Diana Scott haar getuienis voor die WVK begin. Daar is maande tevore reeds besluit om 'n spesiale dag te wy aan die lotgevalle van kinders tydens die apartheids- jare. Talle voorleggings wat gemaak is, statistiek wat deur verskillende organisasies verskaf is, het daarvan melding gemaak dat kinders en jongmense swaar deurgeloop het. In die Johannesburgse stadsaal het 'n groot aantal belangstellendes, ouers en kinders, welsynwerkers, joer- naliste en politici, kom luister. Me. Graça Machel is spesiaal genooi om die verrigtinge te open, nie net omdat sy toe die gesellin van die Presi- dent was nie. Haar reputasie as kampvegter vir kinders dwarsoor die wêreld – veral in oorloggeteisterde gebiede – het haar vooruitgeloop.

Verhale en getuienisse is na vore gehaal. Inligtingstukke, lyste en tabelle propvol statistiese gegewens is uitgedeel. Jong kinders is nie gevra om hul eie verhale te vertel nie. Dis sou vir hulle traumaties wees. Ander het namens hulle gerapporteer. 'n Paar was egter oud genoeg om self te kom vertel:

Nomande Ntabeni was 16 jaar oud toe sy in 1976 in Soweto in die maag geskiet is.

Potlako Saboshego was 17 jaar toe hy in 1984 in Daveyton gearres- teer en erg mishandel is. Hy het die gebruik van een oog permanent verloor.

Perus Mokoena was 14 jaar oud toe hy in die kattebak van 'n motor tronk toe geneem is. 'n Wit lap is om sy gesig gedraai voordat hy elektriese skokke ontvang het. Op allerhande maniere is hy twee dae lank gemartel.

Fanie Guduka was 11 jaar toe die Polisie hom in Alexandra in die reën opgepik het. Hy is dae lank in 'n sel met geharde misdadigers aangehou.

'n Hoërskooldogter wie se naam verswyg is, is gedwing om haar bloese uit te trek. Elektriese drade is aan haar borste gekoppel. Sy is 'n hele paar keer geskok en moes in die hospitaal opgeneem word. Haar borste was erg geswel. Die littekens is nou nog sigbaar.

Hulle was die gelukkiges. Hulle het bly leef.

Nixon Phiri (16 jaar oud) is saam met 'n groep skoolkinders na die Welverdiend-polisiestasie geneem waar hulle ondervra is. Getuies het vertel hoe hulle een vir een na 'n spesifieke kamer geneem is. Toe dit Nixon se beurt was, het sy maats hom hoor skree – en toe was daar stilte. Sy ondervraers het uit die kamer gekom, die deur agter hulle gesluit en met ondervraging in 'n kamer langsaan begin. Nixon het nooit weer uit die kamer gekom nie. Hy was dood. Tydens die nadoodse ondersoek is ernstige wonde aan sy kop en kneusplekke oor sy hele liggaam opgemerk.

In die jare 1960-1989 het 7 000 mense as gevolg van politieke geweld gesterf. 'n Kwart van hulle, altesaam 1 750, was kinders onder die ouderdom van 18 jaar. Gedurende dié jare is, konserwatief bereken, 12 000 kinders ernstig beseer: koeëls, traangas, rubberkoeëls, sambokke was daarvoor verantwoordelik. Gedurende dieselfde tydperk is ongeveer 80 000 mense landswyd aangehou; 25 persent van hulle was kinders. Een uit elke agt was dogters. Dikwels is die kinders gemartel: volgens statistiek een uit elke vier.

In die jare 1990-1994, toe die planne om 'n nuwe Suid-Afrika tot stand te bring ver gevorderd was, was dinge wat die kinders betref eens so erg. In swart woonbuurte, op treine, in plakkerskampe het geweld nog altyd hoogty gevier. In dié vier jaar alleen het 14 000 mense gesterf, twee keer meer as in die vorige dertig jaar (1960-1989)! Gedurende hierdie vier jaar het 517 kinders, van wie die gevalle bekend is, as gevolg van die politieke geweld gesterf. Dit mag veel meer wees, sê navorsers. Tydens die 91 menseslagtings wat na 1990 plaasgevind het, is talle kinders getref. Een voorbeeld is aangehaal: In Boipatong, gedurende die nag van 17 Junie 1992, het 45 mense gesterf: 16 was vroue, 9 was kinders (onder hulle twee babatjies). Die optrede van die veiligheidsmagte was in dié tyd verantwoordelik vir die dood van 43 kinders; 165 is ernstig beseer. Vigilante-optrede het 'n verdere 449 kinderlewens geëis. Op die kerfstok van die *hit squads* staan die name van 17 kinders. Agt kinders is deur sogenaamde regse groepe onder bisarre omstandighede om die lewe gebring.

"Die manier waarop 'n samelewing sy kinders behandel, is die duidelikste refleksie van sy ware karakter," het een van die sprekers tydens die verhoor aangehaal. "Die behandeling wat kinders – veral swart kinders – gedurende die apartheidsjare ontvang het, is een van die heel donkerste hoofstukke van ons geskiedenis."

In Suid-Afrika, in die *townships*, het kinders nie lank kinders gebly nie. In die stryd om apartheid was dit dikwels die kinders wat die voortou geneem het en wat 'n hoë prys daarvoor betaal het. "Kinders moes bitter vinnig grootword," het 'n maatskaplike werker vertel. "Ek was meermale verstom oor hoe vinnig seuns en dogters volwasse geword het, hoe gepolitiseerd hulle geraak het. Tyd vir speel en rondhardloop, vir onbesorg kind wees, was daar nie. Wat met hul ouers gebeur het, die vernedering van hul pa's en ma's, hulle magteloosheid om iets aan omstandighede te verander, het die kinders diep geraak – en geradikali-seer."

Meer as 'n miljoen skoolkinders het destyds by COSAS (Congress of South African Students) aangesluit, tot groot irritasie van die Veiligheids-polisie, wat 'n vendetta teen die organisasie gevoer het. In Augustus 1985 is COSAS tot 'n verbode organisasie verklaar. Talle van die leiers is gearresteer en opgesluit.

Tydens die noodtoestand in die land, is op die verhoor getuig, het dinge plaasgevind wat die buitewêreld – toe die nuus die wêreld ingestuur is – moes oortuig het dat die Suid-Afrikaanse samelewing waansinnig geword het. Soms is hele skole – onderwysers, kinders, sommige so jonk as sewe jaar – in vragmotors gelaai om van die skending van die noodregulasies aangekla te word. Op 22 Augustus 1985 is meer as 800 skoolkinders – onder wie laerskoolkinders – gearresteer en 'n nag lank aangehou. Van hulle is 360, onder wie 'n agtjarige kind, formeel aangekla.

Hoe gaan ons die letsels wat die kinders opgedoen het, hanteer? Hoe kan ons jong mans en meisies wat in die gevangenis slegte gewoontes aangeleer het, rehabiliteer? Hoe gaan ons jong aktiviste wat heeltemal geradikaliseer geraak het, herintegreer in 'n normale samelewing? Hoe verdryf 'n mens die spoke en nagmerries wat kinders nou nog, jare na die dinge wat met hulle gebeur het, laat wakker lê. Watter soort ouers gaan die getraumatiseerde kinders eendag uitmaak?

Daar was meer vrae as antwoorde. Verteenwoordigers van talle organisasies vir mense- en kinderregte het aan die besprekings deelge-neem. Wat verblydend was, was dat drie jong Afrikaners namens die Junior Rapportryers ook gekom het. Hulle voorlegging het 'n besondere indruk gemaak.

'n Groep skoolkinders het uit Soweto gekom om net voor die middagete 'n toneel waaraan hulle lank geoefen het – 'n voorstelling van wat in 'n klaskamer op 16 Junie 1976 gebeur het – op te voer. Hulle was meegesleur deur hul eie spel. Die trane en angsgille, die liedere en gebede, hulle politieke toesprake, hul trooswoorde aan mekaar en aan hul ouers, was so eg en so realisties dat dit 'n rilling langs jou rug laat afgaan het. So het die kinders wat destyds nog nie eers gebore was nie, Soweto-dag beleef. Dis wat die dag vir hulle gesê het.

Sou ons ooit verstaan?

19 JUNIE 1997: OP BESOEK AAN DRIE GESINNE IN SOWETO

"Piet, jy moet vanoggend saam met my en Joyce Soweto toe. Oormôre word die oorblyfsels van die drie jong mans wat in Aliwal-Noord opge-grawe is, in Soweto begrawe. Jy onthou mos, Tokyo Sexwale se broer, en die ander twee. Ons moet namens die WVK die gesinne gaan besoek."

Om saam met Tom Manthata en Joyce Seroke deur Soweto te ry, was altyd 'n ervaring., Dit was hulle wêreld dié, en hulle het elke straathoek geken. Hulle kon talle verhale vertel, van wat oral waar gebeur het. Op 'n keer het Tom my na die Hector Peterson-monument geneem, om vir my ter plaatse presies te verduidelik wat alles op 16 Junie 1976 afgespeel het op die plein waarop ons gestaan het. Joyce was weer lief vir die omgewing van die groot Regina Mundi-kerk, waar die vroue in die verlede hul dienste gehou het en optog na optog gereël het.

Maar dié keer was dit nie 'n besigtigingstoer nie.

Die nuus dat die oorblyfsels van die drie jong manne wat sestien jaar gelede hul ouers gegroet het om hul by die *struggle* te gaan aansluit, die drie wat nooit weer teruggekeer het nie, opgegrawe is en positief geïdentifiseer is, het soos 'n veldbrand versprei. Die ANC het 'n reuse-begrafnis op 21 Junie in 'n voetbalstadion gereël. Duisende belangstellen-des is verwag toe die "drie jong helde" – soos die plakkate hulle bekendgestel het – in die heldeakker van die Avalon-begraafplaas te ruste gelê sou word. Gewone Afrika-ordentlikheid verwag dit van ons dat ons die gesinne voor die tyd sou gaan besoek, het Tom en Joyce gesê.

Die eerste besoek was aan die gesin van Thabiso Rakobo. In 'n eenvoudige tweekamerhuisie, een van duisende in die Mafulo-woonbuurt, het mev. Rakobo, Thabiso se ma, ons ingewag. Soos gebruiklik wanneer 'n gesin in rou is, is al die meubels uit die huis gedra. In die slaapkamer het net die dubbelbedmatras op die vloer gelê. Rondom die matras het mev. Rakobo se familie en vriende gesit; sy self onder 'n kombers op die matras.

Nadat ons mekaar gegroet het, het sy stadigaan haar verhaal begin vertel, van die dag, sestien jaar tevore, toe Thabiso daar weg is, van haar hartseer toe hy nie saam met die ander *exiles* teruggekeer het nie. Toe sy uiteindelik die nuus hoor dat haar seun regtig dood is, dat hy jare gelede al in 'n geveg met die Veiligheidspolisie in die destydse Transkei gesterf het, maar dat sy oorblyfsels opgegrawe is, wou haar hart breek. Sy was bly dat die ANC die reëlings vir die begrafnis oorgeneem het. Dat haar Thabiso in die heldeakker begrawe sou word, was vir die hele familie 'n groot troos. Nadat ons tee gedrink en skons geëet, en ook saamgebid het, het ons afskeid geneem.

Huis nommer twee, in Mdeni, waar die ouers van Anthony Sureboy Dali gewoon het, was deftiger, veral van binne. "Toe Anthony die dag hier weg is," het sy moeder, mev. Letitia Mangane, vertel, "het hy my getroos: 'Dis net vir 'n rukkie, Ma, dan kom ek terug. Dan gaan ek werk en baie geld maak om Ma se huis mooier as al die ander in die straat te maak. Ek gaan houtpanele teen die mure sit en groot koperligte koop.' Voordat hy sy belofte kon nakom, is hy doodgeskiet, maar ek het toe besluit dat ek dit namens my seun sal doen." Trots het mev. Mangane na die dennehoutpanele gewys, na die deftige plafon, na die swaar lamp en waaier. "Dit het lank geneem en baie geld gekos, maar ek is seker Dali sou tevrede wees."

Terwyl tee bedien is, het Letitia Mangane opgestaan om 'n moeders-dagkaartjie wat Dali net voor sy vertrek vir haar gegee het, te gaan haal. Op die kaartjie, eintlik 'n boekie met mooi foto's en gedigte, het gestaan: "When the sun forgets to shine ..." Binne was allerlei troos-woorde vir iemand wat in nood verkeer. "Ek wonder of my seun 'n voorgevoel gehad het? Maar dis al wat ek van hom oorgehou het, dié kaartjie en sy skoolfoto."

Toe Chris Hani destyds vir hulle die berig gebring het dat hulle seun in 'n skietgeveg met die Polisie in die omgewing van Elliot omgekom het, was dit of haar hele wêreld ineengestort het. Maar noudat hulle die beendere opgegrawe het, kan sy weer haar kop optel.

Die volgende dag, Vrydag, sou die oorblyfsels van haar seun in 'n behoorlike houtkis huis toe gebring word.

"Hier op die tafel gaan ons die kis sit. Hier in die kamer gaan ons die hele nag sing en bid. Al die bure en familie gaan kom. Ons gaan tee drink en kos eet. En dan gaan ons Anthony begrawe. As ek sy beendere begrawe het, sal ek my hande kan was. Die jong manne het saam geleef en saam geveg en saam gesterf. Dis reg dat hulle saam begrawe word."

By die derde huis, dié keer in Dube, die woning van die bejaarde egpaar Sexwale, was ek alreeds tevore. Die ouers van Tokyo Sexwale, toe nog premier van Gauteng, het ons vriendelik ontvang. Teen die muur van die sitkamer het twee foto's gehang: een van die hoof van die huis, in militêre uniform, tydens die Eerste Wêreldoorlog. Die tweede was van jong Lesetja, soldaat van die *struggle*, wat toe nooit weer huis toe gekom het nie. Ons het lank gepraat oor die stryd van die verlede, oor sy seun se aandeel aan die stryd. "Natuurlik is ons hartseer oor Lesetja se dood. Maar ons is ook trots op hom. Dis jongmense soos hy wat ons land se vryheid gekoop het."

Die Sexwale-gesin is stoere Katolieke. Die prent van Jesus teen die muur en die Maria-beeldjie op die kas het dit duidelik vertel. Toe dit tyd word om te sing en te bid, het Fikile Mlotshwa, een van die WVK-staflede wat saam met ons gery het, eers 'n bekende Katolieke gesang ingesit. Toe is die Afrikaanse dominee van die NG Kerk toegelaat om die familie aan die Here op te dra. Dinge moes op die regte manier gedoen word!

Op pad voordeur toe, het mnr. Sexwale ons die foto van sy ander seun, Tokyo, gewys wat teen muur in die voorportaal gehang het.

"Op hierdie seun van ons is ons eers trots! Ons is die Here baie dankbaar vir hom. Dink julle ek sou in so 'n mooi huis kon woon, dat dit met my en my vrou so goed sou gaan, as hy nie vir ons gesorg het nie?"

19 JUNIE 1997: DIE MOEDER VAN ALLE SOTLIKHEDE

Geagte prof. Meiring

Na die sovele onsinnighede wat u in die verlede in "Godsdiens-Aktueel" (Beeld-rubriek) kwytgeraak het i.v.m. rasse-aangeleenthede, ens., dwing 19 Junie se moeder van alle sotlikhede my om u aan te spreek.

Wat die sg. "belydenis" betref, laat ons dit maar daar, want ek "worstel as Christen" glad nie daarmee nie. Ek sal net graag 'n lysie wou hê van die sg. onreg, lyding, ens., ens., van apartheid teenoor swart mense waarop u en ander gedurig hamer sonder enige motivering, asook wat ons sodanig moes gedoen het of nagelaat het om te doen. Ons behoudende Christen-Afrikaners, wie se denke nog nie besoedel is met die liberalisme, humanisme, semikommunisme en nog wat nie, raak nou siek en sat van hierdie skuldgevoel en ander neerhalende beledigings waarmee ons gedurig getreiter word deur sg. Afrikaner-intelligentsia (sic) om ons selfrespek en wil tot stryd af te takel.

Ek skuld die swarte niks, en ongelukkig laat Afrikaners soos u uself misbruik as "usefull idiots" om die Boer War se laaste fase te laat slaag, nl. Milner se ideaal: "To wipe out Afrikanerdom". U wonderlike oom Bey se geskiedenis laat my erg twyfel aan sy Christenskap en is by my dus 'n groot nul.

Toe maar, ek behoort nie aan een of ander Klu-Klux Klan nie, maar is gebore en getoë in die NG Kerk, jare as kerkraadslid – selfs 11 jaar gelede 'n ruk lank lidmaat van u gemeente in Lynnwoodrif. U is dus die hoeveelste vooraanstaande apartheidskritikus aan wie ek hierdie vrae vra. Geeneen het nog geantwoord nie. Hulle kan blykbaar nie, of is soos Don Quixote wat die wêreld wil bestorm en dan skielik ontdek sy mare ou perd sal dit nie maak nie.

U kan hierdie skrywe minag, maar baie seker gaan Piet Meiring en sy verdwaalde geesgenote eendag elke woord teen apartheid en hulle New Age-rassevermenging (wat indruis teen die Skeppingsorde) insluk.

Ek wag op so 'n lys, asb.

Groete
Andries Loubser, Elsburg.

20 JUNIE 1997: DIE NASIONALE PARTY KLA DIE WVK AAN

Wat ons die hele tyd gevrees het, het toe gebeur. Die Nasionale Party het die Waarheidskommissie amptelik aangekla. Sedert die tweede verskyning van mnr. F.W. de Klerk voor die WVK – en die teleurgestelde reaksie van die voorsitter en ondervoorsitter van die WVK op sy getuienis, – is daaroor gegis: Sou die NP werklik so ver gaan om die WVK hof toe te sleep?

Die NP was klaarblyklik nie tevrede met die verloop van sake nie. Dreigement op dreigement het gevolg. En toe, op 20 Junie, het die amptelike dagvaarding gekom: Die WVK moet voor die Hooggeregshof verskyn. As mederespondente is Tutu, Boraine en Dullah Omar, Minister van Justisie onder wie se vleuels die WVK gewerk het, benoem. Die

NP het in die dagvaarding gevra dat die Hooggeregshof aartsbiskop Tutu beveel om hom te weerhou van enige opmerkings wat die geloofwaardigheid en onpartydigheid van die WVK in gevaar stel. Tweedens is versoek dat die hof dr. Alex Boraine as kommissaris van die WVK afdank, omdat hy na hul mening teenstrydig met talle voorskrifte in die WVK-wet gehandel het. Die hele WVK moes deur die hof gemaan word om onpartydig en objektief op te tree.

Tutu se eerste reaksie was: "Dis nie hoe ons graag ons verskille wou hanteer nie. Maar as ons uitgedaag word, moet ons die uitdaging aanvaar."

23 JUNIE 1997: TRANE EN TOI-TOI OOR CHRIS HANI

Toe ek en Tom Manthata die Maandagoggend by die stadsaal in Benoni aankom, was die atmosfeer gelaai. Vier jaar na die sluipmoord op die gewilde leier van die Suid-Afrikaanse Kommunistiese Party, Chris Hani, sou die twee moordenaars voor die Amnestiekomitee verskyn. Ek en Tom moes namens die Reparasie-en-rehabilitasiekomitee die geleentheid bywoon. Ons het ons pad met moeite deur die skare gebaan om in die sysaal waar die regters beraadslaag het, aan te meld. Winnie Madikizela-Mandela het tussen 'n groep jongmense met skreeuende plakkate gestaan. *Julle het ons leier doodgemaak. Vandag wil ons die waarheid hoor!* "Ek sal jou netnou aan Winnie gaan voorstel," het Tom beloof. "Dis hoog tyd dat jy haar leer ken."

Dae vantevore het die koerante al oor die amnestieverhoor begin skryf. Wat gaan Janusz Walus en Clive Derby-Lewis sê? Gaan hulle om vergifnis vra? Het Clive Derby-Lewis, die man wat die sluipmoord beplan het, en Janusz Walus, wat Hani op 10 April 1993 in die oprit na sy huis in Boksburg met vier skote doodgeskiet het, uit hul eie opgetree, of was hulle deel van 'n groter komplot? Woordvoerders van die ANC-SAKP-alliansie was daarvan oortuig dat meer mense by die sluipmoord betrokke was. "Dis duidelik dat daar 'n sameswering was en dat mense ná aan die vroeëre regering daarby betrokke was," het Jeremy Cronin, leier van die SAKP verklaar. "Ons wil weet wie hulle was!" Wat sou George Bizos, die advokaat vir die Hani-familie, vra? Watter eise gaan hy stel? Die pers het oor baie moontlikhede gespekuleer.

Net voordat die twee manne die saal binnegelei is, is 'n kort fotosessie vir die pers gereël. Derby-Lewis en Walus is op 15 Oktober 1993 albei ter dood veroordeel. Later is die vonnis tot lewenslange tronkstraf verander. Gedurende die vier jaar wat verloop het, het die twee mans nie veel verander nie. Walus het net soos die foto's gelyk wat destyds geneem is. Effens gespanne het hy sy plek voor die kameras ingeneem, in sy grys pak waarvan die moue effe kort was. Derby-Lewis het op sy beurt heel ontspanne gelyk, byna jonger nog as destyds. Hy het heelwat gewig verloor. Nie 'n haar was uit sy plek nie, sy snor netjies geknip. In die tronk het hy hom fiks gehou. "Ek kan maklik dertig *chin-ups* doen," het hy opgewonde vertel. "Dis duidelik dat die adrenalien vandag pomp," het een van die joernaliste opgemerk. Terwyl 'n groepie Konserwatiewe Party-ondersteuners die twee manne om die beurt in die kamer besoek het, het van die vroue peuselkossies aangedra. "Wat ons gedoen het, was 'n oorlogsdaad," het Derby-Lewis aan die persmense gesê. "Daardie tyd het ons nou agter ons gelaat. Maar hulle moenie van ons verwag dat ons nou om verskoning moet vra nie ..."

Toe die twee manne onder swaar polisiebegeleiding die saal binnegelei is, is hulle deur die meerderheid uitgejou. Dreunsang en getoi-toi het die dak laat lig. Saam met ander ANC-ampsdraers het mev. Limpho Hani, met haar helderpienk uitrusting, gedans en gesing. Vir Chris Hani se tienerdogter, Nomakwezi, het dit alles te veel geraak. Huilend het sy uit die saal gestorm. Winnie Madikizela-Mandela het dit raakgesien en agterna gehaas om die dogter te troos. In die middel van die saal het dr. Ferdi Hartzenberg en 'n groepie KP-ondersteuners uitdrukkingloos voor hulle sit en kyk. 'n Paar rye voor hulle het mev. Derby-Lewis gesit. Sy het met die mense om haar gepraat en haar kop oor die toi-toiery geskud.

Mevrou Margaretha Vorster, tagtig jaar oud en inwoner van die Kruinhof-tehuis vir bejaardes, het spesiaal gekom om Derby-Lewis en Walus te ondersteun. Terwyl sy rustig gesit en brei het, het die klein vroutjie haar hart teenoor Marga Ley, 'n Johannesburgse joernalis, oopgemaak:

"Die lawaai intimideer my nie. Die dae van bang wees is verby. 'n Mens sal nooit moord kan goedpraat nie. Maar as Christus ons sondes gedra het, sal Hy hierdie sonde ook vergewe. Ek is hier om vir Clive-hulle te wys hoe ek voel. Ek het netnou gaan hallo sê. Ek het elkeen se hand gedruk en elkeen 'n soentjie gegee. Ek is so bly dat ek dit kon doen. Jy weet, ek het nog ja gestem in die referendum, maar my oë het later by die onderhandelings oopgegaan."

Mevrou Phyllis Mzame het weer van Daveyton gekom, saam met haar kollegas van die ANC-Vroueliga. Sy was óók ver anderkant die sewentig, maar het self 'n vonkel in die oog en 'n huppel in die stap gehad.

"Wie het aan die mense die reg gegee om dood te maak? Dit is wat ek wil weet ... Ek het kom luister na wat hulle sê. Ek is baie jammer vir Limpho Hani. Die moordenaars moet vir ons al die inligting gee van almal wat hulle gehelp het. En dan moet hulle steeds gestraf word. Ek is nie lus om hulle te vergewe nie. Miskien as hulle alles vertel het, moet ons van gedagte verander. Ons sal maar eers luister en dan sien ..."

Uiteindelik het Mathews Phosa, premier van Mpumalanga, die skare stilgemaak. Die amnestieverhoor kon begin. Ek en Tom het ons plekke agter in die saal ingeneem om te luister.

Die verhoor was 'n antiklimaks.

Advokaat George Bizos, wat namens die Hani-gesin en die Kommunistiese Party opgetree het, het gevra dat die saak uitgestel word. Mevrou Hani het aan die hoof van 'n parlementêre komitee gestaan wat op die punt was om na die Verenigde State van Amerika te vertrek. Die besoek kon op geen manier uitgestel word nie. Dit was belangrik dat mev. Hani die verhoor moes meemaak, het Bizos verduidelik.

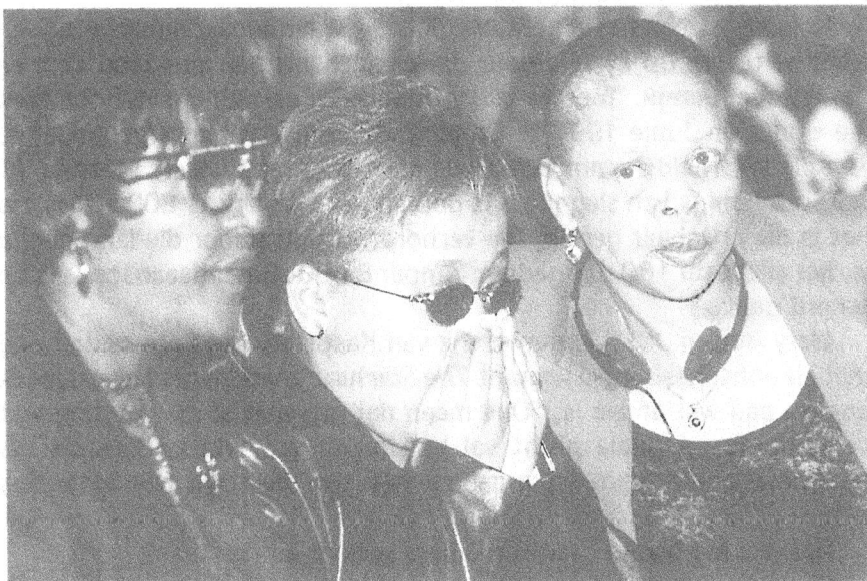

Mev. Winnie Mandela staan mev. Limpho Hani en haar dogter Nomakwezi by tydens die Walus-Derby Lewis amnestieverhoor

"Hierdie is 'n baie moeilike deel van mevrou Hani se lewe. Sy is verdeel deur innerlike konflik . . ." Daar het ook splinternuwe gegewens na vore gekom, dokumente wat die verteenwoordigers van Derby-Lewis en Walus pas op die tafel geplaas het, wat desnoods vars inligting oor 'n moontlike sameswering aan die lig kon bring. Meer tyd was nodig om al die dinge behoorlik te ondersoek.

Die regsverteenwoordiger van die twee veroordeelde manne, mnr. Jan Lubbe, het beswaar gemaak. Bizos se argumente het hom nie beïndruk nie. Daar word al jare lank na 'n sameswering gesoek en niemand kan iets kry nie. Volgens hom wou Bizos en sy kollegas die saak maar net vertraag totdat die Amnestiekomitee se uiteindelike termyn verstryk.

Na langdurige argumentasie het regter Mall die verhoor uitgestel. Ek en Tom het onverrigter sake teruggery kantoor toe. Hy het nie eers kans gekry om my aan Winnie Madikizela-Mandela voor te stel nie. Nie dat dit baie saak gemaak het nie – in die volgende maande sou ek nog dikwels met haar te make kry, sou ek haar wél leer ken.

◆   ◆   ◆

Die derde skof van die trek was verby.

'n Lang ent pad is afgelê. Vandat die Waarheidskommissie agtien maande tevore op sy reis deur die geskiedenis van ons land vertrek het, is veel bereik. Toe die laaste menseregteskendingsverhoor teen die einde van Junie 1997 te Ladybrand in die Vrystaat afgehandel is, kon die Waarheidskommissie reeds soos volg rapporteer: Meer as 11 000 verklarings van slagoffers is ontvang en verwerk, 1 800 slagoffers het in die openbaar getuig. Die verhore, wat dwarsoor die land gehou is, het altesaam 180 dae geduur. Amper 8 000 amnestieaansoeke is op rekord geplaas.

Mary Burton, WVK-kommissaris van Kaapstad, het in 'n onderhoud met die Johannesburgse koerant *The Star* haar tevredenheid uitgespreek oor die pad wat afgelê is. "Ons meen dat ons met al die inligting wat versamel is, 'n goeie prent sal kan teken van wat gedurende die apartheidsjare in Suid-Afrika gebeur het, van die stryd wat agter ons lê."

Hoeveel het blanke Suid-Afrikaners gehoor en verstaan?

Die pad het verby talle bergspitse geloop. Daar was spitse van sukses. Dikwels het die pad ook deur diep valleie van pyn en hartseer, van frustrasie en mislukking, gelei. Daar was talle wetlike probleme wat opgelos moes word. Organisatoriese probleme was daar legio. Politieke toutrekkery het die WVK soms duur te staan gekom. Waardering vir wat deur die WVK vermag is, is afgewissel met ernstige kritiek. Die botsing met die Nasionale Party het Tutu gedurende die laaste weke van die trek ontstel: dit het die publieke aandag van die werklike taak van die kommissie – en van wat reeds bereik is – afgetrek.

Maar die trek moes voort. Daaroor het almal saamgestem.

DIE REIS NA BINNE BEGIN

"Beyers Naudé wil Waarheidskommissie toe gaan."

"Hy en nog vyf ander teoloë wil voor die WVK hul persoonlike skuld en versuim gaan bely." "Ek het nie genoeg gedoen nie," het die bejaarde kerkleier aan die pers gesê. Toe dié persberigte vroeg in Junie 1997 die wêreld ingestuur is, kon 'n mens dit met 'n stok aanvoel. Iets nuuts was aan die kom. 'n Nuwe fase in die werk – 'n derde skof op die trekpad van die WVK – het voor ons gelê.

Agter ons was die baie verhore wat in alle dele van die land gehou is. Duisende slagoffers het hul verhale klaar vertel. Baie van die oortreders wat om amnestie aansoek gedoen het, het reeds hulle beurt gehad. Wavragte informasie is ingesamel. Nou was die moeiliker vraag aan die orde: Hoe maak 'n mens sin uit alles wat gebeur het?

Beyers Naudé se verklaring was maar een van baie wat in dié tyd verskyn het; een van baie wat deur alles wat via die WVK-proses geopenbaar is, voor die spieël te staan gekom het: Hoe op aarde kon hierdie dinge gebeur het? Vir sommige was die vraag persoonlik: Wat was die graad van my eie betrokkenheid by alles wat agter ons lê? Vir ander het dit nog dieper gesny: Watter prosesse wat in ons land aan die gang was, het dit moontlik gemaak? Nie net individue nie, maar ook verskillende tradisies en instellings in die samelewing sou onder die vergrootglas geplaas moes word.

Laag vir laag, soos 'n ui wat geskil word, moes die Suid-Afrikaanse samelewing blootgelê word. Die opdrag van die Waarheidskommissie was immers nie maar net om 'n katalogus van menseregteskendings op te stel nie, maar om te probeer verstaan, om te leer, en om voorstelle te maak oor hoe die herhaling van die foute van die verlede in die toekoms vermy kon word.

Dit was wat op die derde skof gewag het.

Beyers Naudé het eerstens sy medekerkmense voor die spieël gedaag. Hoe was dit moontlik, het hy gevra, dat terwyl dominees elke Sondag die boodskap van versoening en vrede in Christus van hul kansels verkondig het, growwe menseregteskendings om hulle plaasgevind het sonder dat dit hulle geraak het? Hoe is dit moontlik dat mense wat doelbewus moord en sabotasie gepleeg het, Sondae in die kerk gesit het, sonder dat dit hulle geraak het?

"Was daar niks in ons prediking, liturgie en sakramente wat tot die gewete van diegene wat willens en wetens by die dade betrokke was, gespreek het het nie? ... Ons is skuldig daaraan dat ons die regeerders (van ons land) toegelaat het om die ideologie van gedwonge skeiding ter wille van sogenaamde reg en orde ongestoord deur te voer sonder 'n verenigde verset deur ons as verkondigers van geregtigheid en vrede."

Dr. Beyers Naude en sy vrou, Ilse

Dominees wat hulle lig helder moes laat skyn het, was skuldiger as ander, het Beyers Naudé gesê. "Ons wat die gewete vir die mense van ons land moes gewees het, het nie daarin geslaag om iets aan die ergste vorme van gewetenskendings te doen nie." Oom Bey se verklaring het groot reaksie uitgelok. As hy, wat sedert die dae van Sharpeville en Cottesloe (1960) reeds stelling ingeneem het teen apartheid, wat jare se swaarkry en verguising moes verduur, wat as gevolg van sy teenkanting teen apartheid sewe jaar lank in huisarres deurgebring het, nog voel dat hy iets te bely het – wat dan van ons? Talle dominees, nie net uit die NG Kerk nie, maar uit baie ander denominasies het hul handtekening onderaan die brief geplaas. Die jong nuwe leier van die Metodistekerk in Suid-Afrika, biskop Mvume Dandala van Johannesburg, het sy steun aan die brief toegesê en sy mede-Metodiste aangeraai om dit te oorweeg om sy voorbeeld te volg.

Vanuit Windhoek het Nico Horn, pastoor van die AGS, 'n eie belydenis gepubliseer. Met verwysing na sy bediening in Suid-Afrika skryf hy:

"Ek bely my vreeslike vrees in die ou dae. Vrees dat al die Afrikaners my uiteindelik sal verwerp; vrees dat die verwerping my bediening van my sal wegneem; vrees dat niemand meer na my sal luister nie en dat my gemeentes dalk sal leegloop; vrees dat my kinders by die skool en klubs benadeel sal word. Ek bely dat my vrees my dikwels gedwing het om kompromieë aan te gaan, soos die keer toe twee kwaai ooms uit Krugersdorp se kerkraad bedank het omdat Joseph en Johannes ons dienste bygewoon het. Ek het die kerkraad ewe formeel beloof dat ek nie die broers en susters van ons sendinggemeente sal aanmoedig om ons dienste by te woon nie. Al kon ek weke lank na my mooi versoeningsbelofte nie lekker slaap nie, het ek dit nooit teruggetrek nie ..."

Die meer verligte kerkmense het die ander deur hul beterweterigheid en arrogansie afgeskrik, het Nico Horn voortgegaan. En die *white liberals* het ook nie veel gehelp nie! "Ons verstaan die *struggle*," het hulle gesê, "ons is oop vir swart inisiatiewe, bla, bla, bla" – terwyl die swart gemeenskap hulle lank reeds afgeskryf het. Ons het ook ons swart *comrades* in die steek gelaat deur hulle te laat verstaan dat aksie en geweld sinoniem is. Nou sit ons met 'n samelewing wat in vlamme opgaan.

Nie alle teoloë het met Beyers Naudé en sy kollegas saamgestem nie. Die WVK was allermins vir alle kerkmense die spieël waarvoor hulle graag sou wou gaan staan. Bouke Spoelstra, van die Gereformeerde Kerk, het met erns tot die debat toegetree. Dié emeritus professor van Potchefstroom het groot probleme met die WVK en die rol van Tutu en Boraine gehad, het hy in sy Godsdiens-aktueel rubriek in *Beeld* geskryf. Die WVK het Spoelstra deur sy optrede en samestelling eerder laat dink "aan die heksejagte en die inkwisisie van die Middeleeue waar die Dominikaanse ondersoekers die hekse en die ketters probeer uitwys en dan aan die owerhede oorgegee het om gestraf of verbrand te word." Tutu en Boraine en hul kollegas op die WVK was volgens hom nie bevoeg óf toegerus om die reis na die waarheid en versoening te onderneem nie. Die proses sou, volgens hom, ook nie werklik tot 'n diep geestelike selfondersoek lei nie. Inteendeel, die WVK se naam was misplaas: Dit het met die werklike waarheid en versoening, soos ons dit in Jesus leer ken het, min te make gehad! Spoelstra was ook nie seker of hy die WVK kon vertrou nie. Was die werk van die WVK nie miskien deel van 'n fynbeplande Oosterse stategie om ons met "joejitsoe" te breek nie? Om Christenmense "met hul eie gewig, hul (eie) strewe na waarheid en versoening, finaal teen die grond te gooi nie? Hoe kan die revolusie anders volledig slaag?"

Gedurende die tweede helfte van die jaar sou nie net die kerke nie, maar ook talle ander instansies – die mediese beroep, die regsprofessie, die Weermag, die media, die gevangenisdiens, die besigheidswêreld, vroueorganisasies – op dié reis vertrek. Vir sommige sou dit, soos vir Beyers Naudé en sy vriende, 'n reis van selfondersoek en selfontdekking word. Die land en sy mense sou uit hul "reis na binne" lesse kon leer.

Ander sou, by wyse van spreke, teësinnig en teëstribbelend, soms spartelend, meegevoer word op die reis. Vir talle was die proses van die WVK 'n negatiewe ervaring, 'n bevestiging van ou vrese en vooroordele.

Vir die eerste van die spesiale verhore, dié van die mediese professie, moet ons 'n paar tree op die pad terugstap, na 18 Junie. Daarna volg die verskillende skofte op die trek na binne, waar individue en groepe uit alle sektore van ons samelewing, blank sowel as swart, voor die spieël van die geskiedenis moes verbystap.

Heel eerste aan die beurt was 'n groep swart studente, die moordenaars van Amy Biehl, wat hul finale verskyning voor die Amnestiekomitee sou maak, dié keer in die teenwoordigheid van die ouers van die Amerikaanse student. Daarna sou 'n groep Apla-vegters oor die St. James-bloedbad kom getuig. Aangrypende – en inspirerende – tonele het afgespeel. Daarvandaan sou die WVK-trek verder gevoer word, na die Ou Fort in Johannesburg, na die kantore en ateljees van die media, na die basisse en detensiebarakke van die Weermag, na die hofsale van ons land waar regters en advokate lang toue aangeklaagdes te woord gestaan het, na die eens deftige Carlton-hotel waar die sakelui van Suid-Afrika oor hul rol in die verlede moes besin, en uiteindelik na Oos-Londen waar verteenwoordigers van die godsdienstige groeperinge in Suid-Afrika hulleself onder die vergrootglas geplaas het.

Tussendeur moes die Waarheidskommissie met sy gewone werksaamhede voortgaan, die eerste maand of drie sonder aartsbiskop Tutu, wat in Amerika behandeling teen kanker moes ontvang.

18 EN 19 JUNIE 1997: DOKTERS, PSIGIATERS EN VERPLEEGSTERS OP DIE ONDERSOEKTAFEL

Daar was so baie mense in die saal dat sommige van die besoekers op die vloer moes sit. Man en muis wou hoor wat die dokters en hul kollegas oor hulleself en oor hul optrede in die verlede sou sê. Tradisioneel was die medici en paramedici so 'n geslote gemeenskap dat min oor moontlike menseregteskendings wat binne mediese geledere gepleeg is, ooit die ore van die buitewêreld bereik het.

Twee dae lank sou dokters en psigiaters, professore en verpleegsters, sielkundiges en fisioterapeute, tandartse en wie weet almal, in Kaapstad bymekaarkom om oor die verlede te praat. Fazel Randera en Wendy Orr, die twee mediese dokters op die WVK, het saam met Glenda Wildschut, 'n verpleegkundige, en Hlengiwe Mkhize en Mapule Ramashala, die twee kenners op die gebied van geestesgesondheid, hard gewerk om die verhoor 'n werklikheid te maak. "Die belangstelling was buitengewoon groot," het Wendy Orr op die eerste sittingsdag gerapporteer. "Talle instansies, ons kollegas aan 'n hele paar mediese fakulteite, die Mediese en Tandheelkundige Raad asook ander professionele verenigings het beloof om saam te werk. Daarvoor is ons baie dankbaar."

Dr. Alex Boraine het in die plek van Tutu as voorsitter waargeneem.

Van die meer as twintig voorleggings wat sou dien, was dié van die Gesondheid- en Menseregteprojek (GMRP), wat gesamentlik deur die Departement Gemeenskapsgesondheid aan die Mediese Fakulteit, Universiteit van Kaapstad, en die Kaapstadse Trauma-sentrum vir Slagoffers van Geweld en Marteling aangepak is, die lywigste: 'n volle tweehonderd bladsye. Vyf en dertig dokters wie se name moontlik tydens dié twee dae met die pleeg van growwe menseregteskendings verbind sou word, is reeds gewaarsku voor die sitting begin het.

Die GMRP-voorlegging het sonder skroom die ontleedmes diep ingelê. Getuienis is gelewer oor die optrede van dokters en verpleegsters wat in die verlede óf versuim het om teen die onregverdige apartheidsbestel beswaar aan te teken, óf in gebreke gebly het om pasiënte wat onder hulle sorg geplaas is, behoorlik te behandel. Een van die dokters wat by name onder skoot gekom het, was dr. Lothar Neethling, die staat se voormalige hoof forensiese wetenskaplike wat volgens die voorlegging betrokke was by die vergiftiging van politieke aktiviste en gevangenes. Dis ook nie maar enkele "vrot appels" onder die dokters wat hulle aan menseregteskendings skuldig gemaak het nie, het dr. Leslie London namens die GMRP verklaar. Agt en twintig sodanige gevalle het alreeds voor die WVK gedien – en dit was maar die oortjies van die seekoei. "Ons glo dat daar honderde gevalle ondersoek moet word waar dokters met die veiligheidsmagte saamgesweer het om menseregteskendings te pleeg of te verdoesel."

Talle medici het veiligheidsbelange bo die belange van hul pasiënte gestel, het die GMRP-verslag verder verklaar. Vals mediese sertifikate is dikwels uitgereik. Ander kere is pasiënte nie voldoende behandel nie. Skerp kritiek is verder uitgespreek teenoor medici wat, terwyl hulle in diens van die Weermag was, meegehelp het om gevangenes te martel, of wat betrokke was by die ontwikkeling van biochemiese wapens. Min sou dié wat teenwoordig was, kon raai watter skokkende feite presies 'n jaar later, ook in Kaapstad, aan die lig sou kom, toe Lothar Neethling en Wouter Basson in meer besonderhede oor die biochemiese eksperimente en projekte van die vorige regering sou getuig.

◆ ◆ ◆

Getuienis oor vergrype wat deur medici in diens van die Weermag gepleeg is, was by die eerste verhoor reeds legio. 'n Psigiater wat destyds aan die hoof van die psigiatriese eenheid van 1 Militêre Hospitaal, Voortrekkerhoogte, gestaan het – het die GMRP-voorlegging verder vertel – het na bewering homoseksuele rekrute probeer "genees" deur hulle met skokterapie en foto's van kaal vroue te behandel. Die dokter het elektrodes aan die arms van die rekrute vasgemaak en dan vir hulle foto's van kaal mans gegee, met die opdrag dat hulle vryelik daaroor moes fantaseer. Sodra dit gebeur het, is pynlike skokgolwe deur hulle gestuur. Wanneer hulle van pyn gegil het, is die kragtoevoer afgeskakel en is pornografiese foto's van vroue aan hulle gegee. Die psigiater het dan in die mees verbeeldingryke taal vir die rekrute vertel wat hulle alles op die foto's te sien kry. Twee keer per dag, drie tot vier dae lank, is die "behandeling" voortgesit. Toe die betrokke psigiater die hospitaal verlaat het, is die praktyk gestaak.

◆ ◆ ◆

Sean Callahan, wat destyds 'n mediese ordonnans in die Weermag was, het in die verhoor van sy stryd teen posttraumatiese stressindroom die afgelope tien jaar vertel. Hy en sy medeordonnanse is met die een grutoneel na die ander in die voormalige Suidwes-Afrika en Angola gekonfronteer, sonder dat die Weermag hulle ooit met die verwerking daarvan gehelp het. "Ons het onbeperkte toegang tot skedule 7-medisyne gehad. Van my vriende het volslae alkoholiste geword. Ander het begin om medisyne te misbruik," het Callahan getuig. Vroeër dié jaar het Sean die onderbevelvoerder van die spesiale Koevoet-eenheid, John Deegan, onder wie se leiding hy destyds gewerk het, raakgeloop. Deegan het ook soos hy nog met posttraumatiese stressindroom geworstel.

"Hy dra steeds kamoefleerdrag. Hy het hom aan die samelewing onttrek, gebruik dwelms en is 'n alkoholis. Dit het alles begin die dag toe Koevoet twee dae lank die spoor van 'n Swapo-kommissaris gevolg het. Toe hulle hom in 'n kraalhut vasgekeer het, het Koevoet met 'n Casspir dwarsoor die hut gery. Hulle het die beseerde kommissaris verder in die arms en bene geskiet. Hy is toe aan my oorhandig. Terwyl ek hom gehelp het, het John hom ondervra. Ek was nog besig om aarvoeding in te sit toe John so gefrustreerd geraak het dat hy hom deur die kop geskiet het ..."

Callahan het sy getuienis afgesluit deur te vertel hoe hy oral om hulp aangeklop het. Uiteindelik het die kerk hom bygestaan. "Ek dink ek is nou amper genees. My emosies is terug. Ek is 'n goeie pa en eggenoot – maar nie danksy die Weermag nie." Sy slotversoek was dat die WVK berading vir mense soos hy beskikbaar moes stel. "As die WVK dit nie kan doen nie, wie kan dan? Ons is Suid-Afrikaanse mans en ons huil nie!"

◆ ◆ ◆

Die GMRP-verslag het 'n honderd gevalle opgeteken van persone wat deur dokters, sielkundiges en verpleegsters mishandel is terwyl hulle gedurende die apartheidsjare aangehou is. Dikwels was distriksgenees-here hierby betrokke, wat nie voldoende aandag gegee het aan pasiënte wat klaarblyklik gemartel is nie. Ander kere het hulle toegelaat dat gewonde gevangenes aan hul beddens vasgeboei word, of dat veilig-heidspersoneel hulle mishandel terwyl hulle nog in die dokter se sorg was.

Een uitsondering was ons kollega op die WVK. In 1985 is Wendy Orr, pastoriekind, dogter van die Presbiteriaanse dominee Bob Orr, as 'n jong distriksgeneesheer in die Oos-Kaap aangestel. Die dinge waarmee sy weekliks te make gekry het, het haar teen die bors gestuit. In September dié jaar het sy 'n dringende hofbevel in die Port Elizabethse

Hooggeregshof aangevra om die plaaslike Polisie te verhinder om aangehoudenes aan te rand. Sedert die noodtoestand afgekondig is, het Wendy 286 gevalle opgeteken van aangehoudenes wat tydens ondervraging aangerand is. In haar verklaring het sy aangevoer dat die Polisie van die standpunt uitgaan dat hulle immuun teen vervolging was, en dat nie 'n enkele aanklag van marteling behoorlik ondersoek is nie. Moreel en professioneel, het sy aangevoer, het·sy nie 'n ander opsie gehad as om vir 'n hofinterdik te vra nie. Die hof het dr. Orr gelyk gegee. Maar haar werk as distriksgeneesheer het feitlik tot 'n einde gekom. Sy is nie toegelaat om aangehoudenes verder te behandel nie en haar telefoonoproepe is onderskep. Sy is deur talle kollegas verwerp. Dr. Orr het uiteindelik bedank en 'n pos aan die Alexandra Gesondheidsentrum aanvaar. Nadat sy weg is, het die Polisie daarop gestaan dat alle distriksgeneeshere voortaan sekuriteitsklarings moes verkry.

◆ ◆ ◆

Die een geval waarop almal in die saal gewag het, was dié van Steve Biko, die bekende politieke aktivis wat in aanhouding gesterf het. In 'n groot mate het die tweedaagse verhoor om hom gedraai.

In Augustus 1977 is Stephen Bantu Biko, die hart en die siel van die Swart Bewussynsbeweging in die land, deur die Oos-Kaapse Veiligheidspolisie gearresteer en in 'n sel in die Walmer-polisiestasie, Port Elizabeth, aangehou. Van daar is hy by verskillende geleenthede na die hoofkantoor van die Veiligheidspolisie geneem om ondervra te word. Die twee distriksgeneeshere wat vir sy versorging verantwoordelikheid moes neem, was drr. Benjamin Tucker en Ivor Lang.

Tydens ondervraging op 7 September het Steve Biko 'n ernstige kopbesering opgedoen, waarna verdere ondervraging nie meer moontlik was nie. Die dokters het hom ondersoek terwyl hy kaal en vasgeboei op die selvloer gelê het. Dit was duidelik dat hy ernstige neurologiese probleme ervaar het, maar die twee dokters het aanvanklik nie daaraan aandag gegee nie. Hulle het ook nie die uitwendige beserings op rekord geplaas óf selfs daarop aangedring dat Biko sy klere moes terugkry en in meer menslike omstandighede aangehou moes word nie. Toe 'n spesialis uiteindelik geraadpleeg is en serebrospinale bloeding in sy rugmurg ontdek is, wat op moontlike breinskade gewys het, is daar gerapporteer dat dit "normaal" was. Biko is in die polisiesel teruggeplaas.

Toe Steve Biko op 11 September semibewusteloos geraak het, het dr. Tucker aanbeveel dat hy na die hospitaal in Port Elizabeth oorgeplaas moes word. Die Veiligheidspolisie het geweier en daarop aangedring dat Biko eerder na die Sentrale Gevangenis in Pretoria, 1 200 km daarvandaan, oorgeplaas moes word. Dr. Tucker het ingestem. Op die vloer van 'n Landrover is die bewustelose Biko Transvaal toe vervoer. Op pad het hy geen mediese versorging gekry nie. Geen mediese rekords het hom vergesel nie. Kort nadat hy in Pretoria afgelaai is, het 'n distriks-geneesheer, dr. A van Zyl, hom ondersoek. 'n Vitamine-inspuiting is aan hom gegee en 'n binneaarse drup is opgesit.

'n Dag later, op 12 September, het die swart bewussynsleier op die sementvloer van sy sel in Pretoria gesterf, kaal en alleen. Die nadoodse ondersoek het bevestig dat hy as gevolg van 'n ernstige breinbesering en nekrose, nierversaking en talle ander beserings dood is. Later sou 'n regter van die Hooggeregshof Biko se behandeling as "hardvogtig, sonder enige sweem van medelye, sorg of menslikheid" beskryf.

Volgens dr. Peter Folb van die Universiteit van Kaapstad, wat oor die Biko-saak getuig het, het die Suid-Afrikaanse Mediese en Tandheelkun-dige Raad byna drie jaar lank gesloer voordat hulle die dood van Biko en die aanspreeklikheid van die dokters wat daarby betrokke was, ondersoek het. Toe dit wel gebeur, het die Raad bevind dat geeneen van die dokters aanspreeklik gehou kan word vir die dood van Biko óf vir professionele wangedrag nie. Vanuit die buiteland en die binneland is heftig geprotes-teer, maar die Mediese Raad (asook die Mediese Vereniging) het volgehou dat niks verkeerds gebeur het nie.

Jare later eers sou die Mediese Raad hul bevinding herroep – en dit eers nadat talle bekende dokters hulle op die Hooggeregshof beroep het. In 1985, agt jaar na die dood van Biko, het die Mediese Raad die twee Port Elizabethse dokters uiteindelik voor·'n dissiplinêre verhoor gedaag.

Dr. Tucker is op drie aanklagte van wangedrag skuldig bevind. Sy naam is van die mediese rol geskrap, maar 'n paar jaar later herstel. Dr. Lang is eweneens aan wangedrag skuldig bevind en verbied om drie maande lank te praktiseer. Die vonnis is egter vir twee jaar opgeskort, wat meegebring het dat dr. Lang rustig met sy werk as distriksgenees-heer kon aangaan.

Dat die Biko-saak skokgolwe deur die mediese gemeenskap gestuur het, was duidelik. Heftige debatte is onderling gevoer. Protesstemme is uit die buiteland ontvang. Kort voor die WVK-sitting sou begin, het die Mediese Vereniging 'n aantal briewe wat hulle in 1980 van 'n groep vooraanstaande medici en akademici in verband met die saak ontvang het – maar nie wou publiseer nie omdat dit na hul mening die mediese beroep in die land destyds in die verleentheid sou bring – uit sy argief gaan opdiep. Na sewentien jaar is die briewe uiteindelik in die SA Mediese Joernaal geplaas. "Die destydse hiërargie van die Vereniging het bewustelik met die besluitnemers by die SAMJ saamgesweer om lesers in die duister te hou oor die ongelukkigheid in eie geledere oor Steve Biko," het die huidige redakteur in die Junie 1997-uitgawe van die joernaal geskrywe.

Volgens dr. Folb het Biko se dood wel meegehelp dat dokters oor hul eie posisie en etiese verantwoordelikheid moes nadink. Mediese studente aan die Universiteit van Kaapstad sou nooit weer geleer word "om hul verpligting teenoor die Polisie en die staat bo hul etiese verpligting teenoor hul pasiënte te stel nie".

◆ ◆ ◆

Dat dit vir die dokters swaar was om self op die ondersoektafel te gaan lê, was duidelik. Maar dat hulle ook lesse geleer het, was ewe waar. Tydens die verhoor het dr. Harm Pretorius, adjunkdirekteur van die Departement van Gesondheid, verskoning gevra vir 'n verskeidenheid wanpraktyke van die verlede.

"Wat menslike lyding betref, het die departement baie om voor verantwoording te doen," het hy gesê. Dit het om méér gegaan as die gevalle waar dokters nalatig was of geweier het om aan aangehoudenes behoorlike sorg te verleen. Die hele sisteem wat ontwikkel is, was onbillik! Die onregverdige toewysing van hulpmiddele was volgens hom waarskynlik die hoofrede waarom die staat verantwoordelik gehou kon word vir die lyding en dood van baie. Daar is vier keer meer geld aan die versorging van blankes as aan swart mense bestee. Hoewel daar groot verskille tussen die siektepatrone van swart en wit Suid-Afrikaners bestaan het, was die gesondheidstelsel op dié van die wit mense gebou. Terwyl die voorkoms van kindersterftes onder blankes gedurende 1980-1994 met dié van ontwikkelde lande vergelyk kon word, het kindersterftes onder swart mense met dié in onderontwikkelde lande ooreengestem. Daar was ook ander onregte: baie van die sogenaamde "gesinsbeplanningsdienste" aan swart mense was eintlik maar net daarop gerig om die getal swart mense in die land te beheer. Ook wat nood-dienste soos ambulanse betref, was daar diskriminasie. Talle pasiënte het gesterf omdat hulle vanweë hul ras nie gou genoeg behandeling ontvang het nie.

Wat meer is, het dr. Janet Giddy, wat aan die Bethesda-hospitaal in

KwaZulu-Natal verbonde was, betoog, die onbillike praktyke het selfs vandag nog nie opgehou nie. Swart pasiënte op die platteland moet nou nog met afskeepwerk tevrede wees. "Swart pasiënte kry dikwels steeds 'n inspuiting ('jova'), 'n paar verskillende pille en 'n bottel medisyne as 'n 'spesiale behandelingspakket' teen 'n spesiale prys. Dit maak nie saak watter siekte die pasiënt het nie – dié behandeling is verpligtend."

Dr. Giddy en haar man, dr. Stephen Reid, het sáám oor aspekte van die "mishandeling" van pasiënte op die platteland getuienis gelewer: die onderfinansiering van plattelandse dienste, die reusetekort aan dokters en opgeleide personeel, die gebruik van onsteriele inspuitings-naalde, die misbruik van antibiotika, die negering van veiligheidsvoorskrif-te deur mynmaatskappye en die swak siektevoordele van mynwerkers, die nood van gestremdes op die platteland wat ver van enige hospitaal af woon. "Die stille pyn en lyding van mense op die platteland, hul voortydige dood weens 'n stelsel wat hulle in die steek gelaat het, is nie minder belangrik net omdat hulle in verafgeleë uithoeke woon nie," het dr. Giddy gesê.

◆ ◆ ◆

Dit was egter nie net die mediese praktisyns wat voorleggings gemaak het nie. Ook die mediese fakulteite aan die verskillende Suid-Afrikaanse universiteite het die hand in eie boesem geslaan. Heelwat aandag is gegee aan die probleme waarmee swart jongmense wat hullself as mediese studente wou laat inskryf, te kampe gehad het. As gevolg van talle faktore is bitter min swart dokters in vergelyking met blanke dokters opgelei. Om een voorbeeld te noem: Tussen 1968 en 1977 was 86 persent van alle pas gekwalifiseerde dokters blank (wat minder as 20 persent van die bevolking verteenwoordig het), terwyl 3 persent van die dokters (wat 71 persent van die bevolking verteenwoordig het), swart was.

Op swart studente wat wel deur die mediese fakulteite aanvaar is, het talle probleme en frustrasies gewag. Dr. Ahmed Moosa, wat destyds aan die Universiteit van Kaapstad gestudeer het, het vertel:

"Daar was geen (ander) swart student op kampus nie. Die enigste ander swartes was arbeiders of laboratoriumassistente. Ons kon nie in die koshuise tuisgaan nie. Ons kon nie op die kampus woon nie. Die klubs – akademies sowel as sosiaal – was vir ons gesluit. Daar was sportgeriewe, maar dié was gesegregeerd! Dieselfde het ons tydens ons mediese studies te beurt geval: in die anatomieklas, tydens ons tweede jaar, is die swart studente in 'n kleiner laboratorium eenkant geplaas. Toe ons in ons derde jaar disseksies moes bywoon, het hulle wanneer ons 'n gemengde klas was, slegs swart liggame vertoon. As daar 'n blanke lyk met die een of ander interessante patologie was, is die organe uit die liggame gesny om aan ons te wys. Ons is nie toegelaat om 'n blanke lyk te sien nie! Tydens ons kliniese opleiding is ons in rassegroepe verdeel. In die obstetrie-afdeling is geen swart studente in die blanke sale toegelaat nie. In ons huisdoktertyd het blanke en swart studente in afsonderlike geboue tuisgegaan, ons het afsonderlik geëet. Ons het verskillende salarisse gekry – en dit het éérs seergemaak!"

◆   ◆   ◆

Ná die dokters en die professore het talle ander kollegas, verteenwoordigend van die wye paramediese broeder- en susterskap na vore gekom. Elkeen het verhale te vertel gehad, belydenisse om die wêreld in te stuur: verpleegsters, psigoloë en psigiaters, fisioterapeute, aptekers en tandartse. Die Suid-Afrikaanse Vereniging van Fisioterapeute se verklaring was heel tipies, ook van dié van die ander beroepe wat by die WVK ingedien is: "As professionele vereniging het ons skandelik in gebreke gebly om die behoeftes van al ons lede tydens die apartheidsjare ernstig op te neem ... *we were unwilling to rock the boat* ... ons was bang om teen die beleid en praktyk van apartheid stelling in te neem. Vir die vernederings wat ons kollegas aangedoen is, vir ons eie aandeel daaraan omdat ons stilgebly het, aanvaar ons skuld en vra ons sonder voorbehoud om verskoning ... Ons moet verskoning vra vir ons apatie, dat ons nie die toestande in die hospitale waar ons gewerk het, bevraagteken het nie ... Ons moet ons blindheid, die dinge wat ons nagelaat het om te doen, bely ... Ons was verkeerd – en behoort daaruit te leer."

8 EN 9 JULIE 1997: "SOOS 'N TROP HAAIE WAT BLOED GERUIK HET"

"Julle aanval op Amy was wellustig en wreed. Julle was soos 'n trop haaie wat bloed geruik het," het Robin Brink, wat die getuienis namens die Amnestiekomitee gelei het, gesê terwyl hy die vier jong swart mense stip aangekyk het. Mongezi Manqina en sy drie makkers, wat destyds tot agtien jaar gevangenisstraf gevonnis is vir die moord op die Amerikaanse uitruilstudent Amy Biehl, het om amnestie aansoek gedoen en moes in Kaapstad voor regter Mall en sy kollegas verskyn. Daar was groot belangstelling in die verhoor, ook van die internasionale media, wat gewapen met bandopnamemasjiene en televisiekameras die gebeure bygewoon het. Onder die talle besoekers was die ouers van Amy, Peter en Linda Biehl. Hulle het kort-kort trane afgevee terwyl Manqina, wat as woordvoerder opgetree het, van die vreeslike dag in Augustus 1993 vertel het toe hulle dogter in Guguletu met messe doodgesteek is.

Dit was die slagspreuk "One settler, one bullet" wat hulle geïnspireer het, het Manqina vertel. Hulle was lede van Paso, die PAC-studenteorganisasie, en was polities opgesweep. Hulle wou die land ten alle koste onregeerbaar maak. "Ons het die Apla-slagspreuk só verstaan dat ons nie moes mis skiet nie, want patrone was skaars."

Vir die eerste keer het hy erken dat hy self die wond toegedien het wat waarskynlik tot Amy se dood gelei het.

Dit was hy wat saam met die ander agter die meisie aangehardloop het, dit was hy wat haar gepootjie het en toe voor haar op die grond gaan sit het. Met 'n mes wat hy van iemand in die skare gekry het, het hy kalm vertel, het hy toe begin om haar te steek, eers aan die linkerkant van haar liggaam. Van sy maats het hul messe uitgepluk en gehelp steek. Ander het haar met klippe bestook. Kort daarna is Amy in die Guguletu-polisiestasie oorlede.

Die vier jong manne het die Biehl-egpaar om verskoning gevra, maar bygevoeg dat hul optrede, na hul mening, daartoe bygedra het dat ons land vandag 'n swart regering het. Op herhaalde vrae hoe die dood van 'n weerlose en onskuldige jong meisie, wat juis na Suid-Afrika gekom het om diens aan die swart mense in die land te lewer, daartoe kon bydra dat swart mense hul land sou terugkry, veral in 'n tyd toe konstitusionele veranderinge al volstoom aan die gang was, het Mongezi Manqina geantwoord: "Ons sou wit mense vermoor totdat die Regering ingegee het. Behalwe joernaliste en ambulansbestuurders was geen blankes in swart woonbuurte welkom of veilig nie."

'n Afvaardiging van die PAC, onder leiding van Johnson Mlambo, die destydse hoof van Apla, het die Biehl-egpaar die vorige dag reeds te woord gestaan. Die PAC het hom tevore reeds van die daad gedistansieer, maar tog die amnestieaansoek ondersteun.

Vir die Biehls was dit 'n traumatiese dag. "Ek moet erken, dit was baie erg," het mev. Biehl by die deur aan verslaggewers gesê. Maar toe hulle die volgende dag die pers formeel te woord gestaan het, het hulle verklaar dat hulle nie die aansoek om amnestie sou teenstaan nie. Hulle as ouers, sowel as die Amy Biehl-stigting, wat na die moord op hul dogter tot stand gekom het, het hulleself daartoe verbind om in Suid-Afrika betrokke te bly. Verskillende projekte, veral 'n groot opleidingsprojek vir verpleegsters wat in die *townships* en plakkersgebiede werk, was reeds op die agenda. "Ek dink nie ek het enigiets om te vergewe nie," het Linda Biehl gesê. "Ek het nooit werklik haat gekoester nie. Ons gesin het nooit regtig woede of haat gevoel nie, net vreeslike hartseer."

Hulle het na die verhoor gekom, het Peter Biehl bygevoeg, omdat hulle wou weet wat presies gebeur het. "Ek kon my voorstel dat die vier jong mans (tydens die verhoor) vreesbevange was en dat hulle onder die omstandighede versigtig sou wees met wat hulle sê. Maar ek het 'n punt daarvan gemaak om in hul oë te kyk toe ek, tydens die verhoor, vir hulle 'n uittreksel uit 'n gedig van Victoria West voorgelees het." Amy het destyds die gedig aangehaal in 'n brief wat sy aan 'n Kaapse koerant gestuur het:

They told their story to their children,
they taught their vows to their children:
that we shall never do to them
what they did to us.

"Ons het die grootste respek vir die WVK en die hele proses van versoening," het Peter Biehl afgesluit.

"Ons staan daarom nie die amnestieaansoek teen nie ... Maar in werklikheid is dit Suid-Afrika wat sy eie mense moet vergewe, gegrond op die tradisie van ubuntu en die ander beginsels van menswaardigheid ... Ek en my vrou het na Suid-Afrika gekom, net soos Amy, in 'n gees van vriendskap."

Dat die mense van Kaapstad nie net die gesindheid van die Biehls hoog waardeer het nie, maar dat dit wederkerig was, was duidelik toe daar die volgende oggend op die voorblad van Die Burger 'n foto verskyn van die Biehl-egpaar wat 'n skildery van die kunstenaar Tyron Apollus ontvang. Die skildery met die titel, *'n Pleidooi om vrede*, het Apollus op dieselfde dag in Augustus 1993 gemaak toe Amy Biehl in Guguletu vermoor is.

10 JULIE 1997: "DIT WAS NIE VERKEERD OM DIE KERK AAN TE VAL NIE"

"Ek het nie gedink dit was verkeerd om die kerk aan te val nie," het Bassie Mzukisi Mkhumbuzi die volgende dag, toe die gebeure tydens die St. James-bloedbad aan die beurt gekom het, vir die regters vertel. "Ek het simpatie met die mense wat gesterf het, maar ons kon nie stop wat besig was om te gebeur nie. Nou is daar vrede ..."

Mkhumbuzi was een van vier Apla-lede wat om amnestie aansoek gedoen het vir die gebeure van 25 Julie 1995, die vreeslike aand toe gewapende Apla-vegters tydens 'n erediens by die deure van die St. James-kerk in Kaapstad ingebars en met outomatiese wapens op die lidmate losgebrand het. Toe die stof uiteindelik gaan lê het, was elf gemeentelede dood en agt en vyftig beseer. Onder hulle was talle swart Christene, ook 'n Russiese seeman wat albei sy bene en 'n arm verloor het. "Ons was onder die indruk dat al die mense in die kerk blankes sou wees omdat die kerk in 'n blanke gebied geleë is," het hy verduidelik. Mkhumbuzi wat van Kimberley, waar hy as lid van die nuwe Suid-Afrikaanse Nasionale Weermag besig was om opleiding te ontvang, Kaapstad toe gereis het, het verder vertel: "Ons moes opdragte blindelings uitvoer en nie vrae vra nie. Die blankes, het ons gemeen, maak van die kerke gebruik om swart mense te onderdruk. Die hoofrede waarom ons blankes wou aanval, was omdat hulle ons grond van ons afgeneem het. Die doel van Apla was om te bly veg totdat ons grond aan die oorspronklike eienaars teruggegee is, totdat daar 'n demokrasie in die land sou wees."

Gcinkhaya Makoma, wat die leier van die aanval was en wat destyds tot 23 jaar gevangenisstraf veroordeel is, het sy makkers opdrag gegee om wapens en ammunisie by die *comrades* in die Transkei te gaan haal sodat hulle gereed kon wees vir die aanval. Hulle het met twee R4-gewere, 365 patrone, drie M26-handgranate en tweehonderd rand teruggekeer Kaapstad toe. Waar en op wie die aanval sou wees, het hulle nie geweet nie. Toe hulle by die kerk gekom het, het hy nie geweet wie almal in die gebou was nie, het Mkhumbuzi getuig, maar dat mense dié aand doodgemaak of beseer sou word, was vir hom duidelik. Hy het sy innige spyt oor die lewensverlies uitgespreek: "Ek was sewentien jaar oud en het bevele gehoorsaam sonder om hulle te bevraagteken."

In die gehoor het Christo Ackerman en Lorenze Smith gesit, wat albei hul vroue in die slagting verloor het. Toe die getuienis gelewer is, het Christo Ackerman opgestaan en die jongmans wat sy vrou vermoor het, aangekyk. Met trane in sy oë het hy begin praat: "Ek vergewe julle omdat ek 'n Christen is ... maar uiteindelik moet God julle sondes vergewe. Dit kan Hy alleen doen!"

11 JULIE 1997: POS UIT NEW YORK

Desmond Tutu was nie daar om die Biehls en die slagoffers van die St. James-bloedbad te woord te staan nie. Die volgende dag het daar egter 'n boodskap op die lessenaar van elke WVK-lid gelê. Die Aartsbiskop was in New York om verdere behandeling vir sy kanker te ontvang. Hy is langtand hier weg, glad nie lus om so ver te reis nie. Hy was ook bekommerd dat die feit dat hy oorsee behandeling sou ontvang, 'n refleksie op die Suid-Afrikaanse dokters sou werp – en dit 'n paar dae voordat die mediese gemeenskap hul voorlegging voor die WVK sou maak. Het Suid-Afrika dan nie ook goeie dokters en goeie hospitale nie? Dit was egter op aandrang van sy Kaapse geneeshere dat Tutu hom wel laat ompraat het om die uitnodiging te aanvaar om die mees gevorderde behandeling wat beskikbaar was, te ondergaan. Die brief, wat uit die kantoor van die Suid-Afrikaanse konsulaat-generaal, New York, gepos is, het só gelui:

My dear Friends

Thank you very much for a sweet message faxed to me and signed by all of you. I am very, very deeply touched and did not think that I would miss you as much as I do and I know you are all doing a superb job at work. I have seen some of the reports on what is happening at home. Thank you very much again. I have started with the treatment this past Tuesday and it is going quite well and I have a nice secretary and a nice office in the Consulate in New York, a driver and a car – so you can see I am thoroughly spoiled and Leah and I are enjoying ourselves.

Thank you again ...
Much love and God's blessings.

Desmond
ARCH

◆　◆　◆

Enkele dae later het Johan Holzapfel, Naspers se korrespondent in Washington, 'n onderhoud met Tutu gevoer, wat by die Sloane-Kettering-kankersentrum in New York twee en veertig kankerbestralings moes kry. "Ek is in goeie hande," het Tutu hom verseker.

"Die dokters is goed vir my. Die Suid-Afrikaanse konsulaat se mense sien goed na my om. Ek het baie om voor dankbaar te wees. En dis wonderlik om te weet die mense by die huis bid vir my. Sê tog dankie aan almal vir al die goeie wense ... Die dokters lyk nie te bekommerd nie. Hulle sê ek moet my ook nie te veel bekommer nie en so normaal moontlik met my lewe voortgaan. Ek en Leah gaan stap elke oggend sesuur langs die Hudsonrivier."

Behalwe warm gloede, wat hom nou laat besef hoe vroue in hul oorgangsjare voel, en 'n effens voller gesig, was daar geen newe-effekte nie. "Ek het 'n kantoor by die konsulaat en bly daagliks op hoogte van die ontwikkelings in die WVK en gesels gereeld met dr. Alex Boraine. Hier van ver af is dit moontlik om oor die kommissie se werk na te dink en ek glo vas ons is op die regte pad. Dis net jammer dat veral blankes so agterdogtig en negatief is. Dit maak my hartseer. Hulle raak nostalgies oor die verlede pleks van om die nuwe bedeling te aanvaar. Ons is nie bo kritiek verhewe nie ... dis goed dat ons gekritiseer word. Maar ek betreur die gegriefdheid. Opbouende kritiek is noodsaaklik om ons deur hierdie tydperk te dra en versoening te bewerkstellig."

Maar, het Holzapfel verder vertel, die Aartsbiskop was die dag van die onderhoud baie meer lus om oor rugby te praat as oor sy siekte. Hy was teleurgesteld dat die Springbokke die reeks teen Engeland verloor het, al het hulle darem die derde toets gewen. Probleme in die rugbywêreld het hom gekwel, meer nog as die prostaatkanker! Rugby is besig om sy gewildheid onder swart mense, wat tydens die Wêreldbeker 'n hoogtepunt bereik het, te verloor. Waarom? Moet daar nie meer vir ontwikkeling gedoen word nie?

"Waar was die waagmoed met die samestelling van die span vir die derde toets? Ons het toe mos al die toetsreeks verloor. Een of twee swart spelers in die span kon oneindig veel vir die beeld van die spel beteken het ... Ek sal graag 'n bietjie met dr. Luyt wou gesels en hom vertel hoe ek die saak sien ..."

14 JULIE 1997: ARIEL DORFMAN: "JULLE SAL SLAAG AS ..."

Die volgende Maandag het ons 'n interessante besoeker in die Johannesburgse kantoor ontvang, wat ook 'n eie siening oor die geslaagdheid al dan nie van die WVK daarop nagehou het: Ariel Dorfman, bekende Chileense skrywer wat 24 jaar gelede as gevolg van sy kritiek op die regering van generaal Augusto Pinochet – wat die sosialisiese bewind van president Salvador Allende in 'n staatsgreep omvergewerp het – sy land moes verlaat om as banneling in die VSA te gaan woon. Dorfman, wie se boeke in meer as dertig tale ter wêreld gelees word, het na ons land gereis, onder meer omdat sy rolprent *My House is on Fire*, op die Grahamstadse Kunstefees vertoon sou word.

Hoe vergelyk ons Waarheidskommissie met dié wat jare gelede in Chili aangestel is? wou ons van Dorfman weet.

"Die Chileense kommissie was nie in alle opsigte so geslaagd, so 'n rolmodel as wat dikwels voorgegee word nie," het hy, effens tot ons almal se verbasing, gesê. "In Chili is slegs die waarheid oor sterftes vasgestel: niks oor marteling nie. Die slagoffers het nie die geleentheid gekry om hulle verhale te vertel nie. Amnestie is deur die militêre magte aan hulleself toegeken! Daar was nie sprake van amnestieverhore of bekentenisse nie. Die algemene bevolking het nooit regtig uitgevind waarvoor die mense amnestie gekry het nie. Die kommissie het uit agt regsgeleerdes bestaan: vier wat Pinochet goedgesind was en vier wat teen hom gekant was."

Oor die Suid-Afrikaanse proses het hy ook besliste gedagtes gehad: "Elke lewe wat in Suid-Afrika geneem is, of dit aan die kant van die regering of die bevrydingsbewegings was, was ewe kosbaar. Nogtans kan ek nie sien hoe dit wat deur die vryheidsmagte gedoen is, gelykgestel kan word aan die dade van die vorige regering nie. Maar dis bloot my eie mening ..."

"Die heel belangrikste is dat mense hul verhale vertel. In Chili het die menseregteskendings wat plaasgevind het, amptelik deel van ons geskiedenis geword. Dit was vir ons belangrik! Die slagoffers het ook vergoeding gekry. Dit is wat ook in Suid-Afrika gebeur. Maar anders as by julle het die Chileense oortreders geen berou getoon nie. Daarom was die mense van Chili nie in staat om die proses van versoening te voltooi nie ..."

"Versoening is belangrik ... maar dit kan alleen as dit eg is. As mnr. F.W. de Klerk nie lus het om te sê hy is jammer oor wat hy gedoen het nie, moet hy dit nie doen nie. Mense sal dan respek hê vir sy eerlikheid. Maar sy morele statuur sal bevraagteken word ... Dis egter in De Klerk se belang om vergifnis te vra, want hy het 'n groot ding gedoen: hy het gehelp om 'n burgeroorlog te keer en om 'n demokrasie tot stand te bring.

"Deur die verlede te ontken, blaai jy nie 'n nuwe bladsy om nie. Dit is soos 'n persoon wat in die deur staan. Jy probeer die deur toedruk en sê vir die persoon: 'Gaan weg!' Maar hy sal eers weggaan as jy hom in die oë kyk en erken. Eers as Afrikaners dit doen, kan hulle kritiek uitspreek oor die verkeerde dinge wat op die oomblik in die land gebeur. Dit is belangrik dat Afrikaners hulle eie verlede ondersoek, want die land het hulle op soveel maniere nodig.

"As jy my vra of dit te erg is om na te veel gru-stories van die verlede te luister, sê ek dis goed dat die stories uitkom. Die waarheid maak seer, maar dis 'n goeie pyn. Saambestaan is nodig en onafwendbaar in 'n demokrasie. Maar versoening kom eers wanneer 'n oortreder sê: 'Vergewe my asseblief. Ek sal dit nie weer doen nie.' Wanneer die slagoffer die verskoning aanvaar en die oortreder vergewe, dan is dit 'n liefdesdaad teenoor daardie mens. Maar jy kan nie iemand slaan, mishandel, onvoldoende opvoeding gee en dan – as daardie persoon die mag in die land oorgeneem het – vir hom sê: 'Vergeet daarvan, maak of dit nie gebeur het nie!' Sê eers vir hom dat jy dit onthou en dat dit verkeerd was – en dan kan jy hom vra om nie dieselfde aan jou te doen nie.

"Of versoening uiteindelik in Suid-Afrika tussen slagoffers en oortreders bewerkstellig gaan word, hang nie van die WVK af nie. Die kommissie is bloot 'n struktuur – dis net gewone Suid-Afrikaners wat ware versoening kan bewerkstellig."

15 JULIE 1997: DIE NAT SAK

"Wys vir ons hoe die natsak-metode toegepas is. Ek wil met my eie oë sien hoe dit gewerk het!"

Tony Yengeni, ANC-parlementslid, wat een van die slagoffers van kaptein Jeffrey Benzien was, het daarop gestaan dat Benzien, wat voor die Amnestiekomitee in Kaapstad verskyn het, sy geliefkoosde martelmetode moes demonstreer. Die regters het opgestaan om oor die tafel te kon sien wat op die vloer gebeur. Kameras het geflits, kommentators het na woorde gesoek om die spektakel te beskryf.

Vir die hoeveelste keer in sy lewe, dié keer voor die oë van die wye wêreld, het die stewig geboude polisieman bo-op die rug van sy swart slagoffer gaan sit. So is die nat sak oor sy kop getrek, het hy beduie. So is die sak styf getrek, so is die kop agteroor gebuig ...

Dit was 'n dag vol drama wat, in die woorde van Antjie Samuel, wat vir die SABC verslag gedoen het, die vreemde tweesnydende verhouding wat daar tussen 'n folteraar en die gefolterdes ontstaan, geïllustreer het. Tony Yengeni, geslypte politikus wat in die Parlement selde na woorde gesoek het, het begin stamel terwyl hy met Benzien praat.

"Onthou jy, meneer Yengeni, dat jy na dertig minute Jennifer Schreiner verraai het?" het Benzien laat val. Dis hoe lank hy gewoonlik nodig gehad het, het Benzien later verduidelik. Net dertig minute, dan praat enigeen ...

Ashley Forbes was volgende op die lys. Hy het Benzien daaraan herinner hoe hy hom oor 'n lang tyd gemartel het, later elke sestiende dag van die maand, ter herinnering aan die datum van sy inhegtenisneming. Benzien het weer onthou hoe hy cowboy-boeke vir die prisonier aangedra het.

Beeld se korrespondent het raakgesien hoedat Gary Kruser, hoof van die Polisie se ministeriële beskermingseenheid in Pretoria, sy trane nie kon keer nie toe hy Benzien uitvra oor die dag, tien jaar tevore, toe die veiligheidspolisieoffisier hom met die berugte nat sak toegetakel het en hom toe met boeie aan sy arms, voete in die lug, aan die diefwering opgehang het, totdat sy polse gebloei het. Onthou Benzien hoe hy hom herhaaldelik in die maag geslaan het? "Ek kan dit nie nou onthou nie, maar in alle billikheid, as hy sê ek het dit gedoen, sal ek dit toegee."

Drie dae lank het Jeffrey Benzien in die bank gesit. Een na die ander het slagoffers na vore gekom, hul vrae gestel. Professioneel, korrek, het Benzien die vrae beantwoord, inligting verskaf, bekommerd gelyk oor die trane van Kruser, teen dié tyd sy senior in die Polisiediens.

Antjie Samuel het haar radioverslag afgesluit soos sy alleen kan: "Agter Benzien sit die slagoffers in 'n ry, aan mekaar vasgeketting deur vriendskap en verraad. Yengeni het Jonas verraai, Jonas het mense in 'n fotoalbum uitgewys, Peter Jacobs het Forbes verraai, Forbes het verklap waar die wapens weggesteek was, Yassir Henry het Anton French verraai. Tydens die teepouses staan hulle in die gange en gesels, met die pynlike waarheid van hul oorwinnings én hul skande tussen hulle. Toe amper almal uitgestap het, gryp Benzien Ashley Forbes se hand stewig met al twee sy eie hande vas. Onder sy skraal snorretjie glimlag

Forbes skamerig."

21-22 JULIE 1997: AGTER TRALIES IN DIE OU FORT, JOHANNESBURG

Die hare in my nek het regop gestaan dié oggend toe ek die swaar hek van die Ou Fort binnegestap het. Dit was hier dat honderde Suid-Afrikaners, teenstanders van apartheid, mans en vroue, jonk en oud, tronkstraf uitgedien het. Dit was hier waar Mahatma Gandhi, kort na die eeuwenteling, opgesluit was, waar Nelson Mandela, jare later, aangehou is. Dit was hier waar van die skokkendste tonele afgespeel het waarmee ons by die Waarheidskommissie te make gekry het. Dit was hier waar ons kollega, Joyce Seroke, tydens die Soweto-onluste deur die Polisie afgelaai is.

Hugh Lewin en Tom Manthata, wat al twee in die apartheidsjare tronkstraf uitgedien het – Hugh in die Sentrale Gevangenis, Pretoria en Tom op Robbeneiland – was saam met 'n paar ander kollegas verant-woordelik vir die reël van die WVK se gevangenisverhoor. Nie alleen het talle slagoffers van menseregteskendings die afgelope jaar en 'n half getuig oor die behandeling wat hulle in die tronke en ander plekke van aanhouding gekry het nie, maar die gevangenisopset was ook op sigself 'n mikrokosmos van wat in die wyer samelewing, in Suid-Afrika tydens die apartheidsjare, afgespeel het. As jy wou weet wat in die land gebeur het, hoe mense teenoor mekaar opgetree het, hoe die wet van die land hanteer is, moes jy deur die tralies gaan kyk, het Hugh en Tom gesê.

Daar is vroeg tydens die beplanning besluit om die getuienis tot dié van politieke gevangenes te beperk, en dan ook net dié wat veroordeel is. Wat gebeur het met aangehoudenes wat vir ondervraging gearresteer is of wat verhoorafwagtend was, het reeds tydens die menseregteverhore duidelik na vore gekom. Omstandighede in veral die drie groot tronke waar politieke gevangenes aangehou is, Robbeneiland (swart gevange-nes), Sentrale Gevangenis, Pretoria (blankes) en Barberton (vroue), sou saam met dié in die ANC se berugte Quatro-tronk onder die loep geneem word.

Op 21 en 22 Julie het 25 getuies vertel wat met hulleself óf met hul naaste familie gebeur het. Jammer genoeg het die Departement Korrektiewe Dienste, ten spyte van talle samesprekings wat gevoer is, besluit om nie 'n amptelike voorlegging te maak nie. 'n Enkele bewaarder wat destyds in die dodeselle gewerk het, het tog in sy persoonlike hoedanigheid ingewillig om te kom getuig. Talle sake het aan die orde gekom: die wyse waarop die gevangenisse gebruik is om politieke opponente uit die samelewing te verwyder, hoe apartheid tot selfs in die selle hoogty gevier het, hoe die gevangenes dikwels mishandel is, hoe hulle mediese sorg moes ontbeer, hoe effektief eensame opsluiting gebruik is om gevangenes te beheer of te breek. Twee terdoodveroordeeldes wat later amnestie ontvang het, het saam met die een bewaarder wat in die dodeselle diens moes doen, 'n roerende pleidooi teen die doodstraf gelewer. Ook die omstandighede in ANC-strafkampe, veral in die berugte Quatro-gevangenis, is ontleed. Voorstelle oor die beter behandeling van gevangenes, asook oor meer doeltreffende rehabilitasie-programme, was legio.

Dit was nie die koue feite en die ellelange statistiek wat tussen die klipmure van die fort met 'n mens gepraat het nie. Dit was die stemme van dié wat self daar was, wat hul eie verhale kom vertel het, wat na maande nog by jou bly spook het.

Zarah Narkedien: "Ek was onder in die kelder van die tronk, sewe maande lank in eensame opsluiting. Dit was baie, baie pynlik ... Ek kan nie eers vir u vertel wat dit sielkundig alles aan my gedoen het nie ... al wat ek kan sê, is dat geen mens langer as 'n maand absoluut alleen kan lewe nie ... Die selle het hoë mure gehad ... hoe langer die maande gerek het, hoe dieper het dit vir my gevoel asof ek in die grond wegsink ... Ek was sielkundig so aan flarde dat dit vir my begin voel het dat die selle op die keldervloer in werklikheid doodskiste was ... dat net ek nog geleef het, dat al die ander in die selle reeds lyke was ... Ek is nou reeds sewe jaar uit die tronk, maar ek het nog nie herstel nie. Ek sal ook nooit herstel nie."

Jane Middelton: "Of eensame opsluiting as ernstige mishandeling gesien moet word? Die gevangenisowerheid het self geweet dat dit mishandeling is; dis waarom hulle dit as straf aangewend het. Dis moeilik om te beskryf wat met 'n mens gebeur, want jy raak effe van jou kop af – en dis nie maklik om jou eie ervaring te beskryf as jy van jou kop af gaan nie ... Dit was kolonel Fred van Niekerk van die Veiligheidspolisie wat op 'n keer in die hof vertel het dat gevangenes reeds na drie dae in eensame opsluiting tekens van disoriëntasie begin toon."

Murthie Naidoo: "Ek is onder die 180 dae-wet vier maande lank in eensame opsluiting aangehou ... dit is die ergste marteling wat 'n mens aangedoen kan word. Dis veel erger as enige fisiese marteling ..."

Harold Strachan: "Ek is vir elf maande aaneen in eensame opsluiting gehou. Die sel was so groot soos vier blokke hier voor ons op die vloer ... Ek kon elke dag twintig minute lank uit die sel kom om te oefen, maar in absolute stilte. Elf maande lank kon ek met geen mens praat nie. Sedert dié tyd hakkel ek as ek praat. Ek hakkel selfs as ek lees ... daar is sekere woorde wat ek, as ek dit in 'n sin raakloop, net'nie gelees kan kry nie ..."

Vroue, is tydens die verhoor getuig, het dikwels swaarder onder sielkundige marteling deurgeloop as mans. As 'n vrou nie wou saamwerk nie, het die owerhede gedreig dat haar familielede skade aangedoen sou word. Dikwels was dit heel effektief.

Zarah Nakardien: "Hulle het my sewe dae lank gemartel. Wat my uiteindelik gebreek het, was toe hulle gedreig het om my vier jaar oue nefie Christopher tuis te gaan haal om hom uit 'n venster op die dertiende verdieping te gooi ... Toe het ek op my heel swakste gevoel. Ek het gevoel dat ek my eie lewe kan waag, dat ek my eie liggaam aan hierdie mans kan oorgee om daarmee te maak wat hulle wil. Maar ek kon nie iemand anders se lewe op die spel plaas nie ... Op dié punt het ek besluit om saam te werk."

Soms was mans die skyf van emosionele marteling.

Joe Seramane, wie se broer in die ANC se Quatro-kamp tereggestel is: "Ek weet wat dit is om gemartel te word. Maar as ek my marteling met dié van Chief Timothy vergelyk, is dit niks; wil ek niks eers daarvan sê nie. Toe die *system* (Suid-Afrikaanse Polisie) met my klaar was, het hulle my in die skoot van my eie mense teruggegooi. 'Daar is julle vuilgoed. Ons is klaar met hom!' Maar die ANC kan nie eers die bene van my broer voor my op 'n hopie gooi en sê: Ons is klaar met sy bene' nie! ... My eie beweging kan nie eers vir my 'n stukkie papier in die hand stop waarin hulle vertel hoe hulle hom verhoor het nie. Ons wil die waarheid hoor, anders sal dit te swaar wees om te vergewe."

Diliza Mtembu het die senior ANC-lede verantwoordelik gehou vir wat junior bewaarders aan die prisoniers gedoen het: "Ek koester geen wrok teen die jong kêrels van Quatro nie. As ek in hulle skoene gestaan het, sou ek dalk dieselfde gedoen het. Jy weet, om aan baie, baie jongmense sulke groot verantwoordelikhede te gee, is uiters gevaarlik."

Ilse Wilson, die dogter van Bram Fischer, het van die dag toe haar broer oorlede is, berig: "Die heel slegste van Paul se dood was dat Bram se broer Gustav na Bloemfontein moes gaan om vir hom van sy seun se dood te vertel. Sonder enige voorafwaarskuwing is Bram uitgeroep om sy onverwagte besoeker te woord te staan. Paul is nie toegelaat om in 'n privaat vertrek met Bram te praat nie. Dit moes deur 'n afskorting, met bewaarders aan weerskante, gebeur. Toe die tyd verstreke is, is Bram direk teruggeneem na sy sel en toegesluit. Veertien uur lank is hy, nadat hy van sy seun se dood gehoor het, alleen gelaat; kon hy met niemand praat nie."

◆ ◆ ◆

Hugh Lewin, wat lank saam met Bram Fischer, die bekende Afrikaner wat leier van die Suid-Afrikaanse Kommunistiese Party geword het, in die tronk gesit het, het die grootste bewondering vir Fischer gehad.

"The most Christ-like person I've ever met," was Hugh lief om te sê. Hugh kon die dag waarop Bram die doodstyding van sy seun gekry het, nie vergeet nie. 'n Dag of wat na die verhoor in die Ou Fort het Hugh 'n afdruk van 'n gedig wat hy destyds in die tronk geskryf het, in my hand gestop. "Wil jy weet hoe dit in die tronk was, hoe dit die dag was toe Bram die nuus gekry het?" het hy gevra.

Another Day
(For Bram Fischer)

It was like any other day
from un-lock
    breakfast/wash-up/scrub/clean
    garden/lunch
    lock-up
    wash-up/scrub/clean
    shower/4 o'clock supper
lock up
till un-lock next morning
any day every day
14 hour lock up
every night.

In the morning
we picked our 11 mielies
10 for us 1 for the boer
which passed half an hour
and another half-hour passed tearing off the husks
excited about our own home-grown mielies
which we sent to be cooked for supper.

In the afternoon
we trimmed the 21 tomato bushes
and were pleased to see
how they were springing up
green with fruitfulness.

It was like any other day
    garden/lunch
    lock-up
    wash/scrub/clean
    shower/4 o'clock supper
but just before supper
he was called
unexpectedly
for a visit
which means I said
    either something good
    or something bad
So he missed supper with us
and we took his mielie to his cell
to eat after his visit
    either something good
    or something bad

It was like any other day
supper/lock-up
alone
cell alone
for 14 hours

While we ate
he was in the room
where you peer at your visitors
through a 4-inch strip of perspex
boxed in by wood panels
with sound-boards
to make the tapes clear.
You have the boere on your side
they have the boere on their side.

They call it the visitors room
His brother
peering through the perspex
into the wooden box
told him:
    Your son died this morning.
Through the perspex
into the wooden box
keeping the State secure
    Your son died this morning.

His supper I suppose was cold
by the time he got back to his cell
    alone
    after lock-up
    for the next 14 hours
    like any other day.

◆ ◆ ◆

Hoe het dit gevoel om 'n bewaarder te wees, om deel te neem aan die teregstelling van mense?

Adjunkoffisier Johan Steinberg was aan die woord:

"Dit was goed dat die familie van terdoodveroordeeldes nie die lyke kon sien nie. Dit was nie 'n mooi gesig nie ... Ek ken die gesig van 'n man wat gehang het, sy uitdrukking ... Ek sou nie wou hê dat my ouers my so moes sien as ek tereggestel is nie ... Ek dink dis 'n goeie ding dat ons nie die kiste vir die familielede oopgemaak het nie."

Drie dae nadat hy in die Pretoriase Maksimumgevangenis begin werk het, moes hy aan 'n teregstelling deelneem. Sewe mense is die oggend tereggestel. Steinberg moes een van hulle na die galgkamer begelei. In die gange was dit doodstil. Al wat gehoor kon word, was die liedere en gebede van die terdoodveroordeeldes. Voor die galgkamer is die sewe in 'n tou laat staan met hul gesigte na die bewaarders. Die laksman het hulle om die beurt gevra of hulle 'n laaste versoek het.

"Party het ons bedank vir die tyd in die tronk en gesê: 'God bless.' Toe het ons hul mussies opgesit. Die eerste dag het ek die mussie nog verkeerd opgesit ... Ek was gespanne en het 'my' gevangene styf vasgehou toe ek hom die galgkamer binnelei en op die geverfde spoortjies laat staan het toe die laksman die tou om sy nek gesit het. 'n Ander bewaarder het my hand weggeklap toe die laksman die hefboom trek, sodat ek nie saam met die gevangene afgetrek word nie."

Na die teregstelling is die lyke na bo gehys waar die galgtou losgemaak en die lyke in kiste geplaas is. Daarna is "die plek skoongemaak en afgespuit". Die kiste is na die kapel geneem waar die familielede 'n roudiens kon hou. Die galgkamer was die een plek waar daar geen rassediskriminasie was nie.

"Dit het nie saak gemaak of dit wit of swart was nie. Ons het vir die dood respek gehad – dit was amper 'n heilige plek. Terwyl ons skoongemaak het, het ons geen grappe gemaak nie. Ons is nie eers toegelaat om in die galgkamer te rook nie."

Vir twee en 'n half jaar was Johan Steinberg by teregstellings betrokke. "My werk het amper verslawend geword. Ek wou by elke teregstelling teenwoordig wees ... Ek het in die tyd aggressief geraak. My vrou het geweier om saam te gaan wanneer ek rugby speel omdat ek meer in die koelkas as op die veld was ... Drankmisbruik het onder die bewaarders voorgekom ... Maar ek wil nie uitwei oor die trauma nie omdat dit iets is waarmee ek vrede gemaak het ... Die meeste mense het dit in 'n kas toegesluit en 'n mens wil nie graag weer daardie kas oopsluit nie."

Die bewaarders wou nie graag vir sielkundige berading gaan nie, uit vrees dat daar teen hulle gediskrimineer sou word. "Ons was mans en wou nie graag as 'slappies' uitgewys word nie."

Maar elke teregstelling het hulle geraak. Die manne sou dit nie in 'n groep erken nie, maar saans wanneer hulle gaan slaap het, was dit in hul harte.

◆ ◆ ◆

Gedurende 1960 tot 1994 is 2 500 mense opgehang, gemiddeld 100 per jaar. Vyf en negentig persent van die tereggesteldes was swart. Die regters wat hulle gevonnis het, almal wit. Gedurende een jaar – 1989 – is daar in die Pretoriase tronk alleen 80 gevangenes in die dodeselle aangehou wat as gevolg van politieke oortredings gevonnis is. In een week, die derde week van Desember die betrokke jaar, is 21 mense gehang – sewe die Dinsdag, sewe die Woensdag, sewe die Donderdag. Later sou van dié week as "the Christmas rush" gepraat word.

◆ ◆ ◆

Die verhoor in die Ou Fort het ook eg menslike verhale wakker gemaak. In die motor, een aand op pad huis toe, was dit Joyce Seroke se beurt om te vertel.

Dit was in Junie 1976, het Joyce haar storie begin, dat sy en 'n kollega by die ingang na Soweto gesien het dat daar moeilikheid was. Oraloor was Polisie. Jongmense is in vangwaens gelaai. Voor hul oë is 'n jong meisie wat hulle goed geken het – die onskuldigste van onskuldiges – gearresteer.

Joyce het na die polisieoffisier gegaan: "Julle maak 'n fout. Hierdie meisie is nie 'n opstoker of 'n aktivis nie. Ek ken kaar ouers en kan vir haar instaan." "Hou jou neus uit ons sake, of ons arresteer jou ook sommer – vir dwarsboming van die gereg!" was al antwoord wat sy gekry het.

Joyce Seroke, algemene sekretaris van die Young Women's Christian Association, het haar nie so maklik laat afskrik nie. Met haar karretjie het sy en haar vriendin al agter die vangwa aangery, tot by John Vorster-plein in Johannesburg. Toe die sersant aan diens nie na haar wou luister nie, is sy na die stasiebevelvoerder. Dié man het hom só vir die twee swart vroue vererg dat hy hulle daar en dan gearresteer het op 'n aanklag van regsverydeling en in die Ou Fort laat aanhou het.

Joyce sou maande lank in die tronk sit, wagtende op haar verhoor. Elke week het haar ma haar kom besoek, met eetgoedjies en nuus van die kinders.

"My ma was baie sterk. Sy het nooit gehuil nie – en ons ook aangemoedig om sterk te bly. Sy was net een keer in trane – die dag toe die meeste van die vroue net voor Kersfees vrygelaat is. Ek moes saam met 'n paar ander gevangenes in die tronk bly!"

Joyce se ma het haar egter voorgeneem dat haar dogter en haar vriendinne wel 'n behoorlike Kersfees sou vier. Met 'n mandjie vol eet-goed, 'n doekpoeding en 'n spierwit gestyfde laken vir die Kerstafel, het sy op 25 Desember by die Ou Fort opgedaag. Sy is wonder bo wonder toegelaat om na 'n sel te gaan waar Joyce en 'n paar ander vroue gewag het. Tot haar groot verleentheid was daar nie 'n tafel in die sel nie. En hoe kan mens sonder 'n tafel 'n Kersete aanbied?

Die bewaarders het haar uitgelag. Dis 'n tronk en nie 'n huis nie. En gevangenes sit nie by 'n tafel en eet nie. Gooi maar die wit tafeldoek op die vloer! "Dit sal die dag wees!" het een van Joyce se medegevangenes besluit toe sy die ou moeder se verleentheid sien. Sy het luidkeels begin skree en lawaai. Sy het soos 'n stout kind aan die tralies van die sel geruk en gepluk.

"Ons wil 'n tafel hê. Julle moet vir ons 'n tafel bring. Dis Kersfees. Het julle dan geen hart nie?" Niemand kon die kwaai vrou stil kry nie –

nie voordat die bewaarders ten einde raad tog maar 'n tafel laat haal het nie.

Toe het die vrou haar plek saam met Joyce en haar ma en 'n paar ander aan tafel ingeneem.

"Die ete aan tafel, met wit tafeldoek, sal ek nooit vergeet nie," het Joyce Seroke die aand in die motor vertel. "Die vrou wat die lawaai opgeskop en die tafel laat haal het, ook nie. Haar naam was Winnie Mandela."

23 JULIE 1997: DIENSPLIGTIGES VERTEL HUL VERHALE

Dit was lekker om Neels du Plooy weer te sien. Ek en hy was studentemaats wat saam op die banke van die Teologiese Fakulteit in Pretoria gesit het. Hy was jare lank kapelaan in die Suid-Afrikaanse Weermag en sou kom getuig oor die rol van die kapelane en die bystand wat hulle aan die dienspligtiges gegee het. Saam met Neels sou daar 'n hele ry persone kom getuig: proff. Anette Seegers en Jannie Gagiano oor die politieke en sosiale konteks van die sewentiger- en tagtigerjare toe duisende jongmanne vir militêre diens opgeroep is; 'n paar dienspligweieraars wat die redes vir hul optrede en die behandeling wat hulle van die Weermag ontvang het, wou kom bespreek; 'n aantal oudbevelvoerders oor wat alles "met ons manne op die grens" gebeur het; dienspligtiges wat oor hul dikwels traumatiese ervarings in die operasionele gebied wou kom getuig.

Vir baie jare is die Suid-Afrikaanse samelewing diep geraak deur die dienspligstelsel. Min blanke gesinne het nie die een of ander tyd 'n seun wat vir diensplig opgeroep is, by die barakke gaan groet nie. Baie van die dienspligtiges en hul gesinne het hul militêre diens as belangrik beskou, en ten spyte van opoffering en ontberings, gevoel dat dit hul dure plig was om die landsgrense te beskerm. Vir ander, het Seegers en Gagiano getuig, was dit 'n groeiende frustrasie. Vir jongmanne wat gewetensbesware gehad het, wat om politieke of godsdienstige redes nie bereid was om in die Suid-Afrikaanse Weermag te dien nie, was daar 'n aantal opsies – wat elk ernstige implikasies, soms werklike ontberings, ingehou het. Sommiges soos prof. Johan Hatting, destydse kaptein in die Burgermag, het van binne die Weermagstrukture 'n kritiese stem laat hoor en passiewe teenstand probeer bied. Ander, soos Tim Ledgerwood, het hulle uit die voete gemaak, "*AWOL* gegaan", en as hulle gearresteer is, in die detensiebarakke harde bene gekou. Daar was 'n derde moontlikheid, het Laurie Nathan in sy voorlegging verduidelik, en dit was om na die ander kant oor te loop, om by die *exiles* te gaan aansluit, om saam met hulle te gaan veg. In 'n sekere sin was dit die gewetensbeswaardes wat dit die ergste getref het. Met dienspligweieraars wat om politieke redes nie in die SAW wou dien nie, is min geduld gehad. Mense soos Peter Moll wat om godsdienstige redes geweier het om die wapen op te neem, het dit ook nie veel makliker gehad nie ten spyte van die feit dat hulle hul saak voor 'n spesiale Weermagpaneel kon stel en alternatiewe diens kon verrig.

◆ ◆ ◆

Toe John Deegan, voormalige Koevoet-lid, sy verhaal begin vertel het, kon jy 'n speld hoor val. Tydens die mediese verhoor, ses weke tevore, is daar reeds na sy geval verwys. Maar nou was John self hier om te vertel wat alles in die tagtigerjare, toe hy bevelvoerder van 'n Koevoetseksie was, in Namibië gebeur het. John Deegan was duidelik gespanne toe hy aan die praat geraak het. Volgens sy eie getuienis het hy aan ernstige posttraumatiese stresversteuring gely. In sy verhaal het Deegan sy gehoor na Oshakati in die operasionele gebied geneem waar dit soms makliker gegaan het, en soms erg moeilik. Dikwels het die manne se emosies met hulle die loop geneem, het hulle dinge gedoen waaroor hulle later die kop in skaamte laat sak het. Op 'n keer, tydens 'n vuurpylaanval, het 'n aantal veiligheidspolisielede wat swaar gedrink het, 'n aangehoudene so wreed aangerand, hom so geskop, dat hy later aan sy beserings beswyk het.

'n Ander keer was Deegan en sy manne op die spoor van 'n SWAPO-soldaat met die naam Kongo. Van een van sy makkers het hulle uitgevind waar om hom te gaan soek.

"Sy spore het na 'n kraal gelei. Die bejaarde hoofman wou nie praat nie. Ek het opdrag gegee dat al die hutte in die kraal met Casspirs platgery moes word ... Ek het opgemerk dat die ou man senuweeagtig na 'n hut gekyk het. Ek het geweet: dis waar die SWAPO-lid moes wees."

Deegan het opdrag gegee dat die hut platgery moes word en dat die hele seksie met hul gewere daarop moes losbrand. "Dit was 'n *over-kill* situasie, tipies van die Koevoete." Tydens die skietery het 'n seksielid se geweer so warm geword dat die loop gebuig en ontplof het. "Dit het soos 'n handgranaat geklink. Ek het aanhou skiet asof ek mal was. My AK47 se loop het so warm geword dat dit my hand gebrand het. Die man in die hut was swaar gewond. Ek het my sinne verloor en my 9-mm-pistool uitgehaal. Ek het hom ondervra, maar hy wou nie reageer nie. Die swaar gewonde man was besig om bewusteloos te raak. Woede het my oorval omdat hy nie op my vrae wou reageer nie. Ek het sy makker gaan haal. 'Vertel ons waar jou wapens, waar julle versamelpunt is,' het ek beveel. Daarop het ek my pistool gevat en hom tussen die oë geskiet. Ek het weggestap en aan die hoofman gesê hulle moet die gemors skoonmaak. Dit was sy problem."

Deegan het tydens die verhoor vertel dat hy dié dag gevoel het asof hy van homself verwyder was, asof hy die hele toneel vanuit die lug aanskou het. "Ek het besluit dat ek genoeg gehad het. Die volgende dag is nog 'n insypelaar gewond. Ek het by hom gekniel waar hy gelê het en hom ondervra. Die volgende oomblik het 'n Wambo-spoorsnyer sy R1 geneem en die man se kop reg voor my afgeblaas. Daarna het die hele groep twee dae lank baie dronk geword."

Deegen het om 'n oorplasing aansoek gedoen. Maar totdat hy in 1984 uit die Polisiediens getree het, was hy lid van die spesiale taakmag. Die ervarings wat hy in die operasionele gebied opgedoen het, het John getuig, het hom geknak. Hy het reeds twee gebroke huwelike agter die rug gehad. Hy het aan verskeie simptome van posttraumatiese stresversteuring gely, onder meer paranoia, het hy gesê. "Deel van my genesing is om voor die Waarheidskommissie te getuig ... Ek het nie om amnestie gevra nie, want ek glo die regsproses moet sy loop neem."

Deegan het sy getuienis afgesluit deur van sy voorneme te vertel om die gesinne van slagoffers in Namibië te gaan probeer opspoor. As dit kan, wil hy iets doen om hulle vir hul lyding te probeer vergoed. Saam met 'n paar oudkollegas het hy ook daaraan gewerk om 'n organisasie vir veterane van die bosoorlog tot stand te bring; mense soos hy wat hulp dringend nodig het.

◆ ◆ ◆

Wat het die kerke gedoen om hul lidmate in dié tyd in die Weermag en veral in die operasionele gebied by te staan? Op watter wyse het hulle hul lidmate wat probleme met die Weermag gehad het, wat met gewetensbeware geworstel het, begelei?

Nie genoeg nie, het Neels du Plooy, wat veertien jaar lank as kapelaan diens gedoen het, verklaar. Of hulle het nie die regte dinge gedoen nie.

In retrospeksie is daar talle vrae wat by 'n mens opkom, het hy verdui-
delik: Hoe was dit moontlik dat die grootste gros blanke jongmanne in
die land, Afrikaans- én Engelssprekend, hul Weermagdiens kritiekloos –
dikwels met groot entoesiasme – aanvaar het? Waarom het die ouers
so maklik vrede daarmee gemaak? 'n Groot deel van die antwoord lê by
die kerke, by name die Afrikaanse kerke, wat die oorlogspoging van die
Regering skynbaar onvoorwaardelik aanvaar het, het Neels gesê. "Dit is
nou dat die kerkganger retrospektief vra hoe dit moontlik is dat alles in
daardie jare so reg gevoel het. Die kerk het ons daardie versekering
gegee ... en tog is die kerk nou net bereid om te sê: 'Jammer, ons was
verkeerd om apartheid te steun en te regverdig.'"

Neels du Plooy het in besonderhede verduidelik hoe die kapelaansdiens
gewerk het, watter skakeling daar deurentyd tussen die Weermag en
die Regering en die kerke oor die sake was. "Die kerk het die raad en die
leiding van die NP-regering en die Verdedigingsraad aanvaar. Hierdie
totale betrokkenheid is verskerp deur die berugte konsep van 'n 'totale
aanslag'. Die kerk moes betrokke raak by die wen van die harte en die
verstand van die mense, met as hooftaak om die geestelike weerbaarheid
van sy lidmate te versterk. Die kerk was totaal daarvan oortuig dat ons
'n regverdige oorlog geveg het ... Selfs toe van die dienspligtiges verwag
is om in die *townships* diens te doen – en sommige gegradueerde diens-
pligtiges sterk daarteen gekant was – het die kerk nooit 'n woord van
protes geuiter nie. Protes is as dislojaliteit afgemaak."

Natuurlik het die kerk die dure plig gehad om sy lidmate in die
Weermag, veral dié wat op die gevegsfront betrokke was, geestelik te
versorg.

"Dis waar: die kerke en die kapelane en die koekietannies het baie
gedoen om die lewe vir die manne op die grens makliker te maak. In alle
kampe is koffiekamers ingerig. Die kerke het met ander organisasies
saamgewerk om geestelike leesstof te voorsien. Alle soldate het 'n
spesiale kopie van die Nuwe Testament en die Psalms ontvang ... maar
voor in elke Bybel is 'n spesiale boodskap van P.W. Botha, eers as Min-
ister van Verdediging en daarna Staatspresident, geplak: 'Hierdie Bybel
is die belangrikste deel van jou militêre mondering.' Dit was algemeen
aanvaar dat 'n soldaat wat in Christus geglo het, 'n beter soldaat is."

Die kapelane het die *In hoc signo*-teken – In hierdie teken (van die
kruis, sal ek oorwin) – as kenteken aanvaar en op hul uniforms gedra.

Op die vliegtuig die oggend, op pad van Johannesburg na Kaapstad,
het ek en Neels toevallig naby mekaar te lande gekom. "Jong," het hy
met sy verklaring in sy hand opgemerk, "ek dink nie die kerk gaan baie

hou van wat ek alles vandag gaan sê nie." Neels was reg. In die weke wat gevolg het, was daar talle verklarings en briewe in die pers vanuit die geledere van die Afrikaanse kerke, sommige waarderend, ander taamlik krities. Dis nie so dat die NG Kerk kritiekloos die "apartheidsoorlog" gesteun het nie, het ds. Freek Swanepoel, moderator van die Algemene Sinode, aan verslaggewers gesê. Waarom het ds. Du Plooy so lank in die Weermag gebly, juis toe die oorlog op sy felste gewoed het, terwyl hy sulke grondige bedenkinge gekoester het? het Fritz Gaum in sy redaksionele kolom in Die Kerkbode gevra.

Maande later, een oggend in my studeerkamer, het ek met nog 'n ou studentemaat, ds. Johan de Witt, kapelaan-generaal van die Suid-Afrikaanse Nasionale Weermag, gesit en gesels. "Jy weet," het hy gesê, "met baie dinge wat Neels geskryf het, kan 'n mens saamstem. As ons nou terugkyk, moes ons seker 'n paar dinge anders gedoen het. Maar dat die kerk 'n dure plig gehad het om sy lidmate in 'n krisissituasie pastoraal by te staan – en dit ook gedoen het – is beslis waar. En Neels was ook nie die enigste een wat kritiek uitgespreek het nie. Veral in die tagtigerjare was daar onder die kapelanekorps 'n lewendige debat oor kerk-staat-verhoudings, oor die regverdigheid al dan nie van die oorlog waarby ons betrokke was." Met 'n skewe laggie het hy bygevoeg: "En P.W. Botha se boodskap in die Nuwe Testamente? Dié het ons later laat uithaal toe een van ons Engelse kollegas ernstig daarteen kapsie gemaak het."

25 JULIE 1997: LYDIA MWALE IS DOOD

Die nuus van Lydia Mwale se dood het ons almal diep geraak. In die Johannesburgse kantoor het Lydia die telefoonsentrale hanteer en met haar sonnige geaardheid diep in almal se harte in gekruip. Sy het omtrent alles van almal geweet. Met etenstye kon 'n mens die gang af hoor hoe sy en haar vriendinne aan die lag is oor iets wat dié dag in "Kommissaris-straat" gebeur het. As enkelouer het sy en haar kinders by haar ma ingewoon. Bekommernisse het sy seker gehad, maar daaroor het Lydia nie eintlik gepraat nie. Ons het nie daarvan geweet nie.

Totdat Lydia siek geword het en in die hospitaal opgeneem is. Sy het al sieker en sieker geword en Fazel Randera, wat haar gereeld besoek het, al bekommerder. Neville Arendse, ons "plaaslike kommunis", het op 'n dag by my kantoor ingewaai gekom. "Oom Piet," was sy versoek, "sal jy etenstyd saam met my hospitaal toe kom? Ons moet vir Lydia gaan kuier." Ek wou graag saam met Neville gaan, want gedurende die weke wat pas verby is, het daar nogal 'n band tussen ons twee gegroei.

◆ ◆ ◆

Neville Arendse is jare gelede as jong Kleurlingstudent die land uit. In verskillende lande in Afrika het hy vertoef, het hy sy deel probeer doen om apartheid te beveg. Uiteindelik is hy Rusland toe, waar hy jare lank in Kiev en Moskou gewoon het. Daar het hy nie net op die kommunistiese stelsel verlief geraak nie, maar ook op 'n Russiese meisie met wie hy later getrou het. Toe die groot verandering in ons land gekom het, kon Neville nie wag om terug te keer nie. Hy het as navorser by die Waarheidskommissie werk gekry. Ongelukkig was dit net 'n tydelike aanstelling en om sy vrou saam met hom te bring, het hy 'n permanente werk nodig gehad. Neville het bitterlik na sy vrou verlang. Hy het hom oor haar en hul toekoms bekommer en later só siek geword dat hy doktersbehandeling moes kry.

Neville was 'n vrolike kêrel wat al die jare in die vreemde nooit sy liefde vir 'n grappie – of vir Afrikaans – verloor het nie. Maar op 'n dag het hy met 'n baie lang gesig sy nood by my kom bekla. Sy planne om sy vrou huis toe te bring, het vasgehaak. Hy was bekommerd oor haar en oor sy eie gesondheid. Hy het dikwels pyn gehad en ten spyte van die duur behandeling, die X-strale en sonars, wou dit net nie beter gaan nie. Op die ingewing van die oomblik het ek vir Neville gesê: "Man, dink jy nie ons moet 'n slag saam bid nie? Kom ons vra die Here om jou te help."

Ons plaaslike kommunis was ietwat uit die veld geslaan, maar het ingestem. Ek het die deur toegemaak en al Neville se sorge aan die Here opgedra.

Neville is die kantoor uit. Gedurende die volgende week of twee het ons mekaar nie weer gesien nie. Hy was besig met sy program en ek met myne.

◆ ◆ ◆

Tot my verbasing en vreugde het Neville voortgegaan. "Jy moet saam met my na Lydia toe gaan om vir haar te bid. Ek het intussen uitgevind gebed help!"

Dié dag het 'n hele groepie Waarheidskommissielede om Lydia se bed in die hospitaal gestaan. Alex Boraine het met haar gepraat, saam met 'n paar ander. Lydia was baie siek. Soms het dit gelyk of sy ons hoor, ander kere weer nie. Ek het Lydia se hand gevat. Sy het haar oë oopgemaak. "Oom Piet, jy moet vir my bid. En vir my ma en die kinders." Ons is almal met 'n knop in die keel daar weg.

'n Paar dae later is Lydia oorlede. Fazel Randera het besluit dat ons 'n huldigingsdiens in die WVK-kantoor sou hou. Lydia se vriendinne het vir die program gesorg: gebede, liedere, huldigingswoorde. Die saal was vol. Talle familielede en vriende het ook gekom. Lydia se ma en haar dogter was daar, ook 'n formele afvaardiging van die ANC wat van Shell-huis, net om die draai, aangemeld het. Fazel Randera moes vanuit sy Moslem-agtergrond 'n woord spreek. Yasmin Sooka het as Hindoe gepraat. Ek moes die preek lewer. Ek het Jesus se eie "begrafnisrede", die aand voor sy eie dood, voorgelees: "Laat julle hart nie ontsteld word nie. Glo in God, glo ook in My. In die huis van my Vader is daar baie wonings ... Ek gaan om vir julle 'n plek te berei ... Ek is die weg en die waarheid en die lewe. Niemand kom na die Vader behalwe deur My nie ..."

Na die preek het Neville spesiaal kom dankie sê. "Jesus se woorde praat met 'n mens," was sy kommentaar. Ek het nogal gewonder of Lydia ook dankbaar sou wees dat haar begrafnisdiens iets vir ons plaaslike kommunis beteken het.

26 JULIE 1997: VRAE OOR DUMISA NTSEBEZA

Kaapstad. – Die WVK het 'n intensiewe ondersoek gelas nadat mnr. Dumisa Ntsebeza, hoof van die kommissie se ondersoekeenheid, in 'n polisiedossier verbind is met die Heidelberg-taverneslagting in Desember 1993. Dr. Alex Boraine, waarnemende voorsitter van die WVK, het gister gesê die kommissie se ondersoekspan het tydens die voorbereidings vir 'n amnestieverhoor op 'n verklaring afgekom waarin Ntsebeza se naam genoem is.

"In die verklaring is beweer dat 'n motor wat Ntsebeza in daardie stadium besit het deur die aanvallers gebruik is as ontsnappingsvoertuig. Die ondersoekbeampte het dit aan Ntsebeza gerapporteer, wat opdrag gegee het dat die ondersoek voortgaan. Hy het onmiddellik met my en dr. Desmond Tutu vergader en hierdie inligting aan ons oorgedra. Hy het aangedui dat daar geen waarheid in hierdie bewering steek nie."

Adv. Glenn Goosen, direkteur van die ondersoekeenheid, het die ondersoek gelei. "Hoewel verskeie onderhoude reeds gevoer is en geprobeer is om bevestiging vir die bewerings in die verklaring te kry, kon geen sulke getuienis gevind word nie."

Volgens Boraine word daar in geen van die aansoeke van drie amnestieaansoekers wat in die tronk is, melding gemaak van Ntsebeza se motor nie. "Soos in alle ander ondersoeke sal ons, ongeag wie betrokke is, hierdie saak opvolg totdat alle moontlikhede uitgeput is."

Ntsebeza, 'n vooraanstaande prokureur van Umtata wat al vir mense soos mnr. Bantu Holomisa opgetree het, is by die samestelling van die WVK deur die PAC as kandidaat benoem.

(Beeld, 26 Julie 1997)

28 EN 29 JULIE 1997: TE ERG OM VOOR DIE MANS TE VERTEL ...

Dit was Yasmin Sooka wat eerste daaroor begin praat het. Toe die eerste jaar se statistiek verwerk is, het sy raakgesien dat die meerderheid verklarings wat aan die WVK voorgelê is, deur vroue gemaak is. Maar die grootste gros van die verhale het oor mans gehandel – oor hul eggenote, hul seuns of hul vaders. "Ek dink nie daar was meer slagoffers onder die mans as onder die vroue nie," het Yasmin gesê.

"Die verklaring moet dieper gesoek word. Ek dink daar is baie vroue wat geweldig swaar gely het onder growwe menseregteskendings, maar dat hulle nie kans sien om daaroor te praat nie. Dit was te erg, te traumaties! Hoe kan 'n mens ook verwag dat hulle die mees intieme dinge wat met hulle gebeur het, die grootste vernedering wat hulle moes deurnaak, aan die groot klok moet hang?"

Ek het geweet waarvan Yasmin praat. Een middag tydens 'n menseregteskendingsverhoor in Mabopane, noord van Pretoria, was dit my beurt om 'n swart vrou te ondervra. Sy het gehuiwer om alles te vertel, maar toe ek haar aanpor, het sy begin praat. Tot haar én my groot verleentheid het sy in detail vertel van die dag toe die polisieman haar klere stuk-stuk van haar lyf geruk het en wat hy alles met haar gemaak het voordat sy uiteindelik verkrag is.

Daar was ook ander redes waarom vroue, veral vooraanstaande vroue, huiwerig was om in die openbaar te getuig. Tydens 'n perskonferensie in Johannesburg het me. Cheryl Carolus, waarnemende sekretarisgeneraal van die ANC, na aanleiding van die Benzien-verhoor bevestig dat sy dikwels nog haarself moet oortuig dat alles "OK" is. Maar soms ervaar sy nog irrasionele oomblikke, 'n oorblyfsel van haar dae in aanhouding en marteling. Sy het dit ernstig oorweeg om ook haar getuienis voor die WVK te gaan lewer, maar het daarteen besluit. Vir haar was die vraag uiteindelik: "Is dit nie die verhale van gewone mense wat vertel moet word nie? Ek was gelukkig omdat ek prominent was en hulle nie aan my kon doen wat aan ander mense gedoen is nie. Daar was in een stadium tienduisend mense saam met my in die tronk en hulle verhale is nie vertel nie."

Me. Brídget Mabandla, Adjunkminister van Kuns, Kultuur, Wetenskap en Tegnologie, het tydens die personderhoud vertel dat sy ook in die gevangenis gemartel is, maar ook nie van plan was om voor die WVK te gaan getuig nie.

Vir vroue wat wel die geleentheid wou gebruik om hul verhale te vertel, het die WVK besluit, moes spesiale voorsiening gemaak word. In Kaapstad is 'n verhoor agter geslote deure gehou waar slegs vroue teenwoordig was en slegs vrouelede van die WVK die getuienis gelei het. Toe die Johannesburgse vroueverhoor sou plaasvind, het die vroue op die personeel besluit dat daar net vroue op die paneel sou sit om die slagoffers gerus te stel, maar dat mans ook genooi sou word om in die gehoor te sit. "Julle moet kom," het Hlengiwe Mkhize gesê toe sy vir my en Tom in die gang raakloop. "Dit sal julle goed doen om te hoor wat vroue alles moes deurmaak en hoe hulle daarin geslaag het om te oorleef. Dit sal vir die vroue ook baie beteken om te weet dat daar mans is wat belangstel in hulle verhale."

En watter verhale het hulle nie te vertel gehad nie!

Daar was verhale van skokkende *fisiese* marteling.

Thandi Shezi het vertel van wat met haar in die polisieselle gebeur het. "Toe hulle my verkrag het, was ek reeds geskeur en deur elektriese skokke verwond. Die pyn was diep binne-in my. Ek kon dit vir niemand vertel nie. My ma sit vandag hier (in die gehoor). Sy hoor dit nou vir die eerste keer ... Ek is koud ... As ek met 'n man 'n verhouding aanknoop, word ek bang. Ek het nie 'n enkele woord vir iemand vertel nie. Ek wil nie hulle simpatie hê nie. Ek wil nie hê dat die mense my allerhande dinge noem nie ..."

Dit was egter nie net lede van die Veiligheidsmagte wat hulle aan growwe menseregteskendings skuldig gemaak het nie. Gloria Mahlope het met verontwaardiging kom vertel hoe die manne in die Mshayape-hostel, Thokoza, haar dogter Gloria aangerand, gemartel en ook verkrag het.

Na haar was Rita Mazibulo aan die woord met 'n verhaal wat 'n storm in die geledere van die ANC veroorsaak het. Sy het militêre opleiding in Angola en Mosambiek ondergaan voordat sy na Swaziland gestuur is. Daar was sy verantwoordelik vir die uitwerk van die ANC-vegters se roetes. Toe nege van hulle op 'n keer gevang is, is Rita daarvan verdink dat sy 'n spioen was. Sy is in Tanzanië en Zambië aangehou. Ses maande lank, het sy vertel, is sy in 'n gat in die grond opgesluit. Toe sy geweier het om seks met van haar bewaarders te hê, het hulle haar op allerlei wreedaardige maniere gemartel en haar herhaaldelik verkrag.

Mathews Phosa het Rita geken en geweet wat met haar gebeur het, so ook Jacob Zuma, wat haar genoeg geld gegee het om in Johannesburg te kom om haar saak by die ANC-kantoor te gaan aanmeld. Om die waarheid te sê, mnr. Phosa het haar gewaarsku om nie voor die WVK te gaan getuig nie, want hy sou dan haar getuienis in die openbaar moes ontken. Een stukkie getuienis het almal regop laat sit en het later tot heelparty persverklarings en skerp ontkennings aanleiding gegee: "Ek het op wyle Chris Hani verlief geraak en geboorte gegee aan sy seun Simphiwe. Hy het die seun aan van sy familielede gaan wys, maar nie aan sy vrou nie. Om te keer dat my man van my skei, het ek die kind vir my skoonsuster gegee om groot te maak ..."

Soms was die marteling meer *psigies* as fisies. Joyce Sikhakhane Ranken, 'n joernalis, was een van sewe vroue wat ses en twintig jaar gelede deur die Veiligheidspolisie gearresteer is. "Julle weet nie wat alles gedoen is om ons mense se intellek te probeer vernietig nie! Ons kon nie ons dooies gaan begrawe nie. Dit het die rouproses omgekeer in selfverwyt en skuldgevoelens. Hulle het ons familieband deur disinformasie probeer vernietig ... Ek bevind my gereeld terug in eensame aanhouding en onthou hoe dit my vernietig het. Ek haat dit om te onthou, maar die apartheidskeppers het goed geweet wat die langtermynuitwerking van hulle sielkundige oorlogvoering sou wees. Die sielkundige marteling moes vroue vernietig, vervolgingswaan kweek. Ek is in die Sentrale Gevangenis in Pretoria via die dodesel na my eie sel geneem."

Sy het driftig bygevoeg: "Ja, daar was 'n dodesel vir vroue. Vroue is hier opgehang!" Me. Ranken het, toe sy in 1969 in hegtenis geneem is, 'n driejarige seuntjie gehad. "Om my te breek, het hulle 'n blanke kleuter van drie na my gebring – en my toe die keuse gegee om 'n staatsgetuie te word ... Pen en papier was my lewe. Hulle het dit geweet en dit van my weggeneem."

Die tweede dag het met Deborah Matshoba se getuienis begin. Haar verhaal het die gehoor aangegryp.

"Toe ek rondgekyk het, het ek my verstom oor hoe ons almal geveg het om normaal voor te kom, en dit terwyl ons almal binnekant ewe stukkend was ... Die eerste keer wat ek in die Ou Fort opgesluit is, was/

dit saam met Winnie Madikizela-Mandela, Fatima Meer en Joyce Seroke. Dit was 'n sterk groep! Die vrouebewaarders het Winnie op haar naam geken ... Sy was geweldig sterk. Sy het ons geleer om op ons regte te staan en eise te stel. Ons moes uitvind dat swart vrouegevangenes nie toegelaat is om broekies te dra nie. Dit het ons verander. Ons het snags kinders in die selle hoor skreeu, en daarop gestaan dat hulle vrygelaat word."

Deborah is later weer in hegtenis geneem en in Phoenix aangehou. "Die Saterdag het hulle (twee veiligheidspolisielede) gekom. 'Ja, Deborah, jy sê jy is reg vir ons?' Hulle het my aan 'n swaar ysterbal vasgeboei. Ek moes dwarsdeur die nag daar bly staan terwyl hulle vleis gebraai het. Toe dit Sondag geword het, het hulle vir my papier gebring waarop ek my lewensverhaal moes skryf. Hulle het die papier aanmekaar opgeskeur. My bene het geswel en ek het begin yl. Teen Dinsdag het hulle my begin slaan en my met 'n nat handdoek begin wurg. Ek het flou geval. Toe ek bykom het ek, deurnat, op die grond gelê. Hulle moes water oor my uitgegooi het. Roy Otto het 'n pakkie sanitêre doekies na my gegooi. Toe ek in die badkamer kom, moes ek uitvind dat ek besig was om te menstrueer. Ek het gewonder hoe hy dit geweet het.

"Die sel het krioel van die luise. Die komberse was vuil en het na urine geruik. Ek het nie geweet waar ek was nie en het geskreeu en geskreeu – en erge asma-aanvalle gekry. Tog was ek gelukkig. 'n Afrikaner het na my toe gekom. Sy naam, Taljaard, sal ek nooit vergeet nie. Hy het gesê dat hy eers gedink het dat ek mal is. Ek het hom vertel dat ek 'n politieke gevangene was. Hy het na my geluister en toe vir my 'n asmaspuitjie en 'n klomp pille ingesmokkel, en my gehelp om dit agter die toilet weg te steek. Elke dag het Roy Otto die sel ingestap en gesê: 'Dis nie nodig dat ons jou doodmaak nie. Die asma gaan jou in elk geval doodmaak!'"

Maar die asma hét nie, danksy Taljaard.

Deborah Matshoba, wat later in die Middelburg-gevangenis opgesluit is, het vertel van die vreemde verhouding wat soms tussen gevangenes en bewaarders ontwikkel het.

"Daar was twee vrouebewaarders, Kara Botha en Maryna Harmse. Hulle was veronderstel om die gemeenstes onder die gemenes te wees, maar hulle het teruggedeins wanneer hulle soggens my sel oopgesluit het. Ek kon rondstap waar ek wou. Op 'n dag, toe ek vir oefening in die binnehof rondstap, het ek Maryna met haar mansvriend by die hek sien gesels. Sy was in trane. Toe sy die middag my seldeur oopsluit, was haar oë rooi gehuil. "Ek het vir haar gevra: 'Waarom huil jy?' 'Dis nie jou besigheid nie,' het sy geantwoord, 'los my uit!' Ek het vir haar gesê dat ek nie uit die sel sou stap voordat sy my vertel nie. 'Ek het jou vriend hoor sê dat hy op pad is na Katima Mulilo, en dat jy hom vir 'n lang tyd nie gaan sien nie. Teen wie gaan hy daar veg? Jy sien, ek en jy is in dieselfde posisie. Hy gaan op die grens sterf – en dit sal my broers en susters wees wat hom doodmaak. Maryna, hoekom laat jy dit toe?' Sy het begin huil en haar hart vir my oopgemaak. Ons het begin gesels ..."

1 AUGUSTUS 1997: HELENA SE BRIEF

Helena het haar brief aan Chris Louw, regisseur van die aktualiteits-program Monitor op Radiosondergrense, gestuur. Dit was 'n lang dokument waarin dié boervrou uit Mpumalanga 'n mens gedwing het om by nog 'n stasie langs die lydensweg van ons land te gaan staan, om by die huis van 'n vrou van een van die oortreders te gaan inloer. Hoe swaar die gesinne, nie net van die slagoffers nie, maar ook van die oortreders dikwels gekry het, hoe die oortreders self geraak is, word op 'n aangrypende wyse verwoord. Angie Kapelianis het die brief verkort en vir uitsending oor die oggendprogram Monitor gereedgemaak. Helena se brief is ook in Engels oor die SABC uitgesaai.

My storie begin in my laat tienerjare as 'n plaasmeisie op Bethlehem in die Vrystaat.

As agtienjarige het ek die eerste keer kennis gemaak met 'n jong man in 'n topveiligheidstruktuur. 'n Pragtige verhouding het ontstaan. Ons het van trou begin praat. 'n Borrelende, lewenslustige man wat ontembare energie uitstraal. Skerp, intelligent. Al was hy 'n Engelsman was hy gewild onder al die spul BOERE-AFRIKANERS. My vriende het my beny vir my vangs.

Op 'n dag sê hy net vir my hy gaan op 'n "trip". Ons sal mekaar nie weer sien nie, dalk nooit weer nie. Ek was verskeurd. Hy ook.

'n Bitter kortstondige huwelik met iemand anders het misluk net omdat ek getrou het om te probeer vergeet.

Meer as 'n jaar gelede het ek my eerste liefde weer ontmoet deur middel van 'n goeie vriend. Toe sou ek vir die eerste keer na al die jare verneem dat hy al die tyd in die buiteland en oorsee geopereer het en op daardie tydstip om amnestie sou vra.

Ek kan nie die pyn en bitterheid in my beskryf toe ek sien wat van daardie pragtige, borrelende, lewenslustige, groot en sterk man oorgebly het nie. Hy het net een begeerte gehad en dit is: die waarheid moet uit. Amnestie het ook nie saak gemaak nie, dit was slegs 'n middel tot die waarheid wat moes uit, die begeerte om skoon te maak. Hy is intussen aan die begin van die jaar op 'n grusame manier uit ons lewens weggeruk. Was dit die prys wat hy moes betaal vir sy strewe?

Na my mislukte huwelik het ek nog 'n polisieman ontmoet. Nie heeltemal my eerste liefde nie, maar 'n besonderse persoon. Baie spesiaal. Weer eens 'n borrelende, innemende geaardheid. Humor en beneuktheid, alles op sy plek en tyd. Op 'n dag sê hy vir my hy en drie van sy vriende is bevorder. "Ons skuif na 'n spesiale eenheid. Nou, my ou vroumensie, nou is ons waaragtig polisiemanne." Ons was in ekstase, ons het dit selfs gevier.

Hy en sy vriende het gereeld saamgekuier. Selfs lang tye oorgebly. Skielik, op snaakse tye, het hulle begin onrustig raak. Kortaf net die gevreesde woord *trip* gesê en weggery.

Ek ... as 'n geliefde ... het geen ander lewe geken as een van kommer, wakker lê, angs oor sy veiligheid en waar hy kon wees nie. Ons moes tevrede wees met "wat jy nie weet nie, kan jou nie seermaak nie". Al wat ons as geliefdes geweet het, is wat ons oë ons gewys het.

Na omtrent drie jaar by die "Spes-eenheid" het ons hel begin. Hy het begin stil raak, onttrek. Partykeer net sy gesig in sy hande gedruk en onbedaarlik begin ruk. Ek het agtergekom hy drink te veel. Plaas van snags rus, dwaal hy van venster na venster. 'n Verterende, wilde vrees probeer hy onderdruk, maar ek sien dit raak. In die vroeë oggendure tussen twee en halfdrie skrik ek wakker van sy gejaagde asemhaling. Rol dié kant, dáárdie kant van die bed. Hy's wasbleek. Yskoud in 'n snikhete nag – papnat gesweet. Sy oë verwilder, maar dof soos dié van 'n dooie. En die rukkings. Die verskriklike stuipe en bloedstollende gille van vrees en pyn diep uit sy siel. Soms sit hy roerloos en staar voor hom uit.

Ek het nooit verstaan nie, nooit geweet nie. Nooit geweet wat word in sy keel afgedwing tydens die *trips* nie. Ek is net hel op hel deur. Biddend, smekend: "Here, wat is besig om te gebeur? Wat gaan met hom aan? Is dit moontlik dat hy so drasties kan verander? Word hy mal?" Ek kan hom nie meer hanteer nie. Maar ek kan ook nie hieruit kom nie, ek MOET hom help. Hy gaan vir die res van my lewe by my spook as ek hom verlaat. Waarom, Here? Waarom?

Vandag ken ek die antwoorde op al my vrae en sielepyn. Ek weet waar alles begin het. Die agtergrond. Die rol van "dié in bevel", die "klieks" en ons mans wat soos aasvoëls die vuil werk moes doen. En vandag was almal hul hande in onskuld of kom in opstand teen dit wat geoenbaar word by die Waarheidskommissie.

Ja, ek staan by my "MOORDENAAR" wat my en die ou WIT Suid-Afrika veilig laat slaap het, terwyl dié in bevel weer besig was om 'n volgende "PERMANENTE VERWYDERING UIT DIE SAMELEWING" uit te dink vir die aasvoëls.

Ek verstaan uiteindelik waaroor die *struggle* regtig gegaan het. Ek sou dieselfde gedoen het as ek alles ontsê was, as my lewe met wetgewing uit my en my kinders, my ouers, gewurg was, terwyl ek moes toekyk hoe wit mense met die beste ONtevrede raak en NOG beter wil hê EN kry. Ek beny en respekteer die mense van die *struggle*. Hulle bevelvoerders het minstens die *guts* om by hul aasvoëls te staan, hulle offers te erken. Maar waarmee het ons te doen? Ons leiers is te heilig en onskuldig. En gesigloos.

Ek kan verstaan dat F.W. de Klerk sê hy het nie geweet nie, maar my magtig, iewers is 'n KLIEK of iemand wat 'n gesig aan die opdragte van bo af kan gee.

Wat is hierdie abnormale lewe wat ek lei anders as 'n wrede menseregteskending? Geestelike moord is 'n meer onmenslike skending van mense se regte as fisiese moord. 'n Moordslagoffer rus ten minste!

Ek wens het het die mag gehad om hierdie arme opgebruikte mense heel te maak.

Ek wens ek kon die ou Suid-Afrika uit almal se verlede wis.

Ek sluit af met 'n paar sinne wat my stukkende, opgebruikte "aasvoël" een nag vir my gesê het:

"HULLE KAN MY 'N DUISEND KEER AMNESTIE GEE – AL VERGEEF GOD EN MENS MY DUISEND KEER – MET HIERDIE HEL MOET EK SAAMLEEF. DIE PROBLEEM IS IN MY KOP, MY GEWETE. DAAR IS NET EEN MANIER OM DAARVAN VERLOS TE WORD – BLAAS MY EIE BREINS UIT, WANT DIS WAAR DIE HEL SIT."

Helena
Naskrif: Dankie vir jou tyd, dat jy na my storie geluister het ... en my pyn gedeel het.

1 AUGUSTUS 1997 (VERVOLG): DRIE BERIGTE IN DIE KOERANT

Die oggendkoerant was weer vol nuus oor die Waarheidskommissie. Tekenend van die verskillende fasette van die WVK se werk, het Beeld onder andere vertel dat:

◆ twee lede van die Boere-Weerstandsbeweging (BWB) amnestie ontvang het.

Leon Hendrik Froneman (23) en Pieter Johannes Harmse was lede van die verregse organisasie toe hulle op 17 September 1993 'n bom by 'n Indiër-winkelsentrum in Bronkhorstspruit gestel het. Twee polisiemanne het, nadat 'n waarskuwing ontvang is, ondersoek gaan instel. By hul aankoms het die toestel ontplof. Adjudant-offisier Abraham Labuschagne is op slag dood en konstabel Hendrik Johannes Maree ernstig beseer. Harmse is tot agtien jaar tronkstraf gevonnis, Froneman tot agt jaar. Froneman het in kruisverhoor verduidelik hy het dié teiken gekies omdat hy geglo het "die meerderheid Indiërs was Moslems en dat hulle die ANC ondersteun het". Hulle wou vir die destydse regering demonstreer dat die BWB gereed was om die land met geweld oor te neem. "Op grond van die getuienis wat ons aangehoor het en ander inligting vir ons, is ons tevrede dat die applikante dit wat hulle gedoen het, in die geloof gedoen het dat hul optrede in opdrag van die BWB was, 'n organisasie wat in die openbaar bekend was, en dat die daad ter bevordering van die organisasie se doelstellings was."

◆ die WVK die Nasionale Party daarvan verwyt het dat hy nie in goeie trou optree nie.

Die geskil tussen die WVK en die NP wou maar nie gaan lê nie. Die NP het 'n semidringende aansoek vir die hof gelê waarin versoek word dat die WVK gedwing moet word om onpartydig op te tree. "Waarom lê die NP nie, soos die wet dit vereis, sy besware voor die Parlement nie?" was Alex Boraine se reaksie. Waarom beantwoord die party nie liewer die vrae wat die WVK aan hulle gestel het, wat nog altyd in die lug hang nie? Dit is duidelik dat die NP ... 'n finale verslag wat nadelig vir sy belange is, verwag. Daarom probeer die party (nou reeds) met hierdie aansoek die potensiële resultaat in twyfel trek ... Die NP het hier nie ter goeder trou opgetree nie."

Dat die NP sy mes vir Boraine ingehad het – die "Boere-hater", hul geswore teenstander in die destydse Parlement – was duidelik. Tutu moes verskoning vra vir sy kommentaar oor F.W. de Klerk se optrede voor die WVK, maar Boraine was klaarblyklik partydig en moes tot orde geroep word. Dit het Boraine behoorlik omgekrap! Die feit dat die NP die voorsitter en die ondervoorsitter van die WVK teen mekaar afgespeel het, het op *mala fides* gedui. Hy en Tutu het uit een mond gepraat! Nogtans, het Boraine beklemtoon, het nóg hy, nóg Tutu, enige kwade gevoelens teenoor die NP of enige van sy ampsdaers gekoester. Die WVK het nog in die hoop gelewe dat die twee partye met die hofinterdik tot 'n vergelyk sou kon kom.

Baie water moes in die see loop voordat dit waar sou word!

◆ driehonderd en sewentig geestelikes Beyers Naudé se ope brief onderteken het.

Dit was goeie nuus! Die ope brief wat Beyers Naudé en sy kollegas Cornel du Toit en Nico Smith opgestel het en waarin hulle die kerke dringend opgeroep het tot belydenis en versoening, het die vorige twee maande deur die land gesirkuleer. Op 31 Julie het reeds 370 geestelikes, talle vanuit die NG Kerk, maar ook heelwat vanuit ander kerke in Suid-Afrika, hul openlik met die brief vereenselwig.

Daar was tog iets aan die gebeur in die land – en in die kerk!

Met my pen in my hand het ek die name afgemerk: ou studentemaats soos Howard du Toit, Neels du Plooy, Joop Lensink, Faure Louw; kollegas en medeprofessore Bernard Combrinck, Jan van Arkel, Etienne de Villiers, Andrie du Toit, Jaap Furstenburg, Daniël Louw, Jaap Durand, Attie van Wijk, Willem Saayman, Klippies Kritzinger, Christina Landman, Hennie Pieterse, Johan Wolfaard, Len Hulley, Louise Kretschmar; die ou strydrosse prof. Ben Marais en dr. D.D. Rosslee (die gewese apartheidsteoloog wat by die laaste sinode vertel het dat die Here hom tot ander insigte gelei het), Joël Herhold; oudstudente soos Herman Nienaber. Pontie Venter van die Gereformeerde Kerk. Uit die Anglikaanse en Metodiste-kerke, die Presbiteriane, uit die geledere van die Rooms-Katolieke Kerk, was daar lang ritse name: biskoppe George Irvine, Hansie Mattheus en Peter Storey, Donald Cragg en Tim Atwell, Michael Moore en Terry Sparks, Denis Hurley en vader Bonaventure Hinwood. Namens die Rhema Kerk het pastoor Ray McCauley die brief onderteken. Lank voordat ek met die lys klaar was, het my hart warm geklop.

4 AUGUSTUS 1997: DIRK COETZEE EN DIE MXENGE-GESIN

Die Amnestiekomitee het vandag besluit om amnestie toe te staan aan Dirk Coetzee, David Tshikalange en Butana Almons Nofomela vir die moord op die Natalse advokaat Griffiths Mxenge. Die komitee het striemende kritiek uitgespreek op die polisiehoofde wat die sluipmoord beplan het, maar verklaar dat daar geen rede was om te vermoed dat die drie oortreders enige persoonlike redes gehad het waarom hulle Mxenge vermoor het nie. Hulle het 'n opdrag uitgevoer wat hulle van hul bevelvoerders ontvang het. Dit was duidelik dat hulle hul bevelvoerders se oordeel in die saak vertrou het.

Die drie mans, wie se saak alreeds ook in 'n strafregtelike verhoor voor die hof in Durban gedien het – en wat reeds skuldig bevind maar nog nie gevonnis was nie, het alle rede gehad om 'n sug van verligting te slaak. Wat dié aanklag betref, kon hulle vry uitstap. Die driemanskap het egter méér oortredings op hul kerfstok gehad waarvoor hulle om amnestie gevra het. En daaroor sou nog besluit moes word.

◆　◆　◆

Byna 'n jaar tevore, toe Dirk Coetzee die eerste keer voor die Amnestie-komitee moes verskyn, het ek na hom gestap waar hy alleen teen 'n muur gestaan het. Sou 'n pastorale woordjie gepas wees? het ek gewonder. "Dag, dominee," het hy vriendelik gegroet.

"Onthou u dat ek destyds in u gemeente in Lynnwoodrif gewoon het? ... Maar nee, ek het nie nodig dat die kerk my kom bystaan nie. Ek het, om die waarheid te sê, my vertroue in kerkmense verloor. Ek het my jare lank laat lei deur mense wat na my mening groot Christene was. Ek het hulle raad vertrou – en kyk waar staan ek nou ..."

◆　◆　◆

Die Mxenge-familie was hoogs ontsteld oor die amnestie wat toegestaan is. Reg en geregtigheid het nie geseëvier nie, het hulle gevoel. Hulle het bekend gemaak dat hulle dit oorweeg om hulle op die Wêreldhof in Den Haag te beroep om die beslissing ter syde te stel.

12 AUGUSTUS 1997 EN VOLGENDE DAE:
"WALUS, DIS NIE REG WAT JY GEDOEN HET NIE"

Met haar gesig in haar hande het Limpho Hani sit en luister. Langs haar het haar dogter gesit, met trane wat oor haar wange loop.

Dié Saterdagoggend, 10 April 1993, wou hy drie dinge gaan doen, het Janusz Walus vertel.

Hy wou in die gimnasium in Johannesburg gaan oefen, hy wou vir 'n laaste keer die huis van Chris Hani in Boksburg gaan bekyk en teen die aand wou hy die sluipmoord uitvoer.

Die sportsentrum was gesluit. Op pad na Hani se huis het hy by 'n wapenwinkel stilgehou en vyf en twintig koeëls gekoop vir die Z88-

pistool wat hy van Derby-Lewis gekry het. Hy het die koeëls in die pistool gelaai en sy handskoene aangetrek. Naby Chris Hani se huis het hy gesien hoe 'n man wat soos Hani lyk, uit die huis kom en in sy motor klim. Walus het Hani na die winkelsentrum gevolg en hom dopgehou toe hy uit die motor geklim het. Na 'n paar minute het hy met 'n koerant in sy hand teruggekeer.

"Op daardie oomblik het ek besluit dat dit nou dalk die beste geleentheid sou wees, 'n geleentheid wat hom nie weer sou voordoen nie."

By die winkelsentrum, het Walus verduidelik, was daar te veel mense. Om hom daar te vermoor, sou ander in gevaar stel. Toe hy daarvan seker was dat Chris Hani op pad huis toe was, het hy met 'n ander roete na dieselfde adres gery. Hy was eerste daar en het in sy motor voor die deur sit en wag. Toe Hani stilhou en uitklim, het Walus sy rewolwer geneem, dit agter in sy gordel gedruk en na hom toe gestap.

"Ek wou hom nie in die rug skiet nie. Ek het geroep: Meneer Hani!' Toe hy omdraai, het ek die pistool agter uit my gordel getrek en hom die eerste keer in sy lyf geskiet. Toe Hani omdraai en val, het ek 'n tweede skoot in sy kop geskiet. Nadat hy op die grond geval het, het ek hom twee keer agter die ore geskiet."

Toe Walus seker was dat hy die leier van die Suid-Afrikaanse Kommunistiese Party doodgeskiet het, het hy in sy motor geklim en weggery.

◆ ◆ ◆

Clive Derby-Lewis, die medebeskuldigde, en sy vrou het die oggend in die tuin van hul vriende, die Venters, gesit en tee drink toe die telefoon lui. Dit was die Venters se seun met die nuus – die berig het so pas oor die radio gekom: Chris Hani is voor sy huis doodgeskiet. Vir Clive Derby-Lewis, wat op dié oomblik nie besef het dat dit Walus was wat die moord gepleeg het nie, was die nuus, volgens sy getuienis, 'n geweldige skok. "Ek het gedink iets het gebeur wat ons gered het. Dit was nie meer vir ons nodig om te doen wat ons beplan het om te doen nie."

Nadat hulle hul tee klaar gedrink het, het Clive en sy vrou opgestaan en is hulle winkels toe om inkopies te gaan doen. Dit is so, het Clive erken, hy en Walus wás van plan om Hani dood te maak, maar hy het die sluipmoord nie vir die Paasnaweek beplan nie. "Die meeste mense was dan by die huis en in hul tuine en ek wou 'n gevaarlike situasie voorkom waarin onskuldige mense vermoor kon word."

Hy het destyds dikwels met Walus oor sy ervarings in Pole gepraat, oor hoe swaar die Pole onder die Kommunistiese regering in die land gely het. Vir Walus, wat na Suid-Afrika padgegee het juis om aan die Kommuniste te ontkom, was Suid-Afrika se "oorgawe" aan die Kommuniste traumaties. Hy het hom voorgeneem om 'n bydrae tot die bevrydingstryd te lewer. Chris Hani, het die twee mans besluit, was die werklike bedreiging vir die land en vir die toekoms. Na die 1994-verkiesing, het baie regse mense gemeen, sou Hani "van meneer Mandela ontslae raak" en self President van die land word. Daarom het hulle besluit om met Hani af te reken.

Derby-Lewis het die gehoor regop laat sit toe hy van die lys vertel het wat sy vrou "vir joernalistieke doeleindes opgestel het" met die name van tien vooraanstaande Suid-Afrikaners, die lys waarop hy die naam en adres van Hani gevind het. Hy moes dit vir homself uitmaak of die "oorlog waaraan hy gedwing is om deel te neem" volgens sy eie Christelike beginsels regverdigbaar was, het hy gesê. Hy het die saak reeds tevore met dr. Andries Treurnicht, leier van die Konserwatiewe Party, bespreek. Die indruk wat hy tydens die gesprek gekry het, was dat moord, in die stryd teen die antichris, in sekere omstandighede toelaatbaar was.

Toe Clive Derby-Lewis die aand gehoor het dat dit inderdaad Walus was wat Hani vermoor het, was hy hewig onsteld. "Ek het daardie nag verskriklike gedagtes gehad. Ek het regtig sleg gevoel daaroor." Hy was vas van plan om 'n spesiale koukusvergadering van die KP aan te vra om die gebeure te bespreek. Voordat hy dit egter kon doen, is hy in hegtenis geneem.

◆ ◆ ◆

Tydens die amnestieverhoor in die Pretoriase stadsaal, wat meer as 'n week geduur het, het Janusz Walus verklaar dat hy wel berou het oor die leed wat hy mev. Hani en haar kinders aangedoen het. Hy kon nie verwag dat die Hani-familie hom sou vergewe nie, maar het tog gehoop dat hulle begrip sou hê vir sy posisie.

"Ek wil hê dat hulle moet verstaan dat daar nooit iets persoonliks in die aanval was nie. Die besluit om Hani aan te val was eerder 'n aanduiding van sy status en van hoe belangrik hy was." As Hani geëlimineer sou kon word, sou dit "ons doelwitte verwesenlik, naamlik om die land in chaos te dompel en 'n toestand te skep waarin die regses kon oorneem".

Derby-Lewis het daarby aangesluit. Hy het ook berou gehad oor die leed wat die Hani-gesin aangedoen is. Maar hy het ook sleg gevoel oor die pyn wat hy en Walus hul eie families aangedoen het.

"Hulle het ook gely. Ek hoop dat hulle verstaan dat ons só opgetree het omdat ons na ons mening 'n diepe verpligting teenoor die land gehad het."

The Sowetan se kommentaar op die uitgerekte getuienis voor die Amnestiekomitee

◆ ◆ ◆

Politieke drama was daar genoeg. ANC-politici het dwarsdeur die week by die saal in en uit beweeg. Tokyo Sexwale, Jay Naidoo, Winnie Madikizela-Mandela, Sam Shilowa van Cosatu, Jeremy Cronin van die SAKP en Cheryl Carolus het almal hul verskyning gemaak – en hul ondersteuners saam met hulle. Impromptu toesprake is afgesteek. Voor die verrigtinge op die eerste dag begin het, het Ferdi Hartzenberg, leier van die Konserwatiewe Party, sy mense nader geroep: "Ons sal weer 'n vry volk wees. Ons sal ons eie land hê waaroor ons eie vlag sal wapper."

Buitekant die saal het jongmense plakkate geswaai. Emosie het méér getel as die korrekte spelling: *Jaluz You Are A Looser*, het een gelui.

Derby Lewis-Julus Waluz You Deserve NO Amnesty, 'n tweede. Toe die sitting uiteindelik verdaag is, het die ANC/Cosatu/Kommunistiese Party-ondersteuners gedreunsing sodat dit ver buite die saaldeure gehoor kon word: "Walus, dis nie reg wat jy gedoen het nie ..."

14 AUGUSTUS 1997: 'N PERSPEKTIEF UIT JAPAN

Uit Londen het The Times (14 Augustus 1997) 'n interessante berig die wêreld ingestuur:

'n Groep oorlogsveterane het, uit protes teen regeringsplanne om die land se amptelike geskiedenis te "suiwer", besluit om hul oortredings en wandade gedurende die oorlogsjare in die openbaar te bely. Tydens die 52ste herdenking van die Tweede Wêreldoorlog het die oudsoldate besluit om hul jare lange stilte te verbreek en om die menseregteskendings wat hulle destyds in China gepleeg het – moord, verkragting en kannibalisme – openbaar te maak. "Voordat ons sterf, wil ons ons vreeslike ervarings met die jongmense deel," het Tsuyoshi Ebato, 84 jaar oud, namens sy makkers verklaar. "Hierdie dinge staan nie in die gesensureerde geskiedenisboeke van Japan nie. Daarom het mnr. Ebato besluit om 'n nuwe tydskrif te begin, Wat het Japan alles in China gedoen? In die tydskrif het mnr. Ebato op 'n grafiese wyse beskryf hoe hulle mense met bajonette doodgesteek het, hoe hulle dorpsbewoners met knuppels toegetakel het om uit te vind waar die Chinese soldate skuil, hoe hy persoonlik sewe oumense een na die ander doodgeskiet het. Vroue is verkrag en vermoor; omdat die kosvoorrade skraps was, het hulle selfs van die vroue se vleis geëet. "Verskriklike dinge het daagliks gebeur, en ons kan nie langer stilbly net omdat sekere geskiedkundiges sê dat die dade nooit gepleeg is nie."

Die verklarings van die vyfhonderd oudsoldate, wat na die oorlog ses jaar lank in Chinese kampe aangehou is, het 'n storm in Japan veroorsaak. Ander veterane het met Japanse nasionaliste saamgespan om mnr. Ebato en sy groep as "masochiste" te diskrediteer. Die militêre handboeke moet inderdaad gesuiwer word, was hulle mening. Hulle wou geen klad op die naam van die Keiserlike Weermag hê nie.

Jare lank het die Ministerie van Onderwys daarvoor gesorg dat alle skandelike gebeurtenisse uit die geskiedenis van die oorlog uit die skoolboeke geweer word. Die bou van die berugte Burma-spoorweg, wat 16 000 geallieerde lewens gekos het, word byvoorbeeld skaars genoem. Vanjaar word 'n paar van die gevalle die eerste keer in die leerplanne opgeneem, byvoorbeeld die verhaal van die 200 000 vroue wat gedwing is om as prostitute vir Japanse soldate te dien. 'n Koalisie van akademici, besigheidsleiers en politici het egter ernstig beswaar gemaak. Japanse kinders moet slegs die dele van die geskiedenis van Japan geleer word waarop hulle trots kan wees, het hulle betoog.

Meneer Ebato het verklaar dat as Japan nie bereid is om sy wandade te ontbloot nie, die land nooit die vertroue van sy buurlande sal geniet nie. "Ons Japanners glo daarin om die deksel op die stinkende pot te hou, maar deur middel van ons tydskrif wil ons die deksel afhaal. Ons moet oor ons misdade nadink."

15 AUGUSTUS 1997: HOOG BO IN DIE SWITSERSE ALPE

"Caux is eintlik te mooi om waar te wees. Dit lyk nie asof dit deel van ons gewone wêreld met al sy sorge en ellendes kan wees nie," het een van ons tafelgenote láát die middag opgemerk toe ons vir aandete om die tafel gaan sit het. Sy was reg. Die uitsig deur die eetkamervensters van die Mountain House by Caux, hoog bo in die Switserse Alpe, slaan 'n mens se asem weg.

Onder in die vallei, aan die oewer van die Meer van Genève, lê die beroemde konferensiestad Montreaux en ook Clarens, waar president Kruger sy laaste jare deurgebring het. Om by Caux uit te kom, moet jy met 'n motor 'n halfuur lank teen die berg uitry, die een haarnaalddraai na die ander, of jy moet jou tasse op 'n tandrattreintjie laai wat jou deur die bos die steiltes opdra, verby lappe blomme en koeie met alpeklokke om die nek. Mountain House, die hoofkwartier van die Morele Herbewapeningsbeweging, lyk na 'n sprokieskasteel, met sy torings en balkonne, sy deftige konferensiesale, sy pragtige tuine. En die uitsig oor die meer en die berge, die diep valleie met hul skilderagtige dorpies, die uitsig wat elke oomblik van die dag, elke keer as die son uit 'n ander hoek skyn, verander.

Vir meer as vyftig jaar reeds kom mense van oor die hele wêreld na Caux om hul geestelike battery te herlaai, om oor die wêreld en sy probleme te praat, oor wat mense kan doen om geregtigheid en vrede, versoening en medemenslikheid op aarde gestalte te laat kry. Vanjaar se Caux Lecture, wat een van die hoogtepunte van 'n drie maande lange program moes wees waaraan politici, akademici, joernaliste, gemeenskapsleiers, teoloë, mans en vroue asook 'n hele kontingent jongmense uit baie lande deelgeneem het, sou oor die onderwerp "Healing the Past, Forging the Future" handel. Die vanselfsprekende keuse om die lesing te lewer was Desmond Tutu, voorsitter van die Suid-Afrikaanse Waarheid-en-versoeningskommissie. Maar die Aartsbiskop, wat nog altyd onder mediese behandeling was, kon nie die uitnodiging aanvaar nie. 'n

Tweede uitnodiging het uit Switserland gekom: Sou ék bereid wees om die lesing te kom lewer?

Uit New York het Tutu laat weet: Sê ja, jy kom!

Die saal was stampvol die middag toe ek moes praat. Gaste van buite, politici uit Genève, lede van die diplomatieke korps, het spesiaal oorgery. Die Waarheidskommissie was wêreldnuus en die mense wou kom hoor wat alles in Suid-Afrika aan die gebeur was. Meer nog as die inligting oor die werk van die WVK, het anekdotes van slagoffers en oortreders, persoonlike verhale van wat die afgelope maande in ons land afgespeel het, die mense aangegryp. Om my vertelling af te sluit, het ek 'n gedeelte van Helena se brief, soos Angie Kapelianis dit in Engels vir die SABC verwerk het, voorgespeel. Jy kon 'n speld hoor val.

Die aand aan tafel het dit gegons. Langs my en Inza het Dame Te Atairangikaahu, die Maori-koningin gesit, met mev. Joan Bolger, eggenote van die Nieu-Seelandse premier, aan haar sy. "Dis nie net in Suid-Afrika dat die onreg van die verlede reggestel moet word nie," het die Maori-koningin verduidelik.

"Ook in ons land het ons met dié dinge te make. In die jaar 1840 het die Maori's 'n plegtige ooreenkoms met die Britse koloniale regering gesluit waarin hulle hul aan die Britse kroon onderwerp het, op voorwaarde dat hul mense, hul land en hul inkomste deur die Britte beskerm sou word. Dit het nie gebeur nie. Die Maori's het feitlik alles wat hulle s'n was, verloor. Twee jaar gelede, in 1995, het die Maori's besluit om 'n eis teen die regering in te stel, om die grond wat geslagte gelede van hulle vervreem is, terug te kry. Die eis is geskik – en die mense van Tanui kon na al die jare die land van hul voorvaders weer hul eie land noem. Dit het die hoop laat opvlam dat daar uiteindelik vrede en geregtigheid in ons mooi land Aotearoa, Nieu-Seeland, sal heers."

"Vir die mense van Tanui was dit nie maklik om na al die jare op hul regte te staan nie," het Joan Bolger by haar aangesluit, "dit het moed gekos. Net soos dit ook vir die handjie vol politici wat hulle met die eis vereenselwig het, moed gekos het. Maar hulle het deurgedruk. Doug Graham, die minister wat met die onderhandelings belas was, het dit goed gestel: Dis nie dat ons onsself aanmekaar met skuldgevoelens wil gesel nie. Ons wil net regmaak wat verkeerd is."

Een na die ander het ons tafelgenote van hul eie ervarings begin vertel. Rabbi Jeremy Milgrom het vertel hoe hy en 'n groepie Joodse kollegas vriende met Palestyne gemaak het; hoe hulle ten spyte van alles wat in hulle land gebeur, mekaar probeer vashou en ondersteun het. Professor Durdican Fuca van Zagreb se verhaal was van Kroate,

Bosniërs en Serwiërs, Christene, Moslems en Jode, wat brûe na mekaar probeer bou. Die emir van Kano, Nigerië, dr. Ado Bayero, het dit gehad oor die pogings in Wes-Afrika om Engels- en Franssprekende groepe, om Moslems en Christene, by mekaar uit te bring en by mekaar te hou. "In die heilige Koran," het die emir benadruk, "het Allah gesê: 'Ek het mense verskillend gemaak sodat hulle mekaar kan leer verstaan.' Ons het die dure plig om hierdie opdrag uit te voer."

Pierre Spoerri, die Morele Herbewapeningsgasheer aan tafel, het, toe die koffie uiteindelik bedien is, vertel hoe persberigte die afgelope maande oor Switserse banke wat na ál die jare nog steeds besittings van Joodse vlugtelinge wat gedurende die Nazi-jare aan hulle toevertrou is, wederregtelik in hul besit gehou het, die Switsers geskud het.

"Dit het allerlei emosies onder die mense losgelaat. Ook ons Switsers moes leer hoe om uit te reik na die mense wat ons deur ons arrogansie en blindheid seergemaak het. Ons moes, soos julle in Suid-Afrika, leer hoe om die spoke van ons eie verlede te besweer."

Die aand aan tafel het die wêreld inderdaad voor ons oopgevou. Nie net die asemrowende panorama van die ondergaande son oor die pieke van die Alpe, van die skadu's wat oor die valleie en die meer gekruip het, van dorpies waar duisende liggies begin brand het nie, maar 'n wyer vista van ses kontinente wat in skemer gehul is, waar biljoene mense in donker valleie van wanhoop en onreg 'n lig van versoening en hoop probeer aansteek. "Julle mag nie faal nie," het een van ons tafelgenote, 'n regsgeleerde uit Noord-Ierland, die gesprek afgesluit, "as die Waarheid-en-versoeningskommissie in Suid-Afrika slaag, sal dit ons almal inspireer en moed gee. Gaan sê dit vir jou mense: Julle moet eenvoudig slaag!"

Bo van ons balkon, later die aand, kon ek en Inza die ligte van Clarens, waar die Villa Kruger staan, sien flikker. Hoe sou die ou president vandag oor ons land en ons volk geoordeel het? Watter raad sou hy gehad het? *Neem uit die verlede alles wat mooi en goed is en bou daarop u toekoms – en gebruik die pyn en hartseer en skande van die verlede om vir julle kinders die lesse te leer wat julle moes leer?*

22 AUGUSTUS 1997: DAWIE DE VILLIERS SE LAASTE TOESPRAAK IN DIE PARLEMENT

Die reis na binne, die reis om te probeer verstaan wat in die verlede verkeerd geloop het en wat ons almal se aandeel daaraan was, was nie 'n maklike reis nie. Terwyl ek en Inza die kans gebruik het om terwyl ons na Caux genooi is, 'n week lank in die Alpe vakansie te hou – 'n onvergeetlike, verfrissende klompie dae – het Dawie de Villiers, oud-Springbokkaptein en jare lange Nasionale Party-kabinetslid, sy laaste toespraak voor die Parlement in Kaapstad gehou. Die Oudminster sou kort ná die toespraak na Madrid vertrek waar hy sy amp as adjunk-sekretaris-generaal van die Wêreldtoerisme-organisasie moes opneem. "Ek kan my nie daarvan distansieer nie dat die beleidsrigting van rassediskriminasie en minderheidsregering bygedra het tot 'n klimaat wat die teelaarde geskep het vir die saad van boosheid om te groei."

Dit het hom diep hartseer gemaak om te aanvaar dat sy ondersteuning van die beleid van die ou NP hom deel gemaak het van 'n politieke struktuur wat baie verskuilde, donker kante gehad het. Hy kon nie anders as om hierdie skrikwekkende dade in die sterkste moontlike taal te veroordeel nie. Alhoewel hy gedurende sy politieke loopbaan nooit deel was – of kennis gedra het – van besluite wat in dié verband geneem is nie, en soos baie ondersteuners van die NP geweldig ontsteld was toe hy gehoor het van die onmenslike gedrag en gruweldade wat deur mense in diens van die Regering gepleeg is, "aanvaar ek daarvoor verantwoor-delikheid".

"Wat ook al ons goeie bedoelings in die verlede kon gewees het, die feit was dat ons 'n klimaat geskep het vir mense met misvormde idees om hul eie reg te gebruik. Suid-Afrika se toekoms mag nooit weer voorsiening maak vir rassevooroordele en 'n outoritêre regering nie," het Dawie de Villiers benadruk. "Die demokrasie moet op deursigtigheid en aanspreeklikheid gebou word. Ons moet 'n gesonde, kragtige veel-party-demokrasie bou."

Hoe meer hy in die verlede teruggeblaai het, het die Oudminister vir sy kollegas in die banke gesê, hoe duideliker het hy besef dat apartheid eenvoudig nie hervorm kon word nie. Dit moes heeltemal vernietig word. Dit is wat die oorgang na 'n demokratiese Suid-Afrika reggekry het: Die vernietiging van apartheid en die instelling van 'n demokratiese fonda-ment vir 'n nuwe, kragtige en suksesvolle nasie.

Gedurende die volgende weke sou 'n aantal kabinetskollegas hulle by Dawie de Villiers se belydenis aansluit. Maar meer daaroor later.

5 SEPTEMBER 1997: TUTU VRA OM VERSKONING

Op die vooraand van die dag waarop die saak tussen die Nasionale Party en die WVK voor regterpresident Gerald Friedman in Kaapstad gevoer moes word, het aartsbiskop Tutu, wat steeds in die VSA behandeling ontvang het, in 'n dramatiese verklaring sy verskoning aan die NP aangebied. Luidens die verklaring het Tutu gesê dat hy nie wou hê dat enigiets wat hy op die gewraakte perskonferensie van 15 Mei vanjaar gesê het, in die weg van eenheid en versoening in ons land moes staan nie.

"Wat ek gesê het, het ek uit my hart gesê omdat ek en ook die ondervoorsitter van die WVK, dr. Alex Boraine, hartstogtelik aan versoening glo. Ek wou nie aanstoot gee of wantroue wek nie. Ek is jammer dat die NP voel dat hy deur my woorde onbillik behandel is."

Boraine het hom met die verklaring vereenselwig en daarop gewys dat die WVK nog geen bevindings gemaak het in verband met die rol wat die NP in die verlede gespeel het nie. Die NP was op die punt om 'n nuwe leier te kies in die plek van mnr. F.W. de Klerk, wat onlangs bedank het. Boraine het die hoop uitgespreek dat wanneer die nuwe leier aangewys is, die NP sy standpunt oor die WVK sou heroorweeg.

Regterpresident Friedman het dié oggend verrigtinge vroeg verdaag en die twee partye versoek om gedurende die dag tot 'n vergelyk te probeer kom. "As hierdie saak tot 'n uitspraak gevoer moet word," was sy mening, "sal een party tegnies as die wenner aangewys moet word en die ander as die verloorder. Ek glo egter dat albei sal verloor. Erger nog, die land sal die grootste verloorder wees."

Kort na middagete het die hof hervat sonder dat 'n skikking bereik is. Advokaat W.G. Burger het namens die NP verklaar dat hulle die verskoning van Tutu en Boraine aanvaar, dat hulle dit verwelkom, maar dat die NP nietemin geen ander opsie het as om tog met die geding voort te gaan nie. "Die WVK-verklaring raak ongelukkig nie die wesenlike kwessies aan wat geopper is nie, naamlik die omvang en die aard van die werk van die WVK sowel as die optrede van Boraine wat die hofverrigtinge nodig gemaak het. Die ernstige dispuut wat hieroor tussen die twee partye bestaan, is nog nie opgelos nie. Voordat konsensus nie bereik is oor 'n aanvaarbare *modus operandi* vir die WVK nie, sal dieselfde soort probleme in die toekoms kan voorkom en dit sal onvermydelik 'n skadu oor die werk van die WVK werp."

Burger se versoek dat die saak onbepaald uitgestel moes word sodat verdere gesprekke met Tutu, wat eersdaags terugverwag is, gevoer sou kon word, is deur 'n teleurgestelde regter Friedman toegestaan. Die meeste mense in die land het die regter se gevoelens gedeel.

8 SEPTEMBER 1997: "EK KAN NIE SIEN HOE F.W. DE KLERK DIT KAN ONTKEN NIE ..."

Die oudveiligheidspolisieman Gideon Nieuwoudt het tydens sy amnestie-aansoek in Port Elizabeth oor die werk van die gewese Staatsveiligheids-raad (SVR) getuig. "Ek kan nie sien hoe hy (De Klerk) dit kan ontken nie," het Nieuwoudt gesê met verwysing na mnr. De Klerk se bewering destyds voor die WVK, dat hy gedurende sy bewindsjare nooit deel was van 'n besluit wat óf deur die Kabinet óf die SVR óf enige ander komitee geneem is wat opdrag gegee het dat ernstige menseregteskendings moes plaasvind nie. In 'n dokument van die SVR, gedateer 10 April 1986, is daar uitdruklik gevra dat strenger veiligheidsmaatreëls ingestel moes word. In 'n aanhangsel tot die dokument is een van die take om wet en orde in die land te herstel, só omskryf:

"Neutraliseer/elimineer vyandelike leiers." In die dokument is dit duidelik gestel dat Suid-Afrika "die stryd om die hart en die gees van die bevolking sal verloor en daarmee sy eie ondergang sal verseël tensy die veiligheidsituasie onmiddellik gestabiliseer word, die revolusionêres van die res van die bevolking afgesonder word, sodat sosiaal-ekonomiese knelpunte verlig kon word en duidelike politieke riglyne vir toekomstige staatkundige ontwikkeling aan die bevolking voorgehou word."

Dit sou egter nie kon gebeur sonder die versterking van Suid-Afrika se veiligheidswetgewing nie.

Nieuwoudt het aan die hof verduidelik dat hy en sy makkers gemeen het dat hulle vanweë die noodtoestand waarin die land verkeer het, die reg gehad het om 'n persoon aan te rand. Indien 'n saak teen hulle aanhangig gemaak sou word, sou hulle beskerm word. "In daardie sta-dium het ons in 'n noodtoestand bó die wet opgetree ... Ons het geglo die Veiligheidspolisie is bó die wet verhewe."

Tydens dieselfde sitting het kaptein J.C. Putter aan die Amnestie-komitee verduidelik hoe Stratkom (die strategiese kommunikasieplan) van die destydse regering gewerk het, hoe sensitiewe inligting hanteer is en hoe persepsies by die bevolking van die land gekweek moes word. Alle Stratkom-operasies, het hy benadruk, moes deur die betrokke Minister van Wet en Orde goedgekeur word. Die Stratkom-operasies wat vóór 1978 uitgevoer is, het Operasie Playboy ingesluit, waartydens die destydse premier van die Seychelle omgekoop is om landingsregte vir Suid-Afrikaanse vliegtuie te verseker, asook om sekere inligting oor wat die Organisasie van Afrika-eenheid teen Suid-Afrika aan die beplan was, deur te gee. Ná die inligtingskandaal van 1978 is dié soort operasies gestaak. In Oktober 1986 het 'n groep hooggeplaaste persone vergader om die veiligheidsposisie in die land te bespreek. Tydens die vergadering is besluit om van Stratkom as bykomende instrument teen die revolusionêre aanslag teen Suid-Afrika gebruik te maak. "Verskeie departemente, waaronder die Polisie, is deur die Staatspresident getaak om Stratkom uit te voer."

9 SEPTEMBER 1997: TUTU OP PAD TERUG HUIS TOE

Op die vooraand van sy vertrek huis toe het die voorsitter van die WVK die Amerikaanse Nasionale Vredestigting se hoogste eerbewys – 'n duif van kristal – ontvang vir sy "voorbeeldige lewe, sy bydrae tot sosiale geregtigheid, demokrasie en vrede in Suid-Afrika, waaronder sy aandeel aan die werk van die WVK". "Ek neem die prys in ontvangs namens die mense by die huis wat so lank naamloos was, maar uiteindelik vir 'n wonderwerk verantwoordelik was," was Tutu se reaksie.

Tydens sy laaste perskonferensie voordat hy en Leah huis toe sou reis, het Tutu gesê dat hy goed en energiek voel, al was dit nog te vroeg om te sê of hy heeltemal genees is. Toe hy oor sy verskoning aan De Klerk en die NP – waaroor talle swart Suid-Afrikaners sowel as 'n hele groep nie-regeringsorganisasies hom nogal kwalik geneem het – uitgevra is, het Tutu geglimlag:

"Soms moet 'n mens bereid wees om 'n veldslag te verloor as jy die oorlog wil wen. Ons is bereid om alles binne redelike perke, soms selfs buite redelike perke, te doen om almal by die proses te betrek om by die volle waarheid uit te kom, sodat 'n getraumatiseerde land genees kan word. Ons stel nie in vervolging belang nie, maar in die waarheid. Mense wil wéét. As hulle weet wat gebeur het, is hulle bereid om te vergewe."

Twee van die grootste turksvye wat op hom en die WVK gewag het, was die amnestieaansoek van die vyf polisielede wat vir die dood van Steve Biko om amnestie gevra het, en die verhoor van Winnie Madikizela-Mandela. Daaroor wou Tutu nie baie sê nie. "Ons sal dit hanteer," was al wat die joernaliste uit hom kon kry.

10 SEPTEMBER 1997: VIER LÊERS OP MY LESSENAAR

So tussen al die groot gebeurtenisse deur moes die Reparasie-en-rehabili-tasiekomitee begin om die duisende voorleggings te verwerk wat deur slagoffers dwarsoor die land ingedien is. 'n Vaste patroon is gevolg. Die Menseregteskendingskomitee het al die getuienisse wat van dwarsoor die land ontvang is, van slagoffers wat in die openbaar getuig het sowel as van dié wat met hul geskrewe voorleggings volstaan het, aan die Ondersoekeenheid van die WVK oorhandig. Dié eenheid, wat in al vier streekkantore – Kaapstad, Johannesburg, Durban en Oos-Londen – spanne ondersoekers gehad het, moes die verklarings kontroleer. Stawende getuienis moes versamel word – uit polisieverslae, hospitaal-rapporte, koerantberigte, televisie-opnames, verklarings wat voor die WVK gemaak is, enige betroubare bron waarop hulle hul hande kon lê.

Sodra genoeg stawende getuienis oor 'n betrokke saak gevind is, het die Ondersoekeenheid die nodige inligting op die lêer aangebring en dit aan die Reparasie-en-rehabilitasiekomitee gegee, wat op hul beurt die direkte behoeftes van die slagoffers – die versoeke wat hulle aan die WVK gestel het, sowel as die mediese, psigiese, finansiële en ander probleme waarmee hulle te kampe gehad het – moes bepaal. Ons het reeds die reparasievoorstelle wat ons aan die Regering wou voorlê, afge-handel, maar die lys van ontvangers moes nou saamgestel word. Dae aaneen het die lede van die Reparasie-en-rehabilitasiekomitee met stapels lêers gesit. Dit was asof al die pyn en hartseer, al die narighede van die verlede, weer 'n keer verbymarsjeer.

Op 10 September (vertel my aantekeninge) het ek met 'n stapeltjie vorms voor my op die lessenaar gesit. Van die eerste vier was drie ou bekende gevalle; die vierde was totaal onbekend. Die een was so skokkend soos die ander:

◆ Sepati Mhlangeni, wat van die dood van Bheki Godfrey Mhlangeni vertel: Op 15 Februarie 1991 is haar man aan flarde geruk toe 'n bom wat in die oorfone van 'n kasset versteek is, ontplof het.

◆ Die moeder van Hector Sithole Petersen, die eerste slagoffer van die Soweto-opstand in 1976: Die foto van haar sterwende seun in die arms van 'n huilende kameraad het in feitlik elke koerant ter wêreld verskyn.

◆ Die vrou uit Soweto wat kom vertel het hoe haar seun Lolo Sono deur die Mandela United Football Club om die lewe gebring is.

◆ Die ouers van 'n onbekende meisie wat in 1976 in 'n straat in Soweto doodgeskiet is. Hoekom? "Sy het 'n T-hempie met die woorde *Nkosi Sikelel' iAfrika* gedra," het die polisieman verduidelik.

10-12 SEPTEMBER 1997: DIE BIKO-HALTE

Dit was onvermydelik dat, op sy reis na binne, die WVK-trek uiteindelik by die Steve Biko-halte sou aandoen. Twintig jaar gelede kon oudminister Jimmy Kruger nog opmerk: "Die dood van Steve Biko laat my koud."

In 1997 kon dit nie meer gebeur nie. Vir miljoene Suid-Afrikaners was Biko nie net 'n flagrante voorbeeld van wat met talle slagoffers gebeur het nie. Biko was meer: hy was 'n simbool van al die onreg en lyding van die verlede wat die hele land getref het. Vir ander Suid-Afrikaners, dié wat hulle in die verlede aan die kant van die apartheidsregime bevind het, was die geval van Biko 'n voortdurende aanklag, 'n skaduwee wat oor die pad na die toekoms bly hang het.

Wat presies het met Biko, die charismatiese swart bewussynsleier, gebeur? Oor die rol van die dokters wat hom moes behandel, is reeds tydens die mediese verhoor getuienis gelewer. Maar wat het presies in die polisieselle afgespeel toe Biko gearresteer is?

Op 10 September het die amnestieverhoor van vyf veiligheidspolisielede in Port Elizabeth begin.

Brigadier Daantjie Siebert, destyds die onderbevelvoerder van Biko se ondervragingspan, het voor die Amnestiekomitee erken hulle het in die verlede dikwels polisieregulasies oor die aanhouding van gevangenes blatant geïgnoreer. Marteling was 'n aanvaarde metode om inligting te bekom. Kolonel Piet Goosen, hul bevelvoerder, het hulle gewaarsku dat Biko "'n moeilike kalant" was en toe Biko, nadat hulle begin het om hom te ondervra, hom "ongenooid gaan neerplak het op 'n stoel", was hy geneig om saam te stem.

"Ek het vir hom gesê hy moet opstaan. Dis óns kantoor en óns sal hom sê wanneer hy kan gaan sit. Die algemene beginsel was dat ons in beheer was van die ondervraging en dat ons die botoon moes voer."

Siebert en die ander offisiere het Biko oor die verbreking van sy inperkingsbevel uitgevra, onder andere oor 'n reis wat hy na Kaapstad onderneem het. Toe Biko aanvoer dat hy as gevolg van huweliksprobleme die reis onderneem het, was Siebert ontevrede. Hy het geweet dat Biko eintlik met Neville Alexander van die Non-European Unity Movement wou gaan praat het. Siebert het 'n verklaring van Peter Jones, wat saam met Biko in hegtenis geneem is en wat dié inligting bevestig het, aan Biko voorgehou.

"Ek kon sien dat Biko besef dat ek iets weet. Ek kon in sy oë sien dat hy ontsteld raak ... Toe Biko hom weer op 'n stoel gaan neerplak, het ek my vererg en hom aan sy hemp, aan sy klere, opgelig."

Biko het toe opgestaan en die stoel na Siebert se kant gestamp, sodat hy met sy hande moes keer dat die stoel teen hom val. Biko het, volgens Siebert, 'n hou na hom geslaan, waarop adjudant-offisier Jacobus Beneke van die deur se kant op Biko afgestorm het. Hy het hom met sy skouer in die maag getref. 'n Stoeiery het ontstaan waarby ook Gideon Nieuwoudt betrokke geraak het.

"Ek was bewus daarvan dat speursersant Nieuwoudt Biko by verskeie geleenthede met 'n afgesnyde stuk tuinslang oor die rug geslaan het. Ons al drie het Biko hierna vasgegryp en met hom in die rigting van die hoek van die vertrek gehardloop. Sy kop het eerste met die muur kennis gemaak, waarop hy ineengestort en op die vloer te lande gekom het." Biko, wat "in 'n staat van bewusteloosheid was", met "verwarde oë", is na sy sel teruggelei waar hy skuins op sy sy met sy rug na die muur gelê het. Later is hy op bevel van Nieuwoudt aan die traliehek vasgeboei, "om sy weerstand, toe hy nie wou saamwerk nie, af te breek".

Kort daarna is Biko na die Noordeinde-gevangenis oorgeplaas.

Kolonel Harold Snyman, een van die vyf, het aan die amnestiehof vertel dat hy aan kolonel Goosen vertel het wat in die kantoor gebeur het. Dis waar die toesmeerdery begin het. In opdrag van Goosen het hy op 8 September in die voorvallebok 'n blatante verdraaiing van die feite neergeskryf: Dat Biko op 7 September beseer is, om sewe-uur die oggend, in plaas van 6 September, om nege-uur die oggend. Dit is gedoen omdat die distriksgeneesheer, dr. Ivor Lang, eers op 7 September ingeroep is om Biko te ondersoek.

Vier dae later is Steve Biko agter in 'n Landrover gelaai. Hy moes vir mediese behandeling na Pretoria geneem word. Dit was onmoontlik om 'n vliegtuigrit te reël, hulle sou maar die pad moes vat. Toe hulle buite Port Elizabeth, by Blouwaterbaai, stilhou om gou iets te eet, het Daantjie Siebert opgemerk dat Biko slegs in sy onderbroek gelê het. Van die ander veiligheidpolisielede het verduidelik dat Biko "lomp en styf was" en dat dit moeilik sou wees om hom aan te trek. Hulle het besluit om hom so te los. "Ek ... het nie 'n poging aangewend om hom aan te trek nie en ek aanvaar die onmenslikheid daarvan, maar daar was 'n paar selmatte en komberse en 'n kussing. Hy was nie in die openbaar naak nie," het Siebert gesê.

Die rit, wat omstreeks sesuur die aand begin het, het dwarsdeur die nag geduur. Nege-uur die volgende oggend was hulle by die gevangenis in Pretoria waar Biko op 'n draagbaar ingedra moes word. "Kolonel Goosen het gesê ek moet dit onder die mense se aandag bring dat Biko by vorige geleenthede siekte geveins het en dat hy die kuns van joga beoefen het." Siebert het egter gevra dat Biko goeie mediese behandeling moes kry, omdat hy "'n belangrike mens was".

Op 12 September is Biko dood. Goosen het al die polisielede wat by Biko se saak betrokke was, ingeroep. Biko se dood kan 'n groot verleentheid vir die veiligheidstak en die Regering beteken, het hy gesê. Ook op Suid-Afrika se beeld in die buiteland kon dit 'n negatiewe uitwerking hê. Buitelandse beleggings kon geraak word. Opdrag is gegee dat verklarings gemaak moes word wat die ware feite aanpas en verswyg.

◆ ◆ ◆

Mevrou Ntsiki Biko het die verhoor bygewoon. Sy was steeds nie seker of al die feite korrek was nie. Gaan die toesmeerdery nie maar voort nie? het sy gewonder.

In die Parlement in Kaapstad is 'n mosie wat erkennning aan die bydrae van die swart bewussynsleier in die stryd teen apartheid gegee het, eenparig aanvaar. Mnr. Jaco Maree van die Nasionale Party het gesê sy party steun die mosie: "Toe hierdie gebeurtenis plaasgevind het, was ons almal geskok en het ons gewonder wat die ware feite was. Ons is bly dit kom nou stadig uit ... Biko se dood moes nooit plaasgevind het nie. Die NP is nie net ten gunste van die mosie nie, maar is emosioneel deel daarvan."

Mnr. Douglas Gibson van die DP en dr. Stanley Mogoba van die PAC het hierdie gevoelens gedeel.

Op 12 September, presies twintig jaar na die eensame dood van Steve Biko in 'n Pretoriase sel, het president Nelson Mandela 'n bronsbeeld van die swart bewussynsleier in Oos-Londen onthul. Meer as tienduisend mense het na die plein voor die stadsaal gestroom om teenwoordig te wees.

Mandela het hulde aan Biko gebring en gevra dat sy voorbeeld en die dinge waarvoor hy gestaan het, deur alle Suid-Afrikaners onthou sal word, dat dit hulle sal bly inspireer.

Die Polisie het hul hande vol gehad met die skare wat plek-plek wou hand uitruk. "Biko, Biko, Biko!" het die duisende gedreunsing.

Een ding is seker: die bronsbeeld in die hartjie van Oos-Londen sal toekomstige geslagte nog lank aan die Biko-halte herinner.

15-17 SEPTEMBER 1997: TOE DIE JOERNALISTE OOR HULLESELF BEGIN PRAAT ...

Vir die eerste keer ná sy terugkeer uit New York sou Desmond Tutu weer die voorsitterstoel inneem. Die feit dat die SABC die Waarheidskommissie uitgenooi het om die verhoor oor die rol wat die media tydens die apartheidsjare gespeel het, in 'n groot televisieateljee in Johannesburg te kom hou, het vir my die oggend toe ek oor al die televisiekabels klim om my plek in die saal in te neem, 'n bietjie binnepret verskaf. Nie net sou die SABC die geleentheid kon gebruik om "uit die perd se bek" te rapporteer oor wat alles gesê sou word nie, maar die SABC self sou sommer al op die eerste dag onder die soeklig gepaas word.

In die soeke na antwoorde op al die waaroms van die verlede was dit nodig dat die land se mediamense oor hul eie rol besin. In watter mate het die media die klimaat bepaal waarin die ongeregtighede van die verlede kon floreer? In hoe 'n mate het die radio en televisie, die verskillende koerante, die persmagnate, hulle aan die verdraaiing van die feite – miskien selfs aan menseregteskendings in die bedryf – skuldig gemaak? Wat het met die joernaliste en koerante wat konsekwent die ander kant van die saak wou stel, gebeur?

Nie almal was lus of het die nodigheid daarvan ingesien om by dié halte langs die pad te vertoef nie. In die kringe van die Afrikaanse pers, veral Naspers, is 'n lewendige debat gevoer. Vroeg in Julie het Hennie van Deventer, groep uitvoerende hoof van Nasionale Koerante, in 'n persoonlike voorlegging aan die WVK geskryf dat die Afrikaanse pers nie maar net die stoere kampvegters vir die *status quo* was, soos dikwels beweer word nie. Inteendeel, Die Volksblad in Bloemfontein, waarvan hy twaalf jaar die redakteur was, het hom, dikwels teen hoë koste, vir verandering beywer. Heelwat van die krediet vir die hartsverandering wat Afrikaners – wat in die Vrystaat tydens die referendum in Maart

1992 oorweldigend "Ja" gestem het – ondergaan het, behoort die koerant toe te kom. Afrikaanse koerante en hul redakteurs wat in dié jare in die politieke loopgrawe was, het, na Van Deventer se mening, nie rede om boetvaardig te wees nie.

"Naspers ag hom nie skuldig aan enige skending van menseregte of ander misbruike nie en het nie 'n belydenis te doen of 'n apologie aan te teken nie," het Ton Vosloo, uitvoerende voorsitter, 'n paar weke later verklaar toe hy deur die WVK om 'n voorlegging genader is. Die pers het wel 'n verbintenis om 'n bydae tot die proses van waarheid en versoening te lewer, het hy bygevoeg, en daarom werk hulle graag met die Waarheidskommissie saam. "As 'n verwagting (egter) by voorbaat bestaan dat daar inderdaad sulke wandade was, watter nut het dit om ons standpunt in te neem en dan die risiko te loop dat 'n instansie soos ons se goeie trou, geloofwaardigheid en integriteit van openbare fo-rums aangeval word, soos op politieke terrein inderdaad tydens sittings van die WVK gebeur het?"

In Johannesburg het Johan de Wet, hoofredakteur van Beeld, geskryf dat waar sy koerant heel dikwels ander instansies aangeraai het om hul getuienis voor die WVK te lewer, dieselfde sekerlik van Beeld gevra kan word. Dis egter nie so maklik om dit te doen nie. Oor growwe menseregteskendings in sy geledere sou Beeld nie regtig verslag kon lewer nie. Dit het na sy wete nie plaasgevind nie. Persoonlik sou dit ook vir hom moeilik wees om namens sy voorganger-redakteurs te praat. Dis jammer, het De Wet opgemerk, "want Beeld het 'n opwindende verhaal te vertel wat in die geledere van die nuwe bewindhebbers nie algemene kennis is nie. Soos dat Schalk Pienaar al in 1974 ernstig geskryf het teen kleinapartheid; dat Volsoo al in 1981 in Beeld geskryf het dat die NP bereid sal moet wees om met die ANC gesprek te voer oor 'n nuwe politieke bedeling. Soos Willem Wepener wat in 1983 die vrylating van Nelson Mandela bepleit het. Maar Beeld sal ook moet gaan sê hy hét soms oordeelsfoute begaan; hy het sy lesers by tye onvolledig ingelig; en hy het moontlik bygedra tot 'n klimaat waarin menseregteskendings gepleeg kon word. Natuurlik is Beeld hieroor vandag bitter spyt. Ter versagting kan aangevoer word dat Beeld gehandel het volgens die inligting tot sy beskikking en binne die vermoë wat hom toegelaat is deur 'n regering wat die pers om elke hoek en draai aan bande probeer lê het. Die versuim kan ons nie goedpraat nie. Dit staan immers opgeteken in ons argief. Alles wat ons gedoen, en alles wat ons nie gedoen het nie."

Tutu was erg teleurgesteld dat daar nie van die Afrikaanse koerante 'n amptelike voorlegging gekom het nie, en het dit in sy openingstoespraak duidelik gesê: "Moet die swye uit daardie kringe vertolk word as instemming dat hulle die kruiperige instrument van die apartheidsregering was? Ons sal nie weet nie – tensy hulle praat en hulle kant van die saak stel."

Die Afrikaanse media sal die WVK nie kan verkwalik as sy finale verslag in hulle oë eensydig gaan wees nie. "Die Afrikaanse media gaan die saak by verstek verloor. Dit gaan ons werk in die wiele ry omdat 'n belangrike stem afwesig gaan wees. Ons is nie partydig nie. Ons wil 'n volledige beeld vorm. Voordat dit moontlik is, het ons bydraes van alle rolspelers nodig."

Tutu het die ernstige hoop uitgespreek dat die Afrikaanse media op die een of ander manier tog die moeite sou doen om hulle kant van die saak te stel.

Dit sou binne enkele weke gebeur toe honderd en twintig Afrikaanse joernaliste, onder hulle senior verslaggewers van die koerante wat aan Naspers behoort, wel persoonlike verklarings voor die WVK gelê het. Maar daaroor later meer.

◆   ◆   ◆

Heel eerste het die SABC, oftewel die ou Suid-Afrikaanse Uitsaaikorporasie, onder die soeklig gekom.

Dis duidelik dat die SAUK tydens die apartheidsjare bygedra het tot die skending van menseregte, het Johan Pretorius, voormalige redakteur van TV-nuus, getuig. Hulle het beslis meegehelp om die beleid van apartheid aan die gang te hou. Maar die historiese konteks waarbinne dit gebeur het, moet in aanmerking geneem word. "Ek sê nie die SAUK het nie foute gemaak ... sy plig versuim nie ... ek probeer nie ander blameer ... verskonings soek nie ... Ek is bereid om volle verantwoordelikheid te aanvaar vir my of my ondergeskiktes se besluite. Dit was egter nooit doelbewus die bedoeling om menseregte te skend nie."

Die SAUK het ook suksesse gehad, meegehelp om veranderinge in die land tot stand te bring, het Pretorius verduidelik. Dikwels was SAUK-personeel onder geweldige druk van politici van alle partye, maar veral van die NP. "Joernaliste is gedreig en alle ure van die nag sleggesê," het hy vertel. "Politici het in daardie dae 'n heeltemal naïewe, simplistiese en eendimensionele siening van uitsaaijoernalistiek, veral die TV-joernalistiek, gehad. Ek is jammer om te sê dat sommige NP-politici die grootste oortreders was. Hulle het publisiteitswaarde heeltemal met nuuswaarde verwar én andersom, as dit hulle gepas het. Hulle was heeltemal paranoïes oor wat hulle beskou het as 'blootstelling vir subversiewe elemente' en regse teenstanders. Ons moes hulle sowel as die nuus bestuur en het dikwels twee tree agteruit gegee, net om die volgende dag twee tree vorentoe te kan gee."

Die SAUK is verder deur die bepalings van die Uitsaaiwet aan bande gelê. Die SAUK Raad, wat die korporasie se beleid moes bepaal, is deur die Staatspresident aangestel; die minister wat vir Uitsaaiwese verantwoordelik was, moes aan die Parlement verslag gee. Die houvas van die Regering was direk. Gedurende die tagtigerjare, veral in die tyd van die "totale aanslag," het die drakoniese veiligheidswetgewing sake vir joernaliste uiters moeilik gemaak. Daar was selfs sprake van militêre beheer oor SAUK-joernaliste.

Oor watter rol die Afrikaner Broederbond (AB) in dié verband gespeel het, het twee oud-Broederbonders nogal verskil. Volgens prof. Sampie Terreblanche wat jare lank, van 1969 tot 1989, lid van die AB was én ook op die SAUK Raad gedien het, was die invloed groot. Vir baie jare was dr. Piet Meyer nie net voorsitter van die SAUK Raad nie, maar ook voorsitter van die Uitvoerende Raad van die AB. Daar was in dié jare, selfs na die dood van Meyer, voortdurend 'n stryd tussen die verligte en verkrampte groepe in die AB en die SAUK Raad. Hy en die ander verligtes, het Terreblanche gesê, het "nie juis hond haaraf gemaak nie".

Louis Raubenheimer, wat nog steeds aan die SABC verbonde was en in die ou bedeling onder meer hoof van Aktualiteitsprogramme was, het dit anders ervaar. Hy was van 1990 tot 1995 lid van die AB, maar sy ervaring was dat die invloed van die AB op die SAUK in dié jare minimaal was. Vanselfsprekend is sy standpunte beïnvloed deur AB-besprekings wat hy van tyd tot tyd bygewoon het, maar op sy direkte werk, elke dag, het dit nie regtig 'n merk gelaat nie.

Dit was nie net die AB waarmee rekening gehou moes word nie, het prof. Terreblanche op 'n ligter noot laat hoor. Soms was dit mev. Elize Botha, eggenote van die Staatspresident, wat die wêreld vir hulle moeilik gemaak het. Op 'n keer is 'n televisieprogram oor die natuurlewe in Rusland "op ys gehou" omdat mev. Botha gemeen het dat die vertoning van *Durrell in Russia* vir die volk gevaarlik – deel van die "totale aanslag" – sou wees.

"Wanneer sy na 'n program gekyk het waarvan sy nie gehou het nie, het sy by P.W. gekla, wat dan weer by Pik (Pik Botha, Minister van Buitelandse Sake) gekla het. Die program is dan nie gebeeldsend nie." Op 'n ander keer het sy dit weer teen 'n aangekondigde program gehad wat toe nooit uitgesaai is nie. P.W. is oudergewoonte met die klagte na Pik. Sy antwoord was: "Ek het gedink u gaan nie daarvan hou nie, toe het ek hulle sommer by voorbaat opgedonner."

Een van die onstellendste getuienisse wat gelewer is, was van Zakes Nene van die Media Workers Association of South Africa (MWASA) afkomstig. Swart persone het vergeefs op promosie gewag – selfs gedurende die jare waarin die verskillende streekdienste ingestel is wat vir swart luisteraars voorsiening moes maak, is al die topposte aan blankes toegewys; van 85 senior personeellede was slegs ses swart. Swart werkers is soms werklik fisies aangerand. Artikel 14 het bepaal dat enige persoon sonder opgawe van redes afgedank kon word. Werkers wat ideologies van die NP verskil het, het voortdurend in vrees geleef dat hulle hul werk sou verloor. 'n Swart werker wat "hardegat" was, het swaar gekry, het Nene vertel. Werkers is ernstig aangespreek as hulle na blanke vroulike kollegas gekyk het.

"Mense wat ingevolge Artikel 14 ingeroep is, moes kies tussen afdanking of 'n pak slae met 'n sambok. Van hulle het gekies om, sonder 'n behoorlike dissiplinêre verhoor, met 'n sambok geslaan te word."

'n Lys name van werkers wat slae gekry het, is deur MWASA ingelewer.

◆ ◆ ◆

Op Dag Twee het vier staatsagente, John Horak, Craig Williamson, Vic McPherson en Craig Kotze, aan die woord gekom.

Tydens die apartheidsjare het die Regering hom ten doel gestel om die topstrukture van die mediaorganisasies in die land sowel as senior joernaliste te beïnvloed, het Williamson vertel. Joernaliste was gewilde teikens vir sowel die veiligheidsmagte as die bevrydingsbewegings. Hulle het toegang tot inligting gehad en hulle kon vrae vra. Die Regering het destyds as deel van sy poging om die harte en gedagtes van mense te wen, die media gemanipuleer. Die bevolking van die land moes proregering – of ten minste neutraal – gehou word. Mediaorganisasies moes vir dié doel geïnfiltreer word. "Ons het verskillende mense nodig gehad om verskillende rolle te speel. Sommige moes stories plant terwyl ander stories moes skryf."

Mense op alle vlakke moes bereik word, van die skoonmakers tot die redakteurs van die verskillende koerante.

Baie van die "joernalistekontakte" het nie eers besef dat hulle deur die Polisie gebruik is om die staat se standpunte te bevorder nie, het Vic McPherson bygevoeg. Volgens McPherson, wat aan die hoof van die

Polisie se eenheid vir koverte strategiese kommunikasie (Stratkom) gestaan het, het hy self sowat veertig kontakte gehad wat vir sulke uiteenlopende groepe en publikasies soos die Republikeinse Pers, BBC News, Reuters, Sapa, Sunday Times, Pretoria News, Beeld, Rapport, The Citizen, The Star, Insig, Huisgenoot en Rooi Rose gewerk het. Onder die veertig was twee polisielede, vier informante wat van tyd tot tyd vir die inligting wat hulle verskaf het, betaal is, tien "kennisse" en twintig joernaliste wat, sonder dat hulle daarvan bewus was, deur die Polisie gebruik is.

Inligting oor verskillende Stratkom-projekte het tydens die verhoor ter sprake gekom. In een geval het Stratkom inligting vervals om stories wat George da Costa, wat van die Mosambiekse inligtingsdiens na Suid-Afrika oorgeloop het, te staaf. Die vals inligting het die basis gevorm van vyf artikels wat in die tydskrif *Scope* verskyn het. Nog 'n voorbeeld was die inligting oor Joe Slovo se betrokkenheid by Operasie Vula, wat tot groot verleentheid van die SAKP deur Stratkom uitgelek is. In 1989 het McPherson 'n voorlegging oor 'n geheime mediaprojek aan oud-president De Klerk gemaak, wat die projek "in beginsel goedgekeur het".

Geheime fondse van R4,5 miljoen is vir die boekjaar 1989-90 daarvoor bewillig. Slegs sowat 'n halfmiljoen rand is uiteindelik gebruik.

John Horak, voormalige polisieagent wat sewe en twintig jaar lank as joernalis vir verskillende koerante gewerk het, het vertel dat sy taak veral daaruit bestaan het om aan die Polisie te verduidelik hoe die pers-mense oor sake van die dag gedink het. In baie gevalle moes die redak-teurs van die betrokke koerante daarvan geweet het, het hy getuig. Dis egter niks nuuts nie – en dit het ook nie opgehou nie. Daar was na sy mening op die oomblik meer informante by die SABC en die koerante betrokke as gedurende die apartheidsjare. Dit gebeur wêreldwyd dat regeringsagente probeer om die media te infiltreer. Craig Kotze, wat volgens sy eie erkenning deur die Polisie as agent gewerf is terwyl hy vir The Star gewerk het, het gesê dat die Suid-Afrikaanse Polisie die gebruik nou gestaak het, "maar daar is geen waarborg dat politieke organisasies, insluitend buitelandse intelligensiedienste (nou nog) dieselfde doen nie".

Veral Horak se getuienis het by sekere dele van die gehoor, asook by sommige joernalistekollegas, skerp reaksie ontlok. In sy bitter kommen-taar op Johan Horak se voorlegging het die swart digter en joernalis Don Mattera gesê dat as dit nie vir die versoening was wat president Mandela in die land bewerkstellig het nie, hy die polisieagent self sou wou doodgemaak het! Horak se skinderveldtogte terwyl hy vir die destydse Rand Daily Mail gewerk het, het verskriklike gevolge vir sommige van sy kollegas gehad.

"Dis die man, as hy 'n man is, wat op my afgekom het toe ek in die toilet sit en huil het oor 'n stuk toiletpapier met besonderhede oor die marteling van aangehoudenes wat ek in die hande gekry het."

Mattera is kort na die voorval in hegtenis geneem en deur die Polisie aangerand. Waar is die stuk toiletpapier? wou hulle van hom weet. Gedurende die jare is 350 klopjagte op sy huis uitgevoer en is hy self 150 keer aangehou, het Mattera vertel. Die ergste was nie dat Horak aangestel is nie, maar dat van sy base by die koerant van sy verbintenisse moes geweet het en niks daaraan gedoen het nie.

Die derde en laaste dag het aan die koerante behoort. Die twee groot Engelse mediareuse Times Media Limited (TML) sowel as Independent Newspapers, die ou Argus-groep (IN), kon heelwat oor hul verlede rapporteer. Ten spyte van foute wat hulle gemaak het – veral dat hulle hul eie swart kollegas nie altyd reg behandel het nie, 'n saak waarvoor hulle ernstig om verskoning gevra het – het hulle hul bes probeer om konsekwente kritiek teen die Regering te lewer, om te sorg dat die opposisiestem in die land nie stil raak nie. Almal het egter nie ewe positief oor hul sukses geoordeel nie. Thami Mazwai van die Forum of Black Journalists was redelik uitgesproke in sy kritiek teen die Engelse koerante, wat na sy mening ook maar by die apartheidsdenkwyse van die sestigerjare vasgesteek het. Moegsien Williams het weer die Engelse koerante daarvoor verwyt dat hulle die Afrikanerpolitici as hul opposisievennote gesien het en nooit daaraan gedink het dat die eintlike opposisie met wie hulle in gesprek moes tree, al die jare op Robbeneiland gesit het nie.

Die sogenaamde "alternatiewe pers" het ook hul kans op die podium gekry. Max du Preez, redakteur van die eertydse Vrye Weekblad, het van "een van die swartste oomblikke in ons regsgeskienis" vertel, toe sy koerant 'n appèlsaak verloor het en as gevolg daarvan gesluit moes word. Die saak is destyds deur luitenant-generaal Lothar Neethling aanhangig gemaak as gevolg van berigte oor die optrede van die Veiligheidspolisie wat in die blad verskyn het. As gevolg van Neethling se meineed – het Du Preez verontwaardig gesê – is sy blad gesluit. Informasie wat intussen deur die WVK ingesamel is, bevestig egter wat Vrye Weekblad destyds geskryf het oor die Polisie se forensiese laboratoriums, oor gif wat vir politieke aktiviste bestem was, sowel as oor die feit dat die vermoorde Anton Lubowski nie 'n agent van die Regering was nie. "Ek hoop werklik die WVK kan my help om die man tereg te laat staan."

Soos Tutu het Du Preez die Afrikaanse pers ernstig verkwalik dat hulle nie 'n amptelike verklaring by die WVK wou indien nie. Die koerante roem daarop dat hulle ten gunste van hervorming was, dat hulle bereid was om ter wille van verandering 'n prys te betaal. Maar waar was hulle getuienis nou? En het hulle nie tog ook dinge te bely nie – die afdanking van Johannes Grosskopf toe hy as redakteur van Beeld ongemaklike vrae begin stel het; die toesmeerdery van die Weermag se optrede in Angola; die histerie wat aangeblaas is toe 'n aantal Afrikaners in 1987 in Dakar met die ANC gaan praat het? Die feit dat die Afrikaanse koerante nie na die mediasitting gekom het nie, het Max du Preez "baie, baie, hartseer gemaak".

◆ ◆ ◆

'n Paar weke later het daar tóg so'n voorlegging gekom. Nie minder nie as 127 Afrikaanse joernaliste, almal Naspersmense, het 'n gesamentlike verklaring uitgereik, talle met hul kommentaar daarby, waarin hulle hul teleurstelling uitgespreek het dat Naspers nie sy opwagting by die WVK gemaak het nie. Van Beeld het 60 joernaliste die verklaring onderteken (onder wie die twee adjunkredakteurs, Tim du Plessis en Arrie Rossouw), van Die Burger 26. Die redakteur van Fair Lady, Roz Wrottesley, die adjunkredakteur van Huisgenoot, Julia Viljoen, en 'n senior redaksielid van Insig, Tobie Wiese, was ook deel van die groep wat – alhoewel almal in hul persoonlike hoedanigheid opgetree het – ewe sterk oor die saak gevoel het.

In hul verklaring het die joernaliste dit duidelik gestel dat hoewel hulle nie persoonlik of direk betrokke was by die growwe skending van menseregte nie, hulle hulself moreel as medeverantwoordelik beskou het vir wat in die naam van apartheid gebeur het, omdat hulle 'n stelsel waarin hierdie vergrype kon plaasvind, in stand help hou het.

"Ek was blind en doof vir die politieke aspirasies, woede en lyding van my mede-Suid-Afrikaners. Ek, soos vele ander … het lesers nie behoorlik oor die onregte van apartheid ingelig nie; het daardie onregte nie sterk genoeg teengestaan nie; en waar kennis daarvan bekom is, die ontkennings en gerusstellings van die NP te geredelik aanvaar.

"Ek bied aan almal wat as gevolg hiervan gely het, my opregte verskoning aan en onderneem om alles in die stryd te werp om 'n herhaling van hierdie geskiedenis te voorkom."

Ton Volsoo, uitvoerende voorsitter van Naspers, was, om dit sagkens te stel, nie in sy skik met die verklaring nie en het dit in 'n persverklaring duidelik laat blyk. Die optrede van die joernaliste was volgens hom 'n "repudiasie van groot en eerbare name in Naspers se lang, ryke en trotse joernalistieke tradisie, en is te betreur".

Tutu, en saam met hom die hele WVK, was egter in die wolke. "Ek wil hulle (die joernaliste) van harte prys omdat hulle hul deur hul gewete laat lei het, in die aangesig van aansienlike teenstand. Hul optrede is 'n baie betekenisvolle bydrae tot versoening en die proses van heling in ons land."

22 SEPTEMBER 1997: DIE WVK EN DIE NP BEGRAWE DIE STRYDBYL

Goeie nuus!

Die Waarheidskommissie en die Nasionale Party het besluit om "in belang van versoening in die land" die strydbyl te begrawe. Na 'n ontmoeting in Kaapstad tussen aartsbiskop Tutu en mnr. Marthinus van Schalkwyk, die leier van die NP, het dié party aangekondig dat hy die hofsaak wat hy teen die kommissie aanhangig gemaak het, gaan laat vaar.

Dr. Alex Boraine, ondervoorsitter van die WVK, het terselfdertyd onvoorwaardelik verskoning gevra vir sy kritiek op mnr. F.W. de Klerk en op die Nasionale Party na dié party se voorlegging vroeër dié jaar.

"Die WVK het erken en is ook diep besorg oor die indruk dat sulke openbare kritiek en optrede 'n negatiewe refleksie op die kommissie se objektiwiteit en onpartydigheid werp," het die amptelike verklaring gelui.

Op 'n mediakonferensie het Van Schalkwyk lof uitgespreek vir die rol wat aartsbiskop Tutu ter wille van versoening in die land speel. Hy het die apologie wat Tutu enkele weke tevore aangebied het ten opsigte van sy kritiek teenoor die Nasionale Party en oudpresident De Klerk, verwelkom. Oor presies hoe die NP en die WVK hul bande in die toekoms kon versterk én hoe hulle verder sou kon saamwerk ter wille van versoening, sou daar in die komende weke verdere samesprekings gevoer word.

26 SEPTEMBER 1997: WINNIE VERJAAR BY DIE WAARHEIDSKOMMISSIE

"Dit lyk my die hele Suid-Afrika weet dat me. Madikizela-Mandela vandag verjaar, almal behalwe die Waarheidskommissie. Waarom moes julle my kliënt juis vandag van alle dae oproep om voor die WVK te verskyn?"

Advokaat Ishmael Semenya het nog voor die amptelike *in camera*-sitting in Johannesburg sou begin, begin beswaar maak. Me. Madikizela-Mandela, daarenteen, het ontspanne en sjarmant in haar wit baadjiepak met almal om haar gesels en grappies gemaak. Sy het aansienlik jonger as haar 63 jaar gelyk. Die agtien sake waaroor die WVK haar wou ondervra – onder meer verskeie moorde – het haar op die oog af geensins ontstel nie. Sy en haar regsverteenwoordigers het egter onwrikbaar by hul eis bly staan: Hulle sou met die ondersoek agter geslote deure saamwerk op voorwaarde dat daar later in die jaar 'n openbare geleentheid geskep word waar sy haar saak voor die hele volk sou kon stel. Daarteen het die WVK nie beswaar gehad nie: 24 November sou die datum wees.

Ek is aangewys om op die paneel te sit wat Winnie moes aanhoor, op dié dag en ook later, op 13 Oktober, toe die *in camera*-ondersoek voortgesit is. Winnie het nie veel gesê nie en die meeste praatwerk aan haar regspan oorgelaat. Sy het egter voortdurend aantekeninge geneem, af en toe raad gegee. Niks het skynbaar haar aandag ontglip nie. Teetyd het sy my, saam met 'n paar ander wat haar met haar verjaarsdag gelukgewens het, vriendelik omhels. Wat nie beteken het dat sy kort daarna ook kortaf en geïrriteerd op 'n vraag kon antwoord as sy gemeen het dat die ondervrager dit verdien nie. "Hier kom 'n ding!" het ek vir myself gesê toe ek aan haar openbare verhoor in November gedink het. 'n Profetiese gedagte, beslis.

27 SEPTEMBER 1997: DIE BYBEL IN EENSAME AANHOUDING

"Nee, ek wil nie saam met jou Bybel lees nie, veral nie die stukke wat jy lees nie. Ek weet nie hoe dit met julle mense is nie, julle kies altyd die verkeerde stukkies om te lees – en dan lees julle dit nog deur 'n kommunistiese bril!"

Ek en Tom Manthata moes Mmabatho toe ry om die Premier en kabinet van die Noordwes Provinsie te gaan ontmoet. Premier Popo Molefe en Tom was ou vriende wat saam lang tye in aanhouding deurgebring het. Hulle was saam op Robbeneiland, wat vanselfsprekend meegebring het dat ons ontvangs besonder hartlik verloop het.

Na die vergadering het ons oor middagete aan die gesels geraak, nie oor die swaarkry wat hulle deurgemaak het nie, maar – interessant genoeg – oor die rol wat die Bybel in die lewe van die gevangenes gespeel het. Die meeste anti-apartheidsaktiviste wat oral in die land aangehou is, ook dié wat op Robbeneiland hul straf uitgedien het, het Tom Manthata verduidelik, was kerkmense. Vir baie was hul geloof hul erns, die een faktor in hul lewe wat hulle staande gehou het.

"Partykeer moes ons lank wag voordat ons 'n Bybel van die bewaarders ontvang het," het hy vertel, maar wanneer dit uiteindelik gebeur het, het ons die Bybel van voor tot agter deurgelees. Ons het die woorde ingedrink! Die Bybel het my geleer dat dit die moeite werd was om vir reg en geregtigheid te stry, al kry 'n mens swaar in die proses. Ek kon lees dat daar baie mense was wat 'n duur prys ter wille van hierdie sake betaal het en dit het my moed gegee. En, natuurlik, plek-plek lees 'n mens van geleenthede wanneer waarheid en geregtigheid wel getriomfeer het. Dit het my gehelp om nie moed te verloor nie, maar om te bly hoop."

Op 'n dag het Tom, diep beïndruk met 'n perikoop wat hy in die Bybel raakgeloop het, 'n bewaarder wat sy seldeur oopgesluit het, ingenooi. Maar die bewaarder het volstrek geweier om saam Bybelstudie te doen, veral nie uit die "verkeerde" gedeeltes nie. Dit het Tom, wat tussen 1974 en 1985 ses keer gevange geneem is en dikwels baie lang tye in eensame opsluiting moes deurbring, nie te veel gepla nie. Die inspirerende dele uit die Bybel het hulle as gevangenes met mekaar gedeel: Tokyo Sexwale, Patrick Lekota, Popo Molefe en al die ander. Met besoekende predikante en priesters het hulle dit bespreek.

"Watter Bybelgedeeltes het jou die meeste geraak, veral die tye wat jy in eensame opsluiting was?" het ek Tom uitgevra. "Die psalms," was die antwoord dadelik. "In die psalms kon ek myself herken. Al my hartseer en pyn, my frustrasie, my wanhoop en my hoop, my verlange, my vertroue op die Here, was in die psalms opgeteken. Ek het my eie hart in die psalms hoor klop. Ek het die gewoonte aangekweek om die psalms hardop te lees. Dit was soos musiek." Op my vraag watter psalms vir hom die meeste van almal beteken het, was sy reaksie dadelik: Psalm 91 en 121. "Soggens kon ek opstaan met die woorde, 'Here, U is my toevlug en veilige vesting.' Saans het ek by my bed gekniel: 'Ek slaan my oë op na die berge: waar sal my hulp vandaan kom? My hulp is van die Here!'"

Naas die psalms was Paulus se briewe gewilde leesmateriaal. Met Paulus wat uit die gevangenis geskryf het aan mense wat self deur die meule gegaan het, kon Tom en sy kollegas goed identifiseer. Maar bo alles was dit die lydensgeskiedenis van Jesus wat die manne in die selle aangegryp het. Tom vertel hoe hy lang gedeeltes uit die Evangelies gememoriseer het: Judas se verraad, Getsemane, die verhoor en die kruisiging van die Here. Tom het as Katoliek grootgeword, selfs 'n rukkie aan 'n Katolieke seminarie gestudeer. Dit het hom gehelp om met sy lepel die veertien Stasies van die Kruis al langs sy selmure af te merk. By elkeen van die stasies van die kruis het hy daagliks gekniel om die liturgiese gebede te herhaal, het Tom met 'n glimlag onthou, "maar dit het betekenis aan elke dag in eensame opsluiting gegee. Party oggende het ek die openingsliturgie waarmee die Suid-Afrikaanse Raad van Kerke elke dag sy werk begin, bygetrek – net om kontak met my Protestantse broers en susters te behou!"

Die ete was verby. Dit was tyd om lughawe toe te gaan. Tom se laaste woorde aan tafel het my nogal geraak: "As 'n mens mooi daaroor nadink, was die jare in die tronk ook geseënde jare. 'n Mens het nader aan die Here geleef, was baie meer afhanklik van Hom as wat dikwels nou die geval is. Nou jaag ek rond en hou my besig met allerlei dinge. Nou kry ek min tyd vir Bybelstudie, vir meditasie en gebed. Dit laat 'n mens nogal wonder ..."

◆ ◆ ◆

Julie, Augustus, September 1997, die maande waartydens die trek na binne sou begin, was verby. Baie het gebeur. 'n Lang ry persone en instansies het voor die spieël van die geskiedenis te staan gekom. Soos Beyers Naudé het hulle hul skuld erken, probeer om dit te verstaan. En dit bely. Ander wou wéét, het met hul vrae en vrese na die verhore gekom. Daar was oomblikke van frustrasie én van verwondering, van woede en pyn én van versoening en vreugde.

'n Lang tou mense het aangemeld: Peter en Linda Biehl uit die VSA; die dokters en mediese professore met hul stetoskope en hul verleentheid oor die verlede; Janusz Walus, Clive Derby-Lewis, saam met Limpho Hani, die weduwee van die man wat hulle vermoor het; die oorlewendes van die St. James-kerkslagting; Jeffrey Benzien met sy nat sak; die vroue van die Ou Fort; Bram Fischer se twee dogters; Helena, die eensame boervrou van Mpumalanga; Dirk Coetzee en Gideon Nieuwoudt, die twee gevreesde offisiere; Dawie de Villiers wat in sy laaste toespraak voor die Parlement sy hart uitstort; Craig Williamson en John Horak en die ander mediaspioene; die 127 Afrikaanse joernaliste wat nie anders kon as om hul mede-Suid-Afrikaners in die oë te kyk en te sê: "Ons is jammer, baie jammer" nie; les bes my vriend Tom met sy Bybel in sy hand.

Gedurende die laaste kwartaal van die jaar sou die wêreld se belangstelling nog eens op die Waarheidskommissie se werk gevestig word, sou talle mans en vroue, sakelui, regters en advokate, die "moeder van die volk" en haar lyfwag, dominees en priesters, imams en rabbi's by die tou inval.

Oor hulle word in die volgende hoofstuk verder vertel.

MEDEREISIGERS

Toe die "mooiste, mooiste maand" aanbreek, het die Waarheidskommis-
sie – en saam met die kommissie, die hele land – op sy voorlaaste skof
vertrek. Die reis na binne, na 'n beter begrip van wat alles in ons land
afgespeel het, van wat alles gebeur het met die mense wat by dié dinge
betrokke was, was nog nie verby nie. Terwyl dit buite lente was, terwyl
die bome in bloei gestaan het, het talle ou én nuwe reisgenote aangemeld:
vryheidsvegters, militêre offisiere, polisielede, politici, regters en advoka-
te, besigheidsmense, Broederbonders, godsdienstige leiers. Elkeen het
'n storie te vertel gehad, 'n brokkie inligting gebring, 'n mening, 'n
verduideliking, wat as padkaart kon dien.

1 OKTOBER 1997: AMNESTIEAANSOEKE IN, DAGVAARDINGS UIT ...

Die eerste Oktober was 'n dag om nie gou te vergeet nie. Die IN-mandjie
van die WVK was tot oorlopens toe vol, die UIT-mandjie ook.

Om middernag die vorige aand het die amnestieaanbod finaal verstryk.
Eintlik moes dit al op 10 Mei gebeur het, maar as gevolg van 'n gesloer
deur die Departement van Justisie om die nodige wetgewing (waarin
die afsnydatum vir dade waarvoor amnestie gevra kon word van 6
Desember 1993 tot 10 Mei 1994 verleng is) voor die Parlement te lê,
het laatslapers nog die geleentheid gehad om tot 30 September, om
twaalfuur die aand, hul aansoeke in te dien. Na die nodige rondbellery
tussen die kantore is die aankondiging gemaak: 99 nuwe aansoeke is
ingedien – gister alleen is 73 ontvang.

Op 'n perskonferensie is interessante gegewens beskikbaar gestel.
Die totale getal amnestieaansoeke was 7 048, baie meer as wat
aanvanklik verwag is toe die WVK met sy werk begin het. Die laaste dag
se aansoeke het van persone uit alle partye gekom. Van die Inkatha
Vryheidsparty was daar veertien nuwe aansoeke; van die kant van die
ANC dertien, onder meer van adjunkpresident Thabo Mbeki plus drie
ministers, vier adjunkministers en vier provinsiale premiers. Uit die
geledere van die vorige regering het slegs oudminister Adriaan Vlok 'n

aansoek ingedien. Die name van ses PAC-lede en een Azapo-lid het verder op die lys verskyn, saam met 25 oudpolisielede en twee van die BSB. 'n Laaste, verrassende aansoek wat op die nippertjie ingedien is, was van die leier van die AWB, Eugene Terre'Blanche. Terre'Blanche, wat hom in die verlede baie sterk teen die WVK uitgespreek het, het gesê dat hy nou "met 'n oop gemoed (na die WVK) kom ... Ek is bereid om daar voor my God te sê: 'Here, as ek dan verbrou het, vergewe my.'" Die AWB-leier het vir twee dade om amnestie aansoek gedoen: vir die teer-en-veer van prof. Floors van Jaarsveld in 1979 en vir sy aandeel aan die sogenaamde Slag van Ventersdorp in Augustus 1991, toe hy en sy medestanders op 'n vergadering wat oudpresident F.W. de Klerk op die dorp gehou het, met die Polisie slaags geraak het. Dié dag is drie mense in die skermutseling gedood en talle beseer.

"Die WVK is dankbaar oor die aansoeke," het Richard Lyster op 'n perskonferensie gesê.

"Maar die kommissie het meer verwag. Daar was nóg 'n groep ANC-lede wat van hulle moes laat hoor het asook 'n hele klomp oudweermag-lede wat alle rede gehad het om amnestieaansoeke in te dien. Sonder hul getuienis gaan baie vrae onbeantwoord bly."

Nie alle aansoeke het geslaag nie, is tydens die perskonferensie vertel. Goed 2 500 aansoekers het nie gekwalifiseer nie; hulle het óf skuld ontken, óf dit was uit die staanspoor duidelik dat hulle geen politieke motief vir hul dade gehad het nie. 'n Hele aantal aansoeke was egter wel geslaagd, soos onder meer die aansoek van kolonel Jan Nieuwhoudt, wat slegs twee dae tevore gehoor het dat hy amnestie ontvang het vir sy aandeel aan die opleiding van 200 Inkatha-vegters wat gebruik is om ANC-lede in KwaZulu-Natal om die lewe te bring.

"Die amnestieproses is vol pyn," het Fazel Randera op die perskon-ferensie toegegee. "Dis nie maklik om om amnestie te vra nie. Dit kos 'n dapper man om dit te doen. Om só voor die hele nasie te verskyn, om voor die televisiekameras in soveel besonderhede bloot te lê wat alles gebeur het, vertel sy eie verhaal van skande en berou."

"Vir die slagoffers en hul gesinne is dit egter nog swaarder," het Khoza Mgojo bygevoeg. "Die feit dat sommige oortreders nie eens berou toon vir wat hulle alles gedoen het nie, maak mense kwaad en moede-loos."

Tutu het die konferensie afgesluit deur die soveelste keer 'n ernstige beroep op blanke Suid-Afrikaners te doen om die werk van die WVK te ondersteun. Die WVK is nie teen een spesifieke groep mense in die land gerig nie – en die doel van die sittings was hoegenaamd nie om sommige mense belaglik te maak of te vervolg nie.

"Ons wil wél by die waarheid uitkom. Swart Suid-Afrikaners het seergekry, maar hulle wil nie wraak neem nie. Kan wit Suid-Afrikaners iets meer grootmoedigs verwag? Mag God aan ons die welsprekendheid gee sodat ons julle kan oortuig hoe geweldig baie ons vir die land – en ook vir julle – omgee. Al wat ons van julle vra, is dat julle die dinge wat julle gedoen het, sal erken, dat julle sal besef dat julle aanspreeklik is. Dat julle sal sê: 'Ons is jammer!' Dit sal die einde van die saak wees. Asseblief!"

◆ ◆ ◆

Die UIT-mandjie was dié dag ook vol. Propvol. Op 14 Oktober sou 'n spesiale sitting oor die rol van die Staatsveiligheidsraad in Johannesburg gehou word en 'n hele aantal vooraanstaande persone is óf gedagvaar óf gevra om te kom getuig. Oudstaatspresident P.W. Botha en verskeie destydse kabinetslede – Pik Botha, Roelf Meyer, Adriaan Vlok, Leon Wessels en Magnus Malan – is gevra om voorleggings te doen. P.W. Botha, wat besig was om van 'n heupoperasie te herstel, het die WVK laat weet dat hy om mediese redes nie teenwoordig sou kon wees nie en gevra dat die dagvaarding teruggetrek moes word.

"Dit kan nie," het Tutu aan die pers gesê. "Oudstaatspresident Botha sal móét kom getuig. Ons sal egter na 'n ander datum moet soek. Die moontlikheid is nie uitgesluit dat so 'n sitting op George gehou kan word nie." Waaroor Tutu egter minder tevrede was, was die feit dat P.W. Botha nie die vorige dag, soos afgespeek is, die geskrewe antwoorde op 'n aantal vrae wat aan hom gestel is, ingelewer het nie.

Ook lede van die huidige regering het pos ontvang. Ministers Mac Maharaj en Joe Modise, saam met adjunkminister Ronnie Kasrils is genooi na 'n spesiale sitting oor die veiligheidsmagte wat in Kaapstad gereël is, om in die geselskap van mnr. Aboobaker Ismail, voormalige hoof van MK se spesiale operasies, oor hul rol in die oorlog te praat. Vyf Apla-leiers sou ook moes verskyn: mnre. Johnson Mhlambo (voormalige opperbevelvoerder), Daniel Mofokeng, Joe Mkwanazi, Lethlaba Mphalele en Vuma Ntikinca.

Twee oudhoofde van die Suid-Afrikaanse Weermag, generaals Constand Viljoen en Jannie Geldenhuys, asook generaal-majoor Joep Joubert en viseadmiraal Dries Putter, is gedagvaar om oor die optrede van die Leer en die Vloot te kom getuig. Generaal Georg Meiring is ook genooi om te kom praat. Die Polisie sou ook daar wees: generaals Johan van der Merwe en Johann Coetzee (al twee oudkommissarisse) is gedagvaar, saam met brigadier Willem Schoon (oudhoof van die Veiligheidspolisie se C-seksie), majoor Craig Williamson (baasspioen), brigadier Alfred Oosthuizen en majoor Sarel Crafford.

1 OKTOBER 1997 (VERVOLG): EUGENE DE KOCK EN SY KOLLEGAS AAN DIE WOORD

Terwyl die streekkantore besig was om amnestieaansoeke te verwerk en dagvaardings te pos, was 'n dramatiese verhoor in Port Elizabeth aan die gang. Die afgelope dae reeds het een oudveiligheidspolisielid na die ander hul draai in die saal gemaak. Maar vandag sou dit die voormalige Vlakplaas-bevelvoerder Eugene de Kock self wees wat kom getuig. En vir wat hy aan die Amnestiekomitee te sê gehad het, was daar groot belangstelling. Twee jaar tevore is De Kock tot twee maal lewenslange gevangenisstraf gevonnis, plus nog 21 jaar, toe hy op 89 aanklagte skuldig bevind is: ses van moord, twee van sameswering tot moord, benewens 'n lang reeks bedrog- en ander klagtes. Saam met Eugene de Kock het 'n sestal kollegas verskyn wat almal by talle polisiebedrywighede betrokke was: generaal Nic van Rensburg, brigadier Wahl du Toit, majoor Gerhard Lotz, luitenant-kolonel Kobus Kok, tesame met drie Vlakplaas-operateurs: majoor Marthinus Ras, en mnre. Lionel Snyman en Snor Vermeulen.

Die vorige week reeds het een amnestieaansoeker na die ander van hul dade van growwe menseregteskendings vertel. Gideon Nieuwoudt het sy aandeel aan die moorde op twee studenteleiers, Siphiwe Mtimkulu en Topsy Madaka, bely, asook die feit dat hy in sy verhoor destyds oor sy betrokkenheid by die Motherwell-moorde nie die waarheid gepraat het nie, omdat hy gedink het dat hy "daarmee sou wegkom". Verder het hy amnestie gevra vir sy aandeel aan die dood van Steve Biko, die Motherwell-moorde en die moord op die sogenaamde Pepco Drie. Nieuwoudt se vertellings oor hoe hy en sy makkers die twee studenteleiers eers met pille in hul koffie aan die slaap gekry en toe geskiet het én hul lyke later verbrand het, het die familielede wat teenwoordig was, erg geskok. Toe die amnestieaansoekers later die saal wou verlaat, is hulle deur 'n ontstoke skare voorgekeer. Die prokureurs van die slagoffers moes tussen die skare en die Polisie bemiddel voordat die gepantserde voertuig met Nieuwoudt en sy kollegas die terrein kon verlaat. Verslaggewers, lede van die Amnestiekomitee en ander WVK-werknemers moes binne die saal wag totdat die vrede herstel is.

Marthinus Ras se verhaal het oor die Motherwell-moorde gehandel. Ras, wat destyds tot tien jaar tronkstraf gevonnis is vir sy aandeel aan die moord op drie van hul eie polisiekollegas en 'n askari wat na hul vermoede na die ANC oorgeloop het, het die grusame gebeure beskryf. Nadat die motorbom ontplof het, moes hy nader stap om seker te maak dat sy gewese kollegas dood was. "Oral het stukke goed gelê en brand. Ek het amper in die pad oor 'n stuk mens geval. Dit het gelyk asof dit 'n persoon se rugstring kon wees. Ek het onmiddellik besef dat daar geen kans was dat 'n mens die ontploffing kon oorleef nie." Dit was nie nodig om die Makarof-pistool wat hy in sy hand gehad het, te gebruik nie. Hy, Lionel Snyman en Snor Vermeulen is dadelik terug Pretoria toe nadat hulle die "netelige sakie" afgehandel het.

"Dit is onregverdig dat ons nou verantwoordelik gehou word vir 'n opdrag wat direk van generaal Nic van Rensburg gekom het," het Ras aan die einde gekla.

Toe Eugene de Kock uiteindelik sy plek voor die mikrofoon ingeneem het, was die atmosfeer gelaai. Hy het sy getuienis begin met 'n skerp aanval op die voormalige regering en die polisiegeneraals onder wie se bevel hy opgetree het.

"Ek is bereid om verantwoordelikheid te aanvaar vir die dade van my manskappe, maar nie vir die optrede van my bevelvoerders nie. Hulle het letterlik weggehardloop van iets waarvoor hulle verantwoording moes doen. Ek is bitter teenoor die generaals en die politici. Ek is ook ontnugter. 'n Mens sou verwag dat hulle die integriteit en ruggraat sou hê om op te staan en verantwoording te doen."

Die gewese Vlakplaas-bevelvoerder het vertel dat oudminister Adriaan Vlok op 'n keer gesê het dat die Polisie en die Afrikaner nie binne 'n duisend jaar sou oorgee nie. "Dit laat my dink aan iets wat iemand in 1944 tydens die Tweede Wêreldoorlog gesê het," het hy met klaarblyklike verwysing na Adolf Hitler bygevoeg. Geen lid van die Nasionale Party – insluitend die voormalige president wat nou weggehardloop het – kon in die aand gaan slaap met die wete dat hulle in beheer is nie. Hulle is deur die SAP, die Weermag en die intelligensiediens in 'n gesagsposisie gehou.

"Baie van die mense wat opdragte gegee het, het nooit ondervind hoe dit is om self die sneller te trek nie. Om dit te doen en dan huis toe te gaan en 'n normale bestaan te voer is uiters moeilik," het De Kock verder getuig. Hy kon nie met sy kollegas oor dié dinge praat nie, want dan sou hy nie meer van sy lewe seker gewees het nie. Toe hy in 1994 in aanhouding was, het 'n Vlakplaas-kollega vir hom vertel dat die senior generaals hulle van hom distansieer.

"Dit het my naar gemaak!" Eugene de Kock het na Port Elizabeth gekom nie net om amnestie te vra nie. Hy wou ook die familielede van die Motherwell-slagoffers ontmoet en hulle om verskoning vra: "Vir wat dit werd is, ek verstaan hulle pyn. Ek is in dieselfde posisie, alhoewel dit nie so traumaties is dat dit by die keerpunt verby is nie."

Twee van die weduwees, mevv. Dora Mgoduka en Pearl Faku, het deur hul regsverteenwoordiger te kenne gegee dat hulle De Kock graag wou ontmoet, dat hulle graag met hom wou praat.

7 OKTOBER 1997 (EN VOLGENDE DAE): DIE GENERAALS MOET VERDUIDELIK

Watter rol het die veiligheidsmagte sowel as die bevrydingsbewegings in die verlede gespeel? In watter mate was hulle vir growwe menseregteskendings verantwoordelik? Wat was die motiewe aan weerskante van die stryd? Op weg na 'n beter begrip van alles wat in die land gebeur het, was dit onvermydelik dat die bevelvoerders van die veiligheidsmagte én die bevrydingsbewegings hul deel moes bydra. Vir dié doel is 'n spesiale sitting, wat enkele dae lank sou duur, in Kaapstad gehou.

Eerste aan die woord was brigadier Dan Mofokeng, voormalige Apla-bevelvoerder. Vrae vir hom was legio: Waarom het Apla burgerlike teikens – banke en boereplase, ontspanningsklubs, selfs 'n kerk – aangeval? Watter bydrae het dit tot die stryd gelewer? Oor die aanvalle van Apla-soldate op al hierdie teikens het Dan Mofokeng, wat intussen by die SANW aangesluit het, dit onomwonde gestel: Apla, die gewapende vleuel van die PAC, was nooit by gewapende rooftogte betrokke nie, maar wel by "rewolusionêre beslagleggings".

Dit was, om die waarheid te sê, vir 'n lang tyd die hoofbron van inkomste van Apla. Maar onthou, het hy benadruk, misdadigers pleeg gewapende roof – en hulle was nie misdadigers nie.

"Sedert sy stigting het die PAC dit kategories gestel dat ons land en sy hulpbronne deur wapengeweld van ons weggeneem is. Dit was Apla se verantwoordelikheid om beslag te lê op dit wat regtens aan die onderdrukte en ontheemde mense van Azanië behoort het. Dit is in dié konteks dat ons trots en openlik erken het dat banke en ander finansiële instellings teikens gemaak is. Ons is steeds trots en openlik hieroor omdat hierdie dade binne die PAC se politieke en ideologiese perspektief val. Ons neem gevolglik aanstoot oor bewerings dat ons gewapende rowers was."

Op 'n vraag of Apla beheer uitgeoefen het oor die geld wat buitgemaak is, was die antwoord van een van die Apla-lede:

"Ek het nog nooit 'n Apla-lid teëgekom wat hom uit die stryd verryk het nie." Meer nog, Apla was geensins spyt oor sy aanvalle op burgerlike teikens nie en sal ook nie daarvoor om verskoning vra nie. In die stryd was daar vir hulle geen onderskeid tussen harde en sagte teikens nie.

"Hierdie terme bestaan nie in ons woordeskat nie." Die hele samelewing was gemilitariseer, onder meer deur die diensplig- en kommando-stelsel. In die konteks van Suid-Afrika kon 'n mens glad nie van "onskuldige burgerlikes" praat nie. Teikens is dikwels uitgesoek met die oog op die sielkundige en politieke waarde wat hulle kon hê. Die aanvalle op die St. James-kerk, die King William's Town gholfklub en die Heidelberg-taverne was 'n reaksie op die geweld waaraan swart Suid-Afrikaners daagliks – veral deur die optrede van die Derde Mag – blootgestel was. "Die leierskap van Apla aanvaar volle verantwoordelik-heid vir hierdie aanvalle. Ons is nie spyt dat sodanige operasies plaas-gevind het nie en daar is niks om voor verskoning te vra nie." Kolonel Mulelo Fihla het wel erken dat die Apla-leierskap soms geskok was oor van die voorvalle, maar het dit nie met die operateurs bespreek nie.

Dit was duidelik dat die Apla-afvaardiging nie genoeë geneem het met kritiese vrae wat aan hulle gestel is nie. Dan Mofokeng het die WVK daarvan beskuldig dat hulle 'n politieke motief gehad het en dat hulle die PAC en Apla net wou diskrediteer. Toe die man wat skynbaar die opdrag vir die St. James-kerkslagting gegee het, Letlapa Mpahlele, daaroor uitgevra is, het hy in 'n woedende uitbarsting die WVK as 'n sirkus en 'n klug afgemaak. Toe adv. Glenn Goosen namens die Waarheids-kommissie navraag gedoen het of die PAC en Apla hulle nie aan internasionale konvensies oor die beskerming van burgerlikes in oorlogstyd gesteur het nie, het brigadier Mphalele gesê: "Toe Dingaan gesê het: 'Maak dood dié wat ons grond wil vat,' het hy nie gesê wie hulle was nie. Die aanvallers het gewéét! Ook Mosjesj het geweet dat alle wittes skuldig daaraan was dat hulle ons grond gevat het!"

Dat Apla en die PAC nie lus was vir die Waarheidskommissie nie, was duidelik. Talle offisiere het ook geweier om om amnestie te vra. Waarom sou hulle?

◆ ◆ ◆

Die ANC was self in die hoek deur vrae wat Glenn Goosen aan hulle gestel het. In hul eerste voorlegging het die ANC ontken dat hulle kaders ooit betrokke was by die vlaag bomaanvalle op Wimpy-eetplekke wat gedurende die apartheidsjare plaasgevind het. Die ANC het dit afgemaak as "valsvlag-operasies" van die destydse regeringsmagte wat gedoen is om die ANC te diskrediteer. Maar nou het 'n aantal ANC-lede presies vir dié aanvalle amnestie gevra. Hoe moet 'n mens dit verstaan? Minister Mac Maharaj het probeer verduidelik:

"Toe die ANC-leierskap in die buiteland van die Wimpy-aanvalle bewus geword het, het ons aanvaar dat dit ons eie mense se werk kon wees. In die lig van verdere getuienis het die vermoede begin posvat dat dit dalk eerder die werk van die Regering kon wees, met die doel om die ANC se beeld te knou. Indien daar egter aansoeke van ANC-mense kom wat bevestig dat hulle by die aanvalle betrokke was, maar in goeie trou van mening was dat hulle op dié manier ANC-bevele gehoorsaam het, sou die ANC bereid wees om verantwoordelikheid vir hul dade te aanvaar."

Ook vir die optrede van sy lede in KwaZulu-Natal moes minister Maharaj bontstaan. Die ANC het vroeër ontken dat enige van hul bevelvoerders ooit opdrag gegee het dat IVP-lede as legitieme teikens beskou kon word en dat aanvalle op hulle gesanksioneer was. Maar uit KwaZulu-Natal is verskeie amnestieaansoeke van ANC-lede en lede van selfbeskermingseenhede ontvang, van persone wat vertel dat hulle direk teen IVP-lede opgetree het en sommige van hulle gedood het. Mnr. Ronnie Kasrils het in sy antwoord toegegee dat daar wel mense was, mense wat nie formele opleiding ontvang het nie, wat ANC-propaganda-boodskappe verkeerd vertolk het en hulle dus aan wandade skuldig gemaak het.

Misverstande, onduidelikheid oor bevele en doelwitte was aan die orde van die dag.

Minister Maharaj het egter self 'n verhaal te vertel gehad, 'n verhaal wat 'n paar senior polisielede in die saal ongemaklik laat rondskuif het. In 1964 het generaal Johan van der Merwe, wat toe nog 'n luitenant was, hom gemartel terwyl sy medepolisiekommissaris, generaal Johann Coetzee, toegekyk het. Die veiligheidsmagte het nie eers, soos hulle beweer, in die tagtigerjare toe die rewolusionêre aanslag op sy hewigste was, van martelmetodes gebruik gemaak nie, het Mac Maharaj verklaar. Daarvan kon hy persoonlik getuig – hy én ook sy vrou is self in dié tyd deur die Polisie gemartel. Een van die metodes wat hulle van die

Portugese geleer het, was om gevangenes met 'n stuk plank waarin gate geboor is, te slaan. As 'n mens op die sagte dele van jou lyf geslaan is, is die vel deur die gate "ingesuig", wat geweldige pyn veroorsaak het.

◆ ◆ ◆

Die volgende dag was dit die generaals se beurt. Hoe het dit gekom dat die Weermag in die tagtigerjare by binnelandse moordaanvalle – soos die sluipmoord op die Ribeiro-egpaar – betrokke geraak het? Generaal Jannie Geldenhuys, destydse hoof van die Weermag, en generaal-majoor Joep Joubert, hoof van die spesiale magte-eenheid, het verduidelik: Dit het alles met 'n misverstand begin. In 1986 het generaal Geldenhuys aan Joep Joubert opdrag gegee om 'n plan te beraam waarvolgens die "spesmagte" die Polisie in die bekamping van binnelandse terreur kon bystaan. Joubert het 'n strategie uitgewerk hoe die spesmagte met koverte operasies 'n bydrae sou kon lewer. Hy het drie krisisgebiede geïdentifiseer: Noord-Transvaal, die Witwatersrand en die Oostelike Provinsie.

Joep Joubert het vertel hoe hy gesukkel het om 'n afspraak met generaal Geldenhuys te kry om die planne te bespreek. Uiteindelik het hy, terwyl hulle saam 'n partytjie bygewoon het, kans gekry om sy strategie aan die generaal te verduidelik.

"'Dit klink goed,' het Geldenhuys gesê. "Ek het dit as goedkeuring vertolk en die plan in werking gestel." Hy het nie verdere goedkeuring vir sy afsonderlike optredes gevra nie, want hy het gemeen dat hy reeds die magtiging van die weermaghoof ontvang het, wat hom in die uitvoering van sy planne vertrou het. Hy het ook gemeen die hoof van die Veiligheidspolisie sou tevrede wees. Toe dit egter 'n jaar later onder generaal Geldenhuys se aandag gekom het dat die Weermag by die moord op dr. Ribeiro en sy vrou, Florence, betrokke was, het die generaal dadelik ingegryp. 'n Nuwe prosedure vir die magtiging van hierdie soort operasies is ingestel. Volgens Joubert het die Polisie na dié insident nie weer gevra dat die spesmagte hulle moes help nie.

Majoor Craig Williamson, oudveiligheidspolisielid, het heelwat oor die betrokkenheid van die Staatsveiligheidsraad (SVR) by geheime optrede deur die Veiligheidspolisie te vertel gehad. As oudpresident F.W. de Klerk beweer het dat hy as lid van die SVR totaal onbewus was van die betrokkenheid van die Veiligheidspolisie, moes sy oë gesluit gewees het. Voor 1989 was De Klerk nie werklik betrokke by teeninsurgensiestrategieë nie, het Williamson toegegee.

"Miskien het hy ons leerstellings verkeerd verstaan. Daar was egter ook 'n grootskaalse poging om 'n skyn van legitimiteit voor te hou."

Die feit was egter dat alle "hoëvlakpolitici", onder andere kabinetslede, daagliks verslae van alle voorvalle ontvang het. Geen vrae is gevra nie, ook nie in verband met geheimsinnige optredes teen sekere poltici nie. Voorvalle waar die motors van aktiviste in buurstate ontplof het, is stilswyend aanvaar as deel van die Regering se teeninsurgensiestrategie. Van die politici en senior offisiere het nogal moeite gedoen om te probeer verseker dat hulle "nie van sekere optredes geweet het nie", maar was tog betrokke by die opstel en die aanvaarding van begrotings wat die werk moes moontlik maak. "Die elfde gebod was welbekend: 'Jy mag nie uitgevang word nie!'"

Generaal Johan van der Merwe het saamgestem. Die SVR het weliswaar nooit direk dade van growwe menseregteskending gelas nie, maar moes beslis geweet het dat onwettige operasies aan die orde was. Die woorde "elimineer", "neutraliseer", "uitvat" en "uit die samelewing verwyder" wat in 'n SVR-dokument gebruik is, het heelwat bespreking uitgelok. Dis 'n ongelukkige woordkeuse, het die generaal erken, maar sover hy weet, is dit nooit as "doodmaak" verstaan nie. Generaal Johann Coetzee het, met 'n beroep op verklarende woordeboeke, sy kollega ondersteun: "elimineer" beteken nie noodwendig "doodmaak" nie en hulle het dit ook nie so geïnterpreteer nie. Op die grondvlak, het die twee generaals toegegee, kon dit wel gebeur het dat mense wat "die dood elke dag in haglike omstandighede in die oë gestaar het, dit só kon verstaan het".

Meer as een veiligheidspolisieman het tydens die sitting benadruk dat hulle die woord "elimineer" beslis as "doodmaak" gelees het.

Tydens die sitting oor die Staatsveiligheidsraad, wat 'n paar dae later in Johannesburg gehou is, is die debat oor die betekenisse van dié wisselterme verder gevoer.

9 OKTOBER 1997: "DIE BRITTE MOET OOK BIEG"

Eintlik behoort die Engelse, ná al die jare, ook nog hul opregte spyt uit te spreek oor die onreg wat hulle die Boere tydens die Tweede Vryheidsoorlog aangedoen het. Sou die nuwe premier, Tony Blair,

daarvoor kans sien? Beyers Naudé het na Port Elizabeth, die stad waar
die amnestieverhoor aan die gang was, gereis om die jaarlikse
Langenhoven-gedenklesing aan die Universiteit te lewer. "Na honderd
jaar het die wonde van die Anglo-Boereoorlog nog nie genees nie,
ondanks die dapper voorbeeld van iemand soos Emily Hobhouse." As
die Britte destyds met die oprigting van die Vrouemonument hul skuld
teenoor die Afrikaners bely het en hul berou met 'n tasbare daad
onderstreep het, hoe anders sou die politieke geskiedenis van ons land
nie daar uitgesien het nie?

Bygesê, sal die Afrikaner grootmoedig genoeg wees om by die
Bloedrivier-monument teenoor die Zoeloes te gaan sê: "Ons wou nooit
doelbewus Zoeloe-krygers vermoor nie; ons optrede was uit selfverde-
diging en die diep oortuiging dat die voortbestaan van ons nasie op die
spel was"? Sal ons kan uitreik na die Zoeloe-nasie in diepe berou oor
die pyn en lyding wat ons hulle aangedoen het?

Kan Afrikaners die Biko-gesin om verskoning vra vir die dood van dié
swart bewussynsleier?

Sê nou maar so 'n nasionale Dag van Versoening kan gehou word –
dalk op 16 Desember – sou dit vergesog wees om te hoop dat Apla

President Paul Kruger en koningin Victoria voor die WVK (Beeld,11 Oktober 1997)

verskoning sal vra vir die moorde op blanke boere in die Oos-Kaap?

Die bejaarde kerkleier het afgesluit: "Wit mense, veral Afrikaners, sal verstom wees oor die positiewe reaksie van swart, bruin en Indiër Suid-Afrikaners, as hulle hul daartoe sou verbind om één ware reënboog-nasie te bou."

13-15 OKTOBER 1997: HOEVEEL HET DIE POLITICI WERKLIK GEWEET?

"Magtag, maar dit het my lank gevat om van my huis in Pretoria hier uit te kom. Ek ry deesdae vinniger Pietersburg toe as na die middestad van Johannesburg!" Ek kon met oudminister Pik Botha in die voorportaal van die Sanlam-sentrum simpatiseer, want ek het dié oggend self op pad na die Waarheidskommissie in die verkeer vasgedraai. Op die tiende vloer aangekom, het ek Pik Botha vergesel na die saal waar die sitting sou begin. Weer 'n keer moes ons ons pad deur die "verkeer" baan. Die belangstelling in die WVK se spesiale sitting oor die rol van die Staats-veiligheidsraad was groot. Die vorige dag reeds het die vertalers en die televisiespanne hul toerusting begin opstel. Die gang en portaal het gewemel van mense. In die koffiekamer langs die saal het aartsbiskop Tutu met 'n hele kontingent Waarheidskommissielede gewag. Die drie ander voormalige Nasionale Party-kabinetslede wat sou kom getuig, oudministers Adriaan Vlok, Leon Wessels en Roelf Meyer, was reeds aan die koffie drink.

Die atmosfeer was vriendelik maar ook vol afwagting, selfs gespanne. Die groot vraag was: sou hierdie sitting anders as die voorlegging van die NP vroeër die jaar verloop? Sou Pik en sy kollegas meer lig op die optrede van die destydse regering werp? Sou hulle nie net die binnewerk van die Staatsveiligheidsraad kon verduidelik nie, maar ook uiteindelik verantwoordelikheid aanvaar vir growwe menseregteskendings wat in naam van die Regering gepleeg is? Die onwilligheid van oudpresident De Klerk, in Meimaand, om die finale verantwoordelikheid te aanvaar vir wandade wat tydens sy bewind gepleeg is, het groot teleurstelling en ongelukkigheid veroorsaak. 'n Hofsaak oor die reaksie van die WVK is net-net afgeweer toe Tutu en Boraine om verskoning gevra het. Sou die volgende twee dae anders verloop? Sou oudministers Botha, Vlok, Wessels en Meyer 'n nuwe voorbeeld stel? Sou hulle nie net swart Suid-Afrika nie, maar ook hul medeblanke Suid-Afrikaners kon help om die verlede te verstaan? Om ons gemeenskaplike skuld te bely en agter ons te kry?

Die Oudminister van Buitelandse Sake is eerste ingesweer. Voor hom het 'n lywige verklaring met talle bylaes gelê. Pik Botha het heelwat saaklike gegewens verskaf, maar ook uit sy hart gepraat. As 'n mens terugkyk na die verlede, het hy gesê, besef 'n mens dat die NP nooit met sy beleid kon slaag nie, want – en dit het hy by die Wêreldhof geleer – as 'n mens die morele stryd verloor het, het jy nie 'n kans om die regstryd te wen nie. "Ons kon (ook) nie die politieke stryd wen nie, nie teen die wêreld nie en nie teen die ANC nie, omdat die beleid van die NP geen morele grondslag gehad het nie."

Hoewel hy en sy kollegas in die Kabinet en ook in die SVR nooit moord op politieke teenstanders goedgekeur het of opdrag daarvoor gegee het nie, "kan nie een van ons in die vorige regering vandag sê dat daar nie suspisies aan ons kant was dat lede van die Suid-Afrikaanse Polisie by sulke onreëlmatighede betrokke was nie." Die deurslaggewende vraag was egter nie of die Kabinet moord goedgekeur het of nie. "Die vraag is of ons nie méér moes gedoen het om te verseker dat dit nie sou gebeur nie. Ek het diepe berou oor dié versuim. Mag God my vergewe!"

Soos ook oudminister Vlok later sou doen, het Pik Botha die WVK gemaan om nie méér van die Staatsveiligheidsraad te maak as wat nodig was nie. Die SVR was nie so 'n monster of selfs so magtig en invloedryk as wat soms gemeen is nie. Die Nasionale Party het die werklike mag gehad en het deur middel van sy koukus en sy Kabinet die land regeer. As 'n mens vandag terugkyk, besef jy dat te veel mag destyds in die hande van die Staatspresident geplaas is. Dit was hy wat aanstellings en afdankings gedoen het. Dit was sy wil wat gewoonlik tydens kabinetsvergaderings geseëvier het. Die SVR, daarenteen, was vir alle praktiese doeleindes tandeloos en alle besluite wat daar geneem is, moes eers vir goedkeuring aan die Kabinet voorgelê word. Dit was wel so dat spesifieke take aan die verskillende ministers opgedra is, maar as een van hulle iets moes doen wat na sy mening strydig met enige voorsiening van die wet was, was dit sy plig om dit in die Kabinet te opper of om dit met die Staatspresident te bespreek. Op 'n vraag of van sy kollegas wel onwettig opgetree het, was sy antwoord: "Dit weet ek werklik nie."

Oudminister Botha sou egter self graag wou weet wie presies die "persone aan die top" was, wat volgens die getuienis van talle veiligheids-polisielede onwettige optredes beveel het. Hy was onlangs op besoek

aan oudminister Pietie du Plessis in die gevangenis, het Pik Botha vertel.
Oorkant sy sel was dié van die gewese Vlakplaas-bevelvoerder Eugene
de Kock. De Kock het vir hom en Pietie du Plessis tee gemaak en hy het
die kans gebruik om 'n lang gesprek met De Kock te voer. Dit het baie
keer gebeur, het De Kock vertel, dat hy en sy kollegas opdragte van hul
seniors gekry het om moorde of ander onwettige dade te pleeg. Hy
moes selfs op 'n keer vals dokumente en diamante op Pietie du Plessis
gaan "plant"! Hulle het egter opreg geglo dat daardie bevele van "die
top" gekom het en dat "die top" deeglik bewus was van wat hulle alles
gedoen het. Die "top", soos Pik dit verstaan het, was die Kommissaris
van Polisie en in sekere gevalle ook die Minister van Polisie – soms ook
die Staatsveiligheidsraad en die Kabinet. Maar soos hy reeds getuig het
en wat hom laat wonder, was dat die SVR nooit dié soort opdrag gegee
het nie, al was dit moontlik dat van die polisielede SVR-besluite anders
verstaan het; die woorde wat gebruik is, anders vertolk het. Om te
verduidelik wat hy bedoel, het hy 'n lys woorde aangehaal wat op
verskillende maniere vertolk sou kon word: elimineer, neutraliseer,
uitwis, vernietig, stuit, bekamp, permanent uit die samelewing
verwyder. Nie een van hulle beteken noodwendig "maak dood" nie,

Beeld se kommentaar op die getuienisse van die politici

het Pik gesê.

Tutu is aangegryp deur Pik Botha se getuienis. Hy het opgestaan en die oudminister se hand geskud. "Ek wil beklemtoon dat ons nog nooit so 'n sterk en reguit voorlegging van iemand uit u gemeenskap gekry het nie. Ek hoop die mense in u gemeenskap luister daarna en neem dit ter harte! Dit is die mense wat ons wil bereik ... Niemand van u politieke statuur, uit u gemeenskap, het al gesê die NP was moreel korrup nie. Dit slaan 'n mens se asem weg!"

◆ ◆ ◆

Ook vir oudminister Adriaan Volk, wat sy getuienis in Afrikaans voorgelê het, het die voorsitter van die WVK groot waardering gehad. Soos Pik Botha voor hom, het hy oor die rol van die SVR getuig – dat dit nie die sinistere liggaam was wat mense later daarvan gemaak het nie. Maar, het hy ook toegegee, dit kon beslis gebeur het dat mense besluite en opdragte van die SVR veel meer radikaal geïnterpreteer het as wat die bedoeling was. As Oudminister van Wet en Orde was hy werklik nie bewus van onwettige optredes bo en behalwe dié voorvalle waarvoor hy self om amnestie aansoek gedoen het nie. Maar in die mate wat ondergeskiktes, afdelingsbevelvoerders en polisiebeamptes op die grond, mense wat dikwels in onbeheerbare situasies allerlei besluite moes neem, hulle wel aan growwe menseregteskendings skuldig gemaak het – in die eerlike oortuiging dat hulle opdragte van bo, onder meer van die Staatsveiligheidsraad gehoorsaam – aanvaar hy verantwoordelikheid daarvoor.

"Die feit is dat ons land ... in 'n oorlogpsigose gedompel was waar sulke woorde en uitdrukkings (soos elimineer, neutraliseer, verwyder, ensovoorts) wat uit militêre gebruik deel van die volkstaal geword het, net soos ander uit drukkings met dieselfde strekking deel van die taal van rewolusionêres geword het."

Die Waarheidskommissie sou waarskynlik nêrens " 'n ondubbelsinnige resolusie om onwettig op te tree" in enige notule van die SVR vind nie. Die enigste uitsondering, het Vlok gesê, kon moontlik 'n aantal Stratkom-optredes wees wat wél deur die SVR gelas is, en wat in bepaalde omstandighede as onregmatig en selfs onwettig beskou sou kon word.

Een van die redes waarom hy en van sy kollegas nie bewus was van baie van die moorde en martelings wat plaasgevind het nie, was waarskynlik die gebruik dat slegs "diegene wat moet weet" oor sekere sake ingelig is en ander nie. Om sekerheidsredes is net die noodsaaklikste inligting aan kabinetslede gegee. Wat wel waar was, het Adriaan Vlok toegegee, was dat hy honderde polisielede met hul werk gelukgewens en hulle aangemoedig het, sonder om presies te weet wat hulle gedoen het. Op dié manier kon hy onwettige optredes gekondoneer het.

Hy het by twee geleenthede Vlakplaas besoek en die lede in hul stryd teen terrorisme aangemoedig. Nie almal was misdadigers nie; baie van die manne het goeie werk gedoen. As hy van hul wandade geweet het, sou hy dit nooit geduld het nie en baie drasties opgetree het, het Vlok getuig.

◆　◆　◆

Die tweede dag van die sitting het aan die twee jonger manne, Leon Wessels en Roelf Meyer, behoort.

Oud-ministers Leon Wessels en Roelf Meyer voor die WVK

"Ek is 'n Afrikaan én 'n Afrikaner. Ek is 'n bevryde Afrikaner. Ek is ook 'n trotse Afrikaner," het Leon Wessels sy voorlegging begin. "Bevryde Afrikaners het die hervormingstang stewig vasgebyt toe dit nodig was. Ons harte én denke is verander. Ons is lief vir hierdie land. Ons is bevry van die bagasie van 'n regeringstelsel wat nie moreel was nie."

Maar nou het die tyd aangebreek dat Afrikaners die reis na die toekoms kan voortsit.

"Ek kan aan geen rede dink waarom Afrikaanse Suid-Afrikaners en hulle kinders of enige ander Afrikaner van persketyd tot ewigheid hierdie las van apartheid moet dra nie. Binne die raamwerk van die Grondwet sal ons staan vir ons plek en stry vir Afrikaans."

Dit was reg dat die boek van die verlede oopgemaak word, maar in 'n stadium sal dit ook weer toegemaak moet word. Apartheid – daarvan is hy nou nog meer as ooit tevore oortuig – was 'n verskriklike fout en 'n skandvlek op die land.

"Suid-Afrikaners het nie na die gelag of die gehuil van ander geluister nie. Ek is jammer dat ek vir so 'n lang tyd so hardhorend was.

"Die politieke verweer dat ek 'nie geweet het nie', is nie vir my beskikbaar nie, omdat ek in baie opsigte glo dat ek nie wou weet nie ... Daar was talle argumente in die Parlement waartydens gesê is die veiligheidsmanne tree buite die wet op. Ons het gesê dis nie waar nie. Tog het dit reg onder ons neuse gebeur!"

Die Regering het nie net die land nie maar ook die veiligheidsmagte in die steek gelaat, omdat hulle teen die einde van die konflik nie met 'n lewensvatbare grondwetlike visie na vore gekom het nie, het die gewese Adjunkminister van Wet en Orde verklaar.

"Voorts was die verhouding tussen die veiligheidmagte en die NP-politici in die algemeen nie oop en deursigtig nie. Ons het dus nie die veiligheidsmagte en intelligensiedienste behoorlik beheer nie. Hoewel daar nooit regstreekse opdragte was om politieke teenstanders te vermoor nie, het onder meer die toesprake wat hulle (die politici) gehou het, 'n klimaat geskep waarin vergrype moontlik geword het."

Oor baie dinge wat gebeur het, dinge wat ongemak in amptelike kringe veroorsaak het, het Leon Wessels gesê, het hy vermoedens gehad.

"Maar omdat ek nie die feite gehad het om my vermoedens te bevestig nie of omdat ek nie die moed gehad het om dit uit te basuin nie, moet ek bieg dat ek net in die gange gefluister het. Ek glo dit is die beskuldiging van baie mense – ons het nie die verslae van ongeregtighede trompop gekonfronteer nie."

◆ ◆ ◆

Roelf Meyer was dit met Leon Wessels eens. As skuld uitgedeel moet word oor wat in die vorige bedeling gebeur het, moes dit die versuim wees om, toe gevaarligte begin flikker het, sterker stappe te neem.

"Die feit dat soveel oortredings oor so 'n lang tydperk plaasgevind het, is 'n aanduiding dat sterker optrede nodig was ... Vir hierdie versuim aanvaar ek politieke verantwoordelikheid."

Soos sy kollegas het hy verder verantwoordelikheid aanvaar vir dade wat deur veiligheidsmagte gepleeg is – wat van die eerlike oortuiging uitgegaan het dat hulle opdragte van bo ontvang het of in elk geval goedkeuring gehad het vir wat hulle doen.

Op 'n vraag oor hoe soveel wandade van die verlede sonder die uitdruklike goedkeuring van die owerheid kon plaasvind, het Roelf heel eerlik geantwoord: "Niemand weet nie! Miskien is dit dat dinge oor 'n tydperk so ontwikkel het dat ons almal op die einde deel was van 'n denkpatroon. Ons het almal geglo daar is 'n vyand wat uitgewis moes word en dat daar nie 'n geregverdigde oorlog aan die ander kant was nie. Dit was ook om die (blanke) minderheid te beskerm. Miskien het vrees ons oorheers." In Suid-Afrika het 'n "punt en 'n klimaat ontwikkel waar dit nie meer die in-ding was om vrae te vra nie".

As 'n mens daagliks nuus ontvang dat mense as gevolg van dade van terrorisme gesterf het, dat bomme geplant is of dat mense met die halssnoermetode vermoor is, vorm 'n denkpatroon waarin mense ophou om vrae te vra. Die verlede moet teen dié agtergrond beoordeel te word.

"'n Mens vra jou af: hoe de hel is dit moontlik dat hierdie dinge gebeur het? Ek probeer my nie verontskuldig nie, maar vra my af wat werklik gebeur het. Sommige was sterk genoeg om vrae te vra. Ander het uit die gietvorm ontsnap ..."

◆ ◆ ◆

Ek het met dankbaarheid – ook met 'n bietjie trots – na Roelf en Leon geluister. Roelf, wat intussen die Nasionale Party verlaat het om medeleier van die Verenigde Demokratiese Front te word, het kalm en rustig, met groot erns, gepraat. Leon het met diepe oortuiging, met passie opgetree, met handgebare afgewissel met ontwapenende humor. Toe die WVK-ondervraer, Glenn Goosen, vir Roelf Meyer met 'n paar moeilike vrae gepeper het, het Leon tot sy oudkollega se redding gekom.

"Ek weet Glenn Goosen het my nou op die reserwebank geplaas. Ek wil net weet of dit nou 'n rugby- of 'n stoeiwedstryd is. As dit 'n rugbywedstryd is, is ek nie toegelaat om nou op die veld te kom nie. As dit egter 'n stoeigeveg is, kan ek nou opkom en kom help, sonder die skeidsregter se toestemming. So ... kan ek maar opkom?"

Goosen het Leon se reddingspoging laggend in die kiem gesmoor: "Dis 'n rugbywedstryd!" Aartsbiskop Tutu het in reaksie op die getuienis van die twee oudkabinetslede gesê dat enigiemand wat na hulle getuienis geluister het, groot waardering daarvoor sou hê dat twee manne vandag bereid was om na vore te kom, om naak voor die volk te kom staan.

"Ons beskou die gebeure van die twee dae, veral die merkwaardige openheid wat julle getoon het, as iets wat nêrens anders nog gebeur het nie. 'n Mens vergeet soms dat julle destyds die Regering was en nou rekenskap kom gee voor baie van óns wat in daardie bedeling as nikswerd, as vyande wat geneutraliseer moes word, beskou is." Tutu het afgesluit: "Ek hoop julle besef julle het gehelp om balsem op die wonde van baie mense te giet."

Die saal was doodstil. "Kom laat ons bid!" het Tutu gesê.

Toe hy "Amen" gesê het, het Adri Kotze die volgende oggend in haar berig aan Beeld geskryf, het net 'n klein stukkie van die tingerige Aartsbiskop se pers gewaad uitgesteek, toe Wessels hom in 'n omhelsing verdwerg het.

◆ ◆ ◆

Die sitting het inderdaad anders verloop as dié in Mei, toe F.W. de Klerk voor die WVK verskyn het. Reaksie het ingestroom. Die nuwe NP-leier, Marthinus van Schalkwyk, het die vier twee dae later in 'n amptelike verklaring vir "hulle moed en *guts*" geprys en sy waardering daarvoor uitgespreek dat hulle wél verantwoordelikheid aanvaar het vir die vergrype van die NP-regering se veiligheidsmagte. 'n Hele paar amnestie-aansoekers het via hul regsverteenwoordigers Meyer en Wessels spesiaal bedank. Die getuienis van die afgelope dae het hul sake versterk. Net Azapo was nie oortuig nie. In 'n sterk bewoorde verklaring het hulle oudministers Botha en Vlok daarvan beskuldig dat hulle nog steeds nie die waarheid praat nie ...

23 OKTOBER 1997: SLAGOFFERS MOET VERGOEDING KRY - MAAR KAN DIE LAND DIT BEKOSTIG?

"Drie miljard rand! Waar op aarde moet dit vandaan kom?"
  "Wie gaan almal in die tou staan?"
  "Hoe gaan die geld uitgedeel word? Wie gaan toesig hou?"
  "Hoekom juis geld? Wat van die ander behoeftes van die slagoffers?"
  Vir die Reparasie-en-rehabilitasiekomitee was dit 'n groot dag toe aartsbiskop Tutu by 'n perskonferensie wat spesiaal vir dié doel in Kaapstad byeengeroep is, die lang verwagte voorstelle oor vergoeding aan die slagoffers van menseregteskendings aan die publiek bekend gemaak het. Na maande van beplanning en navorsing – en dae lange vergaderings – was die Reparasie-en-rehabilitasiekomitee nogal in hul skik met hul voorstelle. 'n Beduidende groep joernaliste was minder positief. Hulle vrae het swaar in die lug gehang. Hlengiwe Mkhize en haar kollegas moes inlig en verduidelik so goed as hulle kon.
  Die Reparasie-en-rehabilitasiekomitee het die opdrag gehad om so noukeurig moontlik na te gaan wat die behoeftes van slagoffers was, onder watter omstandighede hulle geleef het en wat die algemeenste probleme was waarmee hulle geworstel het. Daarna moes voorstelle geformuleer word oor hoe die Regering die sake kon hanteer. Dit was reeds binne die eerste maande duidelik dat daar vyf tipiese behoeftes onder slagoffers en hul gesinne bestaan het, en vir dié spesifieke behoeftes wou die WVK voorsiening maak.
  Eerstens moes daar na die *dringendste behoeftes* van slagoffers wat oud of siek of in uiters haglike omstandighede verkeer het, omgesien word. 'n Plan is aan die hand gedoen waarvolgens dié ongelukkiges wat werklik nie nóg langer kon wag voordat hulle, al is dit slegs in 'n beperkte mate, ondersteuning ontvang nie, van hulp bedien kon word. Kleiner bedrae geld is reeds sedert die WVK met sy werk begin het aan mense uitbetaal wat dringend mediese sorg nodig gehad het, 'n nuwe rystoel moes bekom, of wat geen kos of klere in die huis gehad het nie. Nadat die WVK sy werk afgehandel het, sou daar nog talle wees wat dringende "interimreparasie" nodig sou hê.
  Tweedens, het die WVK voorgestel, moes aan elke slagoffer van growwe menseregteskenings, óf aan hul oorlewendes, 'n *bedrag geld*

uitbetaal word. Die uitbetaling sou 'n dubbele doel dien: om aan die slagoffers tasbare erkenning te verleen vir die pyn en lyding van baie jare, én om die mense, van wie die groot meerderheid onder moeilike omstandighede geleef het, finansieel op die been te bring. Talle slagoffers het as gevolg van amnestie wat aan oortreders verleen is, die moontlikheid verbeur om siviele eise in te stel. Daardeur kon weduwees en kinders voorsiening vir die toekoms gemaak het. Die Regering, het die WVK geredeneer, het die dure plig om amnestievoordele aan oortreders met reparasievoordele aan die slagoffers te balanseer.

Hoeveel geld moes uitbetaal word? Verskillende opsies is oorweeg. In Suid-Afrika is die "broodlyn" vir 'n gesin R15 600 per jaar. Dit sou 'n moontlike basis vir vergoeding kon wees, maar, soos een van die WVK-lede dit gestel het: "Wat sê ons daarmee – dat ons die slagoffers graag wil help om net-net liggaam en siel aanmekaar te hou?" 'n Beter voorstel was om die gemiddelde jaarlikse inkomste van 'n Suid-Afrikaanse gesin, R21 700, as basis te neem. Daarmee sou die WVK vir die slagoffers sê: "Ons wil julle graag help om 'n redelik normale lewe te lei." Die voorstel was dus om aan elke slagoffer 'n bedrag wat wissel tussen R17 000 en R23 000, uit te betaal. Slagoffers wat in veraf plattelandse gebiede woon, vér van mediese en ander geriewe, asook diegene wat besonder baie afhanklikes het, sou méér kry as stedelinge met kleiner gesinne. Die WVK het verder voorgestel dat die bedrag jaarliks, ses jaar lank, uitbetaal moes word. As ongeveer 22 000 slagoffers op dié manier gehelp moes word, sou dit die land na berekening R500 miljoen per jaar – R3 miljard oor ses jaar – kos. Dit was genoeg om die joernaliste na hul asem te laat snak. "Wag 'n bietjie," het Wendy Orr, ondervoorsitter van die Reparasie-en-rehabilitasiekomitee, gekeer. "Dis nie so onredelik baie nie; dit beloop 0,25 persent van die Regering se jaarlikse begroting. En dit het die Regering tog seker vir die slagoffers oor? En dink 'n bietjie verder: as ons nie op dié wyse vir die slagoffers voorsiening maak nie, en die 22 000 slagoffers met regsgedinge sou kom, hoeveel sou dit nie die land gekos het nie? Oneindig méér!"

Die derde groep reparasievoorstelle het met die *verbetering van gemeenskapsdienste* te make gehad. Tydens talle verhore is die behoefte aan beter en meer toeganklike hospitaal- en kliniekdienste, die oprigting van skole en ander onderwysinrigtings in bepaalde gemeenskappe, die versnelling van behuisingsprojekte ensovoorts uitgespreek. Hierdie behoeftes is met die verskillende provinsiale regerings bespreek en saam-saam is 'n reeks praktiese en uitvoerbare voorstelle geformuleer waarby nie net die slagoffers nie, maar die wyer gemeenskap sou kon baat.

Die vierde groep voorstelle is met die oog op *simboliese reparasie* gemaak. Talle slagoffers het die wens uitgespreek dat geliefdes herbegrawe moes word of dat grafstene opgerig moes word. Ander het weer gevra dat geliefdes wat jare gelede verdwyn het, uiteindelik dood verklaar moes word, sodat boedels afgehandel en wetlike verpligtinge nagekom kon word. Vir 'n hele groep was die "skoonvee" van kriminele rekords van mense wat as gevolg van onregverdige apartheidswette veroordeel is, van opperbelang. Bo alles het die WVK 'n aantal voorstelle oor simboliese handelinge – soos die oprigting van monumente en gedenkstene, die reël van versoeningseremonies, en les bes, die afkondiging van 'n nasionale versoeningsdag – ter tafel gelê.

Laastens het die WVK 'n aantal voorstelle oor *institusionele reparasie* geformuleer. Dit was deel van die opdrag van die kommissie om uit die kennis en insig wat versamel is, voorstelle te doen oor hoe die vergrype van die verlede in die toekoms voorkom kon word. Vir talle staatsdepartemente, semistaatsinstellings, nieregeringsorganisasies, onderwysinstellings, geloofsgemeenskappe ensovoorts was daar voorstelle om oor na te dink en hopelik te implementeer.

Wie moes dit alles uitvoer? Tutu het verduidelik dat die WVK die voorstelle moes opstel, maar dat dit by die Regering sou berus om die voorstelle te aanvaar en uit te voer. Die Waarheidskommissie het gehoop dat die "uitvoerende liggaam" in die kantoor van die President geplaas sou kon word dat die President self vir die uitvoering daarvan aanspreeklik gehou sou word.

27-29 OKTOBER 1997: DIE REGTERS WOU NIE OP DIE SONDAARSBANKIE SIT NIE

Weke voor die sitting sou begin, het die hare al gewaai!

As die ander belangegroepe in die land – die politici, die dokters, die godsdiensleiers, die media, die generaals en die sakelui – die geleentheid moes kry om voor die Waarheidskommissie te getuig, sou dieselfde beslis ook van die regsgemeenskap geld. Die regters en die advokate, die prokureurs en die staatsaanklaers, sou die volk moes help verstáán, moes help sin maak van alles wat agter ons lê. Vir baie jare was blanke Suid-Afrikaners trots op hul regstelsel. As ander instansies in die land korrup was, kon ons gelukkig nog op die integriteit en onpartydigheid

van ons regters vertrou. Dat van ons swart landgenote minder entoesias-
ties oor die reg was, was vir ons vreemd. Wat sou die rede wees? Was
die regsgemeenskap werklik vry van alle blaam? Het hulle ook dinge
gehad om te verduidelik en te bely?

◆ ◆ ◆

Yasmin Sooka, wat vir die sitting verantwoordelik was, was redelik
omgekrap toe sy een oggend, vroeg in Oktober, die kantoor binnestap.
Die afgelope dae het talle regsmense van hulle laat hoor, beloof om na
die sitting te kom en ook voorleggings te maak, maar kyk hier: Vyf van
die mees vooraanstaande regters in die land laat weet dat hulle wel 'n
verklaring wil maak, maar kom sal hulle nie kom nie! Die regters,
oudhoofregter Michael Corbett, sy opvolger, regter Ismail Mahomed,
regter Arthur Chaskalson, president van die Konstitusionele Hof, sowel
as die adjunkte van Mahomed en Chaskalson, regters Hennie van Heerden
en Fius Langa, het laat weet dat hulle huiwerig is om te kom. Om in die
openbaar ondervra te word, sou 'n verleentheid kon veroorsaak en sou
moontlik die onafhanklikheid van die regbank in die gedrang kon bring.
Meer nog, hulle programme was vol!

Toe die nuus bekend word, het talle protesstemme opgeklink.

"'n Onuithoudbare situasie," het regskenners gekla. "As al die
prokureurs-generaal en 'n klomp advokate bereid is om te getuig," het
'n lid van die Balieraad geëis, "waarom nie die regters nie? Ons moes
bitter hard baklei ter wille van die regte van swart mense in die ou
Hooggeregshof. Waarom kan regters nie ook hul standpunt kom stel en
in die openbaar verskoning vra vir die feit dat hulle apartheidswetgewing
dikwels klakkeloos toegepas het nie?" Wat 'n lid van die Black Lawyers'
Association die vreemdste van alles gevind het, was dat regters Mahomed
en Langa so opgetree het. Hulle ervaring van die regstelsel het tog
dramaties van dié van hul blanke kollegas verskil. Hulle moes geweet
het dat as die volk nie net P.W. Botha en F.W. de Klerk voor die WVK wou
sien nie, maar ook vir Nelson Mandela en Thabo Mbeki, dit belangrik
was dat nie net wit regters nie, maar ook swart regters hulle standpunte
moes kom stel.

Tutu was ewe ontsteld en het dit op 'n perskonferensie, 'n week
voor die sitting sou begin, duidelik laat blyk. Dit was vir hom onaan-
vaarbaar dat lede van die regsberoep, onder wie regters, vir hulle 'n
spesiale status aanmatig en self besluit dat hulle nie nodig het om te
verskyn nie. Dit sou van geweldige simboliese belang gewees het dat

die regters kom getuig, het hy gesê. "Nie net ontsê hulle hul 'n won-
der-like geleentheid om hul eie dade van die verlede te ondersoek nie,
maar ook om ons te help om met die verlede klaar te speel."

Regters is mense en máák foute. In die toekoms sal hulle, soos
almal, ook weer foute maak. Maar hoe sou ons almal nie versterk word
as hulle bereid was om foute te erken en verskoning te vra nie? Daar is
wel geskrewe voorleggings van meer as twintig regters ontvang, maar
Tutu wou hulle persoonlik by die sitting gehad het.

"Ek het die saak met hoofregter Mahomed bespreek, maar was nie
in staat om hom te oorreed om saam met ander senior regters te verskyn
nie. Ons is egter verheug dat hy dit duidelik gemaak het dat ander
regters vry is om te verskyn – en ek moedig hulle aan om dit wel te
doen."

◆　◆　◆

Toe die sitting einde ten laaste op Maandagoggend, 27 Oktober, in Jo-
hannesburg begin het, was daar talle interessante disse op die spyskaart.

Heel eerste was dié van die voorsitter van die WVK self. Want Tutu
het verder gegaan as om die sitting net met die gebruiklike gebed en
verwelkomingswoord te open. Dit het tyd geword dat hy sy eie storie
vertel, het Tutu gesê, van hoe hy en sy familie onder die apartheidswette
gely het. En dit moes hier gebeur, by die sitting oor hoe die reg die
afgelope dekades in ons land beoefen is.

"Amper elke botsing van swart mense met die gereg onder die ou
bedeling was daarop gemik om by ons 'n minagting, 'n haat vir die reg
aan te kweek. Elkeen van dié botsings was daarop gemik om die swart
persoon te verneder, tot 'n dier te maak, omdat 'n regstelsel waaraan jy
per definisie geen aandeel gehad het nie, nie geneig was om jou goed-
gesind te wees nie."

Tutu, wat in Ventersdorp grootgeword het, het vertel hoe hy dikwels
gesien het hoe "lokasiekinders" in die asblikke van die wit laerskool
rondkrap. "Diegene wat dit kon bekostig om hulleself te voed, was op
die Regering se voedingskema. En diegene wat dit nie kon bekostig
nie, het nie so 'n skema gehad nie. Dit was die ergste logika van 'n
verskriklik onregverdige politieke stelsel wat deur onregverdige wette
verskans is."

Later is die Tutu-gesin na die Witwatersrand, waar sy vader skoolhoof
was. Male sonder tal moes die jong Desmond sien hoe sy pa verneder
is, hoe hy sy pasboek – oftewel sy pasvryskelding – moes uithaal en

wys. "Dit het nie saak gemaak of jy jou skooluniform aangehad het nie, jy moes spring as jy nie jou verdekselse papier by jou gehad het nie! En dit het alles gebeur net omdat ons swart was. En dan word daar van ons verwag om gròot te word en die reg te eerbiedig, om wetsgehoorsame volwassenes te word!" Tutu het vertel hoe hulle gesin in die Roodepoortse lokasie gewoon het totdat dit platgeslaan is om vir die blanke woonbuurt Horison plek te maak. Toe het hulle na Sophiatown verhuis, totdat dié woonbuurt platgeslaan is om vir die blanke buurt Triomf plek te maak. Munsieville by Krugersdorp, waar baie Tutu-spore lê, is ternouernood deur die tussenkoms van Leon Wessels van 'n soortgelyke lot gered, maar die kerk waar hy met Leah getroud is, bestaan nie meer nie.

"Wit Suid-Afrikaners het dikwels kwaad geword as ons gesê het onregverdige wette hoef nie gehoorsaam te word nie. Hulle fout was dat hulle gedink het dat wat moreel reg is en volgens die wet reg is, altyd saamval. Die meeste regters is in die apartheidsjare aangestel omdat daar geglo is dat hulle simpatiek teenoor die Regering gestaan het en beswaarlik die Regering se besluite sou bevraagteken. Ons het dit as 'n groot klug beskou. Ons het vermoed dat die regbank en die Polisie dikwels saamgespan het. Daarvan het ons intussen bewyse gekry, dat tydens sommige verhore die Polisie nie net vooraf die vrae van die regbank ontvang het nie, maar selfs ook die antwoorde op die vrae wat aan hulle gestel sou word!"

◆ ◆ ◆

Die feit dat géén regter uiteindelik die sitting bygewoon het nie, het gou aan die orde gekom. Skriftelike getuienis is van talle ontvang, van regter Mahomed en sy kollegas, van regter Harmse en nog 'n paar ander, maar dit was nie goed genoeg nie, was die algemene opvatting.

"Die regters is vir baie jare 'op voetstukke van feitlike onaantasbaarheid' geplaas," het Desmond Tutu gesê.

"Hulle is feitlik as onfeilbaar beskou. Maar hulle was nie! Dit sou van simboliese belang gewees het as hulle vandag hier was om in die openbaar te getuig, ook van hulle foute. Uit hul insig én foute sou ons baie kon leer om aan 'n nuwe en beter bestel te bou."

Dat hulle nie gekom het nie, was 'n bewys dat hulle nog tot die ou bedeling behoort het.

Wat nie beteken het dat die afwesige regters se verklaring nie ernstig opgeneem is nie.

Sedert 1948, het regter Mahomed en sy kollegas geskryf, het Suid-Afrika inderwaarheid twee regstelsels gehad, een vir blankes en een vir nieblankes. Laasgenoemde het nie aan internasionale standaarde voldoen of die regte van individue gerespekteer nie; dit was veel eerder die middel waardeur die Regering apartheid as beleid in die land gevestig het. Die apartheidswette was onregverdig en tot hul eie verleentheid moet die regters erken dat die Hooggeregshof in die verlede bitter min gedoen het om hierdie wette te bevraagteken. Dit het byvoorbeeld selde gebeur dat die onaanvaarbare en rassistiese inslag van die apartheidswetgewing in 'n uitspraak genoem is. Diegene wat dit wel onaanvaarbaar gevind het, het klaarblyklik gemeen dat die hof nie die plek was om hul afkeer uit te spreek nie. Toe die noodregulasies in die tagtigerjare aanvaar is, het dit talle ernstige menseregteskendings tot gevolg gehad, maar die regsprofessie se besware was beperk en gedemp.

Dis waar, het die advokate wat die Algemene Balieraad verteenwoordig het, in hul voorlegging bevestig. Te min regters was in die openbaar sensitief vir die onreg van apartheid. Die regters was "uiters meganisties" in hul optrede en het omstredenheid probeer vermy.

"In baie gevalle het dit, gekombineer met die inherente konserwatisme en algemene steun vir die beleid van die dag, daartoe gelei dat die regbank meer bekommerd was oor die tegniese punte van die wet as oor menseregtekwessies."

Die regters kon baie meer gedoen het om die onderdrukkende wette te versag en om burgerlike vryhede te bevorder. 'n Deel van die probleem was, na die advokate se mening, die aanstellingsprosedure van regters. Destyds was aanstellings en bevorderings in die hande van die Minister van Justisie en het politieke motiverings beslis 'n rol gespeel, tot nadeel van die regbank.

Alles was egter nie sleg nie: volgens die advokate het die regters darem 'n mate van onafhanklikheid behou. Dit was die Nasionale Party – en die kiesers wat hulle aan bewind gehou het – wat die onregverdige wette gemaak het. Anders as sekere regerings wat willens en wetens buite die reg opgetree het, het die NP-regering 'n totaal onregverdige struktuur in wetgewing getabelleer, sonder die instemming van die meerderheid van die mense van die land, en dit begin toepas. Volgens die Balieraad kon die apartheidswette in twee kategorieë ingedeel word: eerstens die wette wat 'n stelsel van rasseskeiding en diskriminasie geskep en in stand gehou het; en tweedens 'n stel wette wat teenstand teen die onregverdige wette onderdruk het. Alles het baie "wetlik" verloop, die vertoon van 'n konvensionele regstelsel was daar. Maar dit was nie veel meer as skyn nie. In Suid-Afrika is die reg verwring.

Die advokate kon egter nie self té regverdig wees nie. Hulle het ook heelwat gehad om voor verskoning te vra! Die Johannesburgse Balieraad het byvoorbeeld verklaar dat hy meer as dertig jaar gelede self wyle mnr. Bram Fischer 'n groot onreg aangedoen het toe hy hom, skaars twee dae na sy skuldigbevinding as lid van die Kommunistiese Party, van die rol laat skrap het. Dit was nie genoeg rede nie. Meer nog: Fischer is met 'n ernstige morele dilemma gekonfronteer, waarvoor sy kollegas begrip moes gehad het. Bram Fischer se lidmaatskap behoort postuum herstel te word – en as wetgewing voorberei kan word om dit moontlik te maak, sal die advokate dit heelhartig verwelkom. Die Johannesburgse Balieraad het die Fischer-familie van hul opregte spyt verseker.

◆ ◆ ◆

Volgende aan die woord was die land se prokureurs.

In hul voorlegging het die Verenigde Prokureursorde drie sake uitgelig waaroor hulle wou praat: die Groepsgebiedewet wat dit vir swart prokureurs onmoontlik gemaak het om te praktiseer waar hulle wou, Artikel 29 van die Strafproseswet, waardeur mense sonder verhoor aangehou kon word, en die verhindering van toegang tot die regspraktyk wat die loopbane van baie kortgeknip het. "Wanneer 'n mens deur die notules van ons orde blaai," het Piet Langenhoven, president van die Transvaalse Prokureursorde, gesê, "is dit duidelik dat ons veel meer kon doen om hierdie onregte te beveg. Maar dis alles nou geskiedenis … dié dae is verby. Al wat oorbly, is om te kyk wat ons kan leer." Net soos die Balie het die Transvaalse Prokureursorde ook 'n geraamte in die kas gehad: in die jare vyftig het hulle hul deur 'n senior polisieoffisier laat oortuig dat Nelson Mandela, ook ná sy skuldigbevinding ten opsigte van die Wet op die Onderdrukking van Kommunisme, van die rol geskrap behoort te word.

"Tot ewigdurende roem van die hof, is die versoek van die prokureursorde geweier," het Piet Langenhoven vertel. "Daarna sou die orde nooit weer op politieke grond aansoek doen om die skrapping van 'n prokureur nie." Daar wás prokureurs wat dit reggekry het om die wetsproses te beïnvloed, diegene wat die wet "in die howe op hul voete getemper het".

Dit het egter maar min gebeur. Hul ingebore Calvinistiese oortuiging het baie Afrikaanse prokureurs daarvan weerhou: die owerheid moes gerespekteer word – sonder die noodsaaklike proviso daarby dat die owerheid deur sy optrede die respek moes verdien. Ook het die nasionale aspirasies wat baie prokureurs met hul volksgenote gedeel het, veroorsaak dat hulle stilgebly het toe hulle moes gepraat het.

◆ ◆ ◆

Na die prokureurs is die prokureurs-generaal, die persone wat moes besluit wie op watter aanklag vervolg sou word, ingesweer: Dr. Jan d'Oliveira, PG in Pretoria, adv. Niel Rossouw, voormalige PG in die Wes-Kaap, adv. Les Roberts, Oos-Kaapse PG en adv. Christo Nel, PG in die Transkei, adv. Tim McNally van Natal, asook die pas afgetrede PG van die Witwatersrand, adv. Klaus von Lieres und Wilkau. Die eerste vier prokureurs-generaal het saam-saam verskoning gevra vir die apartheids-wette wat hulle moes implementeer, vir die onreg en trauma wat mense dikwels as gevolg van hul vervolging op grond van hierdie wette moes verduur. Die veranderings van 1994 en die nuwe grondwetlike bedeling was 'n "groot verligting en 'n bevryding van die parlementêre bedeling in terme waarvan die wet voorgeskryf is om sektariese doelwitte te dien," het Jan d'Oliveira verklaar.

"Ek ondervind (nou) 'n groter gevoel van vryheid – en ook spyt dat ek nie (destyds) die volle omvang verstaan het van die mate waarin statutêre wetgewing skade, lyding en vervreemding veroorsaak het nie."

Klaus von Lieres und Wilkau het egter nie saamgestem dat die proku-reurs-generaal bevooroordeeld en onbillik opgetree het nie.

"As ek vir enigiets jammer is, is ek jammer dat ek nie aan die algemene publiek beter diens gelewer het nie."

Advokaat Tim McNally het die saal regop laat sit met sy reaksie toe hy onder kritiek oor sy hantering van die Kwamakutha-saak – waartydens generaal Magnus Malan vrygespreek is – deurgeloop het. McNally het ontsteld opgespring en geëis om die vrou wat hom te na gekom het, in kruisverhoor te neem. Soos dit 'n goeie PG betaam!

◆ ◆ ◆

Was die sitting geslaagd? Het nuwe inligting en insigte na vore gekom? Oor die algemeen, ja. Dit was goed dat die regsprofessie voor die spieël van die geskiedenis gaan staan het. Hulle, sowel as die breër publiek, het besliste lesse geleer. In sy reaksie op die drie dae het die National Association of Democratic Lawyers gesê: Julle het daarin geslaag om 'n platform te bou waarvandaan verskillende getuienisse gehoor kon word. Maar nou moet ons verder gaan. Dis nie genoeg dat regslui verstaan wat verkeerd geloop het nie; dit moet aan die mense van die land wat min respek vir die regsinstellings gehad het, verduidelik word. Julle het die gemeenskap in die steek gelaat en julle sal moet gaan verduidelik waarom. Julle sal moet gaan vertel dat julle die land om verskoning gevra het, maar julle sal die gemeenskap ook moet oortuig van die egtheid daarvan. Eers dan sal julle die volk sover kan kry om, ook in ons nuwe demokratiese bestel, die reg te respekteer. En dit gaan nie so maklik wees nie.

3 NOVEMBER 1997: DIE HOOFONDERSOEKBEAMPTE EN DIE TUINIER

Drama op drama! Bennet Sibaya het die saal skoorvoetend binnegestap. Toe hy Dumisa Ntsebeza sien, het hy hom omhels en met trane oor sy wange gepleit: "Vergewe my!" Dit het niemand verwag nie – nie die WVK-lede wat oopmond staan en kyk het óf die mediamense wat vinnig hul kameras en sakboekies uitgepluk het nie. En beslis ook nie Dumisa Ntsebeza, hoofondersoekbeampte van die Waarheidskommissie nie.

Die afgelope week was vir Dumisa nag.

Tydens die amnestieverhoor van drie Apla-lede wat by 'n aanval op die Heidelberg-taverne in Kaapstad, op Oujaarsaand 1993, betrokke was, het 'n onbekende getuie na vore gekom: Bennet Sibaya, woonagtig te Guguletu, tuinier van beroep. Hy was dié aand in Guguletu, het Sibaya getuig, toe hy gesien het hoe drie mense wapens in 'n wit BMW-motor laai. Hulle maak planne om iemand dood te maak, het hy vir homself gesê, en toe die motor wegtrek, het hy die nommer onthou: CA 12848. Op die grond het 'n flentertjie papier gelê met die name "Hartleyvale Stadium" en "Heidelberg" daarop geskryf. Die motor het aan Dumisa Ntsebeza behoort.

Toe die vraag aan hom gestel word: "Kan jy die man uitken wat jy dié aand agter die stuurwiel van die wit BMW gesien het?" het Bennet Sibaya na een van die amnestiekomiteelede, Ntsiki Sandi, gewys. Toe die saal uitbars van die lag, het hy self senuweeagtig geglimlag: "Wel, hy lyk soos die man."

Sibaya het toe opgestaan en reguit na die WVK se hoofondersoekbeampte gestap en met sy vinger beduie. "Dis hy!"

In kruisverhoor het heelwat vrae en teenstrydighede na vore gekom. Hoe kon Sibaya, wat gesukkel het om sy eie identiteitsnommer op te sê, die motor se registrasienommer na vier jaar onthou? Gerugte het die rondte gedoen dat hy in 1994 van die Polisie 'n reusebetaling van R120 000 ontvang het. Waarvoor? Daar is vertel dat Sibaya, 'n tuinier met 'n maandelikse inkomste van R480, so pas 'n aanbod van R217 000 op 'n meenthuis gemaak het. Waar het die geld vandaan gekom?

Die aantygings teen die senior lid van die WVK het die kommissie egter geskud. Vir Dumisa, wat enige betrokkenheid by die aanval op die taverne heftig ontken het, was dit 'n reuseverleentheid. Vir Tutu en sy span was dit 'n ewe groot bekommernis. Indien daar 'n sweempie van waarheid aan gekleef het, kon dit die werk van die hoofondersoekbeamte, van die kommissieself, ernstig onder verdenking bring. Wat meer was, dit was nie die eerste keer dat gerugte oor Dumisa en die wit BMW na vore gekom het nie. Dit is al maande gelede vir die eerste keer onder Tutu se aandag gebring, maar intussen het die WVK nie veel gedoen om op die egtheid van die aanklag in te gaan nie. Hoe sou Tutu die oorsig verduidelik?

Vroeg die Maandagoggend, 3 November, is al die kommissarisse na 'n noodvergadering in Kaapstad ontbied. Die persmense, wat in groepies begin aanmeld het, was effe verbaas toe die kommissarisse, gouer as wat hulle verwag is, die saal binnegestap het waar die perskonferensie gehou sou word. Hoekom was die vergadering vinnig verby? Wat sou Tutu sê? Wat het die kommissarisse besluit?

Tutu se aankondiging het almal onkant gevang.

Bennet Sibaya was hier! Hy het in Tutu se kantoor gesit en wag. 'n Uur of wat tevore, terwyl die noodvergadering nog aan die gang was, het Sibaya die WVK-kantoor binnegestap met die versoek: Hy wou Tutu spreek. Ntsebeza was onskuldig, het hy bely. Sy getuienis was alles versinsels. In Januarie 1994 is hy in hegtenis geneem omdat hy onwettig kreef uitgehaal het. Die Polisie het hom eers gemartel en toe gedwing om Dumisa Ntsebeza by die taverne-aanval te betrek. Hulle het hom 'n foto van Dumisa in die hand gestop en hom geforseer om die BMW se nommer te onthou. Maar die afgelope naweek het Sibaya se gewete hom so gepla dat hy nie langer met die leuen kon leef nie. Hy het die Aartsbiskop die naweek probeer opspoor, maar hy kon nie. Hy het selfs by Bishop's Court, waar Tutu gewoon het toe hy nog Aartsbiskop van Kaapstad was, gaan aanklop.

Eintlik, het hy vertel, wou hy reeds die vorige week toe hy in die Apla-verhoor moes getuig, met die sak patats vorendag gekom het.

Maar toe hy in die see van wit gesigte in die saal vaskyk en aanvanklik nie die pers biskopskleed van Tutu kon raaksien nie, het sy moed hom begewe. Hy het gehoop dat sy fout om eers 'n amnestiekomiteelid uit te wys, dit duidelik sou maak dat hy besig was om te lieg. Maar toe hy gedwing word om weer te kyk, het hy Ntsebeza raakgesien en met sy vinger na hom gewys.

Dit was dié dat Bennet Sibaya dit nie meer kon hou nie. Hy moes Tutu kom spreek, die waarheid moes uit. Hy moes Dumisa om verskoning kom vra.

Die hoofondersoekbeampte van die WVK het sy arms om die tuinier se skouers geslaan. Almal in die saal het grootoog gesit en kyk. Kameras het geflits. Na die tyd het Dumisa vir die pers gesê dat hy verlig en dankbaar was en dat hy Sibaya graag vergewe, maar dat hy ook wil weet wie agter die komplot sit. Jare gelede reeds het die Polisie probeer om hom te diskrediteer en by Apla-aanvalle te betrek. Was dit deel van die proses?

Tutu het intussen aangekondig dat die kommissarisse nog vóór Sibaya aangemeld het, reeds besluit het om die hele saak na 'n onafhanklike advokaat of regter vir dringende ondersoek te verwys. Die plan bly staan en Tutu sou sommer dieselfde dag nog vra dat president Mandela 'n objektiewe en betroubare persoon aanstel om op die saak in te gaan. Dat die WVK – en hy persoonlik – 'n fout gemaak het om nie dadelik van die aantygings teen Dumisa werk te maak nie, was duidelik. Daarvoor het hy sy verskoning aangebied.

◆ ◆ ◆

'n Maand later het regter Richard Goldstone, wat deur die President versoek is om die ondersoek te doen, sy bevinding bekend gemaak. Dumisa Ntsebeza is van alle suspisie onthef dat hy by die aanval op die Heidelberg-taverne betrokke was. Daar het geen waarheid in die aantygings gesteek nie. Die WVK is gekritiseer omdat hulle nie dadelik van die saak werk gemaak het toe dit die eerste keer ter sprake gekom het nie. En wat Bennet Sibaya betref – hy behoort strafregtelik vervolg te word. Die Kaapse prokureur-generaal behoort 'n klag van meineed te oorweeg.

Die kommissarisse en komiteelede van die Waarheidskommissie het 'n gesamentlike sug van verligting geslaak.

11-13 NOVEMBER 1997: TOE DIE SAKELEIERS HUL BALANSSTATE MOES VOORLÊ ...

Die deftige Carlton-hotel is maar 'n hanetreetjie van die Sanlam-sentrum af, net 'n straatblok en 'n half, maar dit was 'n totaal ander wêreld as waaraan ek en Tom die afgelope weke gewoond geraak het. Deur die groot voorportaal het ons gestap, die deftige trappe op, met die hysbak na die boonste verdieping, waar – ons was net betyds vir middagete – die fynste lekkernye aangebied is. Dit was hier waar die prinse van die bedryf hul balansstate van die afgelope dekades moes voorlê.

Ons het in prof. Sampie Terreblanche vasgeloop. Hy het so pas sy voorlegging gemaak, wat die tonge behoorlik los gehad het. "Baie mense wil my afslag," het hy beduie. "Maar ek dink dis 'n goeie plan ..."

Die WVK het reeds vóór die sitting, wat spesifiek aan die rol van die sakegemeenskap gewy sou word, vyftig voorleggings ontvang – van groot firmas, sakeleiers, banke, akademici, ook van die vakbonde. Drie dae lank sou daar oor die verlede gepraat moes word, oor wat apartheid en die besigheidswêreld met mekaar te make gehad het. Oor wie almal onregverdig voordeel getrek het en wie gely het. Oor regstellende aksie en al die ander lesse vir die toekoms. 'n Dertigtal instansies en persone is gevra om hul getuienis in die openbaar voor te lê. Rembrandt sou daar wees, saam met Anglo-American, Krygkor, Ou Mutual, Sanlam, Eskom, Tongaat-Hulett en Barlow-Rand. Ná hulle sou die groot organisisasies, Nafcoc, die Afrikaanse Handelsinstituut, die Raad van Suid-Afrikaanse Banke, Sabek en die Kamer van Mynwese aan die woord kom. Die verteenwoordigers van die Reserwebank het laat weet dat hulle daar sou wees; die Landbank se mense, ná aanvanklike huiwering, ook. Die vakbonde het hul tande geslyp vir die geleentheid: Cosatu, Nactu en Selfsa sou nie so 'n kans laat verbygaan nie. Cyril Ramaphosa het ingestem om te kom praat – in die geselskap van Chris Ball, Warren Clewlow en die twee professore Nic Wiehahn en Sampie Terreblanche.

Onder die eerstes wat aan die woord gekom het, was die Stellenbosse professor. En Sampie Terreblanche het behoorlik die ontleedmes ingelê. Wit oorheersing en rassekapitalisme, het hy verduidelik, het die afgelope honderd jaar die blankes onverdiend verryk en die gekleurdes onverdiend verarm. Teen die einde van die vorige eeu was daar heelwat welvarende swart boere in die land; het swart boere sáám meer mielies as blanke boere geproduseer. Maar deur die Glen Grey-wet (1894) en die Landwet

(1913) is hulle van hul plase verdryf, is hulle status tot dié van plaasarbeiders of goedkoop fabrieksarbeiders verlaag. Vreemd genoeg, het die professor opgemerk, lees 'n mens nie eintlik iets hiervan in die voorleggings van die sakereuse nie. Dit was veral die Afrikanermaatskappye wat in die verlede deur die Regering begunstig is in die toekenning van mynkonsessies, viskwotas, dranklisensies en ander regeringskontrakte. Verskeie Afrikanerorganisasies, soos Rembrandt, Sanlam, Volkskas en Trustbank, om van Nasionale Pers nie te praat nie, het danksy die goeie verhouding wat hulle met die Regering geniet het, gefloreer.

Dis niks meer as reg nie, het prof. Terreblanche gesê, dat dié wat in die verlede onregmatige voordeel getrek het, hulle hande diep in hul sakke sal moet steek om dié wat benadeel is, tegemoet te kom.

" 'n Groot deel van die rassekapitalisme bestaan steeds, met enorme konsentrasies van ekonomiese mag en voorregte in 'n paar wit hande. Dié hervormingsproses sal onvoltooid bly solank die ekonomiese mag wat deur rassestrukture vergaar is, onaangetas bly soos die afgelope drie en 'n half jaar. Ek stem saam met mnr. Thabo Mbeki dat die stabiliteit van die nuwe Suid-Afrika in gevaar gestel kan word indien ons nie bevredigende oplossings vir ongelykheid en armoede kry nie."

Sampie Terreblanche se oplossing was dat 'n heffing van 0,5 persent van belastingbetalers met 'n batewaarde van meer as R2 miljoen gebruik word vir die opheffing van die armste 40 persent van die bevolking. So 'n heffing is verkieslik bo ander vorme van belasting. Terreblanche het erken dat hy bewus was van al die praktiese probleme hiermee, maar dat dit nie onoorkomelik was nie – en die simboliese betekenis van so 'n vorm van restitusie was enorm. Indien nodig kon ander vorme van belasting in die plek daarvan verlaag word.

Die voorlegging het 'n besliste indruk gemaak – óók op die WVK-kommissarisse wat feitlik elk van die volgende sprekers om hul opinie oor die spesiale "rykmansheffing" gevra het. Gedurende die volgende dae sou dit nie net in die wandelgange van die Carlton-hotel nie, maar oor die hele land, in die media, selfs in die Parlement, oor die Sampie-voorstel gons.

◆ ◆ ◆

Intussen het die sakelui een na die ander aan die woord gekom, sommige apologeties, ander minder. Sommige was erg krities. Nafcoc het namens die swart besigheidsmense in die land onder die blanke sakesektor en die destydse regering ingeseil omdat hulle swart besigheidsmense jare lank die kans ontsê het om hulle behoorlik in die mark te vestig. En, het mnr. John Hlongwane, president van Nafcoc, gesê, toe allerlei beperkings wat dit vir swart besigheidsmense tevore onmoontlik gemaak het om te kompeteer uiteindelik in 1986 opgehef is, het talle blanke kleinhandel-groepe gou groot winkelsentrums vlak by die swart woongebiede opgerig, om so hul hande op die koopkrag van die swart publiek te lê. Swart handelaars is op allerlei burokratiese maniere gekniehalter. In die landbou- en sorghumbierbedryf, sowel as in die taxi- en dobbelbedryf, is daar gesorg dat die geldmag en bates veilig in blanke hande bly. Vir baie jare lank het groot maatskappye, veral in die mynbedryf, met die Regering saamgespan. Hulle het die omgewing geplunder en hulleself ten koste van die res van die gemeenskap verryk.

Dinge is nie heeltemal so eenvoudig nie, het mnr. Raymond Parsons van die Suid-Afrikaanse Besigheidskamer (Sabek) gekeer. Deur die jare het verskillende patrone ontwikkel waarvolgens die interaksie tussen die rasse en die sakegemeenskap gehanteer is. Sabek het in die verlede probeer om 'n proaktiewe rol te speel, om in 'n tyd van onrus en stakings, protesoptogte en massa-aksies, die ekonomiese masjien aan die gang te probeer hou en sy bes probeer om beter verhoudings tussen mense en gemeenskappe te bou. Om dit te bereik, moes hulle noodwendig ook met die Regering saamwerk – iets waarvoor talle hul vandag inderdaad verkwalik.

Mnr. Mike Rosholt, voormalige voorsitter van Barlow-Rand, moes erg kritiese vrae beantwoord oor die winsgewende kontrakte wat sy maatskappy van die vorige regering ontvang het – asook oor bewerings dat Barlow-Rand probeer het om die vakbonde te onderdruk. Dis nie korrek nie, het hy verduidelik. Sy maatskappy was juis een van die eerstes wat samewerkingsooreenkomste met die vakunies onderteken het. Dit help nie om die groot maatskappye soos Barlow-Rand kwalik te neem dat hulle nie die wette destyds verontagsaam het nie. Wat sou dit gehelp het? Hulle het hul eerder op sosiaal-ekonomiese hervorming toegespits.

Dr. Willem de Kock van Eskom was meer bereid om die hand in eie boesem te steek. Sy maatskappy het min gedoen om die lot van swart mense in die land te verbeter en dikwels ook teen swart mense gediskrimineer wanneer dit by indiensneming gekom het. "Eskom vra hiermee alle swart Suid-Afrikaners in die algemeen, en veral sy swart werknemers om verskoning dat hy apartheid ondersteun en dit deur sy beleid nagejaag het. Ons vra ook alle Suid-Afrikaners om verskoning dat ons geen aktiewe stappe gedoen het om die ondergang van apartheid … aan te voor nie." Wat elektrisiteitsvoorsiening betref, het Eskom die belange van blanke woongebiede dikwels ten koste van swart gebiede gedien. Sedert die laat tagtigerjare het Eskom sy bes probeer om sake te verander, maar slegs met gemengde sukses.

Sanlam se besturende direkteur, mnr. Desmond Smith, het ook erken dat sy maatskappy geweldig deur apartheid bevoordeel is. Apartheid was "onuitvoerbaar en immoreel, kontroversieel en afstootlik ... en het ongekende ontbering, lyding en smart vir anderskleuriges veroorsaak ... Die verlede kan nie ongedaan gemaak word nie, maar hierdie gebeurtenisse laat ons met 'n gevoel van diepe droefheid en spyt. 'n Mens kan maar net bid dat die WVK deur sy aktiwiteite inderdaad daarin sal slaag om sy doel te bereik, om die diep wonde van die verlede te heel en versoening en nasionale eenheid te bereik." Sanlam het oop kaarte gespeel oor sy hartlike verhouding met die vorige regering, maar 'n historiese verduideliking aangebied: sowel die Regering as Sanlam se Afrikanerwortels loop ver terug – in Sanlam se geval tot in die jaar 1918 toe die maatskappy gestig is om Afrikaners wat deur die Anglo-Boereoorlog verarm is, weer te bemagtig. Sanlam het wel, vroeër as talle ander, van kleinapartheid ontslae geraak, maar kon hom ook nie ten volle met die *struggle* vereenselwig nie weens die geweld van die stryd en die nasionaliseringsbeleid van die bevrydingsbewegings waarmee Sanlam nie kon saamstem nie.

Desmond Smith het 'n teer snaar aangeroer toe hy gesê het dat, van menseregteskendings gepraat, van die grofste nou op die oomblik in ons land plaasvind.

"Hierdie skendings is te sien in die moorde, rooftogte, kapings, verkragtings, aanrandings, diefstal, bedrog, korrupsie en so meer. Ons is oortuig daarvan dat die oneffektiewe handhawing van wet en orde direk verantwoordelik is vir hierdie growwe skendings van menseregte op korporatiewe en individuele vlak."

Mnr. Bobby Godsell van die Kamer van Mynwese het simpatie gevra vir die mynbedryf, wat óók deur apartheid geknou is. Die land se rassebeleid was daarvoor verantwoordelik dat die mynbedryf op die oomblik swak toegerus is om internasionaal te kompeteer. Hy het erken dat die loonbeleid van die verlede uiters onregverdig was, dat blanke werkers aansienlik meer betaal is as swart werkers, al was dit ook so dat swart lone die afgelope jare persentasiegewys baie vinniger gestyg het as die lone van blankes.

Bobby Godsell, begaafde spreker en motiveerder, het egter dié dag nie daarin geslaag om almal te bevredig nie.

Boraine: "Ek het regtig gedink die Kamer van Mynwese sou met groter erns verskoning vra vir sy apartheidsverlede, vir die skade wat trekarbeid aan duisende gesinne in die land veroorsaak het, vir hele gemeenskappe wat in twee geskeur is. U bedryf het so 'n sentrale rol in die ekonomie van die land gespeel ..."

Godsell: "Dis nie moeilik om vandag te sê ons is jammer nie. Maar dis nie waaroor dit nou gaan nie. Die vraag is: wat kan ons nou doen om die nalatenskap van apartheid reg te stel? Watter uitweë was daar vir ons? Ons is heeltemal bereid om wat gebeur het, die skade, in konteks te plaas. Ons kan dit vyf keer agtermekaar doen! Maar watter verskil gaan dit daarbuite maak? Die werklike uitdaging is om iets aan die nalatenskap van apartheid te doen."

Boraine: "Ek stem saam ... maar u moet nie die kragtige golf van goeie wil onderskat wat in die land losgelaat sou word as die Kamer berou sou toon oor die verlede nie."

Toe mnr. Johann Rupert van Rembrandt, seun van die bekende dr. Anton Rupert, sy plek op die podium inneem, het die hele saal hul ore gespits. Wat sou die boodskap van die Ruperts wees? Hoe sou die Rembrandt-groep oor hul rol in die verlede oordeel? Skuldig – of onskuldig?

Uiteindelik was die antwoord 'n ja én 'n nee. Ja, dit was so dat blankes onregverdige voordeel uit die apartheidstyd getrek het. Maar, nee, Rembrandt was nie op die lysie van maatskappye wat deur die Regering voorgetrek is nie. Dit was so dat Rembrandt deur Afrikaners gestig is, dat net Afrikaners bereid was om daarin te belê.

"Maar ek en my pa was al twee uitgesproke teenstanders van apartheid. Ons personeellede het nie by apartheid baatgevind nie en ons maatskappy beslis ook nie." Die maatskappy het nooit regeringskontrakte gekry nie. "Ons het geen *sweatheart*-ooreenkomste met die Regering gehad nie. Ek kan vandag nog nie sien hoe ons by apartheid baatgevind het nie, inteendeel, die staat kry vandag R2,8 miljard uit Richmond." Het Rembrandt destyds genoeg gedoen? "Nee, maar in daardie tyd het ons gedink ons het ... Ek glo dat apartheid 'n vermorsing van skaars hulpbronne was. Ons het R35 miljoen aan goudreserwes verkwis en ons kinders daarmee in die skuld gedompel."

Of al die kommissarisse met Johann Rupert se verduideliking tevrede was? Ja en nee! 'n Meer ondubbelsinnige apologie sou waarskynlik op beter ore geval het. Wat wel op goeie ore geval het, was 'n verrassende nuusbrokkie wat die voorsitter van Rembrandt saamgebring het. In Januarie 1986 het sy pa 'n dringende brief aan oudstaatspresident P.W. Botha geskrywe om ten ene male van apartheid, wat van Afrikaners "melaatses" gemaak het, afstand te doen. Tydens die ernstige krediet-krisis wat ons land getref het, het dr. Fritz Leutweiler na Suid-Afrika gekom om as bemiddelaar tussen die internasionale banke en die Suid-Afrikaanse regering op te tree. Hy het toe vir dr. Rupert gesê hy is nie langer bereid om as woordvoerder van apartheid op te tree nie. "Is apartheid die hoeksteen van ons voortbestaan?" het Rupert destyds geskryf.

"Gewis nie. Ek glo die geloof dat apartheid die bestaande belange van die blanke se voortbestaan bevorder, 'n mite is. Dis trouens 'n ge-vaar vir sy voortbestaan ... Vandaar die persoonlike beroep op u. Bevestig dat u afsien van apartheid. Dit kruisig ons, dit vernietig ons taal, dit maak 'n eens heldevolk 'n melaatse van die wêreld. Verwyder die vloek van misdaad teen die mensheid van ons kinders en kleinkinders se rûe af ..."

Wat was die reaksie van die Oudpresident op Rupert se brief? het verslaggewers gevra. "Die reaksie? Dit is totaal privaat!" het Johann Rupert geantwoord.

Die Afrikaanse Handelsinstituut (AHI) was die enigste van die oor-wegend Afrikaanse organisasies wat bereid was om onvoorwaardelik verskoning te vra vir sy steun aan apartheid. Aan die hand van 'n lang verduideliking van hoe dit gekom het dat die AHI, wat in 1942 gestig is om die ekonomiese aspirasies van Afrikaners te bevorder wat sedert die Anglo-Boereoorlog baie arm was, die apartheidsbeleid dekades jare lank klakkeloos nagevolg het, het die AHI bely: By nabetragting was dit duidelik dat die AHI groot foute begaan het. Afsonderlike ontwikkeling het neergekom op sosiale manipulering wat 'n wreedaardige prys van mense geëis en bronne geweldig vermors het. Die AHI moes, in retrospeksie, baie vroeër besef het dat apartheid moreel en ekonomies verkeerd was, hulle moes baie meer begrip gehad het vir die lyding wat dit in die lewe van mense veroorsaak het, en hulle moes baie meer krities teenoor die Regering gestaan het. Die apartheidsbeleid het veroorsaak dat swart mense – veral ook die swart sakegemeenskap – ernstig benadeel is, dat die land verarm het. Vir al hierdie dinge het die AHI medeverantwoordelikheid aanvaar. Hy het erken dat mede-Suid-Afrikaners deur hierdie dade en versuim ernstig benadeel is en sy opregte spyt daaroor uitgespreek.

Op een punt – oor die sogenaamde ryksmansbelasting – het die AHI egter nie met Sampie Terreblanche saamgestem nie. Mnr. Theo van Wyk, voormalige president van die AHI, het 'n ander, heel kreatiewe voorstel gehad: Waarom nie die opgehoopte geld van die Sasria-fonds vir vergoeding aan die slagoffers van die verlede aanwend nie? Die fonds is tydens die vorige bedeling in die lewe geroep om dekking te bied aan persone wat as gevolg van politieke oproer skade gely het. Geen noemenswaardige eise is die laaste jare ontvang of uitbetaal nie. Op die oomblik het Sasria opgehoopte bates van ongeveer R9 miljard gehad — die R3 miljard wat, oor ses jaar, vir vergoeding van slagoffers nodig was, kon maklik daaruit betaal word.

◆ ◆ ◆

Die verduidelikings en verskonings van blanke sakelui en sakeondernemings oor hoe hulle besig was om te hervorm, om te verseker dat die speelveld in die besigheidswêreld gelyk gemaak word, het mnr. Sam Shilowa, sekretaris-generaal van die groot vakbondorganisasie Cosatu nie beïndruk nie. Inteendeel. "Hulle lieg!"was sy kommentaar. Hy het Johann Rupert voor stok gekry: "Afrikaners kan nie nou hier kom staan en sê hulle kon nie meer gedoen het nie. Bram Fischer het meer gedoen!" Mnr. Jay Naidoo, Shilowa se voorganger by Cosatu en huidige Minister van Pos en Telekommunikasie was éérs skerp: "Daar bestaan oorweldigende bewyse dat die sakesektor en die apartheidsregering saamgewerk het. Ek dink hulle moet ons vandag om vergifnis smeek. Niemand van hulle kan sê dat hulle nie voordeel getrek het nie ... as ons darem eise moes indien vir die lone wat ons verloor het! ... Ek het lyke vasgehou van mense wat deur hulle vermoor is. Hulle bloed was op my klere ... Is die blanke bereid om na die *townships* te gaan en te kyk hoe hulle ons verneder het? Die media is net so skuldig deur die stereotipe wat hulle van die huidige regering as onbevoeg en korrup geskep het. Hulle moet ook leer dat die vakbonde nie 'n klomp bloeddorstige terroriste is nie."

Inteendeel, het Naidoo vir sy gehoor vertel, as jy waarheid en versoening wil bestudeer, moet jy die geskiedenis van die vakbonde in Suid-Afrika bestudeer. Dit was bo alles die vakbonde wat die grondslag vir hervorming gelê het, wat die grootste stabiliserende mag in die gemeenskap geword het.

Laasgenoemde stelling het baie mense in die land met 'n knippie sout geneem.

◆ ◆ ◆

Die byeenkoms in die Carlton-sentrum het sy hoogtepunte en ook laagtepunte gehad. Daar het wel nuwe inligting en insigte na vore gekom.

Die feit dat almal wat daar was hulle tot die opbou van die gemeenskap verbind het, was belangrik. Maar Suid-Afrikaners wat op 'n nasionale konsensus oor die land se toekoms gehoop het, sou na die sitting nogal teleurgesteld gewees het, het een van die Johannesburgse koerantredakteurs opgemerk. Tussen die twee pilare van die sakegemeenskap – die vakbonde en die sakeondernemings – was die kloof skynbaar onoorbrugbaar. Getrou aan die goeie ou Suid-Afrikaanse tradisie het hulle die skuld op mekaar gepak. Cosatu se irritasie met die blanke ondernemings wat – met enkele uitsonderings, soos die AHI – hulleself probeer verontskuldig en regverdig het, is nogal te verstane. Dit sou beter gewees het as die prinse van die industrie, veral die mynbedryf, hul skuld en versuim eerlik en opreg bely het. Dit sou inderdaad die lug gesuiwer het.

Maar die emosionele en ongebreidelde taal van Cosatu het ook nie gehelp nie. 'n Mens moet jouself afvra: Waarom het niemand tydens die sitting Cosatu gekonfronteer met die menseregteskendings wat hy self gepleeg het nie? Toe ou mense wat in die tagtigerjare nie wou wegbly en staak nie, gedwing is om seeppoeier te eet en kookolie te drink, toe sogenaamde kollaborateurs vermoor is, wat het Cosatu toe gesê?

Nederigheid en skaamte hieroor sou nie onvanpas gewees het nie. Dis begryplik dat Cosatu kwaad is omdat sakeondernemings weggeskram het van ruiterlike erkennings. Maar as Cosatu werklik groots was, sou hy erkenning gegee het aan die bekentenisse wat ondernemings wel gedoen het. Dit sou die aanknopingspunt vir 'n gesprek oor nasionale konsensus kon wees. 'n Kans verloor – wat maar net nog harder werk vir die idealiste en die vasbyters beteken.

12 NOVEMBER 1997: ONVERWAGTE BESOEKERS: DIE AWB MELD AAN

Dit was 'n interessante gesig. Saam met ons om die tafel in die WVK-kantoor in Johannesburg het mnr. Eugene Terre'Blanche, hoofleier van die Afrikaner Weerstandsbeweging, en sy twee luitenante, generaal Japie Oelofse en brigadier Dries Kriel, gesit. Hulle het die vorige dag met dr. Boraine geskakel om 'n afspraak te maak. Die ondervoorsitter het my vroeg die oggend in die gang voorgekeer: "Die AWB kom kuier. Sal jy asseblief saamkom?"

Die "Boerehater" Boraine, en die "Boer van Ventersdorp," Terre'-Blanche, het mekaar onmiddellik gevind! Dit het só gekom: Terwyl ons mekaar met die hand gegroet het, het Boraine vir Terre'Blanche geglimlag: "Meneer Terre'Blanche, ons ly al twee aan dieselfde onreg. Die pers haal ons dikwels verkeerd aan en hang bordjies om ons nek, wat ons nie altyd verdien nie ..." "Dis waar, dis al te waar, doktor Boraine," het die leier van die AWB met sy diep stem geantwoord. En toe voortgegaan: "Ons besef die AWB het wat die geweld in die land betref, in 'n doodloopstraat beland. Ons het tot die besluit gekom dat ons net een van twee keuses het: óf ons moet die WVK op sy woord neem en ons deel vir versoening probeer bydra, óf ons moet terug na die dae van geweld stig en bomme plant."

Die AWB wou die WVK oor die persepsies en motiewe van die regse groepe in die land inlig, het Terre'Blanche verder verduidelik. Hulle wou hul rol ter wille van versoening en reparasie speel. Maar hulle het twee groot bekommernisse gehad. Eerstens: talle AWB-lede wat om amnestie aansoek gedoen het, van wie 'n groot getal reeds besig was om tronkstraf uit te dien, het nou reeds maande lank gewag dat hul sake verhoor moes word. Kon die WVK nie hul sake bespoedig nie? Tweedens: die AWB-gevangenes het onder haglike omstandighede in die tronke verkeer. Kon die WVK nie by die Regering aansoek doen dat hul status, terwyl hul sake hangende was, tot dié van "politieke gevangenes" verander word nie? Dit sou heelwat voordele vir die gevangenes ingehou het.

Alex Boraine het onmiddellik ingestem.

"Al twee versoeke is redelik. Ek beloof om dadelik daaraan aandag te gee, en sal so gou as wat ek kan met ons Amnestiekomitee en die betrokke ministers skakel."

Van my kant af het ek ook twee sake op die tafel gelê. Op sy beurt was die WVK ook van die AWB se samewerking afhanklik. Ons was eerstens daaroor bekommerd dat talle slagoffers uit regse kringe nog nie by die WVK aangemeld het nie. Ons het hulle verklarings nodig gehad om 'n volledige prent te kry van wat alles in die verlede gebeur het. Kon die AWB ons help om hulle aan te moedig? Dit sou ook heelwat voordele vir die slagoffers en hul gesinne inhou. Hulle het ook die helingsproses nodig gehad. Wat meer is, hulle sou ook op reparasie kon aanspraak maak. En tweedens was daar ons bekommernis oor die versoeningsproses in die land. Sou die AWB, ook na die afsluiting van die WVK se werk, daarmee help?

Op hulle beurt het die drie AWB-manne saamgestem. "Die tyd het aangebreek," het die hoofleier gesê, "dat die verskillende gemeenskappe in die land na mekaar toe uitreik, dat brûe tussen ons gebou word."

Omdat ek en Dries Kriel in Pretoria gewoon het, is daar besluit dat ons met mekaar in kontak moes bly en moes sorg dat die verskillende sake aandag kry. Ons is as goeie vriende uiteen. Ook die "Boerehater" en die "Boer".

17-19 NOVEMBER 1997: OOS-LONDEN - MOET DOMINEES EN PRIESTERS OOK BIEG?

"Waarskynlik die beste van al die Waarheidskommissiesittings," het Desmond Tutu dié middag gesê toe ons ná die laaste "Amen" ons papiere bymekaargemaak het. Ek het graag saamgestem: die sitting vir verteenwoordigers van al die geloofsgemeenskappe in ons land het beslis ánders as die ander "spesiale" sittings verloop.

Die Sondagmiddag van 16 November reeds, toe honderde gelowiges van verskillende Oos-Londense gemeentes saam met die afgevaardigdes van die verskillende kerke wat van oor die hele land gekom het, die Christian Centre-gebou in Abbotsford begin volpak het, kon jy dit aanvoel: hier was iets aan die kom.

Die toewydingsdiens is deur 'n paneel predikante en pastore gelei. Tutu, wat die preek gelewer het, was op sy stukke. Jesus het die skamele broodjies en vissies van 'n seuntjie gebruik om vyf duisend mense te voed, het hy begin. Dis hoe God werk! Hy gebruik die nederigste en onwaarskynlikste mense as sy medewerkers. Jeremia het gedink hy is te jonk. Maria kon nie glo dat die Here 'n eenvoudige meisietjie soos sy, in die agteraf Nasaret, die moeder van sy Seun wou maak nie. Net so is daar talle onbekende en onbesonge mans en vroue en kinders in ons land vandag wat deur die Here op 'n wonderlike manier gebruik word. Die wonderwerke van versoening en vergifnis, van gewone mense wat na mekaar uitreik, die dinge wat die WVK die afgelope twee jaar beleef het, maak 'n mens bewoë. In die volgende dae gaan kerke en kerkleiers, verskillende geloofsgroepe hul verhale vertel, gaan daar oor skuld en vergifnis, oor liefde en versoening gepraat word, het die Aartsbiskop gesê. Ten diepste gaan dit egter die verhale van gewone mense wees wat deur God as sy ambassadeurs in 'n deurmekaar en gekweste samelewing aangestel is. Per slot van rekening, as ons nie bereid is om sy liefde na ander uit te dra nie, wie sal?

◆ ◆ ◆

Dit was aan die begin nie 'n uitgemaakte saak dat 'n spesiale sitting vir die geloofsgemeenskappe in ons land gehou sou word nie. Het die kerke en die ander groepe hulle werklik aan growwe menseregteskendings skuldig gemaak? Het hulle dinge om te kom bely? 'n Hele paar kommissarisse moes eers self oortuig word. Maar, het die teenargument gelui, die kerke en die ander gemeenskappe was so nou betrokke by alles wat in ons land gebeur het – aan al twee kante van die stryd – dat 'n mens jou nie kan voorstel dat die WVK nie ook aan die dominees en die priesters, aan die pastore en die imams, 'n kans sou gee om te kom vertel nie.

Aanvanklik is presies 101 briewe aan al die verskillende Christelike kerke en ekumeniese liggame in Suid-Afrika gestuur, asook aan verteenwoordigers van die Moslem-, Hindoe-, Joodse, Boeddhistiese en Baha'i-gemeenskap, en aan persone wat namens die tradisionele godsdiens van Afrika sou kon praat met die uitnodiging om 'n voorlegging te maak. Afhangend van die reaksie van die godsdiensleiers sou die WVK oor 'n openbare sitting besluit. Intussen het die WVK die paar dominees in hul midde, Khoza Mgojo, Bongani Finca, Msibisi Xundu en vir my, opdrag gegee om die saak verder te voer. Terwyl sommige kollegas nog gewonder het, was die Aartsbiskop vuur en vlam. Op 'n dag, toe Tutu nog met sy kankerbehandeling in die VSA besig was, het daar vir my 'n e-posbrief uit New York gekom: "Ek ondersteun julle van harte. Gaan aan!"

Die Heilsleër was die eerste om hul voorlegging te bring. Op 2 Junie het kommissaris Paul du Plessis persoonlik na die WVK-kantoor gekom om dit af te lewer. Een vir een het die ander kerke – in elk geval, die meeste ander kerke – hul voorbeeld gevolg. Die Anglikane en Metodiste, die Katolieke en die Presbiteriane, baie ander, het van hulle laat hoor. Die Algemene Sinodale Kommissie van die NG Kerk het aanvanklik laat weet dat hulle nie 'n verklaring sou voorlê nie. Hulle was wel van plan om ter wille van hul lidmate – en al die ander belangstellendes in die land – die verhaal van hul reis met apartheid neer te skryf. Die Gereformeerde Kerk het gestaan by sy sinodebesluit vroeër die jaar. Hulle sou nie kom nie. Die Hervormde Kerk het ten spyte van 'n paar oproepe van my kant, niks laat weet nie. Die getal voorleggings wat wel gestuur is en die kwaliteit van die meeste was egter bemoedigend. Nadat net meer as dertig ontvang is, het die WVK besluit: In November sou 'n openbare sitting gehou word, nie net vir die Christelike kerke nie, maar vir alle geloofsgemeenskappe. Oos-Londen, waar die heel eerste verhoor amper twee jaar tevore plaasgevind het, sou die plek wees waar die laaste van die spesiale sittings byeengeroep sou word.

Om te besluit wie van die baie groepe wat voorleggings gemaak het, genooi sou word om in die openbaar op te tree en om almal van hulle in Oos-Londen te kry, is ure lank vergader. Ons wou graag, in die loop van drie dae, die volle spektrum aan die orde stel: die sogenaamde hoof-stroomkerke, die evangeliese groepe, die Afrikaanse kerke, charismatiese en pinkstergroepe, ekumeniese liggame, tesame met getuienisse vanuit die ander godsdienstige gemeenskappe. As julle nalaat om 'n vrou te nooi om oor die rol van vroue in die kerke te praat – die vroue wat in elk geval meeste van die werk doen – soek julle moeilikheid, het Joyce Seroke en Brigalia Bam van die Suid-Afrikaanse Raad van Kerke gewaar-sku.

Om die Engelse hoofstroomkerke sowel as die charismatiese groepe in Oos-Londen te kry, was nie moeilik nie. Hulle het dadelik laat weet dat hulle kom. Dr. Izak Burger van die AGS het gebel om te sê dat sowel hy as sy medeleier, Frank Chikane, daar sou wees. Om die Zion Chris-tian Church, die grootste onafhanklike Afrika-kerk, daar te kry het ek en Tom Manthata, ná talle telefoonoproepe, uiteindelik Pietersburg toe gery om biskop Barnabas Lekganyane te woord te staan. Die Afrikaanse kerke was egter 'n groot bekommernis. Die Gereformeerde Kerk sou nie teenwoordig wees nie, maar vier teoloë uit die kerk, Alwyn du Plessis, Bennie van der Walt, Amie van Wyk en Ponti Venter, het hul eie openbare skuldbelydenis opgestel wat hulle by Oos-Londen sou voorlê. Die Hervormde Kerk het steeds die swye bewaar. En die NG Kerk? Ek kon my nie voorstel dat die kerk *nie* sy getuienis sou kom lewer nie en het intussen gesorg dat daar solank op die program 'n spesiale plek vir die voorlegging van die NG Kerk ingeruim word. Die hoop het nie beskaam nie! Vroeg in November het die Algemene Sinodale Kommissie eenparig besluit dat die moderator, Freek Swanepoel, tog na die sitting moes gaan, dat hy namens die hele kerk 'n woord moes spreek.

Om die ander godsdiensgemeenskappe in Oos-Londen te kry, het ook heelwat kopkrap gekos. Die hoofrabbi van Johannesburg, dr. Cyril Harris, het dadelik ingestem. Die Suid-Afrikaanse Hindoe Maha Sabha het ook, al was dit redelik op die nippertjie, laat weet dat hulle 'n voorlegging sou maak. Die Dharma-sentrum, wat Zen-Boeddhiste in die land verteenwoordig, het van hulle laat hoor. Selfs die Baha'i-gemeen-skap het 'n spreekbeurt gevra. Maar die Moslems het die reëlingskomitee laat sweet. Ek het persoonlik talle oproepe gemaak en briewe na verskeie Moslem-instansies gepos, selfs op 'n dag half moedeloos vir aartsbiskop Tutu en minister Dullah Omar gevra om te help. 'n Paar dae voor die sitting sou begin, het moulana Ibrahim Bham van die Jamiatul Ulama,

Transvaal, ingewillig om te kom praat. Toe dit in die media aangekondig is, was daar onmiddellik reaksie. Dr. Faried Esack, vlymskerp Moslem-kritikus, het kantoor toe gebel met 'n dringende versoek: hy wou namens die Call of Islam 'n voorlegging maak. Die Muslim Judicial Council het toe die sitting net begin het, uit Kaapstad laat weet: hulle kom ook! Intussen het moulana Bham van die Jamiatul Ulama gebel: hy het siek geword en sou nie meer teenwoordig kon wees nie. "Dit verbaas my nie," het Faried Esack vir my gesê. "Hy wil nie op dieselfde verhoog as ek gesien word nie!"

◆　◆　◆

Toe aartsbiskop Tutu die sitting op Maandagoggend 17 November open, het hy sy versoenende boodskap van die vorige middag in die Christian Centre voortgesit. Ons is nie hier om kerke in die beskuldigdebank te plaas nie. Ons wil egter eerlik, met liefde en ootmoed, na die verlede kyk. Ons wil lesse vir die toekoms leer, het hy benadruk. Wetende dat min afgevaardigdes kon wag dat Woensdag aanbreek wanneer die NG Kerk – die "National Party at prayer" – aan die woord sou kom om oor sy rol in die verlede te praat, het Tutu solank 'n vriendelike en vermanende woord laat hoor: "Dis beslis nie maklik om iemand van wie jy hou in die openbaar aan te spreek nie. Ek kan sê dat ek nou dieselfde foute maak as dit waarvan ek voorheen die leiers van die wit NG Kerk beskuldig het. Ons (die ander kerke) het nodig om te bely dat ons dikwels arrogant en hard was in die wyse waarop ons die NG Kerk verwerp het omdat hulle nie destyds die Regering aangespreek het oor apartheid nie. Hulle het gewoonlik gereageer deur daarop te wys dat hulle dit wel doen, maar agter geslote deure. Ek het 'n ruk gelede langs president Nelson Mandela gesit en was besig om hom te vertel wat ek van 'n bepaalde saak dink. Toe besef ek dat ek besig is om presies dit te doen waaroor ek die NG Kerk altyd veroordeel het! Dit is beslis nie maklik om teen iemand wat saam met jou in die stryd was en van wie jy hou, op te tree nie. Ek erken dat ons optrede teen die NG Kerk selfregverdigend kon gelyk het. Ons saak was wel reg ... maar ons vra verskoning vir ons optrede. Ons hoop ons verskoning word aanvaar." Tutu het bygevoeg: "In die verlede, in 'n tyd van protes, was dit nogal maklik om te weet wat die kerk moes doen. Om vandag die kerk in Suid-Afrika te wees, is glad 'n ander storie. Dis nie so eenvoudig nie!"

◆　◆　◆

Skuldbelydenis, vergifnis, versoening en restitusie was aan die orde van die dag.

In die heel eerste voorlegging het Brigalia Bam, wat pas afgetree het as algemene sekretaris van die Suid-Afrikaanse Raad van Kerke, oor die rol van dié liggaam gepraat. Daar was heelwat wat sy kon sê oor dit wat die SARK die afgelope dertig jaar gedoen het om onreg te bekamp, om 'n profetiese stem te laat hoor, om vir die slagoffers en die families van uitgewekenes en veroordeeldes te sorg. Oor die prys wat die SARK en baie van sy leiers moes betaal, kon net soveel gesê word. Maar die hoofklem van haar getuienis was anders: "Ons kon baie meer gedoen het om die slagoffers te help, om ter wille van reg en geregtigheid op te tree. Ons het dié wat swaarkry in die steek gelaat deur dikwels reaktief op te tree eerder as proaktief."

Biskop Michael Nuttall, wat namens die Anglikaanse Kerk gepraat het, het bely dat die kerk sy eie aartsbiskop Desmond Tutu in die steek gelaat het. Toe Tutu jare gelede ekonomiese sanksies teen Suid-Afrika gesteun het as laaste poging om op 'n niegewelddadige manier verandering te probeer bewerkstellig, het hy onder skerp kritiek deurgeloop.

"Vergewe ons vir wat ons u en ander 'profete' in die kerk aangedoen het."

Vir sy kerk se onwilligheid om te praat toe daar gepraat moes word, asook vir sy dikwels hooghartige veroordeling van dié wat anders as die Anglikaanse Kerk gedink en opgetree het, het biskop Nuttall ook verskoning gevra.

Sy volgende woorde het almal regop laat sit: "Dit was in die verlede vir ons alte maklik om met 'n moreel hoogmoedige vinger die foute van die Afrikaner-nasionaliste, hulle vooroordeel en trots, uit te wys. Maar Engelse vooroordeel en trots het egter – ten spyte van ons hoogklinkende morele uitsprake – net so na aan die oppervlakte gelê. Die Anglikaanse Lord Milner was seker net so 'n probleem vir Afrikaner-Christene as wat D.F. Malan, die dominee, vir ons was. Ons skuld, op 'n vreemde manier, die Afrikaners 'n apologie. Ek het hiervan bewus geword toe ek destyds, as biskop van Pretoria, Afrikaner-Christene soos David Bosch en Piet Meiring leer ken het. Meneer die voorsitter, sal u my toelaat om prof. Piet Meiring in sy hoedanigheid as lid van die WVK te vra om hierdie apologie van 'n biskop van 'die Engelse kerk' in ontvangs te neem?"

Bo alles, het Nuttall voortgegaan, staan die Anglikaanse Kerk skuldig voor sy duisende swart lidmate wat in die verlede swaar gely het as gevolg van die stilswye van die kerk, sy huiwerige optrede, en, meer nog, die diskriminasie wat binne die kerk self te bespeur was. As 'n mens vandag terugkyk, as jy die groot groepe mans en vroue en kinders, ampsdraers en lidmate wat te na gekom is, voor jou sien staan, kan jy nie anders nie as om uit jou hart te bid nie:

"Lord, have mercy. Nkosi, sihawukele. Morena, re gaugele. Kyrie eleison. Thank you God for faithful ones, those who were clear-sighted, those who endured against all the odds to the end."

Tutu was geroer en het ook so gesê. Toe het na hy gedraai: Wou ek namens die NG Kerk antwoord?

"Natuurlik sal ek die woorde van die Engelse biskop aan die NG Kerk deurgee. Dit sal vir my 'n groot eer wees. U woorde het my aangegryp, soos dit my broers en susters in die kerk sal aangryp wanneer hulle dit hoor. Maar die NG Kerk is ook 'n ernstige verskoning aan u, aan baie mense in die land, verskuldig. Ons het u ook in die steek gelaat. Daarby gesê, dankie dat u ons nie in die verlede agtergelaat het en sonder ons voortgegaan het nie. Dankie dat u met ons bly praat het en ons voortdurend bly uitdaag het."

Biskop Frank Retief, wat namens die Church of England in South Africa die woord gevoer het, het heel eerlik vertel hoe talle lidmate hulle deur die vorige regering laat mislei het, hoe die ideologie van apartheid hulle in so 'n mate verblind het dat hulle so 'n "wrede en onderdrukkende sisteem" soos apartheid ondersteun het.

"Soos die meeste blankes in die land het ons die regeringspropaganda geglo wat vertel het dat ons in 'n stryd om lewe en dood verkeer het, 'n stryd om Westerse waardes te behou en om die kommunistiese gevaar wat ons bedreig het die hoof te bied ... Die kerk se poging om buite die politiek van die land te bly, om nie iets met die bevrydingstryd te make te wil hê nie, was in retrospeksie 'n groot fout. Op dié manier het ons die swart gemeenskap – baie van ons eie lidmate – in die steek gelaat."

Biskop Mvume Dandala, hoof van die Metodistekerk, het sy waardering vir en bekommernis oor die WVK-proses ter tafel gelê. Waardering vir wat die kommissie reeds gedoen en bereik het, maar ook bekommernis: laat die wet genoeg ruimte vir werklike belydenis, vergifnis en versoening? Van die slagoffers word verwag om hul hande uit te steek na die mense wat hulle seergemaak het. Maar die oortreders wat om amnestie aansoek doen, hoef nie bewys te lewer dat hulle regtig berou het nie. Is versoening op dié basis moontlik? Beteken dit nie om, soos die profeet Jeremia destyds gewaarsku het, vrede, vrede te roep terwyl daar geen vrede is nie?

Biskop Dandala het egter ook die hand in eie boesem gesteek. Baie mense in die kerk het swaar gely, die kerk het sélf as gevolg van sy teenkanting teen apartheid die wind van voor gekry. Maar daar was ook groot getalle Metodiste wat stilgebly het, wat hulle nie wou bemoei met die onreg wat gepleeg is nie, wat veilig geskuil het agter die verskoning dat "godsdiens en politiek uitmekaar gehou moet word".

Biskop Kevin Dowling, wat destyds by Rustenburg reeds 'n groot indruk op die WVK gemaak het, het namens die Rooms-Katolieke Kerk gepraat. Die tragiese feit van die sluipmoord op Chris Hani, leier van die Kommunistiese Party, én die veroordeling van Janusz Walus vir die daad – terwyl al twee lidmate van die Rooms-Katolieke Kerk was – illustreer hoe ingewikkeld die situasie in ons land was: een deel van die kerk het alles gedoen wat hulle kon om die apartheidsbedeling aan die gang te hou, terwyl die ander deel van die kerk ten bloede toe geveg het om apartheid tot 'n val te bring. Omdat die kerk soveel lidmate het wat so verskillend oor soveel sake voel, is dit vandag moeilik om oor die rol van die kerk as geheel te rapporteer. Dis ook moeilik om vanuit ons konteks die motiewe en optrede van mense van veertig jaar gelede te beoordeel. Sommige sê die kerkleiers was bra matig en versigtig in hul teenkanting teen apartheid; ander sê hulle was dapper en het duidelik leiding gegee! Dit is egter só dat die Rooms-Katolikeke Kerk sedert 1947 by herhaling met die Regering gebots het, tot op die punt dat die biskoppekonferensie apartheid as "tot in sy wese boos" veroordeel het. Die kerk was egter huiwerig om die sogenaamde *defiance campaign* (uitdaagveldtog) van 1957 te steun, en het hul gemeentelede eerder opgeroep om "die orde te handhaaf, om hulle nie tot geweld te wend nie". Die voortgesette kritiek teen apartheid het die kerk in die jare wat gevolg het egter duur te staan gekom. Talle lidmate het die kerk verlaat. Uiteindelik is vader Smangaliso Mkhatshwa in hegtenis geneem en die kantoor van die Katolieke koerant New Nation gesluit. Maar net so belangrik as wat dit is om na die verlede te kyk, was die vraag: Wat gaan die kerke doen in die jare wat kom? Biskop Dowling het sy voorlegging afgesluit met 'n hartstogtelike beroep op die kerklike gemeenskap om ter wille van die herstel van morele waardes in die land, sowel as versoening tussen al die mense van Suid-Afrika, mekaar die hand te reik en saam te werk.

◆ ◆ ◆

Die tweede dag het aan die verteenwoordigers van die ander godsdienstige gemeenskappe behoort. Die voorsitter, Desmond Tutu, het, soos die vorige dag, op 'n ernstige en ook versoenende noot begin. Die meeste kerkmense het in die verlede van die standpunt uitgegaan dat Suid-Afrika 'n "Christelike land" was waar slegs Christelike waardes en standpunte gegeld het, waar wette gemaak is om die Christene in die land te pas. En dit terwyl daar feitlik van die koms van die Hollanders na die Kaap, drie en 'n half eeue gelede, aanhangers van ander godsdienste in die gemeenskap gelewe het. Behalwe die tradisionele godsdiens van die San en die Koi en die swart volke van Suid-Afrika, het Moslems hulle vroeg reeds aan die Kaap gevestig, slegs enkele jare ná Van Riebeeck en sy mense. Jode het hulle vroeg in die 19de eeu hier tuisgemaak, en 'n paar dekades ná hulle ook groepe Moslems en Hindoes uit Indië. Vandag is feitlik al die wêreldgodsdienste in Suid-Afrika verteenwoordig, ook Boeddhiste en Baha'is.

"Ek is seker dat al my mede-Christene in die land met my saamstem as ek ons ernstige apologie teenoor u, lede van die ander geloofsgemeen-skappe in die land uitspreek, vir die hooghartige manier waarop ons as Christene in die land opgetree het, asof ons die enigste godsdiens in die land was, en dit terwyl ons van jaar nommer een af 'n veelgodsdienstige gemeenskap was," het Tutu gesê.

Toe dr. Faried Esack, bekende Moslem-akademikus, aan die woord kom, het hy by Tutu aangesluit. As ons oor die verlede praat, het hy verduidelik, moet ons nie net aan apartheid, veiligheidswette en al daardie dinge dink nie; dit het ook om "Christelike triomf" gegaan. In 'n uitgesproke "Christelike staat" het aanhangers van ander godsdienste dikwels die wind van voor gekry. As jy 'n Moslem was, iemand wat deel van die "Islamitiese gevaar" uitgemaak het, is jy dikwels as 'n vyand van die staat beskou en behandel. Dis ironies, het Faried gesê, dat so onlangs nog as 1986, die jaar toe die NG Kerk vir die eerste keer afskeid van apartheid begin neem het, die Algemene Sinode die Islam nog in een van sy besluite as 'n "valse godsdiens" bestempel het. Maar die Moslem-gemeenskap moet nie al te regverdig wees nie, het moulana Esack verder beduie. Hulle moet ook maar voor hul eie deur vee. Daar was tye toe Moslems ook maar huiwerig was om na vore te kom om die goeie stryd te stry. Waar was die Moslem-leiers in 1969 toe imam Abdullah Haron gearresteer, gemartel en uiteindelik doodgemaak is?

Toe imam Rashied Omar van Kaapstad later by die sitting aangesluit het, het hy op dieselfde saak gewys. "Dis nie net die NG kerkleiers wat hul betrokkenheid by die apartheidstelsel behoort te bely nie. Ook dele van die ander belangrike Christelike kerke, asook Moslems, Jode en Hindoes, het hulle daaraan skuldig gemaak dat hulle met die apartheidsregering saamgewerk het, dikwels tot besliste nadeel van die bevryding-stryd. Ter wille van die geestelike heropbou van ons land is dit van lewensbelang dat ons as godsdienstige leiers ons mense sover kry om hul aandadigheid aan apartheid en rassisme te bely." Meer nog, dié wat voordeel uit die verlede getrek het, behoort ter wille van restitusie hulle hande diep in hul sakke te steek.

Mnr. Ashwin Traikamjee, wat namens die Hindoes in die land kom praat het, het die sentimente van Faried en imam Omar beaam. Onder die Hindoes wás daar persone wat swaar gekry het en moedig teen die onreg gepraat en geveg het – Suid-Afrika was immers die land waar Mahatma Gandhi sy politieke filosofie en styl ontwikkel het – maar daar was ook talle leiers wat die *status quo* aanvaar het, in die driekamer-parlement saamgewerk het en op allerlei maniere voordeel uit die situasie getrek het.

"Ons moes hierdie leiers in die pad gesteek het, maar ons hét nie!"

Hoofrabbi Cyril Harris is 'n kranige spreker wat in die koningin se eie Engels 'n interessante oorsig van die wel en wee van die Joodse gemeen-skap in die land gegee het; wat vertel het hoe moeilik dit vir Jode was om in die lig van hul eie lydensgeskiedenis, van die prekêre posisie wat hulle dikwels in die samelewing ingeneem het, teen apartheid te protes-teer. As 'n mens nou terugkyk, was daar baie meer wat ons behoort te gedoen het, het hy gesê. Maar dis maar die een kant van die saak, het rabbi Harris bygevoeg, en sy bors tog 'n bietjie uitgestoot. Nou die dag het niemand minder nie as minister Kader Asmal verklaar dat "die Suid-Afrikaanse Joodse gemeenskap proporsioneel meer helde van die *strug-gle* opgelewer het as enige ander blanke groep".

Uiteindelik, nadat die verteenwoordigers van 'n hele paar ander groepe – van die Baha'i en tradisionele Afrika-gemeenskappe, sowel as van die swart onafhanklike kerke in ons land – hul beurt gehad het, is die dag se verrigtinge deur 'n merkwaardige vrou, me. Cathy Makhene, afgesluit.

"Ek praat namens al die vroue wat aan al die verskillende godsdienste behoort," het sy begin. "Die afgelope twee dae was dit net mans wat gepraat het en dis te verstane, want alle godsdienste is erg patriargaal: die vaders regeer terwyl die moeders en die dogters al die werk doen! Growwe menseregteskendings het nie net met apartheid te make nie, maar met vroue wat van die preekstoel geweer word, wat in sekere ampte nie mag dien nie, wie se volle menswees en talente dikwels nie erken word nie."

Cathy Makhene het vir die mans 'n nuwe geloofsbelydenis saamge-bring. Dit was nodig dat juis dié belydenis tydens 'n sitting van die

Waarheidskommissie gehoor moes word. Dis hoe miljoene vroue op aarde – baie van die vroue wat die afgelope jaar en 'n half hul pynlike verhale tydens menseregteskendingsverhore kom vertel het – die mees basiese waarheid op aarde, die evangeliewaarheid, verstaan het. Wil julle weet wat vroue in die gevangenis, moeders wat hul kinders begrawe het, bruide wat hul mans moes afstaan, vroue wat verneder en verkrag is, wat in die winternagte van die koue gebibber het, wat hul gesinne met moeite probeer voed en klee het, aan die gang gehou het? Luister!

A CREED

We believe in God,
Who created women and men in God's image,
Who created the world and gave both sexes the care of the earth;

We believe in Jesus,
Child of God, chosen by God, born of the woman, Mary,
Who listened to women and stayed in their homes,
Who looked for the Kingdom with them,
Who was followed and supported by women disciples;

We believe in Jesus,
Who discussed theology with a woman at a well,
Who received anointment from a woman at Simon's house
And rebuked the man's guests who scorned her;

We believe in Jesus,
Who healed a woman on the Sabbath,
Who spoke of God as a woman seeking a lost coin,
As a woman who swept, seeking the lost;

We believe in Jesus,
Who thought of pregnancy and birth with reverence;

We believe in Jesus,
Who appeared first to Mary Magdalen
And sent her with the message "Go and tell";

We believe in the wholeness of God,
In whom there is neither Jew nor Greek, slave nor free,

Female nor male, for we are one in God;

We believe in the Holy Spirit,
As She moves over the waters of creation and over the earth,
The woman spirit of God, who created us and gave us birth
And covers us with her wings. Amen.

◆ ◆ ◆

Die laaste dag was die dag van die Afrikaanse kerke. Maar voor hulle aan die woord kon kom, moes biskop Barnabas Lekganyane en sy gevolg, saam met twee of drie ander kerke, eers aan die beurt kom. Eintlik moes die Zion Christian Church reeds die vorige middag hul voorlegging gemaak het, maar een van hul woordvoerders wat die manuskrip moes bring, het sy vliegtuig van Johannesburg af verpas. Die oggend oor ontbyt voor die laaste dag se sitting sou begin, was Brigalia Bam pessimisties:

"Jy sal sien, die ZCC gaan nie kom nie. Ek het al te veel keer op my neus gekyk. Wanneer die SARK hulle na konferensies of vergaderings uitgenooi het, het hulle keer op keer, op die laaste nippertjie, vasgesteek. Biskop Lekganyane het nog nooit by 'n interkerklike geleentheid opgetree nie, en ek dink ook nie dat hy vandag gaan kom nie. Wag maar ..."

Genadiglik was Brigalia verkeerd. Toe ek by die Christian Centre aankom, was die biskop met 'n paar busse vol ondersteuners reeds daar. Die opgewonde ZCC-lidmate het voor die ingang 'n erewag gevorm. Tutu, wat 'n ingebore sin vir 'n okkasie het, het die biskop by die deur verwelkom en hom die saal binnegelei. Die gehoor het vreemd opgekyk toe die ZCC-afvaardiging aankondig dat biskop Lekganyane nie self sal praat nie, maar dat eerwaarde Thomas Mohape namens hom die woord sou voer. Selfs Desmond Tutu, wat gesê het dat baie mense spesiaal gekom het om sy stem te hoor, kon Barnabas Lekganyane nie oorreed nie. Die biskop, wat die onbetwiste leier van miljoene lidmate is en wat as een van die invloedrykste persone in die land beskou word, het nog nooit 'n onderhoud toegestaan nie en praat ook nie in die openbaar nie.

"As julle hom wil hoor, moet julle na 'n kerkdiens kom," het een van sy adjudante aan omstanders gesê. "Dáár praat hy!" Ek en Tom Manthata het dit nie so vreemd gevind nie. 'n Paar weke tevore, toe ons hom in Pietersburg gaan spreek het, het ons dit ook so ervaar. Voor die formele vergadering het ons gesellig, oor 'n koppie tee, staan en ginnegaap. Maar toe die formele onderhoud begin het, het Lekganyane hom teruggetrek. Soos dit by 'n tradisionele kaptein pas, het Lekganyane met sy raadgewers gepraat, wat dan die boodskap aan die besoekers oorgedra het. Ek en Tom kon ook nie direk met die biskop praat nie, maar moes dit via die raadgewers doen.

Die ZCC het in hul voorlegging hul diepe bekommernis oor die misdaad en geweld in ons land uitgespreek. Eerwaarde Mohape het 'n beroep op die Regering gedoen om die doodstraf weer in te stel. Dis jammer, maar dis 'n noodsaaklike euwel! "Die kerk voel dat diegene wat geen respek vir die regte van ander het nie, beswaarlik daardie reg vir hulleself kan toe-eien. Ons erken dat die doodstaf in die verlede teen swart mense misbruik is en dat talle swart mense hartseer herinneringe daaroor het, maar ons moet die demokrasie bou en beskerm. Daar is geen manier hoe ons langer kan toekyk hoe vroue verkrag, kinders gemolesteer en mense sonder enige gevoel vermoor word nie." Dalk sou dit oor 'n jaar of tien moontlik wees om die doodstraf af te skaf, maar nou is dit nodig.

Mohape moes 'n paar indringende vrae beantwoord. Vir baie jare het die ZCC goeie bande met die Regering gehad en staatshoofde en militêre leiers gereeld na hul jaarlikse feeste genooi. Ook was daar destyds gerugte dat Lekganyane sy eie soldate opgelei en geld van vreemde instellings ontvang het. Thomas Mohape het die beskuldigings met nadruk ontken: die ZCC het hom nog nooit aan 'n spesifieke party verbind of met 'n ander party rusie gemaak nie. En die weermagstorie was 'n klassieke geval van disinformasie! En die geld?

"God laat nie Calvin Klein-klere uit die hemel reën nie! Ons geld kom van ons lidmate wat getrou hul bydraes gee."

Volgende op die program was die vriendelike en flambojante pastoor Ray McCauley, wat namens die Internasionale Federasie van Christelike Kerke opgetree het. Hy het met verwysing na die baie charismatiese Christene in die land gesê: "Ons is dikwels grootpraterig oor ons geestelikheid, maar vandag kom ons in nederigheid omdat ons oor ons tekortkomings van die verlede moet bieg."

Charismatiese gelowiges, het hy verduidelik, het dikwels agter hulle sogenaamde geestelikheid geskuil terwyl hulle hul oë gesluit het vir die duister gebeure tydens die apartheidstyd.

"Toe ons diegene in nood moes vertroos en vir hulle moes bid, het ons ons soms aangesluit by die juigende skares en die gladiators, die gewetenlose veiligheidsmasjien wat enige vyand verbrysel het, aangemoedig ... Ons as wit lede van die charismatiese en Pinksterkerke vra ons swart kollegas in die kerk opreg om vergifnis. Baie van dié swart leiers het ons op ons foute probeer wys, maar ons trots en ons meerderwaardigheid het ons blind gemaak."

Vir McCauley was dit nie moeilik om die kollektiewe skuld van blankes wat so lank deur die apartheidsproses bevoordeel was, raak te sien en te bely nie: "Die skuld van baie Suid-Afrikaanse Christene is twee maal so groot omdat die apartheidswette en die geweld van die veiligheidswette asook die optrede van die Polisie – wat soms lyk asof dit uit die hel self gekom het – teen mede-Christene gemik was ... Daar is skaars 'n wit mens in Suid-Afrika wat nie deur apartheid bevoordeel is nie. Ons almal, sakelui én die gewone persoon, het die dure plig om bydraes te maak om die slagoffers te help."

Die Apostoliese Geloofsending het hul voorlegging met 'n videovertoning begin. Die dramatiese gebeure toe die swart en wit afdelings van die AGS vroeër die jaar een geword het, toe dr. Izak Burger en pastoor Frank Chikane mekaar voor 'n juigende skare omhels het, het almal in die saal aangegryp. "Dit was nie maklik om te kom nie. Net soos daar lidmate was wat teen eenwording gestem het, was daar diegene wat die AGS erg verkwalik het omdat die kerkleiers besluit het om na die WVK te kom. Sommige lidmate het uit die kerk bedank. En tog is die AGS dankbaar dat hulle met 'n ware reënboogvoorlegging kan kom waarin swart en bruin en wit lidmate saam verantwoordelikheid vir die verlede aanvaar.

"Ons het na ons eie geskiedenis gaan kyk en gevind dat talle van ons lidmate oortredings begaan het, dat groot getalle vir die Regering – die grootste enkele werkgewer in die land – gewerk het. Hoe ons dit ook al beskou, ons het gehelp om die apartheidstelsel in stand te hou en die seer uit te rek. Ons moes meer krities gewees het ... Ons het verskriklik gefaal."

Toe Izak Burger en Frank Chikane gaan sit het, het Tutu 'n lang oomblik stilgebly en toe met geslote oë spontaan 'n dankgebed gebid. Die mense in die saal het spontaan opgestaan en 'n lied gesing, baie met hul hande in die lug.

"Ek dink ons behoort ons skoene uit te trek, want ons is nou op heilige grond. God is goed, baie beter as wat ons ooit verdien," het Tutu afgesluit.

En toe was dit die NG Kerk se beurt. Net na middagete het die voorsitter ds. Freek Swanepoel, die Moderator van die Algemene Sinode, by die mikrofoon verwelkom. Langs hom het dr. Willie Botha, direkteur vir ekumeniese sake, sy plek ingeneem.

"Ons is baie dankbaar dat julle hier is," het Tutu die twee mans verwelkom. "Ons sou erg teleurgesteld gewees het as dit anders was.

Ons loof die Here God wat u aangespoor het om u voorlegging te kom maak." Ds. Swanepoel het in Engels begin, maar na 'n paar minute na Afrikaans oorgeskakel. Ontwapenend eerlik soos hy is, het die moderator vertel hoe dankbaar hy vir die uitnodiging van die WVK was – en ook teenoor die Algemene Sinodale Kommissie van die NG Kerk wat dit vir hom uiteindelik tog moontlik gemaak het om die uitnodiging te aanvaar. Dit was vir die kerk van wesensbelang om by die proses van waarheid en versoening betrokke te raak.

"Dit beteken ... dat ons na ander mense se verhale wil kom luister, dat ons erns wil maak om hul pyn en nood raak te sien en mee te werk aan die genesing van die gemeenskap en die oplossing van probleme. Ons is hierin geroep om ons foute te erken en onvoorwaardelik te vergewe."

Daar was 'n tyd toe die kerk met 'n stem van gesag in die samelewing gepraat het. Dié tyd is verby. Die kerk het geleer dat hy nou in die gestalte van 'n dienskneg, soos sy Here, sal moet optree.

Nie almal in die kerk was in hulle skik daarmee dat hy vandag hier staan nie, het Freek Swanepoel verder gegaan. "Ek kan en mag nie sê dat ek namens die hele NG Kerk praat nie." In die kerk was twee groepe mense: dié wat daarvoor was dat die kerk na die WVK sou kom, en dié daarteen. "Ek glo egter dat die groep wat positief ingestel is ... tans die sterkste is."

Ds. Swanepoel het homself en sy kerk verbind om saam met alle ander Suid-Afrikaners aan nasiebou, die ontwikkeling van alle mense, versoening en die verligting van armoede in die land te werk. Maar om dit te kan doen, moet die kerk dapper genoeg wees om die verlede eerlik te ontleed en om die toekoms met toewyding en realisme te benader.

Dit was vir die kerk 'n lang worsteling om uiteindelik by die punt te kom waar hy apartheid verwerp het. In 1986 het die Algemene Sinode gesê dat die kerk ernstig gefouteer het met sy Bybelse begronding van apartheid. In 1990 het die kerk bely dat hy hom al baie vroeër van die beleid moes gedistansieer het. In 1994 het die Sinode verder gegaan en erkenning gegee aan die lidmate, ampsdraers en kerklike vergaderings wat apartheid in die verlede veroordeel het.

Die rol wat die ander kerke van die NG kerkfamilie – die bruin en swart kerke – gespeel het om die NG Kerk te wys wat apartheid aan die land en sy mense gedoen het, is deur ds. Swanepoel met dankbaarheid erken. Al het die kerk in die verlede dikwels na armes en noodlydendes uitgereik, sal veel meer gedoen moet word. "Onbegrip, onwilligheid en ongehoorsaamheid by lidmate en ampsdraers ten opsigte van die nood in die samelewing is ook as skuld voor die Here bely. Teenoor hierdie mense vra die NG Kerk verskoning en erken dat sy stem van protes en deernis te sag was."

"Ons droom van 'n land waarin mense mekaar aanvaar en waarin elke mens sy bydrae gee vir vreedsame naasbestaan. As kerk wil ons ons hierin laat rig deur God se Woord: 'Beywer julle vir vrede met alle mense' (Heb. 12:14)."

'n Redelik lang bespreking het gevolg. My kollegas aan die tafel wou baie dinge weet. Khoza Mgojo het gevra hoe die eenwordingsproses in die NG kerkfamilie vorder. Hoe ernstig was die kerke met hul samesprekings? Bongani Finca wou vanuit die onstuimige Oos-Kaap seker maak: Is die kerk, veral die lidmate, werklik bereid om saam te werk ter wille van waarheid en versoening? Daar is van die amnestieappli-kante wat getuig dat hulle sekere dinge gedoen het, onder andere omdat die Afrikaanse kerke dit goedgekeur het, selfs hul pogings geseën het. Moet die kerk nie langs hulle gaan staan en bely nie?

Nadat al die vrae gevra en antwoorde gegee is, het Tutu na Freek Swanepoel gedraai. Ook hy het eers Afrikaans gepraat: "Ek het groot waardering vir wat u sê. Dis moeilik om te bely en om vergifnis te vra. Maar dis omdat God sy genade op ons uitstort dat ons dit kan doen. Ek weet van al u pogings om vandag hier te wees, dat u persoonlik graag 'n voorlegging wou maak. Ons is dankbaar dat u vandag u kerk hier verteenwoordig." In Engels het Tutu voortgegaan: "Ek wil die Here dank. Wat vandag hier gebeur het – dat u kom sê het dat u jammer is – was werklik wonderlik! U kerk het 'n geweldig belangrike rol in die geskiedenis van ons land te speel; u kerk beïnvloed die lewe van baie, baie mense. My gebed is dat die Here die NG Kerk op 'n wonderlike manier gaan gebruik. Ek sê altyd: as 'n Afrikaner eers die lig gesien het, draai hy nie halfpad om nie ... Ons het die afgelope jare gesien hoe die eens verstote kerk teruggekom het, sy skuld bely het, teenoor die volk en sy eie lidmate erken het dat hulle gefouteer het, hoe hulle hul eie profete wat hulle jare lank buite in die koue laat staan het, terugver-welkom het. Ek het lus om vir die duiwel te sê: 'Pas op, hier kom die NG Kerk!' Dis geweldig om julle hier by ons te hê. 'n Groot stuk genesing het alreeds begin plaasvind. Ek is bly julle is deel van die proses van versoening." Tutu het Freek Swanepoel versoek om voor te gaan in gebed, die enigste keer dat hy dit ooit van iemand gevra het wat 'n voorlegging kom maak het. Toe het hy opgestaan en die Moderator van die NG Kerk omhels.

Die Verenigende Gereformeerde Kerk het vooraf een van die langste en volledigste voorleggings ingedien, waarin die geskiedenis van die kerk en sy verhouding met die ander kerke in die NG kerkfamilie uiteengesit is. In 'n sekere sin het die twee kerke wat 'n paar jaar gelede verenig het – die NG Sendingkerk met sy Kleurlinglidmate en die NG Kerk in Afrika met sy swart lidmate – hulle vanweë die noue verbintenis met die NG Kerk in 'n moeiliker situasie as enigeen van die ander kerke in die land bevind. Terwyl hulle net soveel onder apartheid gely het, het hulle die dubbele las gedra dat baie van hul volksgenote hulle daarvoor kwalik geneem het dat hulle met die Afrikaanse kerke saamgewerk het; dat hulle medeverantwoordelik vir die swaarkry van hul mense gehou is. En toe swart en bruin dominees later na vore gekom het om protes aan te teken, toe die twee kerke later hul eie Belhar-belydenis aanvaar het waarin apartheid ondubbelsinnig as 'n sonde veroordeel is, moes hulle die vurige kritiek van die "moederkerk" verduur.

Maar dis nie al waarna ds. James Buys, die Moderator van die VGK, verwys het nie. Hy wou ook oor die toekoms praat, oor die rol wat die kerke ten opsigte van versoening kon speel. Sy kerk het 'n aantal behoeftes aangestip: 'n program vir die pastorale versorging van slagoffers sowel as oortreders; die daarstelling van spesiale liturgieë van versoening wat van eredienste versoeningsgeleenthede kan maak; die reël van spesiale versoeningsdae op plaaslike, streeks- en nasionale vlak; en rehabilitasieprogramme vir oortreders.

Laat die middag het prof. Nico Smith die ope brief wat hy saam met dr. Beyers Naudé en 'n paar kollegas opgestel en versprei het, aan die WVK voorgelê. Teen dié tyd het honderde predikante en lidmate die brief onderteken, al het Nico Smith gevoel dat veel meer, veral uit die kring van die NG Kerk, dit moes gedoen het. Oom Bey was in Nederland, dus moes Nico alleen namens al die ondertekenaars die woord voer. Nico Smith het grepe uit die brief aangehaal: Hoe is dit moontlik dat terwyl predikante van honderde kansels af jaarin en jaaruit oor regverdigheid en vrede en versoening gepreek het, soveel ongeregtigheid in die land aan die orde van die dag was? Was ons prediking so wêreldvreemd en magteloos? Hoe het dit gekom dat ons so verblind was deur die ideologie van apartheid, dat ons die Regering – ons eie mense – nie sterker aangespreek het oor dinge wat ons tog gesien en gehoor het nie? Ons staan skuldig, ons moet bely dat ons te min gedoen het. Ons as dominees is nog skuldiger as ons lidmate, ons moes van beter geweet het! Soos maande gelede, toe die brief die eerste keer bekend geword het, was my oorheersende emosie: As oom Bey, van alle mense, ernstige berou het, wat van my? As hy vergifnis van sy mede-Suid-Afrikaners afsmeek, hoeveel te meer behoort ek dit nie te doen nie? En ek was nie die enigste wat die dag só gevoel het nie, daarvan was ek seker.

Soos hy self al meermale gedoen het, het prof. Smith ook by hierdie sitting op die fatale band tussen die NG Kerk en die Afrikaner-Broederbond gewys. "Wanneer gaan die NG Kerk se leiers ontslae raak van die meulsteen van die Broederbond wat al die jare om hulle nekke hang?" Freek Swanepoel het geantwoord: "Ek erken dat ek self 'n lid van die Afrikanerbond is. Ek wil beklemtoon dat ek dit ook nog nooit weggesteek het nie. Daar is baie predikante wat aan die beweging behoort, maar ek kan nie vir hulle sê of hulle lid moet bly en of hulle hul bande moet breek nie. Dis 'n persoonlike saak waaroor elkeen self moet besluit. Wat die kerk as geheel betref, is die Algemene Sinode die enigste struktuur wat hieroor 'n uitspraak sal kan maak. Amptelik het die NG Kerk egter nog nooit bande met die AB gehad nie."

Die drie dae lange sitting is afgesluit met die voorlegging wat die vier Gereformeerde teoloë – proff. Amie van Wyk, Bennie van der Walt, Ponti Venter en Alwyn du Plessis – gemaak het. Al het die Gereformeerde Kerk amptelik besluit om nie te kom nie, was die stemme uit die kerk meer as welkom: "Ons bely voor God en ons naaste dat ons in woord en daad, in die kerk en in die samelewing, privaat en in die openbaar, in gebreke gebly het om genoegsaam en ondubbelsinnig ... te getuig teen die gestaltegewing en die uitvoering van die ideologie van apartheid wat soveel van ons medegelowiges en medeburgers se lewe benadeel en belemmer, ja, selfs geruïneer het." Hulle woorde was heel gepas 'n "Amen" op al die baie voorleggings wat van Maandagoggend tot Woensdagmiddag in Oos-Londen gemaak is.

◆ ◆ ◆

Was die drie dae die moeite werd? Aartsbiskop Tutu het wel daarvoor gesorg dat dit 'n inspirerende geleentheid was, dat mans en vroue oor denominasionele grense – ook oor religieuse grense – hul hande na mekaar uitgesteek het. Daar is gebid en gesing en ook trane gestort. In baie opsigte was dit, soos die voorsitter self gesê het, die beste sitting van almal. Maar was dit so? Het die sitting nuwe kennis opgelewer, nuwe begrip gewek? Het dit die WVK-trek, op sy reis na binne, beduidend vorentoe gehelp?

Wat wel tydens die drie dae van voorleggings duidelik geword het, was dat kerke en ander godsdienstige groepe in die verlede verskillende rolle vertolk het. Elkeen van die rolle het met apartheid te make gehad. Soms was die godsdiensgemeenskappe agente van apartheid, ander kere weer slagoffers daarvan. Derdens het van die groepe as opponente van apartheid opgetree. Dit het op verskillende maniere gebeur. Soms, moes die kerke ontdek, het hulle meer as een rol tegelykertyd gespeel!

Die meeste kerke en ander groepe het vertel dat hulle, dikwels teen hul eie diepste geloofsoortuigings in, as agente van apartheid opgetree het. Dit was nie net die Afrikaanse kerke wat op dié punt die hand in eie boesem gesteek het nie. Ook die tradisioneel Engelse kerke het saam met Joodse, Moslem- en Hindoe-groepe erken dat hulle soms aktief, en dikwels passief, apartheid bevorder het.

Die Afrikaanse kerke is dikwels verwyt dat hulle aktiewe steun aan die vorige regering gegee het, nie net wat die toepassing van apartheid betref nie, maar veral deur die teologiese motivering van apartheid. Maar, het talle ander kerke bely, ons was óók skuldig, ons het ook die apartheidsregering op allerlei maniere gesteun. Die Presbiteriaanse Kerk het onder meer vertel hoe talle van sy lidmate die Bantoestan-beleid verwelkom en soms uitgebuit het. Die meeste kerke het verder redelik gemaklik met die Weermag saamgewerk, veral deur die kapelaansdiens en daarmee vir die soldate in die veld én die mense tuis laat verstaan dat die saak waarvoor geveg word, "ons saak" was, dat die stryd "reg en regverdig" was. Daar was van die kerke en lidmate wat hulle so met apartheid vereenselwig het dat hulle mense wat van hulle verskil het, verketter het en soms letterlik vervolg het. Een van die mees blatante voorbeelde hiervan was die marteling van Frank Chikane, destyds algemene sekretaris van die SARK en leier van die swart afdeling van die AGS, deur 'n polisie-offisier wat self 'n ouderling in die AGS was (en wat, volgens sy getuienis, ná die martelsessie 'n kerkdiens gaan bywoon het). Daar was van die kerke wat bely het dat hul eie strukture rassisties was, 'n spieëlbeeld van die regeringstrukture. Die Afrikaanse kerke het verskillende "jonger kerke" vir swart, bruin en Indiërlidmate gehad, maar dieselfde was waar van die Lutherane, die AGS, die Baptiste en nog 'n hele paar ander. In sy voorlegging het die Instituut vir Kontekstuele Teologie, met die Kairos-dokument onder die arm, talle gelowiges daarvan beskuldig dat hulle openlik 'n "staatsteologie" gepropageer het wat daarop gemik was om die onregverdige *status quo* te handhaaf.

Partykeer was dit nie soseer aktiewe dade nie, maar die feit dat die kerke nagelaat het om te doen wat nodig was, wat hulle skuldig gemaak het. Dit het soos 'n refrein in elke voorlegging geklink: "Ons moes dinge raakgesien het, maar ons het nie; ons moes gepraat het, maar ons het stilgebly; ons moes opgetree het, maar ons was bang ..." Stilswyend het Christene – asook talle Moslems en Hindoes en Jode – hul goedkeuring aan die gang van sake geheg. Die Rustenburgse Verklaring het die gevoelens van baie verwoord: "Ons stilte was niks anders as sonde nie, en die feit dat ons in gebreke gebly het om teen 'n onmenslike politieke ideologie te stry, het van ons medepligtiges gemaak." As 'n mens vandag terugkyk, het meer as een groep laat hoor, besef ons dat ons antiapartheidsaktiviste moes gesteun het, maar ons het nie. Toe die Christelike Instituut van Beyers Naudé in 1975 tot 'n "geaffekteerde" organisisie verklaar en verban is, het selfs van die lidkerke van die SARK wat saam amptelik beswaar aangeteken het, individueel nie kans gesien om die CI finansieel en moreel te dra nie.

Dan was daar ook kerke en geloofsgroepe wat as slagoffers van apartheid beskou moet word. In 'n hele paar voorleggings is vertel van godsdiensleiers en instansies wat as gevolg van hul teenkanting teen apartheid direk onder skoot gekom het. Terwyl teen mense soos Beyers Naudé, Frank Chikane, Smangeliso Mkhatshwa, Michael Lapsley en imam Abdullah Haron opgetree is, het instellings soos die Christelike Instituut en die Suid-Afrikaanse Raad van Kerke ook deurgeloop. Die mees flagrante voorbeelde van direkte aanvalle was die bomontploffing by die SARK se Khotso-huis in Johannesburg en die brandstigting by die Katolieke Biskoppekonferensie se Khanya-huis in Pretoria. In verskeie voorleggings is verder beswaar gemaak teen die sluiting van kerkskole en ander inrigtings, hoofsaaklik as gevolg van die Groepsgebiedewet en die Bantoe-onderwyswette, as gevolg waarvan die kerke heelwat fisiese skade gely het, maar ook die geleentheid verbeur het om mee te help aan die vorming van honderdduisende jongmense.

Een van die ernstigste klagtes van onderdrukking het van die Moslem- en Hindoe-gemeenskap gekom, wat vertel het hoe hul eie godsdienstige en morele waardes genegeer is onder 'n "Christelik-Nasionale stelsel" wat nie regtig vir ander godsdienste 'n plek in die samelewing gegun het nie; wat hul "Christelike" lewensbeskouings en tradisies aan ander opgedring het. Veral die feit dat Hindoe- en Moslem-huwelike nie amptelik en wettig erken is nie, het seergemaak. Van die meer evangeliese kerke het die Regering weer daarvan beskuldig dat sy propagandamasjien so goed in rat was dat groot getalle van hul lidmate deur die ideologie mislei is. Op dié manier is ons geestelik en teologies "aangerand", was hulle klag.

'n Derde aspek wat aangeraak is, was die rol wat geloofsgemeen-skappe as opponente van apartheid gespeel het. Dit het dikwels gebeur dat kerke en ander groepe lynreg in botsing met die Regering en die *status quo* gekom het. Een manier om jou totale afkeer te kenne te gee, was om, soos die Swart Onafhanklike Kerke in die land, die rug op die hele samelewingsisteem te draai en jou eie alternatiewe instellings te vestig. As die "sisteem" swart mense van hul geskiedenis en trots ontneem, sou hulle dit teruggee! 'n Tweede moontlikheid was om soos baie van die kerke – veral die Afrikaanse kerke – die Regering direk te nader, deur middel van onderhoude, petisies en private briewe om hul bekommernisse te lug. Dikwels het kerke en ekumeniese liggame verder gegaan deur sterk besluite te neem en dit wêreldkundig te maak. Talle voorbeelde is tydens die sitting aangehaal: van besluite waarin apart-heid veroordeel en die gelowiges opgeroep is om standpunt in te neem: die Cottesloe-verklaring in 1960, die SARK se *Message to the People of South Africa* (1968), die Gewetensbeswaarde-kampanje (1974), die Kairos-verklaring (1985) en talle ander. Spesiale aandag is ook aan die stemme binne die NG Kerk gegee wat sedert 1948 reeds teen apartheid en die gevolge daarvan vir die volk en die kerk gewaarsku het, waarvan die Hervormingsdaggetuienis en die ope brief van 123 predikante (1982) onder die belangrikstes was, tesame met die Koinonia-verklaring (1977) uit die kring van die Gereformeerde Kerke. Die mees omvattende belydenis wat in dié verband opgestel is, was die Belydenis van Belhar (1982), wat as amptelike leerstuk van die Verenigende Gereformeerde Kerk aanvaar is.

Eén manier waarop geloofsgroepe en individue hul opposisie getoon het, was om uit staatstrukture soos die Weermag en die kapelaansdiens te tree, om openlike steun te verleen aan gewetensbeswaardes wat in botsing met die owerheid gekom het. Of om die volk op te roep om burgerlike ongehoorsaamheid te pleeg, om te weier om onregverdige wette te gehoorsaam, soos met die *Defiance Campaign* en die *Standing for the truth campaign* die geval was. Af en toe het kerkleiers en ook groepe Christene dit nog verder gewaag deur hulp aan die bevrydings-bewegings te gee, of om selfs met verbode organisasies buite die landsgrense te gaan onderhandel. 'n Soortgelyke en ook hoogs omstrede aksie was die sanksie-veldtog wat deur talle kerkleiers, onder wie aartsbiskop Tutu, gesteun is as laaste, niegewelddadige poging om politieke verandering in die land teweeg te bring, maar wat min ondersteuning van die amptelike vergaderings van die kerke gekry het.

Tydens die driedaagse sitting is egter ook heelwat positiewe sake op rekord geplaas. Met waardering is die rol erken wat die verskillende godsdiensgroepe, veral na 1990, gespeel het om 'n vreedsame oorgang in die land te help bewerkstellig. Toe die veelpartyonderhandelinge aan die gang was, het die belangrikste Moslem-organisasies byeengekom om te besin hoe hulle die proses kon steun. Die World Conference of Religion and Peace (WCRP) het sy lede, wat uit alle godsdiensgroepe gekom het, saamgeroep om oor hul rol in die toekoms te besin. Die Suid-Afrikaanse Raad van Kerke en die Katolieke Biskoppekonferensie (SAKBK) het saam 'n Nasionale Koördineringskomitee vir die Repatriasie van Uitgewekenes begin. En die Rustenburgse konferensie (1990), waar talle kerke verteenwoordig was, was met die getuienis wat van alle kante aan die orde gestel is, 'n voorloper vir die Waarheid-en-versoenings-kommissie.

Met die aanvaarding van die Nasionale Vredesakkoord in 1991 het die SARK en die SAKBK 'n uitgebreide program aangepak om mense wat nog nooit tevore gestem het nie, op te lei om hulle op die koms van 'n demokratiese bestel voor te berei. In dié onrustige dae, net voor die 1994-verkiesing, toe allerlei gerugte van burgeroorlog die rondte gedoen het, het die Kerkleiersforum, waaraan ook die NG Kerk deel gehad het, kruis en dwars deur die land beweeg om politieke leiers te ontmoet en aan te moedig. Leiers wat tevore ver van mekaar gestaan het, soos die SARK en die biskoppe aan die een kant en Johan Heyns en sy medemoderatuurslede van die NG Kerk, saam met die charismatiese leier Ray McCauley aan die ander kant, het 'n verenigde front gevorm. Die SARK, die SAKBK en die WCRP het hul eie Panel of Religious Leaders for Electoral Justice in die lewe geroep, wat 'n belangrike moniteringsrol tydens die verkiesing gespeel het.

◆ ◆ ◆

Die Oos-Londense sitting was inderdaad 'n hoogtepunt. Op 'n heel besondere manier het dit die WVK-trek op sy pad begelei. Met groot erns is die geskiedenisboeke deurgeblaai, die lesse daaruit bestudeer. En nog belangriker: elkeen van die geloofsgroepe het hulle daartoe verbind om die nood van die samelewing – die armoede en werkloosheid, rassisme en vooroordeel, korrupsie en misdaad, geweld en bloedver-gieting – hand en tand te bestry. In elke voorlegging het die verteenwoor-digers van die verskillende groepe hulle erns beklemtoon om op die pad van versoening te stap. Die dominees en pastore, die priesters en die imams het moed gehad vir die toekoms. Hulle was gereed om hul lidmate op die pad vorentoe te begelei.

20 NOVEMBER 1997: BREYTEN BREYTENBACH DINK NIE DIE WVK IS NODIG NIE

Die radiostasie Punt het met Breyten Breytenbach 'n gesprek oor die WVK gevoer. Die bekende digter het uit Parys gesê hy het dit in 'n stadium oorweeg om self 'n voorlegging voor die Waarheidskommissie te maak, maar uiteindelik daarteen besluit. Hy het die idee laat vaar omdat hy nie "die geweldige erns" waarmee die proses gevoer word, wou versteur nie! Dit was belangrik dat die WVK die waarheid oor die verlede, oor die misdade wat gepleeg is, na vore bring, maar dit sou ook op ander maniere kon gebeur, byvoorbeeld deur 'n openbare debat of die maak van rolprente. Hy sou verkies dat menseregteskenders eerder voor die hof gedaag word as dat hulle om amnestie vra.

"Hulle het misdade gepleeg ... Hulle moenie kans kry om sorry te sê en dat dit politieke dinge was nie. Dit geld ons vorige politieke meesters – en ook die huidiges."

21 NOVEMBER 1997: DIE PERS KAPPIE OP JOU KOP SAL JOU NIE HELP NIE

'n Veel kwaaier uitspraak as dié van Breyten Breytenbach het op my lessenaar gelê: 'n brief van 'n 76-jarige Afrikaner wat aan Desmond Tutu gestuur is terwyl die Oos-Londense sitting aan die gang was. Janis Grobbelaar van ons navorsingsafdeling het dit daar neergesit:

"Vir jou kennisname." Meer vir omkrap, het ek gedink toe ek dit begin lees het! Dat die WVK nog lank nie daarin geslaag het om alle blankes – in dié geval Afrikaners – saam op weg te neem nie, was pynlik duidelik.

Die lang brief het eers gehandel oor die teleurstelling oor wat op die oomblik in die land aan die gebeur was. Suid-Afrika was vinnig besig om 'n piesangrepubliek te word, waar die eens goeie verhouding tussen blankes en swartes daagliks verswak het. Die moorde op plaasmense wat "soos diere afgemaai word, het veroorsaak dat ek nou swart mense

haat ..."
  Dan skryf hy verder:

Die optrede van die WVK blaas die haat nog verder aan omdat julle julle so verlekker in die karaktermoord van alle Afrikaners wat ons land oor baie jare opgebou het tot 'n welvarende land in die geledere van wêreldstate, en die indruk skep dat alle swartes engele uit die hemel is wat beskerm moet word in tronke waar hulle die lewe geniet en nie seergemaak mag word nie.

As Christen vra ek jou of jy en Boraine al vir God gedagvaar het om voor julle te kom bieg en amnestie te vra omdat Hy toegelaat het dat julle so swaar moes ly onder die bewind van die mislike blankes wat niks gedoen het in Suid-Afrika nie.

Waar is die versoening wat julle predik? Dit rym mos nie met die haat en walging wat julle teenoor ons koester nie! Hoe lank gaan julle nog die tyd rek om nog meer mense te verneder sodat ons belastingbetalers kan sweet onder die eise van julle vet salarisse? Moes ons ook betaal vir jou operasie in Amerika?

Jy moenie dink dat jou trane en die trane van die baie ousies wat daagliks jou sirkus bywoon, ons beïndruk nie. Jy is 'n huigelaar en daarvoor sal jy moet bieg voor God, as dit dieselfde een is waarin ek glo.

Onthou, daardie pers kappie op jou kop is nie 'n heilige graal wat jou plek in die hemel gaan borg nie – jy sal moet bieg soos enigeen van die mense wat deur jou WVK daagliks verneder word.

Ek verskaf nie my naam of adres nie omdat jou ANC-gestapo my sal arresteer om te kom bieg voor julle ANC-gatkruipers.

Goddank, jou dag van afrekening sal ook kom.

Gamaliël

Bloemfontein
18 November 1997

24 NOVEMBER - 4 DESEMBER 1997: "WINNIE-GATE"

"Het die oomblik van waarheid uiteindelik vir me. Winnie Madikizela-Mandela aangebreek? Of gaan die 63-jarige ikon van swart mense se stryd teen apartheid die storms oorleef wat nou om haar kop woed? Soos wat sy oorleef het toe die apartheidspolisie haar geterroriseer het; toe sy in Brandfort afgelaai is; toe die United Democratic Front in die laat tagtigerjare teen haar gedraai het; en nadat sy in die hoërhof aangekla is weens medepligtigheid op moord en ontvoering?" Die vrae wat Beeld dié oggend gevra het, was op die lippe van baie Suid-Afrikaners, van mense dwarsoor die wêreld.

Winnie was 'n meester in die kuns van politieke oorlewing – maar wat sou die volgende dae gebeur? Winnie Mandela het self daarop gestaan dat sy in 'n openbare sitting van die WVK haar saak wou stel, dat sy niks het om weg te steek nie. Maar sou sy ongeskonde uit die proses tree? Oor 'n paar weke sou 'n nuwe visepresident vir die ANC gekies word. Sou die sitting haar kans die nek omdraai of versterk? Daar was geweldige belangstelling in die Mandela United Football Club-sitting, wat amptelik belê is om die aanklagte te ondersoek teen die sokkerklub waarvan me. Mandela die beskermvrou was. Vier en dertig getuies is gevra om op te tree, onder hulle van die mees vooraanstaande politici, geestelikes en gemeenskapsleiers in die land. Joernaliste het van oraloor gekom: om presies te wees, net meer as 200 uit sestien lande. Twintig oorsese televisiespanne en by 'n honderd nuusagent-skappe het akkreditasie verkry. "Die mees sensasionele politieke teater in Suid-Afrika", "die grootste nuusgebeurtenis in Afrika sedert Mandela se vrylating", het oorsese koerante geskryf. "Winnie-gate het aangebreek," was een se kommentaar. Soos die Watergate-verhoor destyds president Nixon se val ingelui het, was dit nou Winnie Madikizela-Mandela se beurt. Baie wou sien hoe dit gebeur – en óf dit gebeur. Vroeg die Maandagoggend reeds het amptenare, joernaliste, getuies, slagoffers, regspanne en besoekers by die voordeur van die Johannes-burg Institute for Social Sciences in Mayfair saamgedrom. Ouerige vroue, lede van die ANC-Vroueliga, het plakkate rondgeswaai: "Moet Winnie nie vervolg nie", "God seën Winnie!"

Toe Winnie Madikizela-Mandela met haar gevolg uiteindelik voor die gebou stilhou, was daar drama. Oorsese joernaliste en fotograwe het hul Suid-Afrikaanse kollegas eenkant toe gestoot. Winnie se lyfwagte het redelik hardhandig vir haar 'n pad deur die mense gebaan. In die saal was daar 'n geskarrel om plek te kry.

Toe stilte uiteindelik gedaal het, het dr. Khoza Mgojo, oudpresident van die Suid-Afrikaanse Raad van Kerke en WVK-kommissaris, met 'n gebed geopen: "Here, gee ons die wysheid van Salomo om in hierdie dae te kan onderskei wat waar en regverdig is." Desmond Tutu het kortliks verduidelik waaroor dit sou gaan: dit was 'n sitting om inligting te bekom, nie 'n verhoor nie. Me. Madikizela-Mandela het nie aansoek om amnestie gedoen nie, daarom sou daar ook nie aan die einde 'n amptelike bevinding – skuldig óf onskuldig – gemaak word nie. Die amptelike bevindings sou uiteindelik in die finale verslag van die WVK gepubliseer word.

En toe is die getuies ingesweer, een na die ander. Gou was dit duidelik dat dié sitting anders as die voriges sou verloop. Hier het dit nie om *hulle* (die blankes, die apartheidsregime) teen *ons* (swart Suid-Afrika, die mense van die *struggle*) gegaan nie. Wat onder die loep geneem sou word, was wat binne die geledere van die *struggle* self gebeur het: ideale wat verkrummel het, persoonlike ambisie, die stryd om beheer en persoonlike mag. Al sou een of twee blankes tydens die sitting getuig, was dit nie hulle geleentheid nie. Hierdie halte langs die trekpad was vir swart Suid-Afrika bedoel.

◆ ◆ ◆

Winnie Madikizela-Mandela het in haar deftige blou-en-wit uitrusting gesit en luister, op die oog af ontspanne en onverstoord, haar twee dogters Zenani en Zinzi agter haar. Dit was, vreemd genoeg, nie die eerste getuie wat die eerste sigbare krakie in haar mondering gewys het nie. Hy het 'n moordaanval deur die sokkerklub op 'n medelid wat hulle as verraaier beskou het, beskryf. Dit was getuie nommer twee, Phumlile Dlamini, wat met haar verhaal van aanranding, wat in vergely-king met wat nog sou kom, nie so verskriklik ernstig was nie, die Moeder van die Volk ongemaklik gehad het. Haar reputasie as weldoener van die gewone mense was op die spel.

Phumlile het Johannes Tau – "Shakes", soos almal hom genoem het – in 1987 ontmoet. Hy was, soos haar broer Tholi, 'n lid van die Mandela-sokkerklub. Shakes het in dié tyd in Winnie Mandela se huis geslaap; sy bed was in die eetkamer.

"Nie lank nadat ons twee op mekaar verlief geraak het nie, het Shakes vir my vertel dat Winnie een aand, in die middel van die nag, na hom gekom het en onder sy kombers ingekruip het." Shakes het vir Phumlile gewaarsku dat hulle hul verhouding sou moes stilhou, want as Winnie daarvan hoor, sou daar perde wees. Wat ook gebeur het. 'n Medelid van die sokkerklub het vir Winnie van haar en Shakes se verhouding vertel. "Winnie het daarna saam met Shakes na my huis gekom. Hulle het gemaak asof hulle na my broer Tholi soek." Shakes het Phumlile probeer gerusstel: "Winnie is eintlik agter my aan!" Saam is die twee na 'n minibus buite die hek waar Winnie op hulle gewag het. Winnie het haar oor haar verhouding met Shakes uitgevra. "Sy het my toe in die gesig geklap en met haar vuiste oral op my lyf en in my maag geslaan."

'n Paar weke later het Winnie vir Phumlile by haar huis gaan oplaai om na Shakes te gaan soek, wat skynbaar weggeloop het. Phumlile het 'n kraamrok aangehad. Almal kon sien dat sy swanger was. "In die motor het Winnie en lede van die sokkerklub my in die gesig geslaan." Sy is na Winnie se huis in Diepkloof geneem waar Winnie vir die lede van die sokkerklub gesê het: "Kyk wat julle met hierdie een kan doen, omdat sy nie die waarheid vertel nie." Vir vyf uur lank is sy deur die mans aangerand. Sy is onder meer in die maag geskop, waarna sy geweldig bekommerd was oor haar ongebore baba. "Zinzi het hulle gesmeek om op te hou, maar hulle antwoord was dat 'Mammie opdrag gegee het dat hulle haar moes aanrand'." Zinzi het uiteindelik daarin geslaag om die mans te stop en Phumlile huis toe geneem.

Phumlile Dlamini wou die saak by die Polisie gaan aangee, maar haar broer Tholi het haai gekeer. As jy dit doen, gaan hulle ons huis afbrand, was sy vrees. Tholi het later besluit om die sokkerklub te verlaat. Die Polisie het hom in hegtenis geneem om hom oor die klub te ondervra. Twee dae nadat hy vrygelaat is, is Tholi doodgeskiet. Zinzi se vriend Sizwe Sithole en nog 'n lid van die klub het dit gedoen. Sizwe is deur die Polisie in hegtenis geneem en is kort daarna in aanhouding oorlede.

Phumlile het in trane getuig dat haar babaseuntjie Tsepo 'n maand te vroeg gebore is. Hy is verstandelik vertraag en sy was oortuig dat dit as gevolg van die mishandeling was.

Volgende aan die beurt was 'n man en 'n vrou wat kom praat het oor hul seuns wat – só het hulle beweer – deur Winnie en die sokkerklub vermoor is. Kort nadat die sokkerklub in 1988 in 'n skietgeveg met die Polisie betrokke was, het die twee jong aktiviste, wat destyds deel van die Mandela-huishouding uitgemaak het, verdwyn. Hulle wou kom hoor wat van Lolo Sono en Siboniso Shabalala geword het.

Nicodemus Sono was 'n sakeman uit Soweto. Hy het eers vertel hoe hy self die ANC in die *struggle* gehelp het, hoe hy onderdak en vervoer aan hulle verskaf het. Na die skietgeveg met die Polisie, waarin een van sy neefs ook gedood is, het hy vertel, het lede van die sokkerklub egter sy seun Lolo daarvan begin verdink dat hy hulle verraai het. Toe hulle met die seun by die Sono's se huis opgedaag het, kon sy pa sien dat sy seun erg mishandel is.

"Ek het by Winnie gepleit om my seun te laat gaan, maar sy het geweier. Miskien het hy hulle oortuig om hom na my te bring, sodat ek hom kon red. Maar ek het gefaal." Lolo Sono het op die agtersitplek van 'n minibus gesit, vasgepen tussen sokkerklublede. Sy gesig was stukkend geslaan. Hy het erg gebewe. Winnie, wat op die voorste sitplek gesit het, het vir my vertel dat hulle Lolo na my gebring het omdat hy 'n spioen was. Sy was erg aggressief: "Ek neem hierdie hond weg. Die beweging sal besluit wat hulle met hom gaan doen!" Mnr. Sono het sy seun nooit weer gesien nie.

"Ek vra dat Winnie Siboniso aan my teruggee. Ek wil sy beendere hê. Sy weet waar hy is." Mev. Nomsa Shabalala het Winnie Mandela met groot oë aangekyk. Sy sou die dag, 13 November 1988, nooit vergeet nie, die dag toe die Mandela-sokkerklub haar seun kom haal het om, soos hulle vir haar gesê het, hom die land uit te stuur. Dit was net ná die skietgeveg tussen die Polisie en die sokkerklub, het sy vertel. Wat haar bekommer het, was dat die mans by haar huis opgedaag het met twee name wat op 'n vuurhoutjiedosie geskryf gestaan het: Siboniso en Lolo Sono. Sono was dood, dit het almal reeds geweet. Maar waar is haar seun? Sy was destyds te bang om vir mev. Mandela te gaan vra. Die Polisie het later met 'n foto van haar seun by die huis opgedaag. Hy is dood, het hulle kom sê. As jy meer wil weet, bring R4 000 na die Pretoriase polisiestasie. Sy het nie, want sy het nie die geld gehad nie. Toe die regsverteenwoordiger van Jerry Richardson, voormalige afrigter van die klub, tydens die sitting kennis gegee het dat hy om amnestie gevra het vir sowel die dood van Lolo Sono as van Siboniso Shabalala, het die weduwee in trane uitgebars.

Die naam van Stompie Seipei sou die volgende dae dikwels gehoor word. Die moord op die jong aktivis, wie se dansende figuurtjie wêreldwyd op televisieskerms verskyn het, was waarskynlik die grootste albatros om Winnie Madikizela-Mandela se nek. Op dag een was John Morgan, motorbestuurder van Winnie Madikizela-Mandela, die eerste om oor Stompie te praat. Later sou ander, onder meer Jerry Richardson, hul kant van die grusame verhaal vertel.

John Morgan het vertel hoe me. Madikizela-Mandela hom opdrag gegee het om met 'n paar lede van die sokkerklub na die Metodistepastorie van Paul Verryn in Soweto te ry om Stompie en nog drie ander jong aktiviste te gaan oplaai. Hy was by toe die vier seuns na 'n kamer in die Mandela-huis geneem is, "die kamer langs die jacuzzi," en toe aangerand is. "Die eerste mens wat hulle begin aanrand het, was Winnie Mandela. Sy het Stompie eerste toegetakel en toe die res. Die seuns is in die lug gegooi en laat val sodat hulle op die vloer gehop het." Die volgende oggend was Stompie se gesig so rond soos 'n voetbal geswel. "Hy kon homself nie help nie en ek het probeer om hom brood en koffie te voer. Teen die derde dag was Stompie in 'n kritieke toestand. Winnie het dr. Abu-Baker Asvat, wat sy praktyk in Soweto gehad het en met wie hulle op goeie voet verkeer het, laat kom om Stompie te behandel. Dr. Asvat het geweier om dit daar te doen. Stompie behoort onmiddellik hospitaal toe te gaan, het hy gesê.

'n Dag later het Winnie vir Morgan gesê: "Vat die hond en gaan gooi hom weg." Hy het geweier, maar ander het die opdrag wel uitgevoer, soos later, tydens die sitting, getuig sou word. Die sokkerklub het sy eie tugkomitee gehad, het die motorbestuurder verder vertel, wat soms "rof met mekaar was en gedurig in gevegte betrokke was". Soms is jong seuns uitgetrek en hul geslagsdele vasgeknyp. Winnie het dikwels kom inloer en dan weer weggegaan. Die sokkerklublede het ook skoolmeisies na die Mandela-huis geneem "en hulle dan gedwing om dinge te doen". Dit het alles daartoe bygedra dat mense uit die gemeenskap, by wyse van reaksie, Winnie se huis afgebrand het.

Die Moeder van die Volk het kop onderstebo gesit en luister.

◆ ◆ ◆

Die tweede dag het, wat Winnie betref, beter verloop. Die getuies wat na vore gekom het, het hulleself plek-plek weerspreek. Winnie het sigbaar meer ontspanne sit en luister en met haar regsverteenwoordigers gekorswel.

Pelo Mekgwe was een van die vier seuns wat op Winnie se voorskrif deur die sokkerklub ontvoer is. Maar sy getuienis was swak en deurmekaar en het 'n streep getrek deur die getuienis wat hy vroeër gelewer het, ook voor die WVK.

Toe mev. Xoliswa Falati agter die mikrofoon inskuif – 'n vroeëre vriendin wat intussen haar bitterste kritikus geword het – het Winnie Madikizela-Mandela gelag en met haar hand na haar kop beduie dat Xoliswa nie by haar volle positiewe was nie. Tutu moes mev. Falati van tyd tot tyd tot orde roep, so wyd het sy haar storie gaan haal en so emosioneel was sy in haar aanval. Dis ter wille van Winnie dat sy tronk toe is, dat sy voor die hof gelieg het om Winnie te beskerm, het sy vertel. Maar sy sou dit nie weer doen nie. "My hande drup ten minste nie van die bloed van swart kinders nie!" het sy met verwysing na die dood van Stompie en die aanranding op die ander kinders uitgeroep. Winnie was skuldig aan die dood van dr. Asvat. Meer nog: dis sy wat agter die treinmoorde gesit het wat byna die 1994-verkiesing laat ontspoor het. Sy weet dat Winnie destyds die lyke van Sono en Shabalala en ander in 'n ou mynskag gaan afgooi het. Sy het geëis dat die WVK dit moet gaan uithaal. Die saal het kort-kort geskud van die lag en moes deur die voorsitter tot stilte gemaan word. Advokaat Ismael Semenya het geglimlag: "Falati het al jare gelede, toe sy in Paul Verryn se pastorie gewerk het, gewys dat sy emosioneel onstabiel was." Haar getuienis hoef nie ernstig opgeneem te word nie.

Ook Katiza Cebekhulu, wat as een van die sleutelgetuies beskou is, se getuienis het grootliks platgeval. Sy verhaal is deur die skrywer Fred Bridgland in die boek *Katiza's Journey* opgeteken. Die boek se verskyning het vroeër die jaar in Engeland en Suid-Afrika 'n opskudding veroorsaak. Winnie Mandela het hom in 1991, net voordat sy oor die dood van Stompie en ander aanklagte voor die hof sou verskyn, bitter teen sy sin die land uitgestuur. Hy het uiteindelik in Zambië in 'n tronk beland, waar die Engelse barones Emma Nicholson hom aangetref en haar oor hom ontferm het. Sy het hom met die goedkeuring van die destydse premier John Major na Engeland geneem. Nadat sy die versekering ontvang het dat Katiza in Suid-Afrika vier en twintig uur van die dag beskerm sou word, het barones Nicholson besluit om Katiza na Johannesburg te vergesel. Sy is saam met hom ingesweer en het saam met hom getuig.

Katiza het vertel hoe hy teenwoordig was en gesien het hoe Winnie self vir Stompie met 'n mes doodgesteek het. Hy was ook nie, soos sy beweer het, 'n polisie-informant nie. Hy het wel – omdat Winnie hom beveel het – in die pastorie waar hy tuisgegaan het, in Paul Verryn se bed gaan slaap. Daarna het hy vir mev. Falati gelieg en gesê dat die Metodiste-dominee hom gesodomiseer het. Katiza het in kruisverhoor daarop gestaan dat hy nie Winnie se aandeel aan die moord vergroot omdat hy desperaat was om uit die Zambiese tronk te kom nie. Dit was maar een van baie leuens wat Winnie die wêreld ingestuur het.

Maar in kruisverhoor is Katiza se storie aan flarde geruk. Sy getuienis voor die WVK het op 'n paar punte van sy verhaal in *Katiza's Journey* verskil. Toe kommissaris Yasmin Sooka teenoor Katiza opgemerk het dat sy getuienis in die boek darem baie onakkuraathede bevat, het die saal hande geklap.

Winnie en haar regspan het breed geglimlag toe hulle die middag die saal verlaat het.

Laat die aand het Katiza Cebekhulu per vliegtuig na Londen vertrek. Winnie Madikizela-Mandela het ter elfder ure 'n klag van *crimen injuria* teen hom ingedien en barones Nicholson het gevrees dat hy in hegtenis geneem sou word.

◆ ◆ ◆

Die gety het teen Winnie begin draai.

Op die derde dag het twee Metodiste-biskoppe, Paul Verryn en Peter Storey, agter die mikrofoon ingeskuif. Dat hul getuienis van 'n totaal ander kaliber as dié van die vorige dag was, was gou duidelik.

Paul Verryn, die man wat destyds deur Winnie vir al haar probleme geblameer is, wat deur Winnie daarvan aangekla is dat hy Katiza en die ander seuns in die pastorie gesodomiseer het, het van die dag vertel toe Stompie Seipei en sy drie maats uit die pastorie ontvoer is. Toe hy begin praat het oor die gebeure wat tot die moord op Stompie gelei het, het die biskop se gemoed volgeskiet. In trane het hy voortgegaan: "Wat vir my die heel swaarste van alles was, was nadat ek van die klagtes teen Stompie gehoor het, ek ... ek ... hom nie betyds uit die pastorie verwyder het, en hom na 'n veiliger plek gebring het nie. As ek anders opgetree het, sou Stompie miskien vandag nog gelewe het ..."

Toe het hy Winnie Madikizela-Mandela reguit aangekyk: "My gevoelens teenoor u het soos u sal kan verstaan, in baie verskillende rigtings geloop. Ek hunker na versoening. Ek is baie, baie diep geraak deur die dinge wat u van my gesê het, dit het my verwond en tot in die diepste van my wese aangetas. Dit is vir my baie moeilik om op die punt uit te kom waar ek verstaan, waar ek kan begin om te vergewe – al wil u miskien nie eers my vergifnis hê nie, al voel u miskien dat ek dit nie verdien om my vergifnis vir u aan te bied nie. Ek sukkel om 'n manier te vind hoe ons ter wille van hierdie nasie, en ter wille van die mense vir wie God – so glo ek – baie lief het, versoen kan word."

"Die man het uit 'n gebroke hart gepraat. Wil u graag antwoord?" het Tutu genooi. Maar Winnie Madikizela-Mandela se regsverteenwoordiger, Ismael Semenya, het die aanbod namens haar van die hand gewys. Sy sou verkies om later persoonlik met die Engelse biskop te praat.

Daarna was dit biskop Peter Storey se beurt. Hy was saam met 'n groep geestelikes en gemeenskapsleiers direk betrokke by pogings om die vier seuns te probeer red. Gewapen met sy dagboek en noukeurige aantekeninge wat hy in dié tyd gemaak het, kon biskop Storey 'n duidelike beeld gee van wat alles gebeur het: van hoe Winnie hulle mislei het oor waar die aktiviste aangehou is, oor die omstandighede waarin hulle verkeer het, asook oor die futiele pogings van talle politieke en gemeenskapsleiers – onder andere Oliver Tambo, met wie hulle in Zambië geskakel het – om die seuns te bevry. Storey het 'n hele paar verklarings van me. Madikizela-Mandela voorgelees waarin sy Verryn destyds daarvan beskuldig het dat hy die seuns gesodomiseer het, en die kerk dat hulle vir die moord op dr. Asvat verantwoordelik was om 'n homoseksuele skandaal te probeer voorkom.

Diep onder die indruk van die dag se drama, veral die trane van die jong biskop, is ons die aand huis toe.

◆　◆　◆

Op die Donderdag, die vierde dag van die sitting, het lede van die destydse United Democratic Front en die Winnie Mandela Crisis Committee hul plekke ingeneem.

"Die Mandela-sokkerklub was Winnie se persoonlike bende van wettelose booswigte. Dit was onvanpas dat die geëerde Mandela-naam so misbruik is." Mnr. Azhar Cachalia, sekretaris van Veiligheid en Sekuriteit in die destydse UDF, het nie doekies omgedraai nie. In die geselskap van mnr. Murphy Morobe, wat destyds ook 'n UDF-leier was, het hy vertel van die gruweldade wat die sokkerklub gepleeg het. En,

Die Mail & Guardian se samevatting van al die getuienis wat teen Winnie Mandela gelewer is

het hulle volgehou, Winnie was ewe aandadig. Hulle was nie net moreel gewalg deur wat gebeur het nie; dit het die saak van die ANC geweldig baie skade berokken. Wat meer is, die gemeenskap was oortuig dat Winnie Madikizela-Mandela met die Polisie saamgewerk het en dat die sokkerklub deur regeringsagente geïnfiltreer is. Een van die siekste gruweldade – behalwe die dood van *Stompie* – was toe klublede twee jongmense na die Mandela-huis ontvoer het. Die letter *M* is op die een se bors gekerf en *Viva ANC* op die rug van die ander. Daarna is batterysuur oor die oop wonde gegooi. Winnie Madkizela-Mandela het haar nie aan hulle besware gesteur nie. Die aanrandings het voortgegaan, en Winnie was deel daarvan. Uiteindelik het die UDF besluit dat genoeg genoeg was. As binnelandse vleuel van die ANC het die UDF hom in 1989 amptelik van Madikizela-Mandela se optredes gedistansieer.

"Dit was een van die trotsste oomblikke van my lewe ... Ek hoop as ek ooit weer 'n soortgelyke besluit moet neem, ek die morele moed sal hê om dit te doen."

Die saal het, ondanks die voorsitter se oproep om stilte, luid hande geklap.

En toe het 'n aantal lede van die Winnie Mandela Crisis Committee een na die ander aan die woord gekom: Sydney Mufamadi, Aubrey Mokoena, Frank Chikane en suster Bernadette Ncube. Hulle het vertel hoe die krisiskomitee in die lewe geroep is om die ontvoering van die vier aktiviste – asook ander gerugte wat die rondte gedoen het – te ondersoek. Hulle het met Winnie oor al die dinge gepraat, het die krisiskomiteelede gesê, maar kon nie hond haaraf maak nie.

"Kon julle nie sterker stappe geneem het nie?" het die WVK-paneel by herhaling gevra. "Volgens Peter Storey se getuienis wou hy 'n hofinterdik aanvra om die jong aktiviste te bevry. Waarom wou julle nie meewerk nie?" wou Hanif Vally weet.

Die getuies was sigbaar ongemaklik.

"Ons het nie 'n mandaat daarvoor gehad nie," het Mokoena geantwoord.

"Ons het gedoen wat ons kon," het Mufamadi bygevoeg. "In elk geval, na agtien dae is die seuns tog vrygelaat. Teen dié tyd was Stompie reeds dood ... Daar was geen manier om uit te vind wat regtig gebeur het nie. As ons geweet het, kon ons miskien sterker opgetree het." Me. Madikizela-Mandela het in dié tyd direkte opdragte van haar voormalige man vanuit die Victor Verster-tronk asook van Oliver Tambo uit Zambië verontagsaam om die klub te ontbind, het Mufamadi bygevoeg.

"As ons die kinders wou bevry, sou ons ons eie militia moes organiseer!" het Frank Chikane opgemerk.

"As ons dit gedoen het, was ons self skuldig aan ontvoering," het Mufamadi, die man wat later Minister van Veiligheid en Sekuriteit sou word, beaam.

Kerkleiers het ook in dié dae met me. Madikizela-Mandela gaan praat, het eerwaarde Otto Mbangula, Winnie se eie predikant in die Metodiste-kerk in Jabawu, Soweto, getuig. Hy en vader Smangaliso Mkatshwa, wat langs hom in die getuiebank gesit het, is saam met biskop Manas Buthelezi na haar huis waar Winnie hulle oor en oor verseker het dat die jeugdiges veilig was. Sy moes die seuns onder haar beskerming neem, het sy gesê, want Paul Verryn het hulle seksueel aangerand. Hulle het haar op haar woord geneem, sonder om te vra om die seuns te sien. Na die gesprek het Winnie en haar dogter Zinzi saam met die kerkleiers gebid voordat hulle vertrek het. Stompie, moes hulle later uitvind, was teen dié tyd reeds dood.

Vroeër die dag het dr. Natho Mothlana, gevierde gemeenskapsleier en familievriend van die Mandelas, getuig dat biskop Storey hom destyds versoek het om Winnie Madikizela-Mandela te keer om vals aantygings teen Paul Verryn te maak. Hy het op 'n ander keer, ook op versoek van die kerkleiers, gaan vra dat Winnie die seuns moet vrylaat – sonder sukses.

Uiteindelik was die pynlike sitting – die vierde dag – verby. Die woorde van biskop Peter Storey aan Tutu het alles wat die dag gesê is, in 'n neutedop saamgevat: "Een van die grootste tragedies van die lewe, meneer die voorsitter, is dat dit moontlik is dat 'n mens presies soos dit wat jy die meeste haat, kan word ... Die primêre kanker was die onderdrukking deur apartheid, maar sekondêre infeksies het baie van die teenstanders van apartheid aangetas en hul kennis van goed en kwaad weggekalwe."

◆ ◆ ◆

Vrydag 28 November was die dag van die Polisie. Uit hulle getuienis was dit duidelik dat Winnie nie net die oortreder was nie, maar dikwels ook die slagoffer; nie net die manipuleerder nie, maar die gemanipuleerde.

Paul Erasmus, oudveiligheidspolisieman, het getuig dat hy en sy kollegas heelwat inligting bekom het oor wat alles in die Mandela-huis aan die gang was. Hulle wou egter nie teen haar optree nie, want hulle "wou nie die politieke appelkar omgooi nie". In die tagtigerjare was die algemene gevoel: los vir Winnie, sy sal haar eie graf grawe! Een van

Stratkom se projekte in die laat tagtigerjare, Operasie Romulus, was daarop gemik om die ANC, die PAC en ook die regse vleuel in die land teen te werk en uit te skakel. Een metode was om vals gerugte oor Winnie te versprei. Haar gewese man, Nelson Mandela, was feitlik onaantasbaar, 'n moeilike teiken. Maar Winnie was 'n makliker teiken! Hulle het genoeg informante gehad om te weet wat alles in die Mandela-huis aan die gang was. Volgens hulle inligting was die sokkerklublede meestal daggarokers en gomsnuiwers, wat maklik gewerf kon word om vir die Polisie te werk. Hy wat Erasmus was, het self verskeie gerugte oor Winnie versprei, onder andere dat sy 'n nimfomaan en 'n alkoholis was. Om haar verder te diskrediteer, veral onder die rewolusionêre jeug, het hy die storie begin versprei dat Winnie en Chris Ball, die destydse hoof van Eerste Nasionale Bank, 'n verhouding gehad het. Operasie Romulus is egter nooit gebruik om haar aan misdadige bedrywighede te verbind waarvoor sy vervolg sou kon word nie. Die Veiligheidspolisie was hoogs in hul skik met sy werk, het Paul Erasmus bygevoeg. En, o ja, mev. Falati se verhaal dat hy sélf ook met Winnie 'n verhouding gehad het, is so vals as kan kom!

George Fivaz, Suid-Afrika se polisiehoof, het die gehoor regop laat sit met sy getuienis dat Jerry Richardson, afrigter van die Mandela-sokkerklub wat op die oomblik besig was om lewenslange tronkstraf uit te dien vir die moord op Stompie Seipei, inderwaarheid 'n polisie-informant was. Wat meer was, die Polisie het Jerry R10 000 betaal vir inligting oor waar die lyke van Lolo Sono, Siboniso Shabalala en Kuki Zwani begrawe was. Die geld is oorbetaal nadat Richardson reeds in die gevangenis was, maar die lyke is ten spyte van 'n uitgebreide soektog nooit gevind nie. Presies wanneer Jerry gewerf is, kon Fivaz nie sê nie, want sy lêer het spoorloos verdwyn. Vroeër het Murphy Morobe al getuig dat hulle lank reeds snuf in die nuus gehad het dat Jerry 'n informant moes wees, veral ná die skermutseling by Richardson se huis toe sersant Pretorius en twee MK-lede doodgeskiet is. Later het Richardson meegehelp om die twee seuns Lolo en Shabalala, wat daarvan beskuldig is dat hulle die informante was, te vermoor.

Waarom het die Polisie nie meer gedoen om die moord op dr. Asvat te probeer oplos nie? wou die WVK weet. Waarom is, byvoorbeeld, 'n verklaring wat Thulani Dlamini reeds in 1989 oor die dood van die dokter afgelê het, nooit by die hof ingedien nie? In die verklaring het Dlamini beweer dat me. Madikizela-Mandela hom R20 000 aangebied het om dr. Asvat te vermoor. Die polisiehoof moes redelik bontstaan met sy verduidelikings. Oor een ding was hy baie duidelik: die aantyging

Mnr. Jerry Richardson word in voetboeie by die verhoor afgelaai

wat Winnie Madikizela-Mandela in haar *in camera*-verhoor afgelê het
dat president Mandela hom opdrag gegee het om "vuil wasgoed op te
diep" wat hy in die komende skeisaak met Winnie sou kon gebruik,
was geheel en al vals.

Hoe was dit moontlik dat die *comrades* soms so harteloos teenoor
ander kon optree, dat mense wat maar net daarvan verdink is dat hulle
met die Polisie saamgewerk het, doodgemaak is? wou die kommissarisse
weet. Murphy Morobe het één antwoord gereed gehad: Winnie se
berugte uitspraak van 16 Junie 1986, dat "ons land nog deur middel
van vuurhoutjies en buitebande bevry sal word", het 'n groot invloed
op die mense gehad. Haar ondersteuners het dit as 'n mandaat gesien
om verdagtes en informante tereg te stel.

Winnie, wat die hele dag min emosie getoon het, kon tydens een van
die voorleggings haar trane nie keer nie. Toe Charles Zwane, beweerde
sokkerklublid wat 'n lewenslange vonnis op nege moorde uitgedien het,
vertel het hoe hy deur die Polisie gemartel is, het die herinnering vir
hom te veel geword. Met sy kop tussen sy hande, vooroor op die tafel,

het hy begin huil. **Winnie** het haar bril afgehaal en die trane wat oor haar eie wange geloop het, afgevee. **Zwane** het getuig dat hy nooit werklik 'n lid van die klub was nie, al het hy by geleentheid die klub se sweetpak gedra. Wat wel waar was, was dat 'n sokkerklublid vir hom op 'n keer in Zinzi se kamer in die Mandela-huis touwys gemaak het in die gebruik van 'n masjiengeweer.

Ons was almal dankbaar dat die naweek aangebreek het. Na alles wat gesê is, moes nie net Winnie en haar span nie, maar almal in die saal eers weer asemskep.

◆ ◆ ◆

Dieselfde aand het dit oor die nuus gekom: die Amnestiekomitee het bekend gemaak dat hulle aan 37 ANC-lede, onder wie adjunkpresident Thabo Mbeki en vyf senior kabinetsministers, Alfred Nzo, Dullah Omar, Joe Modise, Mac Maharaj en Pallo Jordan, amnestie verleen het. Ander vooraanstaande ANC-lede was Jackie Modise (vrou van Joe Modise en senior weermagoffisier), Mathews Phosa (premier van Mpumalanga), Jacob Zuma (hoofsekretaris van die ANC) en twee adjunkministers, Joe Nhlanhla en Peter Mokaba. Dit was moontlik om hul afsonderlike aansoeke sonder verhoor af te handel, omdat geen voorvalle waarvoor hulle om amnestie gevra het, volgens die oordeel van die komitee werklik growwe menseregteskendings was nie. Hulle het ook vroeër reeds kollektief verantwoordelikheid aanvaar vir wandade wat deur die strukture gepleeg is wat ingestel is om apartheid te beveg.

In 'n afsonderlike verklaring is berig dat Trevor Tutu, seun van die voorsitter van die WVK, ook amnestie verkry het. Hy het tronkstraf uitgedien vir sy bomdreigement by die Oos-Londense lughawe waarmee hy in Oktober 1989 'n binnelandse vlug erg ontwrig het.

My asem was effens weggeslaan. Ek was bly vir die Tutu-gesin se onthalwe, asook vir die 37 ander gesinne. Maar het die Amnestiekomitee nie 'n bietjie vinnig gehandel nie? Wat het van die deursigtigheid 'van die proses geword? Het die hele land nie die reg om eers te hoor waarvoor die ANC-lede amnestie gevra het nie? Min het ek kon raai watter storm die besluit sou veroorsaak.

◆ ◆ ◆

Maandagoggend het dit gegons, nie net oor die drie veroordeelde moordenaars wat sou getuig nie, maar oor die amnestie aan Trevor

Tutu en die 37 ANC-lede. Die naweek was daar 'n koor van protes van politici van alle partye behalwe die ANC wat, soos verwag kon word, die optrede van die Amnestiekomitee verwelkom het. Die besluit van die Amnestiekomitee om sonder opgaaf van redes en sonder die blootlegging van al die feite, amnestie te verleen, het 'n bespotting van die wet gemaak, het mev. Sheila Camerer van die NP gesê. Die toestaan van amnestie aan Trevor Tutu, veral in die lig van sy talle pogings om die gereg te ontduik, het die bepalings van die amnestiewetgewing tot by breekpunt gerek. Trek Tutu sy seun voor? is die vraag waarmee ek die Saterdag en Sondag trompop geloop is.

Die WVK het links en regs verduidelik en selfs met regstappe gedreig teen enigeen wat die integriteit van aartsbiskop Tutu in gedrang bring as gevolg van die amnestie wat aan sy seun verleen is. Alex Boraine het aan die media gesê Tutu het nie eens geweet dat Trevor gaan aansoek doen nie, dat hy in die VSA vir sy kankerbehandeling was toe Trevor en sy prokureur besluit het om 'n aansoek in te dien. Op geen enkele manier het Desmond Tutu probeer om die Amnestiekomitee in dié verband te beïnvloed nie, het Boraine verklaar. Hy het nie eers daaroor navraag gedoen nie. Chris de Jager was voorsitter van die paneel wat Trevor Tutu se aansoek gehanteer het. Hy het aan die pers gesê dat hy absoluut oortuig was dat die jong Tutu 'n politieke motief vir sy daad gehad het – en dat hy volgens die wet vir amnestie gekwalifiseer het.

Een ding was seker, hierdie amnestiespook sou nog lank loop!

◆ ◆ ◆

Wie was verantwoordelik vir die dood van dr. Abu-Baker Asvat, die weldoener van Soweto? Dit was die vraag wat dié Maandag uitgepluis moes word.

Winnie Madikizela-Mandela – dit het die WVK reeds al gehoor – was woedend omdat dr. Asvat, wat sy as 'n huisvriend beskou het, destyds geweier het om die ernstig beseerde Stompie Seipei tuis te behandel, maar daarop gestaan het dat hy hospitaal toe geneem moes word. Enkele ure voor die moord op dr. Asvat het Winnie met Katiza Cebekhulu by die spreekkamer opgedaag met die eis dat dr. Asvat hom moes ondersoek. Sy wou bewyse hê dat Paul Verryn Katiza gesodomiseer het. Toe die dokter weer eens geweier het, het Winnie ontplof. Die rusie wat gevolg het, het dr. Asvat se broer later as 'n "vulkaniese uitbarsting" beskryf.

Winnie het egter, volgens getuienis wat dié Maandag gelewer is, toe al reeds haar planne gesmee. Sy het twee van haar vertrouelinge, Zakhele

Mbatha en Thulani Dlamini, na haar huis ontbied en hulle R20 000 aangebied om die dokter te gaan vermoor. Jerry Richardson, die afrigter van die sokkerklub wat talle "werkies" vir Winnie moes doen, het by twee geleenthede die spreekkamer besoek, op 26 Januarie 1989 en die volgende dag, die dag van die sluipmoord. Die besoeke is in die spreekkamerlêers aangeteken, het dr. Ebrahim Asvat, broer van die Soweto-dokter, getuig. In haar verklaring die vorige week het die gewese vertrouueling van Winnie Mandela, Xoliswa Falati, ook daarvan melding gemaak: Jerry het vir haar van twee *recce's* (verkenningstogte) vertel wat hy voor die moord op dr. Asvat uitgevoer het. Wat het toe gebeur?

Die eerbiedwaardige mev. Albertina Sisulu, Walter Sisulu se eggenote, wat as verpleegster in die spreekkamer gewerk het, het vertel:

"Op 27 Januarie het twee jong mans na die spreekkamer gekom. Hulle wou dr. Asvat sien. Hy was egter nie daar nie en hulle het gesê hulle sou terugkom. Later die middag het hulle weer daar opgedaag.

"Ek het gehoor hoe die dokter 'n pasiënt se naam uitroep en hoe die deur van die ondersoekkamer klik. Dit was 'n sekuriteitsdeur wat slegs van die binnekant af oopgemaak kon word deur 'n knoppie te druk. Ek weet nie wat binne gebeur het nie, maar aangesien alles ná die klikgeluid stil was, het ek aangeneem dat die dokter besig was om die pasiënt te ondersoek. Na ongeveer tien minute het ek 'n klapgekluid gehoor wat soos 'n geweerskoot geklink het. Daar was geen reaksie nie. Toe het ek 'n tweede klapgeluid gehoor en dié keer het dokter Asvat geskreeu."

Mev. Sisulu het by die agterdeur uitgehardloop om hulp te gaan soek.

"Toe ek teruggegaan het, het ek die dokter met sy gesig na onder sien lê. Uit sy bors, aan die linkerkant, het bloed gestroom."

Vir mev. Sisulu, wat Abu-Baker Avat as 'n seun beskou het, was dit 'n traumatiese ervaring, iets wat sy nooit sou vergeet nie.

Dr. Ebrahim Asvat is aangegryp deur die vertelling. Hy was in trane toe hy van sy grief teen die Polisie vertel het, wat volgens hom nie die saak behoorlik ondersoek het nie. Toe die twee moordenaars, Mbatha en Dlamini, voor die hof gedaag is, is van die belangrikste getuienis – die bekentenis van Dlamini dat Winnie hom en sy maat vir R20 000 gehuur het om dr. Asvat dood te maak – verswyg. Die Polisie het "verkies om hierdie getuienis nie te gebruik nie". Die gevolg was dat die twee skuldig bevind is aan moord en dat die motief vir die moord roof was. Maar, het Ebrahim Asvat getuig, hulle het niks gesteel nie! In die spreekkamer het sy broer se vuurwapen nog gelê, met R500 daarby – en daaraan is nie geraak nie. Wie wou die Polisie beskerm? Dalk vir Winnie? het dr. Ebrahim Asvat gevra.

◆ ◆ ◆

Om 'n lid van die Mandela-sokkerklub te wees, was nie heeltemal sonder gevare nie, veral nie as jy rusie met jou medeklublede gekry het nie.

Lerathodi Ikaneng het die Dinsdag aan die woord gekom en vertel dat hy, toe hy nie meer lid wou wees nie, twee keer probeer het om sy bande met die klub te breek. Die derde keer, toe hy deur sy maats gevang is, het hulle hom met 'n tuinskêr in die nek gesteek. Hulle het gedink hy is dood en hom in 'n vlei tussen die riete laat lê.

Dit het só gekom. In 1987 het 'n klomp seuns van 'n hoërskool in Soweto 'n meisie verkrag. Die sokkerklub het hulle gearresteer en begin aanrand. Zinzi Mandela het die mans aangehits en gesê die seuns verdien wat hulle kry. Later moes hy sien hoe sy vriend Tholi Dlamini deur 'n medeklublid Sizwe Sithole doodgeskiet word. Sizwe was destyds Zinzi se kêrel en toe hy (Lerathodi) teen die bevel van Winnie Mandela die saak by die Polisie gaan aangee het, was die gort gaar!

Hy is na die Mandela-huis gesleep waar Winnie hom aan sy klere gegryp en met haar plat hand en haar vuiste bygekom het. Toe sy gewese vriende hom daarna in 'n motor wou dwing, het hy genadiglik kans gekry om te ontsnap. Hy het drie maande lank in Sharpeville weggekruip.

Toe Lerathodi gemeen het dis veilig om terug te keer, is hy terug huis toe. Maar Jerry Richardson het hom raakgesien en voorgelê. Die sokkerklublede het hom na die riete by die Mzimhlope-vlei in Soweto geneem. Daar het Richardson hom toegetakel en met die tuinskêr in die nek gesteek. Dit was Lerathodi Ikaneng se geluk dat die sokkerklublede gedink het hy is dood ...

◆ ◆ ◆

Onder in die personeelkamer het die kommissarisse en komiteelede, saam met ander WVK-amptenare, etenstyd gesit en kajuitraad hou. Ek het dié dag langs Leah Tutu gesit.

"Die arch lyk moeg," het ek teenoor haar opgemerk. "Gaan julle kans kry om die Kersvakansie 'n bietjie weg te kom, om te ontspan?"

"Dis moeiliker as wat jy dink. 'n Mens kom nooit regtig weg nie, die mense herken hom oral. Ek het nou die dag al vir Desmond gesê ek gaan sy hare pikswart kleur sodat ons ook 'n slag ongesiens op die strand kan loop."

"Dis nie genoeg nie," het die Aartsbiskop, wat oorkant die tafel na ons gesprek geluister het, laat hoor. "Leah sal ook 'n plastiese chirurg moet gaan haal om iets aan my neus en my ken te doen!"

◆ ◆ ◆

Die voorlaaste dag het behoort aan Jerry Richardson, afrigter van die Mandela United Football Club en Winnie Madikizela-Mandela se regterhand. Sy getuienis, die vreemde genot wat hy skynbaar daaruit geput het om sy gruweldade in die fynste besonderhede te beskryf, het die gehoor plek-plek laat ril. Op 'n keer het hy homself onderbreek:

"Die dinge wat ons as die Mandela-sokkerklub gedoen het, was verskriklik, barbaars. Ek raak nou self bang om dit te vertel ..."

Maar vertel hét hy vertel!

Toe Jerry Richardson, 48 jaar oud, ingesweer moes word, was daar reeds drama. Hy het met sy donker pak, rooi das en bypassende rooi sysakdoek met 'n miniatuursokkerbal in sy linkerhand opgestaan. Hy het geweier om soos die ander getuies sy regterhand in die lug te hou toe hy die eed moes aflê. Soos president Mandela met sy inhuldiging, het hy geëis om sy hand op sy hart te hou! Sy regsverteenwoordiger, adv. Tony Richard, moes hom vinnig oortuig dat hy besig was om die reëls te oortree. Gedwee het hy daarna sy hand in die lug gesteek. Maar die getuienis kon nog nie begin nie. Sy familie het nog nie opgedaag nie, en hulle moes hoor wat hy te sê gehad het! Hy het ook hulle ondersteuning nodig gehad. Jerry Richardson het die voorsitter gevra om die sitting te verdaag sodat hy eers na sy huis in Soweto kon gaan om sy eersgeborene, Lina, te gaan haal. Voordat dit gebeur, sou hy nie getuig nie. Die voorsitter het die sitting vir 'n paar minute verdaag om aan Richard kans te gee om aan sy kliënt te verduidelik dat hy, as hy weier om voor die WVK te getuig, hom aan 'n strafregtelike oortreding skuldig sou maak.

"Julle moet onthou dat ek 'n sokkerster is, nie 'n politikus nie," het hy uiteindelik begin. Kort-kort moes die voorsitter hom tot orde roep: al die detail, die bloederige beskrywings, was seker nie nodig nie. Hy het homself verweer: "U moet onthou dat ons van dooie mense praat!"

Een na die ander het die opdragte wat "Mammie" (hy het daarop aangedring om Winnie Madikizela-Mandela só te noem) aan hom gegee het, het aan die orde gekom. "Ons het vreeslike dinge gedoen," het hy op 'n keer herhaal, "net soos die Boere vreeslike dinge aan die vryheidsvegters gedoen het ... My hande is vol bloed want ek het (dikwels) na iemand gewys en gesê: 'Hy is 'n *impimpi* (verraaier) – maak hom dood! ... As iemand in daardie dae as 'n *impimpi* gebrandmerk is, was daar nie omdraaikans nie. Hy moes doodgemaak word. Mammie het die opdragte gegee."

In Soweto was daar 'n klagteboek waarin enigeen hul klag teen 'n ander kon skryf. Die sokkerklub het die klagtes gaan ondersoek en aan Jerry gerapporteer. Hy het die saak dan met Winnie Mandela bespreek, wat besluit het of die "skuldige" gehaal moes word om gestraf te word.

Maar Winnie het in haar geslote verhoor getuig dat sy nie bewus was van die doen en late van die mense van die sokkerspan wat op haar erf gewoon het nie, dat hulle mekaar se privaatheid gerespekteer het, het adv. Richard opgemerk. En jy sê sy was van alles bewus wat in en om die huis gebeur het? Wie is reg? Sy hét geweet! Niemand wat op die erf gewoon het, kon soos hulle wou in en uit die huis gaan nie, het Jerry geantwoord. Net 'n spesiale groepie mense – van wie hy een was – kon dit doen. Winnie het deur hom met die span geskakel, hy moes haar opdragte aan hulle deurgee.

Jerry Richardson, wat lewenslange tronkstraf uitdien weens verskeie moorde wat hy gepleeg het, het inderdaad baie op sy kerfstok gehad.

'n Grepie uit sy curriculum vitae tussen die jare 1986 en 1989: In Januarie 1986 het hy hom by die sokkerklub aangesluit. 'n Jaar later, in 1987, het hy 'n polisie-informant geword. Hy kon nie meer onthou wie gedurende dié tyd sy eerste moordslagoffer was nie, maar daar was baie van hulle! In die paar weke tussen 9 November 1988 en 3 Januarie 1989 het die volgende gebeur: Op 9 November is sy polisiehanteerder, sersant Pretorius, en twee MK-lede in 'n skietgeveg by sy huis in Soweto dood. 'n Week of wat later het hy die twee seuns, Lolo Sono en Siboniso Shabalala, wat valslik daarvan verdink is dat hulle die twee MK-lede verraai het, persoonlik doodgemaak. In Desember het hy mev. Kuki Zwane "se keel met 'n tuinskêr afgesny en haar lyk weggesmyt" – net omdat sy nie van "Mammie" se opdragte wou uitvoer nie. Teen die einde van die maand het hy gehelp om die vier seuns uit eerwaarde Paul Verryn se pastorie te ontvoer en te mishandel. Vier dae later het hy Stompie Seipei doodgemaak. Op 3 Januarie het hy Lerathodi Ikaneng met 'n skêr in die nek gesteek en hom tussen die vleiriete agtergelaat.

Op 19 Februarie 1989 is hy in hegtenis geneem.

Mev. Joyce Seipei het by twee geleenthede histeries begin gil terwyl Jerry vertel het wat hy aan haar seun gedoen het. Sy moes uit die saal geneem word om buite eers tot verhaal te kom.

Winnie Madikizela-Mandela het hom en Slash opdrag gegee om Stompie weg te vat en dood te maak, maar as gevolg van die besoeke van die Mandela-krisiskomitee by die Mandela-huis kon hulle dit nie dadelik doen nie. Toe die dag uiteindelik aanbreek, het hy aan die ander kinders in die huis opdrag gegee om vryheidsliedere te sing om "Mammie", wat effens depressief was, op te beur. Hy en Slash het intussen die ylende Stompie na Noordgesig geneem waar hulle hom doodgemaak het. Richardson het behae daarin gehad om presies te beskryf wat hy gedoen het: "Ek het hom op sy rug laat lê en die tuinskêr dwarsdeur sy nek gekap sodat die lem aan die ander kant uitgekom het. Toe het ek met nog baie kapbewegings die seun van die gras gemaak ... ons het hom soos 'n bok geslag!" Hy en Slash het by die lyk gesit en wag totdat dit koud was – en toe die tuinskêr weer inmekaar gesit en dit in Winnie se motorhuis gaan bêre. "Ons het gedink dit was die perfekte misdaad."

◆ ◆ ◆

Die laaste dag het aangebreek. Die saal op die eerste verdieping van die Johannesburg Institute for Social Sciences was voller as ooit. Dié dag sou Winnie Madikizela-Mandela op al die aanklagte, op al die getuienisse wat gelewer is, moes antwoord.

Wat sou sy sê?

Reeds aan die begin van die eerste dag was dit duidelik dat met hierdie sitting – meer as enige ander – swart Suid-Afrika voor die spieël te staan gekom het. Die integriteit van die *struggle* was op die spel. Vir byna twee weke het die een getuie na die ander oor Winnie Mandela, die sokkerklub en die mense van Soweto gepraat. Skokkende dinge is genoem, dinge wat sy liewer sou wou verswyg het. Die "sekondêre infeksies" het ongenadiglik skerp onder die mikroskoop beland. Vir hoeveel daarvan sou Winnie verantwoordelikheid aanvaar?

Die week het sy tol geëis. Om voor die spieël van die geskiedenis te gaan staan was beslis nie maklik nie. Van die getuies het skaars opgekyk terwyl hulle gepraat het, en het Winnie se oë vermy. Ander het uitdagend en emosioneel beduie, maar in kruisondervraging onsamehangend en senuweeagtig hulleself weerspreek. Party het gekla dat hulle onveilig gevoel het, dat Winnie se handlangers hulle geïntimideer het. Katiza Cebekhulu, een van die sleutelgetuies, is die aand na sy optrede direk lughawe toe, Londen toe. "Dis nie maklik om so 'n magtige vrou te ondervra nie," het eerwaarde Mbungala, Winnie se dominee, die vorige Donderdag nog getuig. "Dis net so sleg om na al die dinge te luister," het Tom Manthata langs my opgemerk. "Om te hoor hoe die reputasie van die moeder van die volk, een van die helde van die *struggle* aan flarde geskiet word, is om te ervaar hoe ons álmal se reputasie, óns stryd, aan flarde geskiet word." Ook Albertina Sisulu het swaar gekry om al haar feite, haar getuienis teen haar ou vriendin, agtermekaar te kry en moes die tweede dag terugkom om te verduidelik wat sy eintlik wou gesê het. In die personeelkamer het Tutu, net na Albertina se eerste, ontwykende getuienis teenoor my opgemerk: "Die dinge maak my moeg ... so vreeslik moeg!"

Winnie Madikizela-Mandela het onverstoord langs haar regsverteen-woordiger gesit toe die voorsitter die laaste sitting geopen het. In haar vlootblou baadjiepak en lemmetjie bloes het sy die vrae wat aan haar gestel is, beantwoord. Soms rustig, met 'n glimlag. Af en toe aggressief en sarkasties. "Ek sal nie toelaat dat jy so met my praat nie!" het sy die WVK-ondervraer op sy plek gesit. Ook haar kollegas uit die ANC wat teen haar getuig het, moes deurloop. Minister Mufamadi was "lafhartig" en Frank Chikane en selfs adjunkpresident Mbeki was "leuenaars." Azhar Cachalia en Murphy Morobe – "Murphy Patel" het sy hom spottenderwys genoem – was "lede van 'n Indiër-kabaal wat my probeer vernietig". Die Mandela-krisiskomitee se verslag was niks anders as 'n Stratkom-dokument nie! Meer as een keer moes die voorsitter haar vermaan.

Dit het Winnie net minder as 'n uur geneem om op al die beskuldigings wat die vorige dae teen haar en die sokkerklub ingebring is, te antwoord. Haar regsverteenwoordiger, adv. Semenya, het die verskillende sake een na die ander te berde gebring en haar reaksie daarop gevra. "Belaglik", "die ergste waansin", "hallusinasies", "verspot", het sy die een beskuldi-ging na die ander afgeskiet. "Nou waarom sou ek so iets doen?" het sy geantwoord op Semenya se vraag of sy ooit 'n moordopdrag aan iemand gegee het. Wat sy wel toegegee het, was dat sy soms haar waaksaamheid kon laat verslap het, maar dan was dit weens haar "passie vir die pleidooie van die mense wat hulp nodig gehad het".

Wat was haar reaksie op die belangrikste bewerings teen haar?

Oor Stompie Seipei en sy drie maats: Dit was nie waar dat die seuns onder dwang uit die pastorie van eerwaarde Verryn verwyder is nie. Sy het nie geoordeel dat dit nodig was om die seuns self te ondervra oor wat gebeur het, of om hul beserings self te ondersoek nie. Sy het ook nie gesien dat een van hulle by die Mandela-huis aangerand word nie. Sy het die seuns egter laat gaan nadat die geestelike haar kom spreek het en dit gevra het. In elk geval, as dit vir die seuns so swaar was om in die huis te bly, kon hulle maklik ontsnap het. "Ek het eers van Stompie se dood gehoor toe die hele ding in die koerante ontplof het."

Oor die moord op dr. Abu-Baker Asvat: Sy het die twee moordenaars wat na bewering R20 000 van haar sou kry om die moord te pleeg, glad nie geken nie. Om die waarheid te sê, sy het Mbatha en Dlamini vir die heel eerste keer in haar lewe by die WVK-sitting ontmoet. Sy was net so diep geskok soos enigiemand anders om van die dood van die dokter te hoor. Sy het niks gedoen om die ondersoek te beïnvloed nie en was baie ontsteld toe sy later hoor dat minister Mufamadi – sonder om haar, 'n kabinetskollega, in die saak te ken – die Polisie gevra het om die onder-soek te heropen.

Oor die dood van Lolo Sono en Siboniso Shabalala: Siboniso het sy glad nie geken nie, maar Lolo het sy inderdaad as boodskapper gebruik – en hom die betrokke dag by Richardson se huis gaan aflaai om met die twee MK-soldate wat daar weggekruip het, te praat. Maar dit was die heel laaste wat sy hom gesien het. Dit was juis toe sy met die seun op pad was, dat sy pa hulle saam in die kombi gesien het – en Lolo was ook glad nie aangerand en beseer nie. "Dis belaglik (om te sê) dat ek opdrag gegee het dat Sono en Shabalala vermoor moes word."

Oor die getuienis omtrent die dissiplinêre komitee wat beskuldigdes na haar huis gebring het om gestraf te word: Dit was blatant onwaar! "Ek het vroeër vanjaar in die geslote sitting van die WVK vir die heel eerste keer daarvan gehoor."

◆ ◆ ◆

Die saal was so vol en so bedompig dat ek saam met 'n hele paar kollegas verkies het om die gebeure die laaste middag op die groot televisieskerm in die personeelkamer te volg. Leah Tutu, wat intens gemoeid was by alles wat in Soweto aan die gang was, het Winnie se getuienis – en haar man se reaksie – met aandag gevolg. Af en toe het sy kommentaar gelewer: "Dis reg, sê dit vir haar! ... Dis goed, vra dit. Ek sal self graag die antwoord wil hoor ... Nee wag, moet jy regtig dit sê?"

Die meeste van ons het saam gepraat.

Totdat almal skielik stilgebly het. Winnie Madikizela-Mandela het haar slotwoord gespreek, vir oulaas 'n hou na die WVK gemik wat haar so kort voor die ANC se nasionale konferensie na die sitting opgeroep het asof sy nie self daarvoor gevra het nie. Op die skerm het die Aartsbiskop se gesig verskyn. Hy het ouer en moeër gelyk as wat ek hom nog gesien het. Saggies, maar met intense emosie, het hy begin praat. Met verwysing na alles wat die afgelope twee weke gebeur het, al die getuienisse, al die aanklagte en verskonings, al die halwe waarhede en ontkennings, al die leuens, al die pyn, het hy die moeder van die volk, die volk self, aangespreek:

"Baie van ons was verslae maar óók tog verfris deur alles wat tydens die sitting gebeur het. Ons was verslae oor die optrede van vooraanstaande leiers van die *struggle* – die morele onbeholpenheid wat van hulle uitgegaan het, was onverwags en skokkend. Maar daar was ook skitterende uitsonderings! ... Dit is ons plig om duidelik te wys dat die nuwe bedeling waarin ons leef, moreel gesien ánders is. Ons moet bereid wees om ter wille van goedheid, waarheid en liefde op te staan – om nie voor die magtiges te kruip nie.

"Ek erken die plek wat Madikizela-Mandela in die geskiedenis van die *struggle* ingeneem het. En tog moes ons teenoor mekaar erken dat iets verkeerd geloop het ... verskriklik, vreeslik verkeerd. Wat presies verkeerd geloop het, weet ek nie! Ons almal kan eintlik maar net sê: 'There but for the grace of God go I' ... Maar iets hét verkeerd geloop!"

Tutu het Winnie Madikizela-Mandela stip aangekyk.

"Daar is baie, baie mense wat u liefhet. Daar is baie, baie wat sê dat u u posisie as Eerste Dame van ons land moes ingeneem het ... Ek praat met u as iemand wat u baie, baie liefhet ... Ek wil vra dat u sal opstaan en sê: 'Daar is dinge wat verkeerd geloop het.' Daar is baie mense daarbuite wat u wil omhels. Ek omhels u omdat ek u liefhet ... As u maar uself so ver kan kry om te sê: 'Ek is jammer, ek is jammer oor my aandeel in wat gebeur het ...' Ek smeek u, ek smeek u ... asseblief ... U is 'n groot mens. As u maar geweet het hoe veel groter u nog sal wees as u sou sê: 'Ek is jammer ... dinge het verkeerd geloop. Vergewe my!'"

Tutu se stem het sag geword. Dit was asof hy nie net met die vrou voor hom gepraat het nie, maar met elke Suid-Afrikaner wat in dié dae voor die spieël gaan staan het.

"Ek smeek u ..." het hy vir oulaas gefluister.

In die personeelkamer het almal doodstil voor die monitor gesit. Wat sou Winnie Madikizela-Mandela se reaksie wees?

Winnie het na haar regsverteenwoordiger gedraai en met hom gepraat. Toe het sy haar mikrofoon aangeskakel.

"Ek wil u vir u wonderlike wyse woorde bedank! Dit is die vader in u wat ek nog altyd ken en hoop dat u nog steeds is. Ek wil aan dr. Asvat se familie sê dat ek diepe berou het. Ek wil ook aan Stompie se ma sê hoe jammer ek is. Dis waar, ek stem saam, dinge het verskriklik skeefgeloop. Oor daardie deel, die dinge wat in daardie jare skeefgeloop het – en ons weet dat daar faktore was wat daartoe bygedra het – oor daardie deel is ek baie jammer."

Dit was 'n ander Winnie as die een wat vroeër die dag so selfversekerd gepraat het.

Onder in die personeelkamer het ons mekaar stom aangekyk. Wat presies het gebeur? Het Winnie uiteindelik tog haar skuld erken? Was haar belydenis eg, of het sy maar gesê wat Tutu van haar verwag het, amper gedwing het, het om te sê? Waaroor presies was sy jammer?

Antjie Samuels, die hoof van die SABC se WVK-verslagspan, was so aangegryp deur wat sy gesien en gehoor het, dat sy die personeelkamer ingestorm het en Tutu, wat pas by ons aangesluit het, omhels het. Trane het oor haar wange gerol. Haar aanvoeling was dat iets heel ongewoons gebeur het, dat Tutu geweldig veel gewaag het ... maar gewen het.

In die saal self was daar opskudding. Winnie en Stompie Seipei se ma het na mekaar toe gestap. Kameras het geflits. Hulle het mekaar se hande gedruk en mekaar omhels. Hulle het vrede gemaak. "Nou," het Joyce Seipei gesê, "kan ons regtig met mekaar praat. Daar is baie dinge wat ek wil weet. Ons is albei vroue en ek weet dat sy in die diepte van haar hart ook gevoelens het, maar ons sal moet praat ..."

Mev Winnie Mandela omhels mev. Joyce Seipei, die moeder van Stompie

◆ ◆ ◆

In die motor dié aand het ek en Tom nog lank gepraat, probeer verstaan wat regtig gebeur het. Het Winnie Mandela, die moeder van die volk, die ikon van die *struggle*, regtig voor die spieël te staan gekom? Het sy iets raakgesien wat sy nie tevore nie gesien het nie of nie wou sien nie?

Weke lank sou die koerante die gebeure nog analiseer, sou ons in die kantoor daaroor praat.

Toe ek Tom uiteindelik aflaai, was sy slotopmerking sober:

"Daar is nog baie dinge waaroor ek wonder. Maar een ding weet ek: Winnie het nie gewen nie ..."

Op pad terug Pretoria toe het die woorde van biskop Peter Storey in my kop bly draai:

"To dispel this suffocating fog of silence and lies is very important for the future of this country. This tragedy has wounded, it has hurt, it has destroyed people's ability to know the difference between right and wrong. It has shown that it is not enough to become politically liberated, we must also become human."

8 DESEMBER 1997: P.W. BOTHA DIEN SY VERSLAG IN ... EN DIE HARE WAAI

Om oudstaatspresident P.W. Botha so ver te kry om die WVK-trek te vergesel, om ons almal toe te laat om deur sy bril na die verlede te kyk, was nie maklik nie. Vroeg reeds het hy dit duidelik gemaak dat hy – om dit sagkens te stel – nie van die Waarheidskommissie hou nie, dat hy nie lus was om in die "sirkus" mee te speel nie. Na herhaalde versoeke en onderhandelinge, én nadat die Aartsbiskop persoonlik 'n besoek aan die oudstaatspresident se huis in Wildernis gebring het, is ooreengekom dat P.W. Botha, met die hulp van 'n regspan met senior advokate – waarvoor die WVK sou opdok – 'n verklaring sou opstel, waarin onder meer die vrae wat die WVK aan hom gestel het, beantwoord sou word. Na die verklaring ingelewer is, sou oor 'n datum besluit word waarop die Oudstaatspresident die WVK sou ontmoet om sy verklaring toe te lig en verdere vrae wat mag ontstaan, te bespreek.

Na maande se wag was die verklaring uiteindelik gereed en het P.W. Botha se regsverteenwoordiger, Ernst Penzhorn, die lywige dokument aan Tutu oorhandig. Die inhoud van die verslag, wat ook aan die media gegee is, het heelwat interessante – en vir sommige, ontstellende – inligting bevat.

Hy was self ook nie heeltemal tevrede met die wyse waarop die veiligheidsmagte in die verlede opgetree het nie, het P.W. Botha geskryf. "Die riglyne wat ek uitgestippel het as deel van die totale strategie teen die totale aanslag, het dit baie duidelik gemaak dat geweld beperk en oordeelkundig aangewend moes word. Alles wat moontlik was, moes gedoen word om die goeie gesindheid van die bevolking te verwerf en te behou." Dit het egter nie oral gebeur nie, omdat die veiligheids-wetgewing en noodregulasies "die inherente gevaar van misbruik deur wetstoepassers gehad het". Waar "terroriste" gesterf het, sou 'n mens dit nog kon regverdig, maar dat daar ook burgerlikes beseer is en omgekom het, val te betreur."

Zapiro, na aanleiding van van Tutu se besoek aan P.W. Botha by sy huis in die Wildernis om hom te probeer oorreed om voor die Waarheidskommissie te verskyn

As dit van hom afgehang het, sou hy nie sulke drastiese noodmaatreëls ingestel het nie en sou hy die noodtoestand in die middel van die tagtigerjare wou ophef. "Dit was egter nie my keuse nie. Teen ongeveer 1985 het die ANC-SAKP-UDF-alliansie daarin geslaag om met gruwelike bloedvergieting en terreur die vernietiging van skole, die afbrand van huise, die beskadiging van eiendom en die intimidasie van mense hul sogenaamde *people's war* in werking te stel. Totale anargie het gedreig. Dit was nie meer moontlik ... om landsburgers en eiendom te beskerm en reg en orde te handhaaf met gewone polisiëring en ingevolge die Grondwet en Strafproseswet nie." In die laat tagtigerjare het hy dit oorweeg om Nelson Mandela vry te laat, op voorwaarde dat hy geweld sou afsweer en dat hy en sy vrou tot een distrik ingeperk word. Mandela het egter geweier en moet dus self die skuld dra vir sy laaste jare in die gevangenis.

Dit was egter nie net hy en die Nasionale Party wat antwoorde aan die volk verskuldig is nie, het Botha verder betoog. Die ANC het self baie om hulle oor te verantwoord, oor die burgerlike teikens wat hulle aangeval het, oor die baie onskuldige mense wat in aanvalle op skole, hospitale, sendingstasies, kerke en banke gesterf het. Wie het, byvoorbeeld, besluit dat onskuldige mans en vroue wat op 20 Mei 1983 hulle busse in Kerkstraat, Pretoria, wou haal ter wille van die stryd teen die veiligheidsmagte opgeoffer kon word? Die persepsie bestaan, het die Oudstaatspresident gesê, dat die WVK veel meer gretig was om die vorige regering se wandade uit te pluis as dié van die ANC.

In sy voorlegging het P.W. Botha 'n paar dwarsklappe na sy vroeëre kollegas uitgedeel. Sy opvolger, mnr. F.W. de Klerk, het die naam gedra dat hy die groot inisieerder van hervorming in die land was, maar in die Botha-kabinet was hy 'n remskoen wat talle hervormingsinisiatiewe teengestaan het. "As leier van die NP in Transvaal het hy voortdurend kapsie gemaak teen my hervormingsinisiatiewe, omdat hy bevrees was dat die blanke se selfbeskikkingsreg daardeur in die gedrang sou kom. Mnr. De Klerk het weinig deelgeneem aan die besprekings van die Staatsveiligheidsraad ... Hy het ook selde kommentaar op die besluite van die SVR gehad. Presies waar en wanneer mnr. De Klerk sy 'Damaskuspad-ervaring' gehad het, en waaruit dit bestaan het, weet ek nie ... Ek vermoed dat dit teen die einde van 1988 gebeur het."

Met verwysing na Leon Wessels se verskyning voor die WVK 'n maand of twee tevore het P.W. Botha geskryf: "Wessels sê dat hy sy vermoedens gehad het dat growwe menseregteskendings gepleeg is, maar dat hy dit nie wou opper nie. As hy hierdie vermoede ontwikkel het ná sy aanstelling as Adjunkminister van Wet en Orde was hy by uitstek in 'n posisie om die feite vas te stel. Indien hy die vermoede gekoester het voordat die pos hom aangebied is, verwonder 'n mens jou dat hy bereid was om die pos te aanvaar." Wessels was duidelik omgekrap. "Hy vryf my nou verkeerd op ... Mnr. Botha vergeet gerieflikheidshalwe van vier belangrike gesprekke wat ek persoonlik in dié verband tussen 1985 en 1989 met hom gevoer het. Ek dink Botha doen sekere mense wat nou om amnestie aansoek doen, 'n onreg aan met sy weerbarstige houding. Botha veg nou om 'n beter verlede. Ek veg om 'n beter toekoms!"

Oudstaatspresident Botha het sy jare lange Minister van Buitelandse Sake ook nie gespaar nie. Na aanleiding van mnr. Pik Botha se voorlegging aan die WVK het hy geskryf: "Indien mnr. Botha ... u kommissie meegedeel het dat hy reeds in die sewentigerjare tot die insig gekom het dat die beleid van die NP sonder enige morele grondslag was, het hy dit deurgaans baie goed vir my weggesteek. (Dan) is dit verstommend dat hy daarna minstens vyftien jaar voortgegaan het om die voorregte, finansiële vergoeding en status van 'n minister in die NP-regering te beklee en te aanvaar. Waarom hy nie die moed van sy oortuiging gehad het om as minister te bedank nie, was duister."

"Dit verbaas my nie dat oudstaatspresident Botha nou so reageer nie," het Pik Botha teenoor die pers opgemerk. "Dit is kenmerkend van die eensydigheid van veral die laaste jare van sy presidentskap. Ek wil dit nie graag self sê nie, maar in die koukus is ek doelbewus uit leiersposte uitgestem weens my standpunte oor apartheid. Oor P.W. Botha se kritiek teen F.W. de Klerk het die Oudminister van Buitelandse Sake hom so uitgelaat: "In alle billikheid teenoor mnr. P.W. Botha het hy reg as hy sê dat mnr. F.W. de Klerk 'n remskoen was wanneer dit gekom het by hervormingstappe – totdat hy (self) president geword het. Toe was die ommeswaai soos 'n totale poolverskuiwing. Mnr. Botha het ná oneindige geswoeg en gesweet sekere apartheidswette herroep, maar toe dit by die kardinale deurslaggewende sprong kom, het hy vierkantig vasge-steek. Hy weet dit, sy kollegas weet dit en die land weet dit."

Daar was nog heelwat sake in verband met P.W. Botha se voorlegging wat opgeklaar moes word. Dit sou tydens die komende weke by 'n *in camera*-sitting in Kaapstad plaasvind, of só het ons gehoop. Daar sou egter nog baie water in die see moes loop.

9 DESEMBER 1997: DIE AMNESTIESPOOK WIL NIE GAAN LÊ NIE

Die ongelukkigheid om die amnestie wat aan 37 ANC-lede toegestaan is, wou maar nie bedaar nie. Dit was ook nie net mense en groepe van buite wat ernstige kritiek geopper het nie; ook talle WVK-lede het self bekommerde vrae gevra. Die NP en die DP het bekend gemaak dat hulle van plan was om hof toe te gaan met die versoek dat die amnestie aan die ANC-oortreders onwettig verklaar moes word. Me. Dene Smuts (DP) was hewig ontsteld: "Die manier waarop die WVK die onwettige amnestiegoedkeurings aan die 37 ANC-hooggeplaastes hanteer, is betreurenswaardig en ondermyn die integriteit van die versoenings-proses."

Binne die WVK is net sulke ernstige debatte oor die saak gevoer. Die regters van die Amnestiekomitee was onversetlik: Die WVK-wet het, volgens hulle insigte, wel aan hulle die volmag gegee om amnestie óók op dié manier aan aansoekers toe te staan. Ironies genoeg was dit juis die opponente van die ANC wat tydens die onderhandelingsproses daarop aangedring het dat die Amnestiekomitee outnoom moes wees – uit vrees dat die ANC te veel druk op die Amnestiekomitee sou wou uitoefen. Van die kommissarisse wou die besluit ongeldig laat verklaar. Ander het gekeer: Die WVK kan tog nie een van sy eie komitees repudieer nie. Uiteindelik het die WVK besluit om 'n senior regsgeleerde – adv. Wim Trengove – om 'n mening te nader. As sy bevinding sou wees dat die Amnestiekomitee inderdaad gefouteer het, sou die hoërhof gevra word om die Amnestiekomitee se besluit om aan die 37 ANC-lede amnestie te verleen, in hersiening te neem.

10 DESEMBER 1997: DIE BROEDERS IS OOK JAMMER

Nog interessante medereisigers het aangemeld. Terwyl swart Suid-Afrika die afgelope weke voor die spieël moes gaan staan en oudstaatspresident Botha vrae oor die verlede moes begin beantwoord, het daar 'n belangrike bydrae reg uit die hart van die Afrikanerdom gekom. Goed 'n jaar tevore het ek en Wynand Malan 'n besoek aan Die Eike, die hoofkwartier van die Afrikaner-Broederbond (oftewel die Afrikanerbond, soos die nuwe naam lui) gebring, om hulle aan te moedig om by die werk van die Waarheidskommissie betrokke te raak. Sou hulle, met die aansienlike invloed wat hulle in die Afrikaanse gemeenskap het, gewillig wees om hul volksgenote op die pad te begelei?

Of ons versoek meegehelp het, weet ek nie, maar vroeg in Desember het die nuus gekom: Die AB het self hul eie verhaal – na tagtig jaar van geheimhouding – op skrif gestel. Op 10 Desember het verteenwoordigers van die AB 'n kopie van die boek, *Draer van 'n ideaal*, aan Wynand oorhandig, wat op sy beurt onderneem het om dit aan aartsbiskop Tutu deur te gee. Die boek was nie in die eerste plek as voorlegging aan die WVK geskryf nie. Dit was vir alle belangstellendes nasionaal én internasionaal bedoel, het dr. Boet Schoeman, uitvoerende direkteur van die AB, later verklaar. Die AB wou ook nie voor die WVK "oor sy verlede bieg nie", maar het gemeen dat dit tyd was om sy blik op die verlede en die toekoms wêreldkundig te maak.

Bieg of nie bieg nie, die broeders het die hand diep in eie boesem gesteek. Dit was waar dat die AB die beleid van afsonderlike ontwikkeling gesteun en bevorder het. Mettertyd het dit egter 'n aantal ontstellende gevolge opgelewer. Pleks van 'n gelyke menswaardigheid het 'n ras-aristokratiese samelewing ontstaan.

"Die AB kan nie ontken dat sy standpunte en houdings van die verlede, gesien uit die huidige perspektief, soms van ongevoeligheid en gebrekkige visie gespreek het nie. Vir sover sulke optrede bygedra het tot die onreg van die verlede, is ons jammer. Die AB leef die vaste voorneme uit om uit die foute van die verlede te leer."

Alles was darem nie sleg nie, het die AB-dokument benadruk. Die beginsel van afsonderlike ontwikkeling het die opregte bedoelings verteenwoordig van 'n beleid wat daarop gerig was om die ontwikkeling van alle bevolkingsgroepe, insluitend die Afrikaner, op die grondslag van selfbeskikking moontlik te maak. "Dié visie was as geregverdig beskou en kan nie in beginsel veroordeel word nie." Wat ook onthou moes word, was dat die AB ook hul deel gedoen het om verandering in ons land te help bring. Hulle het in 1983, byvoorbeeld, hard probeer om die nasionale regering te oortuig om by die destydse driekamerparlement 'n vierde, vir swart mense, ingestel te kry. In 1987, net voor die Dakar-beraad, het die destydse voorsitter van die AB, prof. Pieter de Lange, met ANC-ampsdraers, onder wie Thabo Mbeki, in New York gaan gesels.

Almal was nie ewe in hul skik met die AB se verklaring nie. "Baie min en baie laat," het 'n kollega op kantoor opgemerk. "Waarom het hulle gewag tot al die WVK-sittings verby was? Waarom het hulle nie tog maar na die WVK gekom en hul saak gestel nie?" wou 'n ander weet. Dit was geldige vrae. Maar ek was bly dat die broeders gewillig was om ons op die trekpad – op ons reis na binne – te vergesel. Hulle insigte was belangrik.

15 DESEMBER 1997: BOTSING BINNE DIE AWB

Die seltelefoon het dringend gelui. Vir my het die somevakansie reeds æn week tevore aangebreek en Inza en ek is saam met ons kinders na Gansbaai. Maar die salige rus is deur die oproep verbreek. "Eugene Terre'blance het hom van die AWB-voorlegging – of liewer, wat ons gemeen het die AWB-voorlegging was – gedistansieër", het die Engelse joernalis gesê. "Vir wie moet ons nou glo – vir *ET* of vir Kriel, of nie een van die twee nie?" Die AWB-leier, het die joernalis vertel, het na 'n vergadering van die AWB se 'generale staf' in Brits hul misnoeë met brigadier Dries Kriel se verklaring uitgespreek, veral omdat hy, volgens hulle, eiehandig en sonder die medewete van die AWB-leier en sy staf oor dade gaan bieg het waarvoor die AWB-hiërargie nie eers verantwoordelik was nie! Kriel, het *ET* bygevoeg, is summier uit die AWB geskors.

Dit was 'n emmer koue water in my gesig. Die afgelope weke het ek dikwels met Dries Kriel gekonfereer, tuis of oor die telefoon. Een Saterdagoggend het hy en sy vrou my saamgeneem na die Leeuwkopgevangenis om die AWB-manne wat aangehou is, te gaan ontmoet, om al die vrae wat hulle oor die WVK gehad het, te probeer beantwoord. Ons het lank oor die voorlegging wat die AWB sou maak, gepraat. Net voordat ek met vakansie vertrek het, het ek vir oulaas met brigadier Kriel geskakel en van hom verneem dat al die verskillende rolspelers in die AWB tevrede was – en dat 'n voorlegging namens hulle almal by die Johannesburgse kantoor van die WVK afgelewer sou word.

Dries Kriel was, toe ek hom vanuit Gansbaai opbel, hewig ontsteld. Wat hy vir my te sê gehad het, het hy ook aan die pers herhaal. Die aand was dit oor die nuus: "Ek glo nie wat Terre'blanche vir die persmanne gesê het nie. Ek ag hom 'n lafaard wat sy eie mense in die steek laat". Die vorige Vrydag het Terre'blanche nog saam met hom aan die einste verklaring gewerk – het Dries Kriel vertel – maar nou het hy om een of ander rede skrikkerig geraak en hom aan die verklaring onttrek. Dries, wat op sy dag een van die mees aktiewe AWB-lede was, wat persoonlik amnestie gevra het vir dertig voorvalle waarby hy self betrokke was, het aan die pers gesê: "Ek het saam met Terre'blanche die jong manne wat nou in die tronk sit, aangehits om tot die stryd oor te gaan. Ek kan snags as ek oor hulle lot in die tronk dink, nie slaap nie".

◆   ◆   ◆

Terug in Pretoria na die kersvakansie, het Eugene Terre'blanche my een aand laat opgebel. Hy wou vir Alex Boraine en ook vir my dringend die volgende oggend in Pretoria ontmoet. Hy wou, saam met van sy kollegas, die krisis in regse kringe bespreek. Om dr. Boraine so gou uit die Kaap te laat kom, was nie moontlik nie. Dus moet ek – saam met Ruben Richard wat die verskillende voorleggings uit regse geledere namens die WVK moes hanteer – nà die gewilde studente-eetplekkie in Hatfield, *Meet and Eat*, om Eugene Terre'blanche en sy manne te woord te staan. Saam met mnr. Robert van Tonder van die Boerestaat-party het Terre'blanche vir ons verduidelik dat daar in die sogenaamde regse

Mnr Robert van Tonder en mnr. Eugene Terre'blanche in gesprek met Piet Meiring en Ruben Richard (van die WVK)

geledere groot meningsverskille oor die WVK was. Terwyl Dries Kriel reeds 'n voorlegging gemaak het, sou die AWB en ander regse organisasies nog besluit wat hulle te doen staan. Ruben en ek het onderneem om die boodskap aan die WVK oor te dra, maar ons gespreksgenote tog probeer aanmoedig om die gulle amnestie-aanbod nie ligtelik van die hand te wys nie.

19 DESEMBER 1997: DRAMA IN KAAPSTAD TOE P.W. BOTHA NIE OPDAAG NIE

Vyf minute voor nege het die voorsitter, die ondervoorsitter en die leier van die ondersoekeenheid van die Waarheidskommissie hul plek in die konferensiekamer van die Kaapse kantoor ingeneem. Die Oudstaatspresident van die land is gedagvaar om voor hulle te verskyn om 'n aantal vrae spesifiek oor die rol van die Staatsveiligheidsraad tydens sy regeringstermyn te beantwoord. Maar aartsbiskop Tutu, Alex Boraine en Dumisa Ntsebeza het verniet gewag. Die stoel agter die tafel met die naamkaartjie "P.W. Botha" het leeg gebly ...

Dit was nie heeltemal onverwags nie. Die Oudstaatspresident het lankal gesê hy sou nie kom nie. Hy het nie van die "WVK-sirkus", soos hy dit genoem het, gehou nie. En daar was ook uitkomkanse. Sy eerste dagvaarding het hy teengestaan omdat hy kort tevore 'n operasie ondergaan het. Al die gegewens op die tweede was, gelukkig vir hom, nie volledig ingevul nie, en dus ignoreerbaar. Maar vroeg in Desember is die derde, wettige, dagvaarding by sy huis in Wildernis afgelewer: op 19 Desember sou hy voor die WVK in Kaapstad moes verskyn.

Moet hy of moet hy nie? Die debat het weke lank voortgeduur. Uit talle oorde het oproepe gekom dat die Oudstaatspresident die wette van die land moet gehoorsaam, dat hy sy verpligting teenoor die nasie moes nakom. Ander het hulle weer verlekker in die "Groot Krokodil" se weerbarstigheid.

Op 8 Desember het president Mandela na 'n gesprek wat hy met moderatuurslede van die Algemene Sinode van die NG Kerk gevoer het, aan die pers vertel dat hy die dominees gevra het om met mnr. Botha te gaan praat, om te kyk of hulle nie die dooie punt kon oplos nie.

Niemand is bo die reg verhewe nie en as die Oudstaatspresident gedagvaar word, moet hy die landswette gehoorsaam. En Mandela wou verhoed dat Botha skuldig bevind en gestraf word. Die volgende dag

het generaal Constand Viljoen beswaar gemaak en die kerkleiers gewaar-
sku dat, as hulle toelaat dat die ANC hulle só gebruik, hulle met 'n
verkeerde ding besig sou wees; dat hulle die foute van die verlede toe
die kerk te na aan die NP gestaan het, herhaal. Ds. Freek Swanepoel,
Moderator, het egter geantwoord dat hulle wel sou gaan, nie as lakei
van die Regering nie, maar om met 'n lidmaat wat in 'n krisis verkeer,
'n pastorale gesprek te voer. Saam met die twee plaaslike dominees
van Die Vleie, P.W. Botha se gemeente, is ds. Swanepoel en prof. Pieter
Potgieter na Die Anker. "Ons het 'n goeie gesprek gehad," het Freek
Swanepoel twee uur later gerapporteer.

Wat nie beteken het dat die Oudstaatspresident besluit het om die
dagvaarding te gehoorsaam nie.

Die leierskap van die Konserwatiewe Party, enkele jare tevore nog
die politieke aartsvyande van Botha, het hulle in P.W. Botha se optrede
verlekker en laat weet dat hulle vierkant agter hom staan. "As die WVK
lus het om met 'n leeu met 'n seer tand te karring, moet hulle hom in
hegtenis neem." Kyk wat sal gebeur! was die implikasie. Die WVK was
'n klugspel en enige Afrikaner wat Botha sou probeer oorhaal om voor
die "Tutu-kommissie" te verkyn, sou sy Afrikanerskap 'n oneer aandoen.

◆ ◆ ◆

Op pad van Gansbaai na die Strand, waar ons gesin 'n paar dae in die
Sendingwoonstelle sou tuisgaan, het ek vir Christelle Terreblanche gebel:
"As P.W. Botha vandag verskyn, gaan ek eers deurry Kaap toe. Ons wil
graag hoor wat hy alles gaan sê. Maar as hy nie kom nie, wil ek afdraai
Strand toe." Toe die tydsein oor die radio "nege-uur" sê, het my selfoon
gelui. "Piet," het Christelle uit die WVK-kantoor gerapporteer, "draai
maar af Strand toe. Tutu en die ander wag nog in die konferensiesaal,
maar iemand het nou net uit Wildernis laat weet dat ons maar netsowel
kan verdaag. P.W. gaan nie betyds in die Kaap wees nie. Om die waarheid
te sê, hy staan nog onder die stort ..."

◆ ◆ ◆

Toe Tutu en Boraine die paar staatblokke na die kantoor van die Wes-
Kaapse prokureur-generaal in Koningin Victoriastraat afstap om 'n
amptelike klag aanhangig te maak dat P.W. Botha die WVK-wet (artikel
39) oortree het, het die hele land geweet: nou het dinge baie ernstig
geword. Nou kon die Oudstaatspresident gedwing word om voor die

hof te verskyn, en as hy skuldig bevind word, sou daar 'n boete óf tronkstraf óf al twee wag. Advokaat Frank Kahn, prokureur-generaal, het te kenne gegee dat hy op die meriete van die klag sou ingaan en op 2 Januarie 1998 sy besluit bekend sou maak.

Die pers het Tutu toegeval. Wat sou die mense van die land, veral die wit mense, die Afrikaners, sê? Ons het geen opsie gehad nie, het die Aartsbiskop verduidelik. Niemand is bo die reg verhewe nie. Ons moet alle mense op dieselfde wyse hanteer. As ons van Winnie Madikizela-Mandela verwag het om getuienis te kom lewer, kan ons nie P.W. Botha verskoon net omdat hy nie lus het nie.

"Maar wat van die blankes? Hulle sê die WVK het sy mes in vir die Oudstaatspresident," het een van die verslaggewers gevra.

"Jy vra my na die gevoelens van die blankes? Dis reg, ek is baie bekommerd daaroor ... Maar besef hulle dat daar ook ander mense in die land woon, swart mense, wat óók gevoelens het?"

Ernst Penzhorn, Botha se regsadviseur, het vir die media gesê: "Meneer Botha gaan nou geen verklaring doen nie. Laat hom nou met rus sodat hy Kersfees kan geniet. Hy het 'n moeilike jaar agter die rug. Gun hom die geleentheid om vakansie te hou."

◆ ◆ ◆

Nie net oudstaatspresident Botha het 'n ruskans verdien nie.

Dit was 'n lang en moeilike skof wat agter die rug was – die reis na binne, na 'n beter verstaan van alles wat in die verlede met die land en sy mense gebeur het. 'n Groot getal medereisigers het aangemeld. Elkeen het die trek op sy of haar eie manier voortgehelp, 'n stukkie van die roetekaart voorsien. Die insigte en ontboesemings van die generaals en die politici, die regters en die advokate, die sakelui en die vakbondleiers, die dominees en die priesters, die rabbi's en die imams, die "Moeder van die volk" en die "Groot Krokodil", was baie werd.

Maar dit was 'n lang pad wat sy tol van baie geëis het.

Nie net die Aartsbiskop en sy gevolg nie, die héle land het 'n blaaskansie verdien, het ek loop en dink terwyl ek langs die strand gestap het. Oor minder as 'n week sou dit Kersfees wees, sou die engele in elke kerk in die land "Eer aan God in die hoogste hemele, en vrede op aarde vir die mense in wie Hy 'n welbehae het," sing.

Mag dit wees, het die gebed in my hart gevorm, dat ons nie net in die Kerstyd nie, maar ook in die Nuwejaar, iets van daardie vrede, van die versoening wat die Christuskind bring tussen mekaar hou en aanvaar.

DIE VOORLAASTE SKOF

11-13 JANUARIE 1998: ROBBENEILAND - WAT WIL DIE HERE VIR ONS SÊ?

Die wind het deur ons hare gewaai, die son het warm op ons gesigte geskyn. Die boot wat ons oor die blou water van Tafelbaai na Robbeneiland geneem het, was gelaai: werkers, amptenare, 'n groepie Hollandse toeriste en, amper onherkenbaar vrolik in hul vakansiedrag, die lede van die Waarheidskommissie. Aartsbiskop Tutu, wat op die blink plan gekom het dat ons die nuwe jaar op Robbeneiland moes afskop, was sy joviale self. Hy voel gesond, het hy gesê, en die dokters is tevrede met sy bloedtelling.

Op die boot op pad na Robbeneiland: Alex Boraine, Glenda Wildschut, Desmond Tutu, Fazel Randera

Die klompie toeriste wat kwalik hul geluk kon glo, het hul kameras laat klik en klik. Tutu het ewe gemoedelik vir elkeen 'n kans gegee.

Daar was heelwat werk vir die drie dae wat voorgelê het. Die jaar se program moes gefinaliseer word. Dan was daar ook die onopgeloste kwessie van die amnestie wat aan die 37 ANC-lede toegestaan was. "Die WVK is verdeeld!" het die koerante dit die vorige week uitbasuin. Dumisa Ntsebeza was aan die kant van die regters; Boraine en 'n hele paar kollegas wou hê die Hoë hof moes 'n uitspraak gee. "Wat gaan die WVK doen?" het die pers gewonder.

Maar Tutu was nie van plan om dadelik aan die werk te spring nie. Robbeneiland was 'n lewende museum en ons moes dit eers gaan verken. Die mankoliekerige bus het 'n wye draai met ons gery, verby die skeepswrakke, die grafte, die kalkgroewe waar die gevangenes gewerk het, die huisie waar Robert Sobukwe nege jaar lank stoksielalleen sonder verhoor aangehou is, tot by die tronk waar die wêreld se bekendste gevangene saam met sy kollegas Govan Mbeki, Raymond Mhlaba, Ahmed Kathrada, Walter Sisulu, Mac Maharaj, Steve Tswete, Jacob Zuma, Tokyo Sexwale en talle ander jare lank gesit het. Tussen die jare 1963 en 1991 het nie minder nie as drieduisend politieke gevangenes hier aangemeld, onder wie my broer Tom Manthata.

Lionel Davis, self 'n oudgevangene, het ons ingewag en deur die tronk begelei. Wat hy vergeet het, het Tom vertel. Hy en Hugh Lewin, wat sy jare in die Pretoriase gevangenis deurgebring het, kon hulle ervarings vergelyk. Ons het deur die ingangsportaal gestap, verby die kamer waar die gevangenes gevisenteer is, na die binneplein met sy bruin mure ("die enigste stukkie buitewêreld waar ons kon asemskep," het die gids vertel), na sel nommer vyf waar Nelson Mandela aangehou is. In die groter gemeenskaplike selle het die oud-Robbeneilanders allerlei anekdotes opgedis. In die groot badkamer met sy koue krane en geen privaatheid nie, het Tutu begin praat: "Julle weet ek huil maklik. Maar nou is die trane baie naby. Ons maak grappies en vertel stories, maar hier het mense werklik swaar gekry! Hier het mense gely sodat ons vandag 'n vrye land kan hê. Hoe maak ons dit aan ons kinders duidelik dat hulle dit regtig verstáán?"

Tom was teleurgesteld. Die C-seksie, waar hy destyds opgesluit was, was toe. Toeriste word nog nie daar toegelaat nie – en hy het my weke lank beloof hy gaan sy sel vir my wys.

Die volgende oggend, Maandag, was almal gereed om die ernstige sake op die agenda te pak. Maar Tutu was nog nie lus om vergadering te hou nie. Nie vandag al nie! Na 'n vroeë ontbyt is ons almal na die konferensiekamer waar die Aartsbiskop ons met 'n oop Bybel voor hom op die tafel ingewag het. "Vandag gaan 'n dag van stilte wees," het hy aangekondig. "Vandag moet ons so stil word dat elkeen van ons die Here kan hoor praat. Ons het stilte nodiger as ooit, nie lawaai nie. C.S. Lewis was reg toe hy gesê het: 'Geraas is nie van die duiwel nie, dit is die duiwel.' Jesus het 'n behoefte aan stilte gehad. Dikwels het Hy alleen die eensaamheid gaan opsoek, soms het hy sy dissipels saamgeneem." Met Johannes 21 voor hom, het die Aartsbiskop begin vertel hoe die Here Jesus vir Petrus ontmoet het. "'Het jy My waarlik lief?' het Hy gevra. 'Pas my skape op, laat my lammers wei!' Petrus het die stem van Jesus gehoor – en 'n opdrag van Hom ontvang. So moet ons ons ore daarop instel om God se stem te hoor, dan sal ons ook bewus word van sy opdrag aan ons." Soos 'n goeie Anglikaanse priester het Tutu vir ons almal 'n lessie in meditasie gegee, hoe jy stil kan word en konsentreer, totdat jy hoor wat die Here wil sê. "Ek weet almal van ons is nie Christene nie," het hy met 'n laggie na Fazel Randera, Yasmin Sooka en Ilan Lax – ons Moslem-, Hindoe- en Joodse kollegas – gesê. "Maar dit sal julle nie kwaad doen om ook te luister nie! In die woestyn, waar alles stil is, waar jy heeltemal alleen is, ervaar 'n mens jou absolute afhanklikheid van jou Skepper. En dis wat ons vandag nodig het!"

Met streng instruksies om elkeen ons eie stil plek te gaan opsoek waar ons die hele dag net op die Here God kon konsentreer om te hoor wat Hy vir ons wou sê, is ons daar weg. Ek het 'n plek langs die see, in die skadu van 'n paar rotse, gekry. Die ure het verbygeglip. In stilte het ons middagete gaan eet, om weer terug te keer na ons "woestyn". Dit was 'n láng dag ... maar 'n onvergeetlike een. Tussen die bome, op die gras, kon jy jou kollegas sien sit. Party het rustig al langs die see gestap.

Teen sononder was ons terug in die konferensiekamer. Tutu het die stilte verbreek. "Alex, wat het die Here vir jou gesê? Het jy hom hoor praat?" Een na die ander het die mans en vroue om die tafel begin vertel wat hulle die dag gehoor het. "Die Here het my laat besef hoe naby ons klomp aan mekaar gegroei het, hoe ons een familiekring geword het." "Ek het besef hoe wonderlik die opdrag is wat ons ontvang het om vir waarheid en versoening te werk. Dis 'n opdrag van die Here self!" "Die Here het my bewus gemaak van die duisende mense wat elke dag vir ons bid. Dit gee my moed!" "Die Here het my laat verstaan hoe groot die verantwoordelikheid is wat ons teenoor mekaar het – om mekaar vas te hou en op die regte pad te hou." Virginia Gcabasche: "Langs die see kon ek in my gedagtes net aan die duisende gevangenes dink wat deur die jare hier afgelaai is. Van hulle het met dieselfde boot gereis waarmee ons gister gereis het. Was hulle geloof vir hulle genoeg? Wat het Christus vir hulle beteken?"

Glenda Wildschut, wat as operasanger opgelei is, het saggies begin sing:

Were you there when they crucified my Lord?
Have you heard, they accused him of a crime?
- how they shoved him in the lime?

Tutu, die vroom geestelike met sy voete op die aarde, het ná die laaste noot weggesterf het, gebid. En toe vrolik aangekondig: "Nou vir 'n rum en Coke!" Die aand het gesellig verbygegaan. Braaivleis, musiek, lekker gesels. Maar ons het nog nie by ons agenda uitgekom nie ...

Dinsdag sou ons huis toe gaan. Die boot sou eenuur vertrek. Teen nege-uur was ons gereed vir die vergadering. Die yslike turksvy oor die 37 ANC-lede wat amnestie gekry het, was uiteindelik op die tafel. Moes ons die Amnestiekomitee ondersteun of na die Hoë hof gaan? Sou ons nuutgevonde eensgesindheid hou? Het ons tyd genoeg om al die implikasies te oordink en die persoonlike gevoelens te hanteer? Tutu het die saak ingelei ... en na minder as 'n halfuur was almal dit eens: Ons sou die Hoë hof om 'n verklarende bevel vra. Almal was gelukkig! Die vorige dag se stilte was oor en oor die moeite werd ...

◆ ◆ ◆

Op die boot terug met die wind nog steeds in die hare, die son nog altyd op ons gesigte, het ek vir myself gesê: Die laaste skof van die trek het begin, die trek wat tot die einde van Julie sou duur wanneer die Waarheidskommissie sy deure sou sluit.

Toe ons vasmeer en mekaar groet, het 'n tweede gedagte by my opgekom: In werklikheid was dit nie die laaste tog nie, maar die voorlaaste. Want die dag as die WVK sy verslag aan die President – en aan die volk – oorhandig, gaan die eintlike laaste tog, die reis na die toekoms, eers regtig begin.

◆ ◆ ◆

Die menseregteskendingsverhore is maande tevore reeds afgesluit. Die institusionele sittings was eweneens agter die rug. Die reparasievoorstelle was klaar by die Regering ingedien. Wat nog oorgebly het, was die talle en talle amnestieaansoeke wat verwerk moes word. Die volgende maande sou dit die hoofnuus in die koerante en op die televisie oorheers: die lang ry oortreders wat elkeen sy verhaal kom vertel, in die vaste hoop dat hy kwytskelding sou kry.

Dit was egter nie al nie. Sommer gou het ander poppe gedans ...

22 JANUARIE: DIE DAG VAN DIE GROOT KROKODIL

Daar staan dit in die Bybel. 'n Krokodil laat nie met hom mors nie!

"Kan jy 'n krokodil met 'n hoek vang of hom 'n tou in die bek sit? ... Sal hy jou soebat om genade of by jou mooipraat? ... Sal jy hom kan mak maak soos 'n voëltjie ... Pak hom gerus met kaal hande: jy sal die geveg onthou, jy sal nie weer probeer nie!" (Job 40).

P.W. Botha was, in elk geval in die oë van die Waarheidskommissie, so verkeerd as kan kom. Maar toe ek hom die aand op die televisieskerm sien: regop, halsstarrig, kwaai, wysvinger in die lug, kon ek nie anders as om aan die woorde van Job te dink nie. As jy die "Groot Krokodil" aanvat, moet jy weet wat jy doen.

◆ ◆ ◆

Nog voor die hofsitting begin het, was daar alreeds drama: die straat voor die hofsaal in George is vir alle verkeer gesluit. Mense het saamgedrom: ANC-ondersteuners met wuiwende plakkate; stoere regse politici, wat gou in ernstige woordewisselings betrokke geraak het. Ferdi Hartzenberg, leier van die KP is rondgestamp. "Jou Boer!", "Jou hond!", is hy gekoggel voor die Polisie tussenbeide getree het.

Om nege-uur het die Oudstaatspresident die saal ingestap, regop in sy donkerblou pak en kraakwit hemp, blou das, sakdoek netjies in die bosak. Voor in die saal het hy op 'n stoel langs die beskuldigdebank gaan sit. In 'n lang ry het sy ondersteuners, sy ou kamerade gesit: Daan van der Merwe en Ferdi Hartzenberg, senior KP-lede, Lapa Munnik, André van Wyk, Greyling Wentzel, oudkollegas in die Parlement, die generaals, Jannie Geldenhuys en Constand Viljoen.

Aan die ander kant van die saal het Philip Dexter met 'n groepie hooggeplaaste ANC-lede hul plek ingeneem. Tussen die twee groepe het mev. Reinet Te Water Naudé, P.W. Botha se gewese verloofde, die gebeure met 'n glimlag sit en dophou. "Staan op in die hof," het die ordonnans beveel.

P.W. Botha het effens in die rigting van mnr. Victor Lugajo, die streekhofpresident, geknik. Ná die hofsitting het iemand hom gevra of hy omgegee het dat hy voor 'n swart landdros moes verskyn. "Waarom sou ek? Ek het op 'n plaas in die Vrystaat grootgeword waar ek saam met klein swart seuntjies gespeel het. Ek ontvang dan Mandela in my huis ..."

Die staatsaanklaer het aangekondig: "Die staat teen P.W. Botha."

Die taal was 'n probleem. Landdros Lugajo het nie Afrikaans verstaan nie en gevra of die verrigtinge in Engels kon geskied. Die regspan van Botha het daarop gewys dat hul kliënt Afrikaanssprekend is en dat die lywige pak hofdokumente wat hulle voorberei het, in Afrikaans was. "Sal u dit kan verstaan?" het adv. Laubscher gevra. Die landdros het Botha en sy regspan verseker dat hy sy assessore sou vra om hom met die vertaling te help. Hy sou ook, indien nodig, van die dokumente laat vertaal.

Die hofsitting het skaars twintig minute geduur. Nadat 'n paar tegniese punte afgehandel is, is die hof verdaag. Oudstaatspresident Botha sou op 23 Februarie weer moes verskyn.

Na die landdros die saal verlaat het, het P.W. Botha die pers toegespreek. Uitdagend, met die bekende vinger in die lug, het hy dit duidelik gemaak dat niemand, nie eers die hof, hom sou dwing om met die WVK saam te werk nie. Hy sou nooit om verskoning vra vir wat hy tydens sy termyn as staatspresident gedoen het nie.

"God help my, ek kan nie anders nie!"

"Hoor, hoor!" het van sy ondersteuners geroep.

Botha het sy onderhoud met die pers klaarblyklik geniet, maar ook sommer die kans gebruik om hulle vas te vat. Toe hulle te naby om hom saamgedrom het, het hy hulle gemaan "om tot hul sinne te kom," anders praat hy nie verder nie!

"Gaan u verskoning vra ten opsigte van al die mense wat weens u beleid in tronke of in operasies anderkant die grens dood is?" wou 'n joernalis weet.

"Nee, ek bid vir hulle!"

Net so min as wat hy bereid was om vir sy inisiatiewe om van rassediskriminasie ontslae te raak, verskoning te vra, net so min sou hy verskoning vra vir die wettige optredes van sy Regering in sy stryd om die aanslag wat teen die land gemik was die hoof te bied. Ook nie vir die beginsel van vreedsame naasbestaan, waarvoor hy so hard gestry het nie. Na 'n oomblik se stilte het hy bygevoeg: "Ek is 'n gelowige mens en 'n begenadigde mens ... Ek is nie 'n perfekte mens nie. Daar was net een perfekte mens en dit was Jesus Christus."

Maar Botha was bekommerd oor die rigting waarin die land beweeg en het so gesê! Om die waarheid te sê, hy het dit al by herhaling met president Mandela bespreek. Die vernedering van Afrikaners moet nou end kry. Wat meer is, Afrikaners moes nou, ernstiger as ooit, saamstaan.

"Daar is 'n tier in elke nasie. Daardie tier is oral ter wêreld. Hier gaan die tier terugveg! Ons is besig om te organiseer ..."

Max du Preez van die televisieprogram Special Report het moedswillig opgemerk: "Maar in Afrika kry jy nie tiere nie ..."

"Ek weet," was die vinnige antwoord. "Maar as daar was, sou jy nie een van hulle gewees het nie!"

Toe die gesprek te driftig begin raak, het Botha se regsverteenwoordigers hom die hofsaal uitgelei. Voordat die Groot Krokodil sy mond verbypraat. Of te veel afbyt ...

18 FEBRUARIE 1998: TUTU EN DIE AFRIKANERS (1)

Op die voorlaaste tog was dit van absolute belang dat almal in die land saamreis. Baie Afrikaners het nie. In 'n toespraak voor die parlementêre persgalery in Kaapstad het Tutu sy teleurstelling uitgespreek:

"Ek doen 'n beroep op alle wit mense, maar veral die Afrikaner. Die afskuwelikste dinge het in die verlede gebeur. Die meeste daarvan was as gevolg van dinge wat julle ondersteun het. Julle kry nou 'n kans om te erken: Ja, hierdie dinge hét gebeur! Julle gaan nie weer so 'n kans kry nie. Ek simpatiseer met julle ... maar as julle die WVK verwerp, sal julle die skuldlas daarvan na die graf dra en die skuldlas sal julle verteer. Ek bid dat julle eendag sal verstaan ..."

Tutu het vertel hoe hard hy probeer het om P.W. Botha tegemoet te kom, hoe hy spesiaal na die Minister van Justisie gegaan het om regshulp vir hom te verkry. Hoe hy na oudstaatspresident Botha uitgereik het na die dood van sy vrou, Elize. In die swart gemeenskap is hy daarvoor verguis en aangeval "omdat ek só na die wit gemeenskap uitgereik het. Maar ek moes – ek wil – dit doen. Maar die kans kan verbygaan ..."

26 FEBRUARIE 1998: TUTU EN DIE AFRIKANERS (2)

Daar was geweldige reaksie op Tutu se woorde. "Dis baie tydig!" het dr. Willem de Klerk, politieke kommentator en broer van F.W. de Klerk, laat hoor. Maar die leiers van die FAK, die Afrikanerbond en ander organisasies het hom verkwalik. "Tutu is 'n absolute vyand van wit mense en die Afrikaner in besonder. Die Afrikaner hoef nie die skuldlas van die verlede te dra nie. Of Tutu dit nou wil weet of nie, die Afrikaner verwerp die WVK," het Pieter Aucamp, woordvoerder van die KP bena-druk.

In 'n toespraak voor die Pretoriase Afrikaanse Sakekamer het die Aartsbiskop verder verduidelik:

"Afrikaners is uitnemende mense! Suid-Afrika het julle nodig ... God het julle lief en sal nie toelaat dat julle ondergaan nie ... Maar julle Afrikaners moet in die transformasieproses belê, voordat julle niks oor het om te deel nie. As die minderbevoorregtes, die armes, die haweloses en die werkloses desperaat raak, sal hulle van desperate metodes gebruik maak." Afrikaners het deur die jare baie vaardighede ontwikkel. "Help ons om te vorder soos julle gevorder het."

Sy toespraak in Kaapstad was geensins bedoel om Afrikaners te dreig nie. "Nee, dit was 'n kreet uit my hart, 'n diepe beroep op die mense wat ek as herder en mede-Suid-Afrikaner innig liefhet ... dit is 'n beroep (op u) om weg te draai van 'n weg wat tot ewige rampsaligheid sal lei."

Tutu het ruiterlik erken dat hy in Kaapstad gefouteer het: "Ek het nie, soos ek moes, 'n warm eerbetoon aan die baie wit mense gegee wat apartheid ... teengestaan het, en dit ten koste van hulleself nie. Ook nie aan die feit dat baie wit mense, insluitend Afrikaners, in der waarheid gebieg het: die NG Kerk ... baie vooraanstaande sakelui ... die Afrikaanse Sakekamer self."

8 MAART 1998: TUTU PRAAT OOR TUTU

'n Televisieonderhoud wat Hennie Serfontein met Desmond Tutu oor die SABC2-program Issues of Faith gevoer het, het soveel aandag getrek dat dele daarvan die volgende Sondag in die Sunday Times (8 Maart 1998) gepubliseer is. Effens verkort, lees dit só:

Serfontein: Hoe het u die nuus verwerk dat 'n ernstige, moontlik dodelike siekte u getref het?

Tutu: Die nuus dat dit kanker was, was erg, veral nadat die uroloë my eers verseker het dat alles in orde was. Dit het my tussen die oë geslaan! Maar uiteindelik sê jy vir jouself: As dit terminaal, ongeneeslik, is ... wel, die Here het vir jou 'n wonderlike lewe gegee. Jy het baie geleenthede gehad ... en nou kry jy die kans om vir die hemel voor te berei. Dis ongelooflik, die baie boodskappe wat ek van mense gekry het. In Suid-Afrika het mense van wie ek nie gedroom het dat hulle vir my omgee nie, van hulle laat hoor. In die verlede sou van hulle seker wou sê: Draai sy nek om!

Serfontein: Hoe het dit u geloof, u verhouding met die Here beïnvloed? Kyk u nou soms anders na dinge?

Tutu: Beslis! Die kanker het my gehelp om my gedagtes te fokus. Jy het nie meer tyd om naar teenoor mense te wees nie. Baie dinge wat jy as vanselfsprekend aanvaar het – jou liefde vir jou familie en vriende, spesiale oomblikke met jou kleinkinders, die skoonheid van die skepping, blomme – kry nuwe betekenis. Jou verhouding met die Here word helderder. Alles is 'n gawe van God: die lewe, die kalmte wat jy ervaar. Daar kóm tye dat jy sê: ek wil nie nou al doodgaan nie. Ek wil my dogter graag as dokter sien afstudeer. Maar as dit moet gebeur, moet dit! Die Here was so goed vir my ... Mense oorweldig my met hul vriendelikheid. In die bus, op die lughawe, staan 'n vrou op om my haar plek aan te bied. Sy het gehoor dat ek siek was. 'n Paar blanke vroue bied aan om my tas te dra!

Serfontein: Is dit nie menslik om soms vir die Here te sê: "Waarom ek? Ek is u dienskneg en ek wou nog soveel dinge vir u gedoen het" nie?

Tutu: Eintlik nie! Ek kan nie aan 'n meer dramatiese einde van 'n lewe dink as dit nie. Ek het lank genoeg gelewe om vir die eerste keer te kon stem. Baie wat hul beste vir die *struggle* gegee het, was nie so bevoorreg nie. Hulle was nie daar toe ons President ingehuldig is nie. Maar ek kon op die balkon van die stadsaal in Kaapstad staan om hom aan Suid-Afrika en die wêreld bekend te stel! Toe ek die Nobelprys gekry het, het die SABC feitlik niks daaroor gesê nie. Maar toe ek nou die dag as Aartsbiskop afgetree het, is feitlik die hele diens uitgesaai. Toe ek gedink het dat daar niks meer oor was nie, is ek aangestel as voorsitter van die WVK. Miskien is dit die somtotaal van my lewe, om geroep te word om met die genesingsproses in die land te help ... met die bevryding, nie net van swart mense nie, maar van wit mense ook!

Serfontein: As u met die Here praat, vra u: "Maak my asseblief gesond," of "Help my om wat met my gebeur, te dra"?

Tutu: Natuurlik vra ek ook om gesond te word. Ek het al genesingsdienste bygewoon, mense het my al die hande opgelê. Ek ontvang mediese behandeling om my gesondheid te herstel. Maar ek voel nie dat die Here my 'n streep getrek het nie. Ek kan ontspan ... omdat daar soveel vir my gebid word. Ek werp myself op al die gebede ...

Serfontein: U was 37 jaar lank 'n pastor wat mense met raad bedien het. Watter raad gee u vir uself en vir Leah, wanneer u saam sit en Bybel lees?

Tutu: Ek raak al meer bewus daarvan dat ék net bestaan omdat God bestaan. Alles wat ek het en is, kom van Hom. As ek bid, sê ek dikwels vir myself: "Wees stil. Ontspan. Jy is veilig in die hande van Iemand wat jou baie, baie liefhet!" Dit gebeur nie baie dat ek morbied raak nie, want die Bybel verseker my dat niks my van die Here kan skei nie, ook nie van die kerk en die mense wat ek so liefhet nie.

Serfontein: Dink u dat die Here 'n spesiale doel daarmee gehad het dat u nou, op dié manier, siek geword het? Wil Hy u iets leer?

Tutu: Ek dink een les is om my gedurig daaraan te herinner dat 'n mens kwesbaar en broos is, dat enigiets enige tyd met jou kan gebeur. Op dié manier raak jy net al hoe meer afhanklik van die Here. Maar die hele proses van die Waarheidskommissie het ook op 'n spesiale manier met doodgaan en genesing te make. Wat met my gebeur, is miskien 'n gelykenis, 'n simbool. Ons land was siek, die verskriklike siekte van onreg en verdrukking het ons byna doodgemaak, maar die moontlikheid van genesing is altyd daar! Verder: in elke mens is daar dinge waaraan jy moet "sterf," waar jy dikwels te kort geskiet het, waar jy onwillig was om te vergewe. Toe ek twaalf jaar oud was, het ek tering opgedoen. Op 'n dag het ek geweldig gebloei. Ek het gesien hoe ander mense wat so bloei, sterf. Ek was oortuig daarvan dat ek ook aan die doodgaan was, maar ek het so 'n wonderlike vrede ervaar! Terwyl ek bloed opgebring het, het ek vir die Here gesê: "Here, as ek moet doodgaan, is dit goed. As ek moet lewe, is dit ook goed."

Serfontein: Het die Here u dus 'n ekstra 55 jaar gegee?

Tutu: Ja! Die Here het op 'n buitengewone wyse ingegryp in my lewe. Ek het nou die dag maar eers gehoor dat die dokter destyds vir biskop Trevor Huddleston eenkant geroep het. Hy het gedink ek was besig om te sterf ... Ek sal nie heeltemal by my positiewe wees as ek nie erken dat ek ook soms bang is nie. Maar as 'n mens in Jesus glo én in sy opstanding, weet jy dat daar voor jou 'n deur oopgaan, 'n deur na 'n voller lewe. Dis hoekom Jesus opgestaan het, dat ons die ewige lewe kan hê. Die dood is niks anders as 'n deur waardeur ons beweeg nie – van een kamer na 'n ander kamer in die huis.

20 MAART 1998: "TIRO IS UITEINDELIK TUIS"

"Uiteindelik, vier en twintig jaar na sy dood, is Onkgopotse (Abraham) Tiro tuis, is hy te ruste gelê op die plek wat sy familie al die jare daarvoor bestem het," het 'n koerantberig vertel. Duisende roubeklaers het na die dorpie Dinokana gestroom om die begrafnis by te woon. Voor die stoet uit het Azapo-lede met 'n reusebanier geloop: *Azapo remembers Onkgopotse Ramothibi Tiro. Leader, Fighter and Martyr. "There is no struggle without casualties."*

Die jong aktivis Tiro het in 1973 na Botswana uitgewyk. 'n Jaar later het 'n briefbom in sy hand in sy huis in Gaborone ontplof. Die destydse Botswana-regering wou nie verlof gee dat hy in die omgewing van sy tuisdorp Zeerust begrawe word nie, maar nou, na al die jare, is sy beendere teruggebring.

Die hoop is gekoester dat die WVK-ondersoek na die bedrywighede van die Buro vir Staatsveiligheid nuwe lig op die saak sou werp. Tot sover is daar weinig vordering gemaak.

25-26 MAART 1998: DIE PA VAN DIE SLAGOFFER TROOS DIE MOORDENAAR

Uiteindelik het die dag van die Afrikaner Weerstandsbeweging aangebreek. Na talle vertragings én ook 'n dreigement van Dries Kriel om alle bande met die WVK te breek – omdat die Minister van Korrektiewe Dienste nie die WVK-pleidooi dat hulle lede in die tronk die status van politieke gevangenes moes kry, wou toestaan nie – het die eerste AWB-lede agter die mikrofoon ingeskuif.

Die vorige dag wou Corrie Lottering, wat amnestie wou vra vir moord en ontsnapping uit aanhouding in 1989 en 1990, al sy saak stel. Maar Eugene Terre'Blanche en Hennie Binneman, oudbevelvoerder van Lottering wie se getuienis van kardinale belang was om die regters te oortuig dat daar 'n politieke motief vir die dade was, het op die nippertjie geweier om te verskyn. Terre'Blanche het laat weet "dat hy te besig was" met die voorbereiding van sy appèlsaak wat binnekort sou begin. Dries Kriel, wat sy "Bond van Boerekrygsgevangenes" gestig het om die aansoeke van oud-AWB-lede te hanteer, was erg ongelukkig: Terre'Blanche se weiering om te getuig was in teenstelling met sy bravade op die verhoog waarmee hy jong mense soos Corrie Lottering tot 'n weerstandstryd opgesweep het.

Die ander twee manne, James Wheeler en Corrie Pyper, was die volgende dag, 25 Maart, wel gereed om te getuig.

Hulle verhaal van braaivleis en brandewyn, van politieke praatjies en brute geweld, het die regters teruggeneem na die verkiesingsdag in 1994. Nadat hulle dié dag partytjie gehou het – met vriende vleis gebraai en sterk drank gedrink het – het hulle mekaar oortuig dat die tyd vir "die Boere se verset" nou aangebreek het. Toe Wheeler en Pyper oor die aandnuus hoor dat bomontploffings die Johannesburgse lughawe geskud het, het hulle daar en dan besluit om hulle deel vir die bevryding-stryd te doen. Hulle sou swart mense gaan doodskiet. Só wou hulle die verkiesing verongeluk en help keer dat die regeringsmag in swart hande val.

Hulle het nie 'n spesifieke opdrag gehad nie, het hulle getuig, maar hulle was daarvan oortuig dat hulle die KP en die AWB se doelwitte bevorder het.

Voordat hulle in Wheeler se motor weggery het, het Corrie Pyper se vrou hulle probeer keer. Sy het selfs gedreig om die Polisie te bel, maar Wheeler het die telefoonkabel uitgeruk.

James Wheeler het vertel: "Terwyl ons gery het, het ek 'n minibus met swart mense daarin voor ons gesien. Ek het my haelgeweer oorge-haal en vir Corrie gegee. Ek het tot langs die minibus gery. Corrie het deur die oop venster 'n skoot na die bestuurder geskiet. Ek het dadelik versnel en weggejaag." Vuyani Papuyana, 'n student en deeltydse taxi-bestuurder, is doodgeskiet en sy broer Godfrey Papuyana gewond. Die twee blankes is tot vyftien jaar gevangenisstraf gevonnis vir moord en poging tot moord.

Wheeler het in sy getuienis na die familielede van Vuyani Papuyana gedraai en sy diepe spyt uitgespreek. "Kan julle my vergewe?" het hy gevra. "Ek kan nie glo ek was so kortsigtig nie! Ek het besluit dat ek nooit weer geweld teen iemand sal gebruik om 'n politieke doelwit te probeer bereik nie. Ek hoop ek kan deur my optrede in die toekoms 'n bydrae lewer tot die versoening tussen swart en wit mense wat nog vyandig teenoor mekaar staan."

Die volgende dag het die regsverteenwoordiger van die Papuyanagesin 'n verklaring voorgelees waarin hulle van die ontmoeting vertel het wat vier jaar gelede tussen hulle en Corrier Pyper plaasgevind het. Op 3 Oktober 1994, vyf maande na die moord, het Corrie die ouers van Vuyani Papuyana in die kantoor van sy regsverteenwoordiger om vergifnis gevra. Mevrou Glenrose Papuyana het vertel dat sy aanvanklik nie kans gesien het om die moordenaar van haar seun in die oë te kyk nie. Haar man ook nie. "Maar," het hy vertel, "ek het dadelik geweet dat dit die beste ding was wat ek ooit kon gedoen het: om die man wat my seun vermoor het van aangesig tot aangesig te sien. Hierdie ontmoeting het my gehelp om van my emosionele probleme te oorwin. Voor die ontmoeting was ek oortuig dat ek nooit my seun se moordenaar sou kon vergewe ... nie. Ek het nooit kon droom dat die ontmoeting op 'n situasie sou uitloop waar ek die een was wat die moordenaar en sy vrou moes vertroos nie. Mevrou Pyper het so erg gesnik dat sy nie behoorlik kon praat nie. Meneer Pyper het my vertel wat daardie aand gebeur het. Hy het gesê hy kon nog steeds nie verklaar waarom hy so 'n dom ding gedoen het nie. Hy het meer as een keer gesê dat dit 'n baie dom ding was en dat hy baie jammer was."

Corrie Pyper het aangebied om die begrafniskoste te dra en die ouers 'n tjek van R5 200 daarvoor aangebied. "Ek het eers geweier om dit te aanvaar, maar hy het daarop aangedring en ek kon sien dat dit sy pyn sou verlig as ek dit aanvaar." Daarna het hulle beter gevoel. In die lig van wat gebeur het, het die Papuyanas het hul aanvanklike plan om 'n siviele geding teen Wheeler en Pyper aanhangig te maak, laat vaar. Hulle wou nie die kinders van die twee moordenaars benadeel nie.

Hoekom het hy die moord gepleeg? Corrie het twee redes aangevoer Ten eerste was hy onder die indruk dat die leier van die AWB aan hulle die opdrag gegee het om te sorg dat "die land met wapengeweld teruggeneem word op dieselfde dag wat die ANC die land oorneem".

En tweedens was hy verbitterd teenoor swart mense omdat vier swartes sy broer 'n ruk tevore met 'n AK47 om die lewe gebring het.

'n Vreemde, wonderlike land, dié van ons – het ek gedink – waar die pa van die vermoorde seun sy arms na die oortreder, die moordenaar en sy vrou, uitsteek om hulle te troos.

◆ ◆ ◆

Drie maande later, op 30 Julie, het die Amnestiekomitee bekend gemaak dat hulle amnestie aan James Wheeler en Cornelius Rudolph Pyper verleen.

9 APRIL 1998: NOG MEDEREISIGERS: DIE RAPPORTRYERS TREK SAAM

Die Landsberaad van Rapportryerskorpse het in 'n persverklaring gesê dat 'n Nasionale Dag van Verootmoediging afgekondig behoort te word waarop die hele gemeenskap na mekaar kon uitreik. Dit is tyd om die uitgerekte proses van skuldbelydenis eens en vir altyd af te handel, het mnr. Cas de Jager, hoofsekretaris van die Rapportryers, aan persmense verduidelik. 'n Goeie datum sou 31 Mei 1998 wees. Hulle het reeds skriftelike versoeke tot die Afrikaanse kerke gerig om die inisiatief te ondersteun.

Die kerkleiers was oor die algemeen nie baie positief oor die gedagte nie. Dr. Mike Smuts, Moderator van die Noord-Transvaalse Sinode van die NG Kerk, het baie van sy kollegas se gevoelens saamgevat: "Ek het geen probleme met die gedagte van 'n Dag van Verootmoediging nie, maar die wyse waarop die Rapportryers dit wil inklee, skep wel 'n probleem. Christene moet altyd bewus bly van hulle skuld en gereeld vir God om vergifnis vra. Gelowiges moet altyd hul afhanklikheid van God besef. Die Rapportryers wil 'n streep trek deur die belydenisse van individuele Afrikaners en daarmee aandui dat alle belydenisse na 31 Mei oorbodig is."

Hoe dit ook al sy, dit was verblydend dat die Rapportryerskorpse begin saamdink en saamstap het.

14 APRIL 1998: IS 'N SKIKKING MET P.W. BOTHA MOONTLIK?

Verteenwoordigers van die WVK en P.W. Botha het tot laat in die aand beraadslaag. Die moontlikheid dat die Oudstaatspresident 'n aanbod van die Waarheidskommissie sou aanvaar om in 'n *in camera*-verhoor op hul vrae te antwoord, wat sou beteken dat die WVK hul klag teen Botha kon terugtrek, is die afgelope week druk bespreek. Die WVK het groot moeite gedoen om P.W. Botha tegemoet te kom. Ek wil nie verneder word nie, het hy geëis – en die versekering is gegee. Paul van Zyl, wat namens die WVK sou optree, het vertel hoe Tutu hom eenkant toe geneem en gewaarsku het: "Jy moet met groot respek optree, anders word jy gefire!" Ek wil nie hê dat Alex Boraine op die paneel sit nie, was nog 'n eis – en Boraine, Botha se ou teenstander in die Parlement, het toegestem. Teen agtuur die aand het Botha hom aan die beraadslagings onttrek. Hy was moeg en wou gaan slaap.

Die prokureur-generaal van die Wes-Kaap het die Botha-kamp tot agtuur die volgende môre kans gegee om te skik, anders sou die hofsaak om nege-uur voortgaan. Die saak, wat die eerste keer in Januarie gedien het, is reeds twee keer uitgestel. Nou moes die gereg sy loop neem.

Oor die agtuurnuus die aand het Tutu gesê: "Die saak is op 'n naaldpunt. Ons weet nie na watter kant toe dit sal gaan nie."

15 APRIL 1998: "TOT DIE BITTER EINDE"

Die teleurstelling was voelbaar. Vroeg die oggend is die nuus bekend gemaak. P.W. Botha het geweier om te skik. Téén die advies van sy eie regspan, teen die advies van Desmond Tutu en selfs ook president Mandela, wat ter elfder ure nog probeer red het wat te redde was, het die Oudstaatspresident volgehou. Hy sou nie met die WVK saamwerk nie – op geen manier nie!

Die verhoor sou voortgaan.

Die aanklag teen P.W. Botha was tweeledig: Eerstens was die klag dat hy die dagvaarding om voor die WVK te verskyn, verontagsaam het. Die alternatiewe klag was dat P.W. Botha die WVK in die uitvoering van sy werk gedwarsboom het.

"Onskuldig, edelagbare!" het die Oudstaatspresident gepleit.

Hy het sy redes verstrek: die WVK het duidelik bewys dat hy bevooroordeeld teen Botha en sy regering gestaan het. Meer nog, die WVK het in slegte trou teenoor hom opgetree. En derdens: Tutu het tevore met hom 'n mondelinge ooreenkoms gesluit dat hy, as hy al die vrae wat aan hom gestel word, skriftelik beantwoord, nie voor die WVK sou hoef te verskyn nie.

Tydens die teepouse het die Groot Krokodil die persmense spontaan toegespreek.

"Ek sal tot die bitter einde veg. Selfs as hulle my vernietig, kan hulle nie my siel vernietig nie. Hulle kan nie my oortuiging vernietig nie."

Paul van Zyl van die WVK is as eerste staatsgetuie ingesweer. Eers wou hy antwoord op P.W. Botha se beswaar dat die WVK in slegte trou opgetree het. Dit was nie waar nie! Die WVK het maande lank in die beste moontlike gesindheid met P.W. Botha onderhandel. Van sy kant was daar egter min samewerking. Hy het byvoorbeeld reeds in Januarie 1997 die vrae gekry waarop die WVK antwoorde nodig gehad het. Eers agt maande later, in Oktober, het hulle die dokument ontvang.

Paul is uitvoerig ondervra oor die agenda en die *modus operandi* van die WVK, oor die getuienis wat reeds tydens Waarheidskommissiesittings in verband met die Botha-regering ingesamel is. Verantwoodelikheid vir growwe menseregteskendings, het Van Zyl verduidelik, kan in vier kategorieë ingedeel word: Eerstens, mense wat self die oortredings begaan het; tweedens, dié wat bevele uitgereik het dat dit moes gebeur; derdens, dié wat meegehelp het om 'n klimaat te skep waarbinne die skendings plaasgevind het; en vierdens, persone wat *ex post facto* skuldig was, wat nagelaat het om behoorlik navraag te doen of die nodige aksies te neem om sulke skendings te verhoed. Geen getuienis kon gevind word dat die Oudstaatspresident by die eerste kategorie van skendings betrek kon word nie, maar nommer twee, drie en vier was wel van toepassing.

As voorbeeld het Paul van Zyl die feit genoem dat Botha, volgens die getuienis van sy eertydse kabinetskollega, Adriaan Vlok, nie net van die bomontploffing in die SARK se Khotso-huis bewus was nie, maar dat hy die opdrag daarvoor gegee het, dat hy Vlok en sy polisielede na die ontploffing gelukgewens het.

Drie uur lank is Paul van Zyl oor talle sake ondervra, veral oor die getuienis wat oor die Staatsveiligheidsraad ingesamel is. Toe Paul begin praat oor die lys van "sensitiewe persone" teen wie die SVR gemeen het opgetree behoort te word, het baie hul ore gespits. Nie minder as vier WVK-lede se name het verskyn nie: Tutu, Boraine, Richard Lyster en Mary Burton! Êrens, tydens die verhoor, sou P.W. Botha ook sy vertolking van die begrip "elimineer", wat so kwistig deur die SVR gebruik is en wat telkens by WVK-sittings opgehaal is, moes gee.

Half onverwags, na die tweede dag, is die saak tot 1 Junie uitgestel. P.W. Botha was woedend dat sy regspan toegestem het en het nie omgegee wie dit almal sien nie. Hoe durf hulle? Paul van Zyl het talle stellings wat in dié stadium nog ongetoets was, die wêreld ingestuur. En hy wat P.W. Botha was, sou graag die een en ander daaroor wou sê!

◆ ◆ ◆

Tydens een van die teetye het Botha Rapport se verslaggewer Freek Swart ontmoet en aan hom vertel wat vroeg die oggend gebeur het toe die land ademloos gewag het om te hoor of die WVK en die Oudstaatspresident tot 'n skikking gekom het.

"Toe die hofsitting begin het, het hulle vir my kom sê Tutu is daar en dat hy graag met my wil praat. Biskop Tutu kom sit toe daar. Ek sê toe vir hom: 'Goeiemôre, goeiemôre!' Toe vra hy my of hy kan bid. Ek sê toe vir hom: 'Ja, jy kan bid as jy wil.' Toe bid hy en vra dat ons 'n oplossing moet kry. Nadat hy amen gesê het, toe sê ek vir hom: 'Sê jy nou vir my, van een Christen tot 'n ander Christen, wat is jou voorstel aan my?' Hy sê toe vir my sy voorstel is dat ek moet terugkom en voor die Waarheidskommissie moet kom getuig.

"Toe sê ek vir hom: 'Maar man, jy vra mos nou dat ek moet kapituleer. Dit is wat jy vra, en jy weet mos dat ek gesê het dat ek nie voor julle sal verskyn nie.' Toe sê ek vir hom verder: 'Jy weet mos dat toe Christus voor Herodes gestaan het, Hy geweier het om vrae te beantwoord.' Hy sê toe: 'Ja, maar Christus het darem voor Pilatus vrae beantwoord.' Ek sê toe: 'Ja, maar wat het van Pilatus geword?'

"Ek het gesê: 'Ek is nie Christus nie, maar ek is 'n volgeling van Hom.' En ek sê: 'Julle beskik oor die waarheid, maar ek sê nou hier vir jou, ek is bereid om met jou en president Nelson Mandela te praat, maar julle sal my nie kry om voor die Waarheidskommissie te verskyn nie. Ek gaan my nie daar laat verneder nie, want julle wil my verneder. En daarmee wil julle die Afrikaners wat in my glo, verneder, soos julle ander al verneder het.'

"Toe het hy opgestaan en geloop. Daarmee het die onderhandelinge misluk."

22 APRIL 1998: DIE GENERAAL WOU LYKE HÊ

Na die P.W. Botha-verhoor het die kollig weer op die AWB geval. Nege AWB-lede het om amnestie aansoek gedoen vir "die harde opsie wat hulle uitgevoer het" toe hulle op 12 Desember 1993 vier swart mense summier by 'n padversperring tussen Krugersdorp en Randfontein doodgeskiet het. Een van hulle was 'n kind. Deon Martin het getuig hoe sy bevelvoerder, Phil Kloppers, gevra het dat hy die oor van een van die lyke afsny. Japie Oelofse, hulle generaal, wou dit gehad het. Hy wou vir ander mense wys hoe ons te werk gaan! "Ek het die oor afgesny en dit in 'n plastieksakkie in my voertuig gesit."

Al nege mans is vir verskillende oortredings in hegtenis geneem. Maar Japie Oelofse het hulle geprys en beloof dat hulle medaljes sou kry. Party van hulle is, terwyl hulle in die tronk was, tot hoër range in die AWB bevorder.

Deon Martin het vertel wat die dag gebeur het. Alle motors met swart insittendes is voorgekeer en die mense ondervra. Dié wat nie lede van die ANC was nie, is deurgelaat. 'n Honda Ballade en 'n Cressida is voorgekeer en al tien insittendes is gedwing om uit te klim. Hulle moes teen 'n wal langs die pad gaan staan, waar Martin hulle ondervra het. Kloppers het "hulle liggies oor die kop getik" as hulle nie bevredigend geantwoord het nie. Toe het Martin die eerste skoot geskiet – die teken dat die ander sy voorbeeld moes volg. Vier mense is dood, ses het oorleef. Petrus Mothupi, wat in die gesig geskiet is, het die aanval oorleef maar sy gesig was vir altyd geskend. Hy was teenwoordig by die verhoor, met 'n pleister dwarsoor die plek geplak waar hy sy neus verloor het.

Wat op aarde het hulle gemotiveer? wou die Amnestiekomitee weet. Hulle het gehoop dat dit 'n kruitvat sou wees wat oral in die land sou ontplof. "As almal in klein groepies opgetree en 'n klein bietjie mense doodgeskiet het, sou dit chaos veroorsaak het. Ons was ongelukkig die enigstes wat dit gedoen het!"

Al nege mans is aanvanklik tot die dood veroordeel. Later is dit tot 85 jaar tronkstraf verander.

27 APRIL 1998: TERRE'BLANCHE MAAK VREDE MET SY MAKKERS

Mnr. Eugene Terre'Blanche, leier van die AWB, en mnr. Dries Kriel, gewese "brigadier" in die organisasie, het gisteraand die strydbyl tussen hulle begrawe.

Kriel, deesdae sekretaris-generaal van die Bond van Boerekrygsgevangenes, het in 'n verklaring, wat ook deur Terre'Blanche onderteken is, gesê dat hulle voortaan sal saamwerk om te verseker dat "Boerekrygsgevangenes" sowel as ander amnestieaansoekers vrywaring kry. Albei partye het bevestig dat dit behels dat hulle met die WVK se Amnestiekomitee sal saamwerk.

Kriel het einde verlede jaar in onguns by die AWB beland nadat hy, volgens die AWB, sonder 'n mandaat 'n voorlegging aan die WVK gedoen het waarin hy sy spyt uitspreek oor menseregteskendings en dade van sabotasie sedert die stigting van die AWB in 1973, en meegevoel betoon met slagoffers.

Terre'Blanche wou gisteraand niks oor die breuk tussen hom en Kriel sê nie. Kriel het gesê die vrede is bereik na 'n dag van samesprekings waarby "generaal" Steyn von Rönge, "generaal" Willem Etsebeth en mnr. Jannie Smith betrokke was.

Die vrede tussen hom en Terre'Blanche beteken nie dat hy weer by die AWB inskakel nie.

Beeld, 27 April 1998

4 MEI 1998: DIE KERKSTRAAT-BOM: VERSOENING IS NIE SO MAKLIK NIE

"Ek vergeef jou vir wat jy gedoen het. Ek het na die verhoor gekom om my gevoelens aan jou oor te dra. Ek wou hê dat jy moes weet dat ek geen wraakgevoelens koester nie." Neville Clarence het voel-voel in die vierkant van die Idasa-gebou in Pretoria na Aboobaker Ismail gestap en sy hand geskud – die man wat verantwoordelik was vir die bom wat jare gelede byna Neville se lewe beëindig het, wat hom blind in al twee oë gelaat het. Toe die bom op 20 Mei 1983 voor die lugmaghoofkwartier in Kerkstraat, Pretoria, ontplof het, is negentien mense dood en 217 beseer. Ismail se gemoed het vol geskiet. Na aan trane het die gewese hoof van MK se spesiale operasies die gewese lugmagoffisier se hande in syne geneem. Hy het vir Neville begin vertel van sy eie vriende en kollegas wat hul lewe in die stryd verloor het. Neville het Aboobaker Ismail stip "aangekyk" asof hy hom kon sien.

"Dit was 'n wonderlike ondervinding vir my," het hy later vertel. " 'n Mens ervaar daagliks vreeslike dinge. Jy is 'n gestremde persoon. En tog kan jy die mens ontmoet wat daarvoor verantwoordelik was sonder om 'n wrok teenoor hom te koester." Aboobaker was 'n soldaat, net soos hy, en daarom kon hy verstaan; kon hy vir die MK-bevelvoerder, al was hulle in die verlede vyande, respek hê.

Die MK-offisier het inderdaad heelwat op sy kerfstok gehad. Behalwe sy betrokkenheid by die Kerkstraat-bom het hy vir talle insidente amnestie gevra: die bomontploffing by die Krugersdorpse landdroshof (1988), die aanval op Magoo's Bar, Durban (1986), die aanval op die Witwatersrandse kommandement (1987), ontploffings by Sasol I en Sasol II (1980) en 'n vuurpylaanval op Voortrekkerhoogte (1981). Volgens Ismail is 433 mense beseer en 29 gedood in 65 kleefmynontploffings, drie vuurpylaanvalle en vier motorbomme wat onder sy leiding uitgevoer is. Vir al hierdie dade het hy om amnestie aansoek gedoen. Nog twee MK-lede, Johannes Molefe en Hélèna Passtoors, het saam met hom aansoek gedoen.

Om te vergewe, is egter nie altyd maklik nie. Marina de Lange (Geldenhuys) het ook die verhoor bygewoon. Vyftien jaar gelede, toe sy dié noodlottige dag saam met haar kollegas by die voordeur van die lugmaggebou uitgestap het, was haar kop vol drome. Sy wou 'n skoonheidsdeskundige word. Maar in een vreeslike oomblik het alles verander. Toe sy later in die hospitaal behoorlik tot verhaal gekom het, moes sy uitvind dat haar hande erg beseer en haar been permanent beskadig was. Sy moes reekse veloorplantings kry. Daar is vandag nog skrapnel in haar lyf wat nie uitgehaal kan word nie. Twee jaar gelede, by die eerste WVK-verhoor in Johannesburg, het Marina ook gepraat. Toe het sy nog begrip gehad vir die lyding van swart mede-Suid-Afrikaners. Maar om nou van aangesig tot aangesig te kom met die man wat vir al haar smart verantwoordelik was en om 'n hand van vergifnis uit te steek, was nie so eenvoudig nie. Marina het ruiterlik erken dat sy "nog nie vrede kon maak met dié lafhartige daad nie".

Dieselfde het vir mev. Elizabeth Kok gegeld. Haar man, Jacob Ras, is dié dag dood – en sy en die kinders het nog nooit regtig oor die skok gekom nie. En vir mev. Anita de Wet, wat vertel het hoe hulle haar ma, Stienie Meyer, van hospitaal tot hospitaal gesoek het voordat hulle die hartseer nuus van haar dood gekry het, was die pyn na al die jare eens so erg. Dit was moeilik om te vergewe en te vergeet.

Ismail het in sy getuienis die dood van onskuldiges en burgerlikes in die stryd om geregtigheid en vryheid diep betreur. "Maar," het hy bygevoeg, "in 'n oorlogsituasie is daar altyd lewensverlies, en beserings en sterftes onder burgerlikes word onvermydelik."

7 MEI 1998: DIE EERSTE REPARASIEBRIEWE WORD UITGESTUUR

Thulani Grenville-Grey, ons sielkundige wat teen die einde van 1997 Barbara Watson se plek as nasionale organiseerder van die Reparasie-en-rehabilitasiekomitee moes oorneem, het soos 'n kat gelyk wat room gekry het. Met kwalik verbloemde trots het hy vertel: Ons het die eerste briewe aan slagoffers gepos! Van môre af sal die eerste 700 slagoffers wie se getuienisse bevestig is, kennisgewings in die pos ontvang dat hul saak afgehandel is – en dat hulle die nodige dokumente moet aanstuur sodat 'n bedrag geld aan hulle uitbetaal kan word. Die Aartsbiskop was net so in sy skik. "Ek is opgewonde," het hy vir die pers vertel. "Omtrent so opgewonde soos toe ons twee jaar gelede met die werk begin het."

Aanvanklik sou slegs beperkte fondse beskikbaar wees as deel van die dringende tussentydse hulpprogram van die WVK: ongeveer R2 000 per persoon, net genoeg om die ergste nood te verlig. Die groot uitbetalings wat oor die loop van 'n aantal jare sou geskied, sou eers kon begin wanneer die Regering bekendgemaak het hoeveel hy vir die reparasie van slagoffers opsy gesit het.

Min, maar 'n besliste begin!

8 MEI 1998: DIE AMNESTIE VAN 37 ANC-LEDE TERSYDE GESTEL

Die uitspraak van regter Johan Conradie het as 'n groot verligting gekom. Uiteindelik het die WVK én sy Amnestiekomitee geweet waar hulle staan. Vir maande het die debat gewoed oor die geldigheid al dan nie van die amnestie wat aan 37 ANC-lede toegestaan is. Aan die begin van die jaar, tydens die Robbeneiland-byeenkoms van die WVK, is eenparig besluit dat die saak na die regbank verwys sou word om eens en vir altyd 'n uitspraak te lewer. Was die Amnestiekomitee reg in hul toekenning van amnestie aan 'n groep ANC-lede sonder bekendmaking van al die feite, óf was die res van die WVK reg in hul oortuiging dat die anmnestietoe-kennings ongeldig was?

Regter Conradie het die Amnestiekomitee gelas om al die aansoeke van voor af te oorweeg. Daarmee het hy die komitee se verlening van amnestie aan die 37 tersyde gestel. Tutu was dankbaar dat daar uiteindelik helderheid oor die saak gekom het.

Die ANC, wat eers die saak in die hof wou teenstaan maar later besluit het om met die WVK saam te werk, het voor 'n dilemma gestaan. 'n Aantal van die 37 aansoekers – leiersfigure in die ANC – het nie vir spesifieke dade amnestie gevra nie, maar kollektief verantwoordelikheid geneem vir baie dinge wat gebeur het. "Dis te verwagte dat van die persone hul amnestieaansoeke sal terugtrek," het mnr. Mathews Phosa, hoof van die ANC se regsafdeling, gesê. Die NP, wat die saak ook by die hof aanhangig gemaak het, het hulle saak teruggetrek nadat die WVK sekere dele van húl bewoording in die WVK-hofstukke opgeneem het. Die regter het bepaal dat die WVK die NP se hofonkoste moes betaal, wat die NP-mense breed laat glimlag het.

26 MEI 1998: DIS NIE NET SUID-AFRIKA WAT JAMMER IS NIE

Dit was nie net Suid-Afrikaners wat met die verlede besig was nie. Op drie plekke in die wêreld het mense voor die spieël van die geskiedenis gaan staan en hul diepe spyt uitgespreek – en dit alles op één dag: 26 Mei 1998.

Keiser Akihito van Japan was op 'n staatsbesoek in Engeland toe hy "sy diep gevoel van hartseer oor die lyding van die Tweede Wêreldoorlog, en die feit dat daardie lyding tot vandag toe nog vir sekere mense voort-duur," uitgespreek het. "Die oorlog was 'n groot ramp vir die mensdom en daar is geweldige meegevoel vir diegene wat gely het." Terwyl die keiser op pad na die paleis was, het sommige oudsoldate, oorlewendes van die Japannese konsentrasiekampe, langs die strate gaan staan en hul rug op die keiser gedraai toe hy verbygery het. Ander het die keiser as besoekende staatshoof met hul gewuif verwelkom.

In Australië is die hele land opgeroep om 'n "Jammer-dag" te hou, die dag waarop die blanke Australiërs hul Aborigine-landgenote om verskoning gevra het vir die onreg wat hulle in die verlede aangedoen is. Talle van die oorspronklike bewoners van die land is van hul grond verwyder, baie van hulle moes toesien hoe hul kinders aan blankes gegee word om groot te maak. Die Botany Bay nasionale park behoort 'n nuwe naam te kry, 'n naam wat van versoening spreek, het die mense vir mekaar gesê. Derduisende mense het hul name in 'n groot "Jammer-boek" geteken.

En in Switserland het 'n kommissie wat opdrag gekry het om navor-sing te doen oor die onwettige verryking van Switsers wat gedurende die Tweede Wêreldoorlog "Nazi-goud" bekom het, erken dat die Nasionale Bank goud wat van slagoffers in die doodskampe verkry is, in ontvangs geneem het. Volgens die verslag is 119,5 kilogram goud herwin deur horlosies, juwele en muntstukke van Joodse gevangenes te smelt. Al het die amptenare goed besef wat aan die gang was, het die bank normaalweg sake gedoen met Nazi's. Die bank, wat tevore reeds erken het dat hy "onbewus goud van Nazi-slagoffers ontvang" het en intussen meer as R320 miljoen aan menslikheidsinstellings oorbetaal het, sal waarskynlik verder moet opdok.

JUNIE EN JULIE 1998: VERHORE OP VERSKILLENDE PLEKKE

In Junie en Julie – van die besigste én belangrikste maande in die annale van die WVK – is 'n aantal verhore en sittings, soms gelyktydig, op verskillende plekke gehou. Dit was P.W. Botha se maande, maar ook dié van oudminister Adriaan Vlok en oudpolisiekommissaris Johan van der Merwe, van die Vlakplaas-bevelvoerder Eugene de Kock en van 'n hele groep AWB-oortreders. Bo alles was dit die tyd toe Wouter Basson, die geheimsinnige, swygsame dokter, met sy "chemiese projekte" voor die Waarheidskommissie verskyn het. En dit was die tyd toe aartsbiskop Tutu in een van die groot NG gemeentes in ons land met oop arms ontvang en met trane omhels is.

In plaas daarvan om die proses kronologies te beskryf, vertel ek liewer van 'n paar belangrike gebeurtenisse wat gelyktydig op verskillende plekke in die land afgespeel het.

1-5, 15 JUNIE 1998: NOG HOOFSTUKKE IN DIE P.W. BOTHA-SAGE

"Dit lyk soos 'n Boere-Hollywood," het 'n joernalis dit beskryf. Daar was nie meer soveel mense om P.W. Botha te verwelkom en by te staan nie. Constand Viljoen en Ferdi Hartzenberg was daar, getrou op hul pos. Maar nie veel meer nie, behalwe die klompie getuies wat gedagvaar is. En dan, die twee ou vriende van die Oudstaatspresident, al twee manne uit die vermaaklikheidswêreld: Boet Troskie, flambojante miljoenêr en filmmagnaat, en Nico Carstens, bekende en geliefde trekklavierspeler.

Boet Troskie het al baie dinge in sy lewe reggekry. Sou hy as bemiddelaar tussen P.W. en die WVK kon optree? "Gee my 'n kans," het hy gevra. "As jy P.W. Botha kan oortuig om na die Waarheidskommissie te kom, sal ons die landdros selfs in hierdie laat stadium vra om die verhoor op te skort," was die Aartsbiskop se antwoord. Die filmmagnaat én saam met hom die trekklavierkoning, het hard probeer maar is die volgende dag onverrigter sake terug huis toe.

Die verhoor moes voortgesit word.

Die volgende dae is die een getuie na die ander geroep. Elkeen is gevra om die lig op een of twee spesiale sake te laat val.

Biskop Peter Storey, wat op besoek aan Amerika was, het 'n retoer-kaartjie van die WVK gekry. Hy moes oor die ontploffing by Khotso-huis getuig. "Ek het in my lewe nog nie so iets gesien nie. Dit was soos 'n toneel uit die hel! Die hele fasade van die gebou was weggeskiet, puin het oral gelê. Vreemd genoeg het net 'n groot muurbehangsel van Christus wat die hele Suid-Afrika omhels, ongeskonde bly hang." Oorkant die straat is die geboue beskadig. Mense het verdwaas rondgeloop en in die puin gekrap. Die Polisie se optrede was nogal vreemd: hulle was afjakkerig en stil. Ons weet uit die getuienis van baie, veral dié van oudminister Vlok, dat P.W. Botha die opdrag gegee het. Hoekom? Wat wou hy bereik?"

Die volgende dag het Eugene de Kock, Vlakplaas-bevelvoerder – deur die pers "Prime Evil" gedoop – sy plek reg teenoor die beskuldigde ingeneem. Hy het P.W. Botha nog nooit persoonlik ontmoet nie, maar nou het hy hom ook nie in die oë gekyk nie. In sy groen gevangenis-uniform het hy begin vertel van al die projekte wat "van bo" aan hulle deurgegee is. Die Oudstaatspresident is 'n lafaard, het De Kock gesê. "Hy het geen trots nie! Ek en my kollegas in die veiligheidsmagte word deur bangbroekpolitici, veral dié van die NP, uitverkoop!" Hulle wil graag skaapvleis eet, maar hulle wil nie die bloed en derms sien nie. Dit was P.W. wat in 1987 die opdrag gegee het dat Cosatu-huis beskadig moes word en dat 'n bom in Khotso-huis geplant moes word. Dieselfde was waar van die ANC-hoofkwartier in Londen. Vir al sy geslaagde projekte het De Kock nie net die hartlike dank van die Regering ontvang nie, maar selfs 'n kosbare medalje.

"Wanneer gaan P.W. Botha my manne wat in Zambië in die tronk sit, huis toe bring?" het De Kock in 'n stadium in sy getuienis gevra. "Daar is drie van hulle en hulle gaan dood in die tronk ..."

Baie teen sy sin moes Tutu op dag drie en dag vier self in die getuie-bank gaan staan. Beter gestel, op 'n kroegstoeltjie gaan sit. "Dit is met groot onwilligheid dat ek hier sit ... om teen my broer te getuig," het Tutu begin. Dis nie wat hy wou hê nie. Selfs in dié laat stadium het hy by Botha gepleit "om rede te laat seëvier" en voor die WVK te verskyn. Die hofsaak kon onmiddellik gestop word.

Oor P.W. Botha se verweer dat Tutu mondelings onderneem het dat hy, as hy skriftelik op al die vrae van die WVK antwoord, nie persoonlik voor die kommissie hoef te verskyn nie, het Tutu beslis geantwoord: "Dis nie so nie! Dis ook nie moontlik dat ek dié soort vrywaring aan iemand kan gee nie. Ek het nie die mag om dit te doen nie." Tutu het voorts vertel met hoeveel deernis hy Botha behandel het. "Hy is my broer! Ons is deur dieselfde God geskep." Weer 'n keer het hy benadruk dat die WVK nie die Oudstaatspresident wou verneder nie, dat hulle alles gedoen het om hulle goeie gesindheid te betoon, dat hy na Dullah Omar gegaan het om te verseker dat Botha voldoende regshulp sou hê, en ook na Mandela om te vra dat hy toegang sou kry tot al die dokumente wat hy nodig gehad het.

Botha se regsverteenwoordiger het in kruisondervraging vir Tutu gevra het of hy al die 1 700 bladsye van P.W. Botha se voorlegging gelees en bestudeer het.

"Nee," het die Aartsbiskop eerlik geantwoord. P.W. het sy hande in die lug gegooi ...

"Maar dis ook nie my werk nie," het Desmond Tutu verduidelik. "Ek het ook nie die hele lang ANC-voorlegging deurgelees nie. Ek kan nie by alles uitkom nie, dus verdeel ons die werk. Die Botha-voorlegging is direk aan die WVK se navorsingsafdeling gegee om te bestudeer en te oorweeg."

"Wil u nie asseblief sê dat u jammer is oor al die pyn en lyding wat u beleid veroorsaak het nie?" het Tutu vir die soveelste keer gepleit. Wat hom geweldig bekommer het, is dat hy bemerk het dat P.W. Botha dieselfde argument as F.W. de Klerk begin gebruik: Al die verkeerde dinge wat in die verlede gebeur het, was nie die Regering se verantwoordelikheid nie. Dit was die skuld van 'n paar "vrot appels" in die vorige regering en veiligheidsmagte.

Botha wou nie verskoning vra nie en ook nie sy standpunt oor die WVK verander nie. Landdros Victor Lugaju het die saak vir die vyfde keer uitgestel: tot 15 Junie 1998.

◆ ◆ ◆

Op 15 Junie het die staatsaanklaer, adv. Bruce Morrison, met mening onder die Oudstaatspresident ingeseil. P.W. Botha se voortgesette weiering om te getuig, die skuiwe wat hy gemaak het, die vergesogte tegniese punte wat voorgehou is, is alles slegs 'n poging tot "slinkse verset".

Volgens hom was daar geen ooreenkoms tussen Tutu en Botha oor die moontlikheid dat Botha, as hy 'n volledige skriftelike verslag indien, van persoonlike verskyning voor die WVK vrygestel kon word nie.

"Daar was nie so 'n ooreenkoms nie, en al was daar, sou dit onwettig gewees het. Die WVK-wet maak geen voorsiening vir so iets nie."

Die saak is vir die sesde keer uitgestel, tot 17 Augustus. Dan sou die slotargument vir Botha se verdediging aan die beurt kom. Die landdros se uitspraak moes die volgende dag gelewer word.

2 JUNIE 1998 EN VOLGENDE DAE: DIE AMNESTIETOU WORD LANGER EN LANGER

Die Amnestiekomitee, wat lank reeds in verskillende groepe verdeel het, het 'n druk program gehad. Van die belangrikste sake wat groot openbare aandag getrek het, was die volgende:

Generaal Johan van der Merwe en nege kollegas in die Veiligheids-polisie het aansoek gedoen om amnestie vir die dood van Stanza Bopape. Dié Pretoriase aktivis is in hegtenis geneem en Johannesburg toe geneem om ondervra te word. Soos die stukke van 'n legkaart wat inmekaar gepas word, het die getuienisse van die polisieoffisiere die prent voltooi van wat met die gewilde Mamelodi-gemeenskapsleier gebeur het. Op 12 Junie 1988 het generaal Gerrit Erasmus, die Witwatersrandse afdelingshoof, vir generaal Van der Merwe gebel. Daar was 'n lastige probleem: Bopape is "skielik en onverwags tydens ondervraging dood, vermoedelik weens hartversaking na ligte elektriese skokke".

Die generaals het ooreengekom dat 'n "skynontsnappingsplan" die beste sou wees. Hulle wou nie die Regering in die verleentheid stel deur die dood van Bopape aan die groot klok te hang nie. Die leuen sou versprei word dat Bopape op pad na Vereeniging uit aanhouding ontsnap het. Intussen het kaptein Leon van Loggerenberg Stanza se lyk in 'n krokodilgat in die Krokodilrivier naby Komatipoort, aan die Mosambiekse grens, gaan gooi. Generaal Piet du Toit, wat die verhaal moes versprei dat Bopape gevlug het, het selfs 'n hele paar soekspanne gelei om die aktivis in die hande te probeer kry. Hulle het selfs moontlike grafte wat deur persone uitgewys is, gaan oopgrawe, in die hoop dat dit Bopape kon wees. Hy het jare lank sy kollegas oor die werklike toedrag van sake in die duister gehou. Hulle was redelik ontsteld toe hulle later hoor wat werklik gebeur het!

Terwyl die getuienisse gelewer is, het die familie dag ná dag met groot oë sit en luister ... Hulle was nie seker of hulle al die feite kon vertrou nie, veral nie toe getuienis later gelewer is dat die polisieleêrs oor Stanza Bopape geheimsinnig verdwyn het nie. Toe die verhoor uiteindelik op 9 Junie tot 'n einde kom, het Stanza Bopape se broer Michael gesê dat die familie nie glo dat die volle waarheid uitgekom het nie. Na sy mening is Stanza se lyk nooit in die Krokodilrivier gegooi nie. Ons dink sy lyk is, soos ook met ander gebeur het, deur die Polisie opgeblaas.

Die verhoor van talle lede van die AWB het ook heelwat aandag getrek. Op 5 Junie het vier AWB-lede, Henry Jardine, Martin Christie, Andrew Howell en Christo Brand, amnestie gekry vir 'n aanval op die Flagstaff-polisiestasie in KwaZulu-Natal (5 Maart 1994) toe een persoon gedood en twee beseer is.

Die verhoor van die nege mans wat vermeende ANC-lede by 'n padversperring tussen Randfontein en Ventersdorp vermoor het, het voortgeduur. Maar die mans was onderling verdeeld en hul getuienis het van mekaar begin verskil. Die vrede tussen Dries Kriel en Eugene Terre'Blanche het ook nie lank gehou nie. Kriel het Terre'Blanche voor die Amnestiekommitee daarvan beskuldig dat hy sy manne in die steek gelaat het. Hy moes vandag daar gewees het om die manne by te staan wat aan sy lippe gehang en sy opdragte uitgevoer het. Maar waar is hy nou? "Terre'Blanche het 'n besondere vermoë om te praat. As daar egter enige spanning of bedreiging is, sal hy hom distansieer," het Kriel gesê.

Intussen het die verhoor van Etienne le Roux, luitenant in die AWB se Ystergarde, en nege van sy makkers – wat vir 'n vlaag bomontploffings net voor die 1994-verkiesing verantwoordelik was – begin. Altesaam 21 mense is in die aanvalle dood terwyl 24 beseer is in ontploffings aan die Oos- en Wes-Rand, sowel as in Pretoria en Johannesburg. Een van die insidente wat destyds groot ontsteltenis veroorsaak het, was die bomontploffing by Jan Smuts-lughawe op 26 April 1994. "Lewensverlies is altyd tragies," het Le Roux gesê, "maar ek is glad nie spyt oor die mense wat dood is nie, wit of swart. Ons het stedelike terreur gepleeg om vrees in te boesem – om só 'n politieke opstand te bewerkstellig." Mnr. Sydney Otong, wie se seun Paul in een van die ontploffings oorlede is, het ernstig aanstoot geneem en Le Roux 'n belediging toegesnou voordat hy en sy vrou die saal verlaat het.

Een van die bomplanters, Jan de Wet, het die gehoor regop laat sit toe hy tydens een van die ondervragingsessies verklaar het dat hy geen teenstrydigheid gesien het tussen sy Christenskap en die bomme wat hy help plant het en wat die lewens van twintig mense geëis het nie. "Ek sien dit as 'n Christelike ding. Ons wou ons doelwitte bereik. Ons wou die verkiesing verhoed en 'n volkstaat probeer afdwing. Dit was oorlog!" Oor die sleepwabom wat hy in Germiston help plaas en laat ontplof het, het hy herhaaldelik gesê: "Ek was bereid om vir God, volk en vaderland te sterf!"

Alhoewel hulle geen direkte opdragte van Terre'Blanche gekry het om bomme te plant nie, was hulle daarvan oortuig dat dit sy goedkeuring weggedra het. Sy toesprake was vol suggesties dat sulke dinge moes gebeur. Hy het byvoorbeeld gesê: "As Pienk Frikkie (F.W. de Klerk) nie wil hoor nie, sal daar 'n bom klap."

Klokslag het daar dan die volgende dag 'n bom geklap!

Regter Pillay het die verhoor tot Augustus uitgestel.

Op 11 Junie het die Amnestiekomitee amnestie toegestaan aan die drie Apla-lede wat vir die aanval op die St. James-kerk in Kaapstad verantwoordelik was. Elf mense is in die aanval dood en talle gemeente-lede is beseer. Die Amnestiekomitee het die getuienis van die drie mans, Gcinikhaya Makoma, Bassie Mzukisi Mkhumbuzi en Tobela Mlambisi, dat hul daad polities geïnspireer was, dat dit deel van die militêre stryd was wat Apla namens die PAC gevoer het, aanvaar. 'n Vierde aansoeker, mnr. Letlape Mphahlele, het nie die sitting bygewoon nie en sy naam is van die rol geskrap.

3 JUNIE 1998: FERDIE BARNARD IS VYF EN TWINTIG KEER SKULDIG

Die saak het nie voor die WVK gedien nie, maar in die Pretoriase Hoërhof. Maar die naam van Ferdi Barnard, die eerste en sover enigste lid van die Burgerlike Samewerkingsburo wat voor die hof gedaag en gevonnis is, is soveel keer by WVK-verhore genoem dat sy verskyning voor die hof met groot belangstelling gevolg is. Wat sou die hof maak met die man teen wie daar 25 aanklagte ingebring is, die man wat vir die sluipmoord op dr. David Webster, bekende menseregtestryder, verantwoordelik was?

Ferdi Barnard, wat dwarsdeur die verhoor vol bravade was, het bleek na die vonnisoplegging geluister: twee keer lewenslank vir die moord op David Webster en Mark Frances (dwelmverslaafde, vriend van Ferdi), sewe jaar vir poging tot moord op Dullah Omar, plus 'n verdere 63 jaar op die res van die aanklagte.

Maggie Friedman, wat by die eerste menseregteskendingsverhoor in Johannesburg met soveel erns gevra het dat reg en geregtigheid moes geskied, dat die moordenaar van haar vriend David aan die man gebring moes word, sou dié nag rustig kon gaan slaap. Haar wens is vervul.

5 EN 23 JUNIE 1998: NUWE LIG OP TWEE VLIEGRAMPE

Die WVK het nuwe getuienis aangehoor oor twee vliegrampe in 1987 en 1989 waaroor talle vrae nog bestaan het. Die Waarheidskommissie het die afgelope tyd agter geslote deure waardevolle getuienis van talle persone ontvang. Dit het nuwe lig gewerp op die Helderberg-vliegramp, toe 'n SAL-passasiersvliegtuig in 1987 naby Mauritius in die see neergestort het, asook die ongeluk waarin die president van Mosambiek, Samora Machel, in 1989 oorlede is. By 'n nuuskonferensie het Dumisa Ntzebeza bekendgemaak dat die WVK na alle waarskynlikheid in sy finale verslag aan die President sal aanbeveel dat ondersoeke na al twee rampe heropen word.

Getuienis wat voor die WVK gelewer is, beweer dat die Helderberg, wat met 159 mense in die see gestort het, 'n onwettige vrag hoogs ontvlambare chemikalieë wat vir die vervaardiging van vuurpylbrandstof gebruik word, aan boord gehad het. Die vliegtuig het neergestort toe 'n brand in die vragruim uitgebreek het.

Ntsebeza het verder vertel dat van die getuienis oor die Machel-ramp daarop dui dat die bevindings van regter Cecil Margot, wat die ramp destyds moes ondersoek, nou in twyfel getrek kan word. Nuwe bewerings oor 'n navigasiebaken wat verskuif is, asook beweerde weermagbetrokkenheid, vra 'n nuwe ondersoek.

◆　◆　◆

'n Bietjie meer as twee weke later, op 23 Junie, het mev. Graça Machel voor die Waarheidskommissie verskyn. Sedert haar man se dood het sy voortdurend die omstandighede van die vliegramp ondersoek en het sy heelwat inligting gehad om agter geslote deure aan die WVK te gee. Sy was na al die jare nog steeds oortuig dat president Machel vermoor is en dat meer as een land by die die komplot betrokke was.

President Mandela se metgesel (nou sy vrou) het swaargekry om haar getuienis te lewer. Haar gemoed het telkens vol geskiet. Nadat sy vier uur lank getuig en vrae beantwoord het, het Graça Machel buite die saal met die pers gepraat. Haar oë was rooi gehuil. Tog was dit vir haar 'n helende ervaring om te kon getuig, het sy gesê. Nou kon sy voortgaan met haar lewe. Sy het ook vir die persmense vertel dat sy die WVK gevra het om nie net haar man se dood te ondersoek nie, maar ook dié van die ander mense wat op die vliegtuig was. Sy het Suid-Afrika daarvoor bedank dat die land die inisiatief geneem het om die ongeluk te ondersoek. Haar hele familie is die WVK daarvoor dank verskuldig.

"Ons ondersoek dui daarop dat elemente in die voormalige Weermag, Militêre Inligting en spesiale magte nie onbetrokke was by die ongeluk nie," het Dumisa Ntsebeza gesê. Die WVK was oortuig daarvan dat die saak heropen moes word.

8 JUNIE 1998 EN VOLGENDE DAE: DR. WOUTER BASSON: "DIE WURMS BLY UITPEUL"

"Ons het hier met van die skokkendste onthullings te make sedert die Waarheidskommissie in 1995 met sy werk begin het," het Tutu 'n dag of twee nadat die sitting begin het, aan die pers gesê. "Ek is met afgryse vervul. Vandag was vir my die ergste dag in twee jaar! Ek probeer om my geloof in die mensdom te behou ..."

Die meeste mense in die land het saamgestem.

Die ondersoek na die bedrywighede van dr. Wouter Basson en sy kollegas by Project Coast – die skuilnaam vir die geheime chemiese en biologiese wapenprogram van die destydse Weermag – het man en muis geskud. Nie soseer as gevolg van die groot klomp geld wat dit die belastingbetalers uit die sak gejaag het nie – tussen R400 miljoen en R500 miljoen, het kenners beweer. Dit was ook nie dat die medewerkers aan die program hulle heerlik verryk het nie – een aandeelhouer se insetbedrag van R50 000 het hom na 'n paar kort jare R9 miljoen in die sak gebring (as jy die getuienis wat gelewer is, kon glo). Dit was die absoluut onmenslike program waarmee hulle besig was wat Suid-Afrikaners snags laat wakker lê het – die vervaardiging van genoeg dodelike chemiese en biologiese middels om duisende te laat sterf, van wrede eksperimente op diere (party het gesê ook op mense), die ontwikkeling van onvrugbaarheidsmiddels om swart mense mee te beheer, van Mandrax- en Ecstasy-tablette wat by die duisende gemaak is en wie weet waar uitgedeel of verkoop is. "Is ons so anders?" het 'n koerantredakteur geskryf, "of is ons terug in die tyd van die Derde Ryk, van Adolf Hitler en dokter Josef Mengele?"

Stukkie vir stukkie het die verhaal na vore gekom, van hoe dr. Wouter Basson, persoonlike dokter van P.W. Botha en Wunderkind van die Suid-Afrikaanse Weermag, deur sy hoofde gevra is om met 'n ontwikkelings-program vir biologiese en chemiese wapens te begin. Die idee was – so is daar gesê – dat feitlik uitsluitlik op defensiewe wapens gekonsentreer moes word. In werklikheid is 95 persent van die tyd en mannekrag egter aan die ontwikkeling van offensiewe wapens en middels bestee. In Midrand is 'n firma, Delta G, gevestig, en oos van Pretoria die Roodeplaat Research Laboratories (RRL). Aan die sy van Basson het sy kollega en vriend, dr. Lothar Neethling, hoof van die Suid-Afrikaanse Polisie se Forensiese Laboratorium, gewerk. Aanvanklik was die bestuur, veral die finansiële bestuur, goed, is tydens die sitting getuig. Later het die kontrole verslap en het geld soos water gevloei.

Aan die begin was min mense van die projek bewus, maar toe Wouter Basson vroeër die jaar op aanklag van die besit van 'n groot klomp Ecstasy-pille in hegtenis geneem is, het die Polisie in 'n kluis op 'n stel amptelike dokumente afgekom wat die hele verhaal van Project Coast op die lappe gebring het. Basson is op borgtog van R50 000 vrygelaat – maar die sluier is gelig oor die halfdonker wêreld van geheime formules en dodelike chemikalieë, van pille wat ontwikkel moes word om swart vroue onvrugbaar te maak, van giftige T-hemde, en skroewedraaiers en sambrele met gifbesmeerde punte. Basson se skemas het hom nie net plaaslik besig gehou nie. Hy moes dikwels oorsee gaan, op allerlei skaduagtige sendings. Hy het vreemde transaksies gesluit en miljoene rande aan oorsese besigheidskontakte betaal. Een Britse kontak, majoor Roger Buffham, was as sleutelgetuie op pad om te vertel hoe hy R20 miljoen ryker geword het.

Een na die ander het Basson se kollegas aan die woord gekom.

Dr. Schalk van Rensburg, wat in 1985 as mediese navorser op versoek van Basson by die RRL gaan werk het, het vertel dat die moontlikheid oorweeg is om Nelson Mandela in die Pollsmoor-gevangenis te vergiftig. Een voorstel was om talium in sy medisyne te gooi, wat sou beteken dat hy verstandelik sou agteruitgaan. Genadiglik het niks van die planne gekom nie. Maar, het Van Rensburg gesê, hy het al gewonder of Steve Biko nie talium ingegee is nie. Dit sou sy irrasionele gedrag kort voor sy dood verduidelik.

Wouter Basson, het hy getuig, het 'n obsessie gehad om 'n dodelike gif te ontwikkel waarvan die spore nie in 'n nadoodse ondersoek opgespoor kon word nie. Basson was woedend toe die poging om Frank Chikane met gif op sy klere te dood, misluk het. Dr. Basson het hom ook genader om te help om 'n serum te ontwikkel wat swart vroue onvrugbaar sou maak. Basson het gesê dit was op versoek van UNITA, wat nie kon bekostig dat soveel van hul vrouesoldate swanger word nie, maar Schalk van Rensburg het nie dié storie geglo nie. Dit het hom soms geskok om te sien hoeveel gif in die laboratorium rondgestaan het: talium in bier en whisky, salmonella in suiker, antraks of sianied in sjokolade en cyphimurium in reukweerderblikkies. Choleramonsters is in bottels aangehou. Op 'n vraag het die mediese navorser dit duidelik gestel dat hy absoluut seker was dat oudstaatspresident P.W. Botha van die projek geweet het.

Volgende in die getuiebank was dr. Johan Koekemoer. Volgens hom het die werknemers by RRL en Delta G na dr. Basson as "Die Skim" verwys. In 1992 en 1993 het Basson hom gevra om sowat 1 000 kilogram Ecstasy-tablette te vervaardig. Dit was glo vir skarebeheer-eksperimente. "Die hele projek het my van A tot Z gepla,"het Koekemoer vertel. Hy het geweet Ecstasy kan nie gebruik word om skares te beheer nie. Mandrax miskien – jy sou die tablette in gasformaat kon verwerk en in granate op mense afgooi. Hy was so bekommerd oor die baie dwelmtablette wat hy moes maak, dat hy geweier het om voort te gaan voordat die geneesheer-generaal, dr. Neil Knobel, hom van 'n kwytskeld-ingsbrief voorsien het. Dis juis as gevolg van dié dinge dat hy tog in hegtenis geneem is. Nadat die Polisie Wouter Basson in hegtenis geneem het, was daar genoeg inkriminerende getuienis om hom (Koekemoer) ook te arresteer. Dit het hom lank geneem om sy onskuld te bewys, het Johan Koekemoer gesê.

Dr. Mike Odendaal het weer van die dag vertel toe die RRL 'n vergif-tigde hemp voorberei het wat bedoel was om "'n afvallige polisieman" uit die weg te ruim. Die polisieman het sonder dat hy besef het wat hy doen, die hemp vir 'n vriend gegee – wat toe dood is.

Dr. Wynand Swanepoel was 'n tandarts toe hy deur Basson gevra is om die bestuur van die RRL oor te neem. Hy was nie bewus van alles wat in die laboratoriums gedoen is nie, hy was slegs vir die administrasie en finansies van die RRL verantwoordelik. Maar dat daar allerlei eksperi-mente met proefkonyne plaasgevind het, was waar. Waarom anders sou daar duisende hondehokke gewees het? Hy weet ook dat bobbejane gebruik is om vuurvaste kleding en dum-dum koeëls te toets.

Toe hulle beurt aangebreek het, het generaal Lothar Neethling en dr. Daan Goosen, Swanepoel se voorganger as bestuurder van die RRL, van die mees opspraakwekkende getuienis gelewer. Wyle minister Louis le Grange was die eerste om te vra dat 'n chemiese wapen teen die swartes ontwikkel moes word, het Goosen vertel. Dis dié dat die RRL toe met Mandrax, LSD en dagga begin eksperimenteer het, hoe dit gebruik kon word om skares te beheer. Die idee was om 'n dwelm te ontwikkel wat slegs "gepigmenteerde mense" sou aantas. Goosen het 'n gesprek met Wouter Basson goed onthou, toe Basson die opmerking gemaak het: die Regering gee die swart bevolkingsyfer in ons land as 28 miljoen aan. Dit was verkeerd, daar was 45 miljoen swart mense in die land. Iets sou gedoen moes word om 'n oplossing te vind!

Die enigste wat tot dusver geweier het om te getuig, was Wouter Basson self. Met die verskoning dat daar 'n strafsaak teen hom aanhangig gemaak is en dat hy homself sou benadeel as hy nou getuig, het hy geweier om enige vrae te beantwoord. Die kommissarisse het hand in die hare gesit. Dreigemente het soos water van 'n eend se rug gerol. Die laaste dag, die Donderdag, het hy nie eens opgedaag vir die verhoor nie. "Hy voer 'n operasie in Pretoria uit," was al verduideliking wat die WVK gekry het. Dit was egter van kardinale belang dat Basson moes getuig. Wat was sy kommentaar op al die inligting wat sy kollegas verskaf het? Daar was ook vreemde gebeurtenisse waaroor hy sou moes getuig. Wat het hy, byvoorbeeld, in November 1992 toe die burgeroorlog op sy hewigste was, in Kroasië gaan maak? Was dit waar dat hy deur die Regering gestuur is om 500 kg metakoloon (die hoofbestanddeel van Mandrax) te gaan koop?

Intussen moes die geneesheer-generaal, dr. Neil Knobel, probeer om antwoorde te verskaf. Ja, hy het geweet van die bobbejaanfetus wat die RRL verskaf het wat in aartsbiskop Tutu se tuin in Bishopscourt gegooi is. Nee, hy kon ook nie verklaar waarom Basson die Mandrax-bestanddele oorsee moes gaan koop nie. Teen daardie tyd is Mandrax reeds vryelik in die land gemaak. Meer nog, generaal Lothar Neethling het op 'n keer 200 000 Mandrax-tablette in Basson se motor laat sit. Die Polisie het ook onderneem om hom van gekonfiskeerde dwelms te voorsien. Wat wou Basson daarmee doen?

Dr. Knobel het vertel hoe oudpresident F.W. de Klerk vir Basson in Desember 1992 op vervroegde pensioen laat sit het. Hy was een van 23 senior offisiere teen wie die President dissiplinêr opgetree het nadat hy 'n verslag van generaal Pierre Steyn oor vermeende wanpraktyke in die Weermag ontvang het. In Januarie 1993 het die destydse Minister van Verdediging, mnr. Gene Louw, opdrag gegee dat alle gifmiddels en bestanddele wat gebruik kon word om dwelms te vervaardig, vernietig moes word. Later die maand het 'n lugmagvliegtuig twintig plastiekhouers 130 km suid van L'Agulhas in die see gestort. Basson was in die vliegtuig. Einde Maart 1993 is Basson as vrywillige reservis in die Burger-mag opgeneem en weer in Knobel se personeel aangestel. Hy het voortgegaan met sy biologiese en chemiese program. Basson was die enigste wat ten volle op hoogte van sake was en toe die Suid-Afrikaanse regering van die Amerikaanse en Britse regerings protesnotas oor hul vermeende biologiese en chemiese wapentuig ontvang het, was hy die enigste wat vir hulle kon verduidelik waarmee Suid-Afrika regtig besig was.

Rapport se kommentaar op al die onthullings

Volgens dr. Knobel is president Mandela én adjunkpresident Mbeki voor en ná die 1994-verkiesing oor Basson se werk en die biologiese en chemiese programme ingelig. Die ANC het na 1994 Basson nog steeds in diens gehou. Hy is met die rang generaal-majoor by 'n militêre hospi-taal aangestel. Toe Dumisa Ntsebeza vra: "Het julle hom aangestel omdat julle bang was dat hy die land uit sou vlug? Wou julle hom hier in toom hou?" was Knobel se antwoord: "Ja, u het dit baie goed opgesom, meneer die voorsitter."

Vrae wat heelwat bespreking uitgelok het, was: Waar is die wapens nou? Bestaan dit nog? Wie is die twee persone wat elk een van die twee sleutels van die brandkluis besit waarin die geheime formules bewaar word? Voor 1994 het die Staatspresident en 'n senior weermagoffisier die sleutels gehad. Na die verkiesing het F.W. de Klerk sy sleutel aan adjunkpresident Mbeki gegee. Watter weermagoffisier bewaar die tweede sleutel?

◆ ◆ ◆

Die joernaliste wat die verhoor gedek het, het oorgenoeg gehad om oor te skryf. Maar dit het nie net om blote feite gegaan nie. Die dieper vraag was: Waarom? Wat het die mense gemotiveer? "Dis soos 'n blik wurms wat oopgemaak is. Elke dag peul daar net meer uit," het Johan Strydom van Rapport geskryf.

Wat sou Basson en sy kollegas gedryf het? Max du Preez, wat gereeld op televisie verslag moes doen oor die verhoor – en wat vroeër toe hy redakteur van Vrye Weekblad was 'n ernstige potjie met Basson se mede-werker, generaal Neethling, geloop het – het 'n paar tentatiewe antwoorde gehad wat hy by die getuies self gaan haal het.

Odendaal het vertel dat hy bly was oor die dodelike bakterieë wat hy vervaardig het, want dit sou ons land teen vyande van buite beskerm. Goosen se antwoord was eenvoudig: "Ek het geglo dat ek dit vir God en vir my vaderland doen." Basson het self nie getuig nie, maar mense wat hom ken, vertel dat hy opgemerk het dat hy daarvan bewus was dat 'n swart regering in die land onafwendbaar was. Maar as sy dogtertjie hom eendag sou vra wat hy gedoen het om dit te probeer keer, wou hy 'n antwoord gereed gehad het. Miskien het hulle dit vir die geld gedoen, sê Du Preez. Want geld was daar genoeg! Die manne het met privaat stralers oorsee gevlieg om rugbywedstryde by te woon. Hulle het in die duurste hotelle tuisgegaan. Hulle beleggings het ongelooflike dividende opgelewer ...

◆ ◆ ◆

Uiteindelik moes die hof – waarop Basson hom beroep het – hom dwing om voor die WVK te gaan getuig. Op 31 Julie, die dag waarop die Waarheidskommissie sy werk amptelik afgesluit het, het Wouter Basson, bitter teen sy sin, in die getuiebank ingeskuif. Aanvanklik wou hy geen vrae beantwoord nie, nie eers oor sy ouderdom of oor wanneer hy deur die Weermag in diens geneem is nie. Op die ou end, nadat hy vir die soveelste keer daarop gewys is dat die WVK binne hul reg sou optree om hom vir minagting van die wet te laat arresteer, het hy tog begin praat. Goed twaalf uur lank het die WVK hom ondervra. Hanif Vally het namens die WVK die bespreking gelei. Sy ontkennings aan die einde van die lang uitgerekte verhoor, het baie geklink soos dié van Winnie Madikizela-Mandela op die laaste dag van háár verhoor. Johan Vosloo van Rapport het dit só opgeteken:

Vally: Hoekom het julle sianied in die sjokolade gesit?

Basson: Dit was nie bedoel om enige persoon of organisasie skade aan te doen nie. Dit was ter wille van opleiding, om aan mense te wys hoe versigtig hulle moes wees, om nie sommer die lekkergoed wat hulle in die hotelkamer op die kussing kry, te eet nie. Enigiemand kan gifstowwe bekom. Jy kan dit by die koöperasie koop. Sianied is vryelik beskikbaar. Dettol is ook gevaarlik. 'n Bottel daarvan kan die vigsvirus doodmaak – maar ongelukkig ook die draer.

Vally: Wat van julle navorsing oor gifstowwe wat onopspoorbaar is?

Basson: Dis 'n internasionale droom om 'n kleurlose, smaaklose, reuklose, dodelike giftige stof te vervaardig. Maar dis 'n mite. Dit het by ons geensins voorkeur geniet nie, omdat ons dit geweet het.

Vally: En die planne om swart vroue onvrugbaar te maak?

Basson: Dis absurd! Dit kan net met 'n inspuiting gedoen word. 'n Miljoen mense sal in die ry moet staan.

Vally: Wat van die beweerde planne om 'n deel van die bevolking aan dwelms te verslaaf?

Basson: Dis absurd. Jy leef op die planeet Zero as jy dink dat dit moontlik is om mense te verslaaf deur rookbomme met 'n dwelmstof af te vuur. Soos dit in die land aangaan, verslaaf mense hulle uit vrye wil!

Vally: Was die versoeking nie groot om jou uit die Mandrax-pille te verryk nie?

Basson: Jy kan net so wel vir my vra of die meisie wat hier agter my sit ('n prokureursklerk) 'n versoeking is. En ek moet sê, sy is. (Na 'n beswaar van een van die paneel dat dit 'n seksistiese opmerking was, het hy bygevoeg:) Ek trek terug. Ek sal op my knieë gaan staan. Ek moet seker sê ek stel in haar kookkuns belang.

Vally: Was jy ooit 'n lid van die BSB? Het jy vir hulle gifstowwe gegee?

Basson: Nee. Ek het vir hulle pynpille gegee. En mediese steun verleen.

Vally: Het jy vir Ferdi Barnard gif gegee om minister Dullah Omar mee te vergiftig?

Basson: Nee.

Vally: Wat dink u van die Steyn-verslag, die verslag wat veroorsaak het dat jy op 42-jarige ouderdom met pensioen moes gaan?

Basson: Die verslag is nie die papier werd waarop dit geskryf staan nie. Tagtig persent van die aantygings het van die wa geval.

20 JULIE 1998 EN VOLGENDE DAE: "DIT WAS DIE MOEITE WERD!" SÊ ADRIAAN VLOK

Op die laaste dag van die opspraakwekkende amnestieverhoor, toe die drie mans oor wie die koerant die afgelope twee jaar nie ophou skryf het nie, hul laaste antwoorde gegee het, het ek tydens die etenspouse met hulle staan en gesels: Oudminister Adriaan Vlok, oudpolisiekommissaris Johan van der Merwe oud-Vlakplaasbevelvoerder Eugene de Kock.

Adriaan Vlok het skraal en ouer gelyk as destyds toe die WVK-verhore begin het. Die maande van voorbereiding, die lang dae voor die Amnestiekomitee, het sy tol geëis.

"Meneer Vlok, sê my, was dit alles die moeite werd?"

"Wel, laat ek jou só antwoord: Gister, toe ek die laaste keer oor die Khotso-huis-aanval moes praat en die verteenwoordiger van die SARK aan die Amnestiekomitee gesê het dat hulle tevrede was en nie van plan was om my amnestieaansoek teen te staan nie, het ek my oë gesluit. Skielik het ek onthou dit was op dié dag presies 'n paar jaar gelede dat my vrou oorlede is. Die Here het my inderdaad op vreemde paaie geneem. Met 'n knop in my keel het ek vir die Here dankie gesê. Ja, dit was oor en oor die moeite werd!"

◆ ◆ ◆

Toe die amnestieverhoor van Vlok, Van der Merwe en De Kock – en meer as dertig lede van die veiligheidsmagte – op 20 Julie in die Idasagebou in Pretoria 'n aanvang geneem het, was drie sake aan die orde: die aanval op Cosatu-huis (1987), dié op Khotso-huis (1988) en die reeks bomontploffings by teaters waar die rolprent *Cry Freedom* (wat oor die lewe en dood van Steve Biko gemaak is) in 1988 vertoon is.

"Ons het gemeen dat ons rede het om Cosatu-huis aan te val," het generaal Van der Merwe getuig. Hy het verduidelik: Die ANC-KP-alliansie het die gebou as hoofkwartier gebruik waar allerlei stakings en onwettighede beplan is. In April 1987 is vier spoorwegwerkers hier aangehou. Een het ontvlug maar die verbrande lyke van die ander drie is by Kazerne, suid van Johannesburg, opgespoor. Dis toe dat P.W. Botha aan hom die opdrag gegee het om die gebou "vir ons toeganklik te maak" – om dit dus so te beskadig dat dit nie meer vir geheime bedrywighede gebruik kon word nie. Van der Merwe het brigadier Willem Schoon opdrag gegee om die taak af te handel. Hy en generaal-majoor Gerrit Erasmus het toe daarvoor gesorg dat Cosatu-huis die nag van 6 en 7 Mei aangeval is. Niemand is in die ontploffing beseer nie. Schoon het getuig hoe hy en Eugene de Kock, wat die bomme gestel het, in die donker deur die strate nie ver van Cosatu-huis af nie gery het toe hulle die ontploffing gehoor het. "Dit het inderdaad tot 'n afname in onwettige bedrywighede gelei," het die oudpolisiekommissaris getuig. "Onthou, ons het alles in ons vermoë gedoen om die rewolusionêre stryd te bestry."

Adriaan Vlok het vertel van die nag toe Khotso-huis aangeval is; van hoe P.W. Botha reeds in April 1988 vir hom gesê het dat hulle net soos met Cosatu-huis, ook met Khotso-huis, die hoofkantoor van die SARK, 'n plan moes maak. Weer 'n keer is die hulp van brigadier Schoon en Eugene de Kock ingeroep. "Van wie kom die opdrag?" wou De Kock weet. "Van die Staatspresident self," was Schoon se antwoord.

In die saal het Shirley Gunn gesit. Sy het al op die eerste dag, vol verontwaardiging, vertel hoe sy deur die Khotso-huis-ontploffing geraak is. Sy was 'n ANC-ondersteuner, 'n lid van MK, toe sy uit die bloute deur die Polisie in hegtenis geneem is op aanklag daarvan dat sy vir die bomaanval op die SARK se hoofkwartier verantwoordelik was. Terwyl die Polisie, bowenal die Minister van Polisie, Adriaan Vlok, geweet het dat dit 'n leuen was, is sy in 1990 twee maande lank sonder verhoor in die tronk aangehou. Haar seuntjie van vyftien maande is saam met haar aangehou. Ergste van alles, ten spyte van die feit dat sy Harroun nog geborsvoed het, is hy vir meer as 'n week van haar weggeneem. Sy ly nog altyd aan post-traumatiese stres, haar kind kry angsversteurings. Shirley Gunn was glad nie geïmponeer deur die getuienis van die annestieaansoekers nie: Dit was "leedvermakerig" en dit het haar "naar gemaak"!

Die groot vraag was: Wat was die betrokkenheid van P.W. Botha en F.W. de Klerk? Oudstaatspresident Botha het die opdragte gegee, daaroor het al die getuies saamgestem. Maar oudpresident De Klerk – het hy geweet? Mnr. De Klerk het sedert die vroeë negentigerjare geweet, het Vlok getuig, hy het hom persoonlik daaroor ingelig, al het F.W. de Klerk dit later in sy WVK-voorlegging verswyg. In 1994, net voor die algemene verkiesing, het Vlok die President van die "buiteregtelike optrede van die veiligheidsmagte" in kennis gestel. In Augustus 1996, nog vóór die NP sy eerste verklaring voor die WVK sou maak, het Vlok reeds sy voorneme met De Klerk en met oudstaatspresident Botha bespreek om om amnestie vir hierdie dade aansoek te doen. Hy het hulle verlof gevra en gekry om sy eed van geheimhouding oor dié sake te mag verbreek. Na De Klerk voor die WVK verskyn het, het die NP met nadruk herhaal dat F.W. de Klerk nie van die dade bewus was nie. Dit was foutief, het Vlok gesê.

Die oudpolisiekommissaris het saamgestem. Reeds in 1990 of 1991 het hy De Klerk en die destydse Minister van Justisie, Kobie Coetsee, oor Cosato-huis, Khotso-huis en die bomontploffings by die teaters ingelig. 'n Paar jaar later, net voor die 1994-verkiesing, het regter Goldstone 'n ondersoek na die onwettige optrede van polisielede geloods. Johan van der Merwe het gemeen dat dit uiters onbillik was dat sy manne ondersoek word, maar dat ondersoeke teen ANC-lede wat self heelwat op hul kerfstok gehad het, gestaak is. Hy het by F.W. de Klerk gaan kla en die betrokkenheid van die Polisie by die opblaas van die geboue met hom bespreek. De Klerk het onderneem om alles te doen wat hy kon om vrywaring vir die manne te verkry. Toe die Goldstone-kommissie egter voortgaan met sy werk, het Van der Merwe hom tot oudminister Kobie Coetsee gewend. Toe dit nie help nie, is hy na Nelson Mandela: "Ek het aan hom verduidelik dat die Polisie graag 'n rol in die komende verkiesing wou speel. Ek het hom gesê as die ondersoeke teen die polisielede voortduur, daar geen manier sou wees waarop ek my manne sou kon motiveer om reg en orde te handhaaf nie." Die Goldstone-ondersoeke is toe gestaak. Van der Merwe het aangeneem dit was omdat Mandela ingegryp het. Later wou die Transvaalse prokureur-generaal die ondersoek hervat, maar toe Van der Merwe hom daarop gewys het dat die bomaanvalle in opdrag van die Regering plaasgevind het, het dr. Jan D'Oliveira die ondersoek laat vaar.

Die volgende dag was daar heelwat reaksie. Marthinus van Schalkwyk, die leier van die NP, was vol lof vir die feit dat oudminister Vlok politieke en morele verantwoordelikheid aanvaar het vir alle menseregteskendings wat tydens sy termyn deur lede van die destydse veiligheidsmag gepleeg is. Dit was wat NP-ondersteuners van hul leiers verwag het. Wat gebeur het, kon niemand goedpraat nie, maar "die feit dat hy die moed en oortuiging het om verantwoordelikheid te aanvaar, is egter prysenswaardig".

Minister Dullah Omar het aangekondig dat hy die NP in die Parlement gaan vra om te verseker dat P.W. Botha en F.W. de Klerk óók sulke volledige bekendmakings doen.

Oudpresident De Klerk het in 'n sterk bewoorde verklaring ontken dat hy voor die WVK 'n leuen vertel het oor sy betrokkenheid by die bomaanvalle. Hy het nooit gesê dat hy nie kennis gedra het van die aanvalle nie. Enigeen wat dit beweer, doen hom 'n onreg aan. Kyk maar na sy skriftelike antwoorde aan die WVK: nêrens ontken hy dat hy geweet het nie. Wat hy wel ontken het, was dat hy deel van die besluitneming was. Daarom het hy ook nie verantwoordelikheid vir die dade – asook ánder onwettige dade wat gepleeg is – aanvaar nie. Dit moes dié wat die besluite geneem en die dade uitgevoer het, maar self doen.

President Mandela het ontken dat hy wandade wat die Polisie gepleeg het, help toesmeer het in ruil vir die samewerking van die Polisie tydens die verkiesing.

Oudstaatspresident P.W. Botha het ontken dat hy in 1988 opdrag gegee het vir die bomaanval op Khotso-huis.

Die redakteur van Beeld het geskryf: "Regstegnies en volgens die letter van sy versigtig gekose fynskrif is De Klerk heel waarskynlik korrek as hy ontken dat hy vir die WVK gelieg het. Die probleem is dat De Klerk op so 'n fyn semantiese lyn loop van wat hy geweet het of nie geweet het nie, dat hy die groter prentjie mis kyk, naamlik dat hy deel was van 'n bestel wat mense toegelaat het om buite die wet op te tree. Die verantwoordelikheid daarvoor lê nie net by Vlok of oudstaatspresident P.W. Botha nie, maar by almal wat in Botha se Regering gedien en vir hom gestem het.

"De Klerk het in Mei verlede jaar voor die WVK gestaan as leier van die NP om verantwoordelikheid te aanvaar vir wat onder die NP-bewind gebeur het. Maar terselfdertyd het hy daar probeer optree as 'n onskuldige en onwetende enkeling wat totaal onbewus was van enige vergrype – al moes hy toe reeds geweet het dat sy voorganger Botha en sy kabinetskollega Vlok opdrag gegee het vir die bomme.

"De Klerk se verweer voor die WVK dat vergrype gepleeg is deur elemente wat buite beheer was, strook nie met die feite van die bomme by Cosatu-huis en Khotso-huis nie – tensy hy sulke onwettige optrede nie as 'n vergryp beskou nie. Dit is jammer dat 'n leier wat so 'n belangrike rol gespeel het om 'n vreedsame skikking in die land te bereik, sy bydrae tot versoening en begrip vir wat verkeerd geloop het, op dié manier verskraal het.

"De Klerk sal steeds in die geskiedenis opgeteken staan as 'n groot leier. Maar hy kon soveel groter gewees het ..."

◆ ◆ ◆

In die wintersonnetjie in die vierkant het ons oor die afgelope dae se gebeure gesels.

Adriaan Vlok se hart was lig: dit was alles vir hom die moeite werd!

Johan van der Merwe het ook sigbaar ouer geword. Ek het hom daaraan herinner dat by sy heel eerste verskyning voor die WVK, meer as twee jaar gelede, ons twee ook staan en gesels het. Almal was destyds dankbaar dat hy daar was, want hy het die weg vir talle kollegas en ondergeskiktes in die polisiemag geopen om ook te kom.

Net voor hy destyds sou getuig, het ek hom gevra: "Kommissaris, watter gedagtes draai daar vanoggend in u kop rond?"

"Jong," het hy geantwoord, "daar is veral twee dinge wat my besig hou. Ten eerste is ek en my kollegas in die tou agter my redelik onseker oor waarheen die WVK met ons op pad is, oor wat die uiteinde gaan wees. En, tweedens, is daar ons frustrasie – nee, woede – omdat die politieke leiers van die land, die mense wat ons destyds aangestel en opdragte gegee het, wat ons gelukgewens het en soms medaljes gegee het, ons nou soos bakstene laat val."

Van der Merwe het die gesprek onthou. Met 'n halwe laggie het hy gesê: "Ek staan nog by wat ek gesê het, alhoewel ek vandag 'n derde en vierde en vyfde punt sou wou byvoeg ..."

Die Vlakplaas-bevelvoerder met sy groen tronkdrag, met die lewens-lange vonnisse agter sy naam, se opmerking was: "Weet jy wat my in die tronk aan die gang hou, wat maak dat ek in die sel oorleef? My geloof in Jesus Christus. As Hy nie daar was nie, as Hy my nie kon vergewe nie ... dan weet ek nie wat van my sou word nie."

Die volgende dag toe ek my posbus tuis oopmaak, het daar 'n dik koevert in gelê. Binne-in was 'n kopie van Adriaan Vlok se getuienis voor die WVK, netjies gebind. Op die binneblad het hy geskrywe:

Geagte Prof. Piet

Baie dankie vir u leiding in hierdie baie moeilike saak! ... Dit het my gehelp om die besluit waarheen die Here my uiteindelik gelei het om te neem, te kon neem.
Baie sterkte met u taak.
Die Here seën u.

Met agting
Adriaan Vlok

14 JUNIE 1998: BY DIE BESTEMMING AANGEKOM? DIE DAG TOE DIE DOMINEE EN DIE AARTSBISKOP MEKAAR OMHELS HET

"Piet, sê my gou: hoe spreek 'n mens Desmond Tutu aan?"

Ockie Raubenheimer, dominee van die Lynnwood gemeente, moes die Aartsbiskop die oggend op die kansel verwelkom. "Sê 'n mens 'your grace' of 'your holiness' of wát?"

Ek moes die oggend in Lydenburg preek, maar sou wát wou gee om in Pretoria te kon wees. Toe die kerkraad Tutu maande tevore uitgenooi het om 'n erediens te kom waarneem, was die meeste mense hoog in hulle skik. Ander nie! Op 'n Sondagaand het die kerkraad my gevra om 'n spesiale leerdiens oor waarheid en versoening te kom hou, waartydens almal wat ongelukkig was, hul vrae kon stel. Toe die kerkraad kort daarna weer vergader het, was die entoesiasme vir die besoek van die voorsitter van die WVK selfs nog meer oorweldigend (137 het ja gesê, 7 nee).

"Jy hoef nie bekommerd te wees nie, Ockie," het ek geantwoord, "die aartsbiskop is nie op formaliteite of titels gesteld nie. Noem hom maar 'Aartsbiskop' of 'biskop Tutu.' Jy kan selfs 'oom Desmond' probeer!"

◆ ◆ ◆

"As dominee in die NG Kerk vir twintig jaar, as kapelaan in die Weermag, wil ek vir u sê ons is jammer. Vir wat ons gefouteer het, het ons die Here om vergifnis gevra."

Tutu en ds. Raubenheimer het mekaar op die kansel omhels. Die gemeente het spontaan begin hande klap en opgestaan. Party het trane afgevee.

Tutu se preek het gehandel oor die gelykenis van die goeie herder, wat al sy skape eenkant laat staan het om na een verlore skaap te gaan soek. Die gelykenis, het hy benadruk, vertel vir ons van God se ewige onveranderbare liefde vir ons as mense. Ons verdien nie sy liefde nie, niks wat ons as mense doen, kan die liefde meer of minder maak nie. In die dae van die *struggle* het hy dikwels oor dié teks gepreek, het Tutu vertel, om vir swart mense daarvan te oortuig dat hoewel hulle ly, God

Aartsbiskop Tutu en ds. Raubenheimer omhels mekaar op die kansel

hulle baie liefhet. In die nuwe bedeling, het hy besef, het blankes die boodskap net so nodig.

Afrikaners dink dat daar vir hulle net een van twee keuses oorgebly het: om deel te wees van die dominerende groep wat regeer, of om magteloos en gemarginaliseer te wees. "Daar is egter 'n derde opsie," was sy woorde, "en dit is om krities, maar geesdriftig, die nuwe bedeling te omhels en te help om daarvan 'n sukses te maak."

Die twee weke net vóór Tutu se besoek aan die gemeente was van die ergstes, dalk die heel ergste in die annale van die Waarheidskommissie. P.W. Botha se saak het gedien, met al die emosie wat dit by wit en swart Suid-Afrikaners verwek het. Uit die amnestieaansoeke van 'n lang ry oortreders het skokkende feite na vore gekom. Maar die heel ergste van alles was die getuienis die afgelope dae oor Wouter Basson en sy kollegas, oor die biologiese en chemiese wapens wat vervaardig is, die eksperimente wat uitgevoer is asook die sinistere saketransaksies.

Tutu kon nie anders as om daarna te verwys nie.

"Vir my was dit die heel ergste getuienis wat ons tot nog toe moes aanhoor, veral omdat die planne so klinies, wetenskaplik, koud, koelbloedig en voorbedag was." Vir Tutu was dit diabolies dat hoë amptenare die vergiftiging van president Mandela, hoe hulle sy brein kon beskadig, met mekaar kon sit en bespreek. "Wat sou van die land geword het sonder Mandela se passie vir vergifnis en versoening?" Sou Robert Sobukwe aan natuurlike oorsake gesterf het? Hoe het Mandela tuberkulose opgedoen? Dit laat 'n mens wonder. Tutu het 'n beroep gedoen dat "'n leier wat die boosheid van hul planne kan verduidelik na vore moet kom, om te verduidelik hoe 'n mens dié dinge moet verwerk, iemand wat om vergifnis vra sonder om te probeer slim wees."

Na die preek het Ockie Raubenheimer op die kansel die gemeente toegespreek. Hy het vertel hoe die predikante van Lynnwood die afgelope Woensdag, soos dit hulle gebruik was, byeengekom het. Hulle het oor al die onthullings die afgelope week, oor die ontwikkeling van chemiese en biologiese wapens, gepraat, oor die skrikwekkende eksperimente en projekte. "Ons het vir mekaar gevra: Waar het ons as bedienaars van die Woord gefaal? Ons het nie vingers gewys nie, maar vrae gevra."

Dis toe dat hy na aartsbiskop Tutu gedraai en sy hart uitgestort het: "Ek wil vir u sê ons is jammer ... ons het die Here om vergifnis gevra!"

Met trane in hulle oë het die dominee en die aartsbiskop, die wit man en die swart man, hul arms om mekaar geslaan. Die man wat jare lank apartheid verdedig het én die man wat sy lewe daaraan gewy het om dit te beveg, het mekaar vertroos.

◆ ◆ ◆

Na die tyd, toe ek hoor wat alles dié oggend in Lynnwood gebeur het, was ek éérs jammer dat ek nie daar was nie.

Want wat dié oggend in die kerk gebeur het, was inderdaad genoeg om jou 'n knop in die keel te gee. Daar was hoop vir die land! Mense kon tog na mekaar luister, tog na mekaar uitreik, mekaar omhels en mekaar vergewe. My knaende bekommernis die afgelope twee en 'n half jaar, op weg deur die verlede en die hede, of die mense van ons land – ook my eie mense, die Afrikaners – bereid sou wees om die reis vorentoe sáám aan te pak, het minder geword.

Reg genoeg, almal was nie in hulle skik nie. Een of twee gemeentelede het die kerk met 'n frons uitgestap – om later kwaai briewe na koerante te stuur. Dit kon nie eintlik anders nie, dit was deel van die werklikheid.

Maar Lynnwood het vir my hoop gegee.

"Wat in Lynnwood se kerk gebeur het, is nie die begin van versoening nie. Ook nie die einde in die sin dat niks verder gedoen hoef te word nie. Dit sal egter opgeskryf staan as een van die belangrikste momente in 'n lang en moeisame proses van versoening," het iemand geskryf.

Ek het saamgestem. Ek het kans gesien vir die lang pad wat nog voor ons gelê het, die reis na die toekoms van Suid-Afrika.

◆ ◆ ◆

Op Vrydag 31 Julie 1998 het die Waarheidskommissie sy werk amptelik beëindig. Ná twee jaar en sewe maande is die deure van die streekkantore in Johannesburg, Durban en Oos-Londen gesluit. Die groot groep personeellede – ondersoekers, navorsers, administratiewe beamptes, sekretaresses, ook die komiteelede – het afskeid geneem. Hul rol was uitgespeel. Slegs die kommissarisse en 'n kerngroep navorsers, wat vir die afhandeling van die finale verslag verantwoordelik was, het in die Kaapse kantoor met hul werk voortgegaan. Op 29 Oktober 1998 wanneer die WVK se finale verslag aan die President oorhandig moes word – wat dit op sy beurt aan die volk van Suid-Afrika moes deurgee – sou ook hulle werk afgehandel wees.

Die Amnestiekomitee was nog ver van klaar! Honderde sake moes nog afgehandel word. As alles baie goed gaan, het die voorsitter, regter Hassan Mall, gesê, sou hulle hul addendumverslag teen Junie 1999 indien.

Die Waarheidskommissie se werk was afgehandel. Die Amnestiekomitee s'n sou die een of ander tyd volg.

Maar die trek was nog nie verby nie ...

29 OKTOBER 1998: UITEINDELIK - DIE VERSLAG WORD OORHANDIG!

Toe Desmond Tutu net ná twaalfuur die middag opgestaan het om die amptelike verslag van die Waarheid-en-Versoeningskommissie aan President Mandela te oorhandig, kon miljoene Suid-Afrikaners op hul televisieskerms sien hoe die aartsbiskop met 'n breë glimlag maak asof hy onder die gewig van die vyf swaar boekdele steier.

Rede om te steier, was daar genoeg. Nie net het die WVK-personeel maande lank, soms tot laat in die nag, gewerk om die verslag gereed te kry nie - op die nippertjie ná is die verslag dié dag nooit oorhandig nie. Die reëlings vir die funksie was vooraf wel getref. Die vyf boekdele met hul meer as 3 000 bladsye was gedruk en gereed om afgelewer te word. Maar enkele dae vóór die groot dag sou aanbreek, het Oud-president FW de Klerk die WVK hof toe geneem en 'n interdik verkry dat sekere gegewens oor sy betrokkenheid by menseregteskendings nie gepubliseer mag word voordat die WVK nie eers op besware van sy kant geantwoord het nie. En toe die eintlike slag: die aand vóór die verslag oorhandig sou word, het die ANC 'n hofinterdik aangevra om die uitreiking van die verslag te probeer keer, omdat die rapport die ANC se rol in die bevrydingstyd volgens hulle oordeel "gekriminaliseer" het. Dwarsdeur die nag het regspanne van beide die WVK en die ANC aan hul voorleggings gewerk, want nog vóór sonop sou hulle voor die regbank in Kaapstad hul saak moes stel.

Tutu was platgeslaan oor die ANC se optrede. Hulle het meer as een geleentheid gehad om hul besware teen die bevindings van die WVK te boekstaaf, maar het sperdatum ná sperdatum verontagsaam - en toe dit eers heeltemal te laat was, wou hulle 'n stokkie voor die publikasie van die verslag steek. "Hoe moet 'n mens dit verstaan, dat dieselfde mense wat jare lank gestry het om 'n vrye en demokratiese bestel in die land te vestig, nou so ondemokraties optree, dat hulle die vryheid van 'n kommissie wat deur hulle eie regering aangestel is, met die opdrag om sy bevindinge eerlik op tafel te plaas, in gevaar stel? Dit kan tog nie!" Dat Desmond Tutu en sy mede-kommissarisse hul egter nie sou laat intimideer nie, was gou duidelik. Die WVK sou hom deur geen party laat voorskryf of manipuleer nie.

Die oorhandiging sou in die Sammy Marks-sentrum, in die middestad van Pretoria, plaasvind. Net oorkant die straat, in die foyer van die Staatsteater, het 'n groot aantal joernaliste al van sesuur die oggend gewag. Hulle sou vooraf kopieë van die verslag kry om hul berigte te begin skryf. Nou moes hulle maar geduldig wag. Teen agtuur, nege-uur, kon jy die atmosfeer sny: waarom het die regter in Kaapstad nog nie 'n uitspraak gelewer nie? Wat gaan hy sê? Skuins voor tien het daar 'n gejuig opgeklink: die hof het die ANC se aansoek, met koste, verwerp! Toe 'n vragmotor naderry met die dose vol verslae het binnelandse en buitelandse joernaliste saamgedrom om hul kopieë te kry - om te begin blaai én skryf.

Ek, Alex Boraine en Charles Villa Vicencio (wat vir die samestelling van die verslag verantwoordelik was) het drie stoele eenkant toe getrek om nabetragting te hou. "'n Interessante ding het vanoggend gebeur." het die ondervoorsitter van die WVK vertel. "Oor die televisienuus vanoggend, het die nuusleser vir my gevra waaroor, na my mening, die ANC se besware gehandel het. 'Dis vir my vreemd,' het ek geantwoord, 'ek verstaan self nie die ANC se besware nie. Elke stukkie getuienis wat ons oor menseregteskendings van hulle kant opgeteken het, kom uit hul eie voorleggings aan ons. Nou die dag nog, by die laaste verskyning van die ANC, het adjunk-president Thabo Mbeki die dinge erken. Dumisa Ntsebesa, wat in sy kamer na my onderhoud geluister het, het oombliklik sy selfoon gegryp en ons regspan in Kaapstad opgebel. 'Moenie net regstegniese argumente gebruik nie,' was sy haastige raad. 'Sê vir die regter wat Alex nou net oor die televisie gesê het.' Dit lyk my dit het gehelp!"

Teen twaalfuur het die seremonie begin. Die gehoorsaal het vir ongeveer honderd mense plek gehad: politici, WVK-lede, diplomate, 'n koor én - op 'n ereplek - 'n veertigtal slagoffers uit alle bevolkingsgroepe van die land. Dit was 'n vreemde ervaring: op die podium het president Mandela gesit, saam met die Minister van Justisie, die speaker van die Volksraad, die leier van die Raad van Provinsies - almal senior ANC-lede - terwyl ure tevore die res van die ANC-leierskap, met die goedkeuring van adjunk-president Mbeki, alles wat hulle kon in die stryd gewerp het om die seremonie te keer.

"U eksellensie, Meneer die President," was Tutu se eerste woorde, "ek versoek dat ons almal opstaan om 'n minuut se stilte aan die nage-dagtenis van al die slagoffers van ons land te wy: in Sharpville én Boipatong, in Sebokeng én Soweto, Tafelberg én Maritzburg, die KWT Gholfbaan én Kerkstraat, die St James Kerk én Bisho én die Heidelberg Taverne, almal wat gemartel en in tronke en kampe binne én buite Suid-Afrika tereggestel is, óók dié wat so onnodig op die grense van ons land gesterf het."

"Nie almal sal met die rapport tevrede wees nie," het Tutu voort-gegaan. "Baie het alreeds vóóraf begin om dit te diskrediteer. Maar selfs as hulle daarin sou slaag, wat het hulle bereik? Dit sal niks aan die feite verander dat hulle Stanza Bopape doodgemaak het nie, dat hulle Khotso House opgeblaas het nie, dat hulle hul eie mense in hul kampe in Tanzanië en Angola gemartel het nie, dat hulle halssnoermoorde gepleeg het nie. Ons het nie hierdie feite uitgedink nie, die oortreders het dit self kom vertel ... "

President Mandela het groot lof vir die aartsbiskop en sy kollegas gehad. Hulle het die afgelope drie jaar baanbrekerswerk verrig. Natuurlik kon hulle nie alles verrig nie, nie wat die waarheid óf die proses van versoening betref nie. "Maar," het hy gesê, "ek aanvaar die verslag soos wat dit is, met al sy onvolmaakthede, as dié hulp wat die WVK ons bied om by versoening en nasiebou uit te kom."

"Kom ons stap saam na die toekoms," het Madiba afgesluit. "Uiteindelik is ons vry, kan ons met verantwoordelikheid ons roeping aanvaar. Maar om 'n beter toekoms te bou, het ons almal se hande nodig - u hande én ook myne."

Asof hulle "Amen" wou sê, het die koor uit Soweto gesing - só mooi soos ek lanklaas gehoor het, in Xhosa, Afrikaans én Engels: "Nkosi sikelele iAfrika."

Die aand oor die nuus het dit gegons - om van die koerante die volgende paar dae nie te praat nie. Daar was lof én kritiek van alle kante oor die verslag:

- Die ANC en die PAC was hoogs tevrede daarmee dat apartheid as 'n misdaad teen die mensdom bevind is en dat die bevrydingsbewegings 'n regverdige stryd daarteen gestry het. Hulle was egter ontsteld dat die mishandeling en moorde, die aanblaas van geweld, die halssnoerteregstelling waaraan hulle skuldig was, op rekord geplaas is.

- Die Nasionale Party en die Vryheidsfront, saam met die IVP, was erg ontevrede oor wat van hulle gesê is. Oud-president de Klerk is hof toe, Oud-president P W Botha het sy misnoeë wyd en syd bekend gemaak. Die IVP het onderneem om hand en tand te veg om die eer van hul leiers te beskerm. Generaal Viljoen het die verslag as eensydig en onvolledig afgemaak.

- Die Ned. Geref. Kerk, wat as aandadig aan apartheid bevind is, het besluit om 'n kommissie aan te stel om op die bevindinge wat hulle raak, in te gaan.

- Van oorsee, van baie lande, het lofuitinge ingestroom, van die Verenigde State, Engeland, talle Europese lande. Die Suid-Afrikaanse eksperiment met waarheid en versoening het geslaag! Vir Bosnië, Noord-Ierland, vir Rwanda en vir Israel is daar hoop - versoening kán plaasvind, het boodskap op boodskap gelui.

Tutu en sy span kon dié Donderdagmiddag met 'n gevoel van genoegdoening en dankbaarheid van mekaar afskeid neem. Hul werk - behalwe dié van die Amnestiekomitee wat nog 'n addendumverslag sou moes inhandig - was afgehandel. Maar die groot trek, die tog van waarheid en versoening, was lank nie verby nie. Daaroor het almal saamgestem. Op dié pad sou almal van ons - elke Suid-Afrikaner - nog vér moes stap.

DIE LANGSTE REIS – VAN MENS NA MENS, VIA DIE HART

With its ambitious commission, South Africa has considerably raised the stakes: if it succeeds, it will set a new standard for such bodies worldwide and we will all be in your debt; if it does not, it will be a failure of colossal proportions that will put to risk South Africa's transition to democracy.

José Zalaquett, kommissaris van die Chileense waarheidskommissie

Die proses was feitlik geheel en al eensydig ... hele seksies van ons bevolking word onregverdig deur hierdie verwringings gestigmatiseer ... hulle doen die saak van nasionale versoening groot skade aan.

F.W. de Klerk, oudpresident van Suid-Afrika

We are confident that in a generation or two South Africans will look back and give thanks for the process.

Redakteur, The Sunday Independent

Die WVK-skaal hang skeef.

Redakteur, Die Kerkbode

Dis nie die Waarheidskommissie wat die Afrikaner se derms uitgeryg het nie, maar lede van die Veiligheidsmagte met hul bekentenisse van wrede en gevoellose moorde ...

Louis Nel, oudpolitikus

Die wreedhede ... is nie net deur een gemeenskap, of net deur Afrikaners, gepleeg nie ... dié wat so sê, weet nie waarvan hulle praat nie.

Nelson Mandela, President van Suid-Afrika

I think the TRC is right for those people who died long time ago ... but it started apartheid again.

Zanele Mamputa (graad 7), Kaapstad

onder die skuilmantel van waarheid en geregtigheid
verberg gladdekeel politici onderduimse konkels.
hulle dra vragte donker brousels in die mou,

met lemmietjieskerp tonge sny hulle woorde mense
soos boontjies om hulle te onthaar en fyn te kerf,
in glaskiste is hul oorskotte sielloos verseël.
Cas Vos, teoloog

◆ ◆ ◆

En so het die reis aan sy einde gekom – voorlopig, altans.

Die byna drie jaar lange trek deur die verlede en die hede van ons land was agter die rug. Dit was 'n lang en moeisame reis, deur donker valleie van pyn en lyding, van skande en skuld. Dit was egter ook 'n inspirerende tog oor bergtoppe van dapperheid en grootmoedigheid, van versoening op plekke waar jy dit die minste verwag het. "Suid-Afrika sal na die proses van die WVK nooit weer dieselfde wees nie," het meer as een kommentator ná die oorhandiging van die verslag geskryf – en met reg. Want die voetspore van die duisende slagoffers en oortreders, uiteindelik ook van die hele gemeenskap van Suid-Afrika wat hulle op die tog vergesel het, sal vir baie jare oor die landskap lê.

Die groot vraag is egter: Was dit alles die moeite werd? Het die Waarheidskommissie aan sy doel beantwoord? In Januarie 1996, toe die waens vertrek het, was die verwagtings hemelhoog: Om 'n historiese brug te bou van die pyn en die lyding en die onreg van die verlede na 'n nuwe toekoms van reg en geregtigheid, van eenheid en versoening. Het dit toe so gebeur – of juis nie?

Dit was 'n duur proses, nie net in terme van geld nie, maar veral van mannekrag en tyd. Gedurende die WVK-jare is 140 verhore dwarsdeur die land gehou, 21 400 slagoffers het uiteindelik verklarings ingedien, 27 000 slagoffers se name is op rekord geplaas, 20 000 verklarings is bevestig, 7124 oortreders het om amnestie aansoek gedoen. Teen 1998 is reeds aan 13 000 slagoffers of hulle families reparasie-briewe gestuur. Behalwe die menseregteskendingsverhore is talle sittings gehou waar politieke partye, sakelui, akademici, medici, gevangenisbeamptes, mediamense, regsgeleerdes, geestelike leiers, mans, vroue en kinders, hul perspektiewe kom stel het. Die WVK het geweldige magte ontvang om te ondersoek en te dagvaar, om generaals en kommissarisse, die President van die land én sy voorgangers in die vorige bedeling te vra om in die getuiebank in te skuif. Die proses was dikwels in omstredenheid gehul. Sommige het toegejuig, ander het hul wenkbroue hoog gelig.

Wat was die resultaat?

José Zalaquett, wat 'n groot rol in die Chileense waarheidskommissie gespeel het, was vol verwagting oor wat in ons land aan die gebeur was. In een van sy geskrifte het Zalaquett die interessante opmerking gemaak dat, uit die kollektiewe wysheid van die negentien soortgelyke kommissies wat die afgelope dekades wêreldwyd gehou is, daar drie duidelike voorvereistes vir sukses na vore gekom het: Ten eerste moet die volk eienaarskap van die proses aanvaar. Ten tweede moet die regering die politieke wil aan die dag lê, nie maar net vir die aanstelling en begeleiding van die kommissie nie, maar ook om aan die einde, as alles verby is, die voorstelle wat gemaak word, te implementeer. Derdens, sê Zalaquett, moet die proses ophou! Soos 'n pasiënt wat 'n lewensnoodsaaklike operasie ondergaan nie eindeloos in die teater moet bly nie, moet 'n waarheidskommissie weet wanneer om halt te roep!

Of aan vereistes nommer twee en drie voldoen is, is nie so moeilik om vas te stel nie. Of die Regering, wat met die steun van vrywel alle politieke partye die proses aan die begin van 1996 aan die gang gesit en die infrastruktuur in stand gehou het, ook uiteindelik die gewilligheid sal hê om die voorstelle – veral dié wat oor reparasie en vergoeding aan slagoffers handel – uit te voer, sal in die volgende jaar of twee duidelik vasgestel kon word. En wat die afsluiting van die proses betref, wel, dit **het** uiteindelik gebeur! Nie so gou soos almal wou gehad het nie – in plaas van agtien maande het dit toe dertig maande geword – maar uiteindelik was die einde daar. Op 29 Oktober kon die WVK sy finale verslag aan die President en die volk van Suid-Afrika oorhandig. En die Amnestiekomitee? Met harde werk en heelwat gebede wat opgestuur word, behoort hulle teen die middel 1999 hul finale addendumverslag gereed te hê.

Maar om die *eerste* voorvereiste, dat die volk die proses sy eie moet maak, te beoordeel, is 'n perd van 'n ander kleur. Historici sal die eerste wees om te waarsku dat dit vér te vroeg is om 'n oordeel uit te spreek. Eers oor tien of twintig jaar – dalk eers oor 'n geslag of twee – sal dit finaal duidelik wees of die WVK in sy doel geslaag het; of die trek by sy bestemming aangekom het. Maar, al is dit voorlopig en tentatief, 'n paar opmerkings kan tog gemaak word.

Vir die 21 400 slagoffers en hul gesinne, die mense wat hul verhale neergeskryf of in die openbaar kom vertel het, was dit oor die algemeen 'n helende ervaring. Nie almal het dit positief ervaar nie, daar was ook dié wat teleurgesteld en gefrustreerd omgedraai het huis toe. Maar vir die meerderheid was dit, al was dit hoe swaar om hul storie te vertel, 'n katarsiese en 'n helende ervaring. Die trane wat vryelik gevloei het, was gewoonlik trane van genesing. Die bejaarde Xhosa-vrou wat in Oos-

Londen die ontsettende verhaal van die marteling en dood van haar veertienjarige kind vertel het, het namens baie ander gepraat: "O ja, meneer, dit was die moeite werd ... Vannag dink ek gaan ek miskien vir die eerste keer in sestien jaar dadelik aan die slaap raak, gaan ek sonder nagmerries slaap."

Wat egter 'n knaende bekommernis bly, is: Wat van die baie ander slagoffers, die groot getal mans en vroue en kinders wat *nie* gekom het nie? Sommige – ook uit die blanke gemeenskap – het om politieke redes weggebly of omdat hulle nie van die proses gehou het nie; ander – soos talle in die oorloggeteisterde KwaZulu-Natal – uit vrees vir intimidasie en vergelding. Dan was daar ook die miljoene wat waarskynlik baie graag sou wou kom, maar die eng definisie wat die wet aan "growwe mensregteskendings" toegeken het – moord, manslag, ontvoering, verkragting, ernstige marteling wat tot permanente fisiese of geestelike letsels gelei het – het dit vir hulle onmoontlik gemaak. Miljoene Suid-Afrikaners is egter die afgelope dekades óók verneder en vervolg, vir onbenullighede in hegtenis geneem en tronk toe gesleep. 'n Totaal van 3,5 miljoen is gedurende die apartheidsjare met geweld uit hul huise geneem en na ander dele van die land "verplaas". Dié mense het waarskynlik net soveel opgekropte frustrasie en pyn, net soveel vrae, net so 'n groot behoefte aan die proses van katarsis en heling. Wat gaan vir hulle gedoen word? Sou hulle nie ook die reg hê om gehoor te word nie?

Vir die meer as seweduisend amnestieaansoekers het die proses net soveel beteken, in elk geval vir dié wat amnestie ontvang het. Aanvanklik het die meeste aansoeke van persone agter die tralies gekom, van misdadigers wat nie regtig gekwalifiseer het nie, maar tog as laaste uitweg hul saak voor die WVK wou gaan stel. Toe generaal Johan van der Merwe en sy polisiekollegas uiteindelik aangemeld het, het die aanvanklik klein stroompie in 'n rivier verander. In plaas van 'n paar honderd aansoeke – soos aanvanklik verwag is – het meer as seweduisend oortreders na vore gekom. Die feit dat so min politici en weermagoffisiere uit die ou bedeling na vore gekom het, was egter 'n groot bekommernis én 'n ewe groot gemis. Toe die WVK sy deure gesluit het, is gerapporteer dat die getal amnestieaansoeke tot 7 124 aangegroei het. Van hulle was ongeveer twee derdes, 4 696, reeds afgehandel, die meerderheid sonder dat uitgerekte openbare verhore nodig was. In gevalle waar openbare verhore plaasgevind het, is daar reeds aan 75 aansoekers amnestie toegestaan, terwyl 61 aansoeke geweier is. Van die aansoeke wat hanteer word, is 54 persent van die ANC afkomstig,

20 persent van die kant van die ou regering en sy veiligheidsmagte, 12 persent van die PAC, 9 persent van die IVP en 5 persent van verregse groepe.

'n Groot bekommernis was die feit dat die Amnestiekomitee – as gevolg van die onverwagte groot aantal aansoekers sowel as die langsame en redelik omslagtige regsprosedure wat deur die wet vereis word – nie betyds met hul werk kon klaarkry nie. Daar is nog sowat 1 200 amnestie-aansoeke uitstaande, wat almal openbare verhore nodig sal hê. Na alle waarskynlikheid sal die Amnestiekomitee, wat intussen heelwat uitgebrei is, eers teen die middel van 1999 met sy werk klaar wees.

Te veel visse het weggekom! The Sunday Times se kommentaar op die afsluiting van die WVK

Was dit die moeite werd om te kom? Die ongelukkiges wat nie gekwalifi-seer het nie, sal één antwoord hê. Maar talle ander sal soos oudminister Adriaan Vlok wil sê: "Ek het 'n knop in my keel gekry – en die Here gedank." Vir baie oortreders wat jare lank onder 'n wolk geleef het, het die proses 'n nuwe lewe beteken! Van die kant van enkele hoëprofiel-families van slagoffers was daar ernstige besware. Die Biko-, Mxengeen Goniwe-familie het die amnestieproses as uiters onbillik teenoor die slagoffers gesien. Hulle het so sterk daaroor gevoel dat hulle die amnestiewetgewing tot in die Konsitusionele Hof beveg het. Of die WVK met sy reparasiemaatreëls daarin gaan slaag om dit vir almal duidelik te maak dat die ruim amnestieaanbod aan oortreders in balans gebring word deur 'n ewe ruim vergoeding aan slagoffers, sal gesien moet word. Die volk sal oortuig moet word dat die proses "oortreder-vriendelik" sowel as "slagoffer-vriendelik" is!

En nou die moeilikste van alle vrae: Wat van die breë gemeenskap, Jan Alleman en sy vrou – het hulle die proses aanvaar?

Oor die algemeen was dit die ervaring dat swart en bruin Suid-Afrikaners, die meeste mense wat aan die ontvangkant van apartheid gestaan het, dankbaar en tevrede met die werk van die WVK was. Dit was soms selfs ontroerend om te beleef hoe mans en vroue en kinders die WVK-trek verwelkom het as die pad deur hulle gemeenskap gelei het. Die swart koerante, radio en televisie was gewoonlik ook – al was dit soms meer krities – positief. Uit enkele meer radikale swart kringe het ernstige beswaar gekom, veral wanneer aartsbiskop Tutu na hul oordeel te veel gedoen het om blankes – by name oudstaatspresident P.W. Botha – tegemoet te kom.

Dieselfde was ongelukkig nie waar van die hele blanke gemeenskap, Afrikaners sowel as Engelse, nie. Die opmerkings en briewe, die ellelange diskussies wat in die hoofstukke van hierdie kroniek opgeneem is, getuig daarvan. Die versugting van die swart dominee tydens die heel eerste menseregteskendingsverhoor in die Oos-Kaap – "Daar moet 'n fout wees! Waar is die blankes met wie ons wou praat, met wie ons versoen wou raak?" – is telkens herhaal. Daar was verskillende redes vir die afwesigheid van blankes, vir die feit dat talle gesinne verkies het om die televisie-nuus af te skakel as die WVK-logo verskyn. Sommige het die proses, na die voorbeeld van sekere koerante en politici, as eensydig afgemaak, as 'n heksejag teen die Afrikaner. Ander het die geloofwaardigheid van die getuies bevraagteken. Dié dinge het beslis 'n rol gespeel, maar my oortuiging is egter dat die antwoord dieper gesoek moet word. Dis waar dat talle nie **wou** sien en hoor nie. Maar ander, meen ek, **kon** nie sien of hoor nie. Dit was eenvoudig te moeilik om voor die spieël van die geskiedenis te gaan staan, om jou eie aandadigheid te erken en bely, te pynlik om na ander uit te reik en om vergifnis te vra. Ek het in die twee en 'n half jaar talle mede-Afrikaners (en ook Engelse) teëgekom wat in Elizabeth Kuebler Ross se klassieke skema gepas het, van die verskillende stadiums waarin mense beland wanneer hulle met 'n lewenskrisis gekonfronteer word, en die bekendmaking van alles wat in ons land gebeur het, het ons almal in so 'n bestaanskrisis gedompel: ontkenning, woede, rasionalisering, depressie, mense wat nog vér sou moes stap voordat hulle by die punt van aanvaarding sou kom. Die resultaat van 'n A.C.-Nielson (MRA)-opiniepeiling wat net voor die afsluiting van die WVK gepubliseer is, dat die meerderheid blankes die WVK negatief beleef het, dat hulle gemeen het die feite wat uitgegrawe is, het nie meegehelp om versoening te bewerkstellig nie, bevestig my vermoede. Vir baie eeue was dit die maklikste uitweg uit 'n krisissituasie. As die bood-skapper slegte nuus bring – maak hom dood!

Wat wel bemoedigend is, is die feit dat toe die WVK aan die einde van sy reis gekom het, talle persone wat tevore van vér staan en kyk het, tog as medereisigers aangemeld het: sakelui, akademici, politici, regsge-leerdes, persmense, kultuurleiers, uiteindelik ook leiers uit die Afrikaanse kerke. Ons het dikwels daaroor gepraat dat veral in die laaste weke, met die opsienbarende en skokkende getuienis oor die geheime biologiese en chemiese wapennavorsing, die sinistere eksperimente wat deur "ons mense" uitgevoer is, talle Afrikaners en Engelse uiteindelik voor die harde werklikheid te staan gebring het: Was hierdie dinge werklik moontlik? Die roerende toneel op die kansel van die Lynnwood gemeente was veel méér as net 'n insident in die lewe van 'n wit dominee en 'n swart biskop, dit was 'n simbool van twee gemeenskappe, wit en swart, wat ná al die jare van onreg en misverstand, van vrees en vooroordeel, na mekaar uitgereik het, wat mekaar met trane wat oor die wange vloei, omhels het. Die gemeente, wat opgestaan en hande geklap het, het dit namens 'n skare landgenote, wyd en syd oor Suid-Afrika versprei, gedoen.

◆ ◆ ◆

Het die Waarheidskommissie toe by die waarheid uitgekom? Sou die verslag 'n omvattende en billike oorsig wees van alles wat in die apartheidsjare in ons land gebeur het? Of sou die verslag, soos baie gevrees het, 'n eensydige karikatuur van die werklikheid wees, daarop ingestel om één segment – die Afrikaners – te verneder? Dit was 'n vraag: hoe om al die feite wat opgediep is in een groot geheel saam te weef, so billik en so objektief as wat menslik moontlik is. Hoe moes die verslag die verskillende kontekste waarbinne mense geleef het, hul motiewe, weergee? Spottenderwys, maar met 'n sweempie erns, het die WVK-lede by geleentheid vir mekaar beduie: "Ons moet oppas! Oor tien jaar kom daar 'n waarheidskommissie oor die Waarheidskommissie!"

Een ding wat ons gedurende die lang tog geleer het, is dat beskeidenheid 'n mens pas. Ook wanneer jy oor die waarheid praat, is dit dikwels nie veel meer as jou waarheid, jou siening van sake nie. Michael Ignatief het dit op 'n besondere manier gesê: "Ons kan nie alles doen nie, nie die volmaakte waarheid produseer nie. (Maar) wat die Waarheidskommissie wél kan doen, is om die aantal leuens wat tot nog toe vrye teuels in die samelewing gehad het, aan bande te lê."

Die feit dat die WVK se verslag van alle kante gekritiseer is, dat alle politieke partye op hul tone getrap gevoel het, het interessant genoeg die proses teen goede gekom, die onafhanklikheid van die kommissie beklemtoon. Die ANC-poging om die oorhandiging van die verslag te torpedeer, het gehelp om die vrees van talle blankes dat die WVK 'n heksejag van swartes (veral die ANC) teenoor blankes (veral Afrikaners) is, die nek in te slaan.

Die proses van waarheid is ook nog lank nie afgehandel nie. Ons sal nog lank na mekaar se verhale moet luister, mekaar met ons ervarings en persepsies moet vertrou. "Afrika is die plek waar mense stories vertel," het die bekende skrywer Ellen Kutswayo gesê. "Ons het nog baie stories nodig, al maak dit hoe seer. Want dis eers as ons geleer het om na mekaar te luister dat ons mekaar sal kan liefhê. Stories help jou om te verstaan, om deur die oë van ander na mekaar te kyk."

Was dit regtig nodig om deur die pynlike proses te worstel? Ja! Tutu was reg: Die boeke moes eers oop voordat hulle behoorlik toegemaak kon word. Dit was vir die slagoffers nodig dat die waarheid vertel moes word: vir hulle was die waarheid enige tyd so belangrik as geregtigheid. Dit was 'n voorwaarde vir versoening. En wat die res van Suid-Afrika betref, ons het dit net so nodig gehad dat die spoke uitgehaal en hanteer word, en vir eens en vir altyd besweer word. Die delf na die waarheid, is aan die begin van die proses beklemtoon, moes met groot sensitiwiteit hanteer word. As dit nie gebeur nie, kon die nasie doodbloei. Maar indien dit wel gebeur het, sou dit tot nasionale katarsis, tot vrede en versoening lei. Die geskiedenis sal eendag moet oordeel of dit toe gebeur het.

Een aspek van die soeke na waarheid het met ons behoefte aan rou te make. Iemand het opgemerk: "Miskien het ons in 1994 te gou te vér gespring – van stryd en bevryding, regoor tot by die punt van vreugde en feesviering. Ons het vergeet dat daar 'n tussenstadium moes wees, die stadium van om te onthou, van rou. Ons het dié stadium baie nodig as ons wil verstaan, as ons ons verlede wil verwerk, as ons op die punt wil kom waar die waarheid ons waarlik vry maak."

◆ ◆ ◆

En versoening? Wat het van die tweede been van die Waarheid-en-versoeningskommissie geword? Was ons naïef om te glo dat as ons die waarheid by die voordeur sou verwelkom, versoening vanself by die agterdeur sou inglip?

Moeiliker nog as die vraag na die waarheid is dié na versoening. Het die proses gehelp, mense nader na mekaar gebring of nie? Ook hieroor sal die geskiedenis die laaste oordeel moet vel. En ook op dié punt het ons geleer om beskeie te wees. Versoening is iets wonderliks, iets broos, 'n geskenk van Bo. Maar dis nie iets wat 'n mens kan reël of organiseer nie. Mikrogolfoond-versoening hou nooit lank nie!

Af en toe was dit asof die Here in sy goedheid geglimlag en die strale van versoening deur die wolke laat skyn het: Eric Taylor, Brian Mitchell, Beth Savage, die ouers van Amy Biehl, Diale en Makgale in Phokeng. "Soms het die Here," om Tutu se woorde te gebruik, "'n mens se voete onder jou uitgeslaan oor wat op die mees onverwagte tye en plekke gebeur het, oor die genade en grootmoedigheid en verge-wensgesindheid wat Hy in mense se harte gegiet het. Waarlik, ons God is 'n God vol verrassings!"

Wat bedoel ons as ons van versoening praat? Binne die WVK is ure lange diskussies gehou. Aan die een kant was daar die regsgeleerdes en die politici wat met hul voete op die aarde gewaarsku het dat ons nie te veel moet verwag nie. Wees maar net bly as mense uit mekaar se hare en van mekaar se kele af bly. As die stof in die strate gaan lê en die gewere gebêre word, moet jy dankbaar wees. Meer kan jy nie verwag nie. Dit is versoening. Tutu, saam met die res van die dominees en 'n paar ander WVK-lede, het 'n veel hoër idee van versoening voorgestaan. Wanneer jy oor geregtigheid en vergifnis en veral ook versoening praat, was sy standpunt, het jy met die kernbeginsels van ons geloof te make. Jy kan nie oor versoening praat sonder om jou Bybel by 2 Korintiërs 5 oop te slaan nie. God het ons deur Christus met Homself versoen – en ons toe as bedienaars van die versoening aangestel. Ons mag getuies wees van die nuwe skepping, die nuwe orde wat God op aarde moontlik gemaak het, van die *sjaloom*, die vrede wat hy gebring het. In 'n stukkende, verskeurde Suid-Afrika kan tekens van sy ryk opgerig word. Vanselfsprekend het almal nie hiermee saamgestem nie; almal op die WVK was trouens nie Christene nie. Maar die punt was duidelik, voordat iets van versoening tot sy reg kan kom, sal ons ons definisies moet bepaal. Ons sal moet weet wat die vrede is waarheen ons op pad is.

Nog 'n saak wat duidelik geword het, is dat versoening 'n duur en kosbare saak is. Versoening kan nie op 'n uitverkoping gekoop word nie. Vra maar die persone en groepe wat reeds deur die meule is! Jy kan byvoorbeeld nie oor versoening praat sonder om in dieselfde asem oor geregtigheid, verantwoordelikheid en restitusie te praat nie. In 'n land waar een deel van die bevolking ryk is en 'n ander (groot) deel nie weet waar vanaand se kos vandaan gaan kom nie, kan jy nie oor versoening praat sonder om ook oor armoede – en ons almal se verantwoordelikheid in dié verband – te praat nie. En dit gaan nie 'n maklike gesprek wees nie. In die motor op pad na 'n WVK-byeenkoms, maande gelede, het 'n vriend dit redelik simplisties maar in die kol gestel: "Een van die probleme waarvoor ons mense – ék ook – dikwels te staan kom, is dat ons graag versoening wil hê, ons sal graag in die reënboogland wil leef, maar dan so vryblywend en goedkoop as moontlik. As dit kon dat niemand ongemaklike vrae stel nie, dat ons liewer nie gedwing word om voor die spieël te gaan staan en oor ons eie bevoorregte posisie na te dink nie, sal ons baie bly wees, dankie."

Wie moet dit doen? Natuurlik het elke individu, elke groep, elke denominasie en geloof, 'n bydrae te lewer. Maar sou ek wou byvoeg, veral die Christene in die land!

Want dat daar vir die kerke in die land – vir die miljoene lidmate – groot uitdagings en baie geleenthede wag, is seker. Jorge Heine, die Chileense ambassadeur in Suid-Afrika, het in sy beoordeling van die proses vertel hoe diep dit hom getref het om by talle verhore aartsbiskop Tutu te hoor bid, om Alex Boraine met die slagoffers oor hul geloof te hoor praat. In baie lande waar die skeiding tussen kerk en staat ernstig opgeneem word, sou so iets totaal onmoontlik gewees het. Maar in Suid-Afrika, sê die ambassadeur met verbasing, lyk dit of dit werk! "Die sterk Christelike subteks van berou en vergifnis val 'n mens gedurig op." Terwyl die Joodse, Moslem-, Hindoe- en Boeddhistiese gemeenskap elk, uit die diepte van hul eie tradisies en oortuigings, baie het om in die proses van versoening in te ploeg, sal ons Jesus se bergpredikasie-vraag na mekaar moet aangee: wat het ons wat méér is wat ons kan aanbied?

Uiteindelik het Suid-Afrika nie net versoening nodig nie, maar 'n totaal nuwe morele orde. Hoe leer ons uit die lesse van die verlede? Hoe kan ons aan 'n nuwe samelewing bou sonder om die foute wat agter ons lê, te herhaal? Dit is van die vrae wat op ons pad lê, waarvoor ons almal antwoorde sal moet help vind. Suid-Afrika is inderdaad 'n stukkende land. Tussen die wrakke van die verlede, deur die vallei van misdaad en korrupsie en geweld waar 'n menselewe totaal gedevalueer geraak het, na 'n nuwe en beter toekoms, sal die volgende trek moet lei.

◆ ◆ ◆

Die Waarheidskommissie was nie 'n perfekte kommissie nie. Allermins. Dit het uit mense bestaan, elkeen met sy geskiedenis, oortuigings, sy drome, eienaardighede en beperkte begrip. Gewoonlik het die kommissie-lede soos een groot gesin saamgewerk. Soms het die hare gewaai! Die wet waarmee die WVK gewerk het, was nie die ideale dokument nie, dit was 'n kompromiswet, die vrug van maande en maande se onderhandeling. Plek-plek was die wet onduidelik, moes belangrike artikels in die hof getoets word. Maar dit was die enigste wet wat ons gehad het – en dit het nie so sleg gegaan nie. Van tyd tot tyd was die optrede van die kommissie onhandig: die versuring van die verhouding met die Nasionale Party het niemand goed gedoen nie. Die meningsverskil in die WVK oor die hantering van die amnestieaansoeke van die 37 ANC-lede was een stuk verleentheid. Meer kon miskien gedoen gewees het om die persepsies onder blankes dat die proses eensydig en onbillik was, reg te stel – hoewel die voorsitter groot moeite aangegaan het om dit te doen. Die Reparasie-en-rehabilitasiekomitee het te lank geneem om hul beleid te finaliseer en veral om tussentydse hulp beskikbaar te stel aan slagoffers wat dit baie nodig gehad het. Administratiewe rompslomp was die WVK nie gespaar nie. By een of twee geleenthede het van die junior personeel en die skoonmakers gestaak omdat – van alle groepe – die Waarheidskommissie hulle, na hulle mening, nie billik behandel het nie!

En tog het die werk voortgegaan, kon die WVK met sy swakhede en al, sy foute en mislukkings, die land op sy lang trek, op sy *via dolorosa* begelei. Wat 'n voorreg om deel te kon wees van die avontuur!

We have been wounded but we are being healed. It is possible even with our past of suffering, anguish, alienation and violence to become one people, reconciled, healed, caring, compassionate and ready to share as we put our past behind us to stride into the glorious future God holds out before us as the Rainbow People of God.

  - *Desmond Tutu*

◆ ◆ ◆

Op 'n Sondagoggend, net voor die WVK se deure sou sluit, het ek oor die motorradio na 'n bespreking van die werk van Elsa Joubert geluister. Die gespreksleier het vertel hoe die skrywer, wat soveel gedoen het om Afrika aan haar lesers voor te stel, om hulle te leer wat dit beteken om op ons vreemde, donker, wonderlike, uitdagende kontinent te lewe, lief was om te sê dat die laaste, moeilikste, maar ook die heel belangrikste trek wat op ons wag, die trek van mens na mens is, via die hart.

Dit kan nie beter gesê word nie. Dis waar die miljoene voetspore op die trek wat na die toekoms lei, getrap moet word.

◆ ◆ ◆

Dit voel na veel langer as twee en 'n half jaar dat my telefoon die middag gelui het.

"Hallo, Piet, dis Desmond wat praat ... "

Ek wens ek kon die telefoon na elke Suid-Afrikaner, man, vrou, kind, aangee:

"Wel, die Here sê jy moet kom."

Kom trek saam op die pad na die toekoms. Van mens tot mens, van hart tot hart.

NÁWOORD

TWEE DEKADES HET INTUSSEN verloop, van dat die nuwe Suid-Afrika tot stand gekom het en die land en sy mense hul eerste treë op die pad na 'n nuwe demokratiese samelewing gegee het. Destyds het die hoop hoog opgevlam. Die reënboognasie was op pad na 'n nuwe toekoms! Suid-Afrikaners van alle rasse en groepe sou saam die reis na heling en genesing, na versoening en nasiebou aanpak.

As 'n mens terugkyk oor die jare is daar baie om voor dankbaar te wees. Op allerlei maniere het die son inderdaad deur die wolke gebreek en het mense na mekaar uitgereik. Maar, hartseer genoeg, is Suid-Afrika nog steeds 'n diep-verdeelde gemeenskap waar vooroordeel en rassisme, onreg en geweld, korrupsie sowel as swak dienslewering op alle vlakke van die samelewing verhoudings versuur. Die skokkende kloof tussen ryk en arm het die verklein nie. In baie opsigte het dit verdiep.

En tog is daar vordering. In 'n onlangse verslag (2012) van die Kaapstadse *Instituut vir Geregtigheid en Versoening* is daar na aanleiding van 'n omvattende ondersoek waarby mans en vroue van alle groepe en ouderdomme betrek is, bevind dat 55.5 % van Suid-Afrikaners versoening in die land as 'n werklikheid ervaar. Byna helfte van almal wat ondervra is (47.5%) getuig van insidente van ware versoening in hul onmiddelike familie- en vriendekring. Het die werk van die Waarheids- en Versoeningskommissie in die verband 'n werklike bydae gelewer? Die meerderheid van respondente (60.4%) het met 'n besliste "Ja" geantwoord. Dat ons nog 'n lang pad het om te loop, is waar. Maar, om vir oulaas Desmond Tutu se woorde aan te haal, 'n mens moet onthou: versoening is nie 'n gebeurtenis nie. Dis 'n proses.

Intussen was die Suid-Afrikaanse proses by verre na nie die enigste in die wêreld nie. In die afgelope jare (van 1974 tot 2007) is in baie lande soortgelyke kommissies aangestel, onder meer, in *Latyns-Amerika* (Argentinië, Boliwië, Chile, El Salvador, Equador, Guatamala, Haiti, Panama, Paraguay, Uruguay), in *Noord-Amerika* (Kanada en die Greensboro TRC in die VSA), *in Europa* (Duitsland, Granada, Poland, die Tsjeggiese Republiek), in *Afrika* (Burundi, Chad, Demokratiese Republiek van die Kongo, Ghana, Liberië, Kenia, Morokko, Nigerië, Morokko, Rwanda, Sierra Leone, Uganda), en in die *Ooste* (Filippyne, Indonesië, Nepal, Oos-Timor, Solomon-eilande, Sri-Lanka). Heel dikwels is daar by dié inisiatiewe swaar op die Suid-Afrikaanse ervaring geleuen en is aspekte van die werk van die Suid-Afriaanse WVK as model gebruik. Lede van die WVK is genooi om in talle lande as adviseurs, selfs as kommissarisse, op te tree. Het die Suid-Afrikaanse WVK inderdaad daarin geslaag om 'n resep vir waarheid en versoening te ontwerp, om 'n gewaarborgde metodologie vir die proses te ontwikkel? Vanselfsprekend *nie*. Heel dikwels moes Tutu en sy kollegas met 'n mate van verleentheid erken: "Ons het nie al die antwoorde nie – nie by verre nie". Maar hulle kon wel byvoeg. "Maar ons het 'n verhaal om te vertel. Dalk kan julle daaruit iets leer".

As my *Kroniek* gehelp het om 'n gedeelte van die Suid-Afrikaanse storie oor te vertel, sal ek baie dankbaar wees.

REGISTER

1. SITTINGS VAN DIE WVK

Menseregteskendingsverhore

16-19 April 1996: Oos-Londen, 22-29
29 April-3 Mei 1996: Johannesburg, 29-43
22-26 Julie 1996: Soweto, 54-60
5 September 1996: Nelspruit, 67-70
15 Oktober 1996: Paarl, 81-86
28-30 Oktober 1996: Alexandra, 92-94
6-8 Mei 1997: Zeerust, Rustenburg, Mabopane, 135-137
20 Mei 1997: Athlone (Kaapstad), 146-148

Spesiale sittings

3 September 1996: Politieke partye (IVP), 66-67
12-13 Mei 1997: Politieke partye (ANC), 138-141
14 Mei 1997: Politieke partye (Nasionale Party), 141-144
16 Mei 1997: Politieke partye (Vryheidsfront), 144-146
12 Junie 1997: Kinders, 148-151
18-19 Junie 1997: Mediese (en verwante) beroepe, 164-171
21-22 Junie 1997: Gevangenisdiens, 180-188
23 Julie 1997: Dienspligtiges 188-192
29 Julie 1996: Vroue, 194-199
15-17 September 1997: Die media, 220-228
26 September 1997: Winnie Madikizela-Mandela (in camera), 228-229
7 Oktober 1997: Bevrydingsbewegings, veiligheidsmagte, 238-242
13-15 Oktober 1997: Staatsveiligheidsraad, 244-251
27-29 Oktober 1997: Die regsberoep, 254-261
11-13 November 1997: Sakegemeenskap, 264-271
17-19 November 1997: Geloofsgemeenskappe, 272-294
24 November-4 Desember 1997: Mandela United Football Club
   ("Winnie-gate"), 295-310
8 Desember 1997: P W Botha (skriftelike voorlegging), 319-322, vgl 327-329
5, 23 Junie 1998: Vliegrampe (Helderberg, Samora Machel), 358-359
8 Junie 1998 (en volgende dae): Chemiese en biologiese oorlogvoering, 359-366

Amnestieverhore

20-21 Mei 1996: Phokeng (Diale, Makgale), 43-47
28 April 1997: Kaapstad (APLA, Amy Biehl), 132-133
10 Mei 1997: D-dag vir amnestie-aansoeke, 137-138
23 Junie 1997: Benoni (Hani, Walus, Derby-Lewis), 155-159
8-9 Julie 1997: Kaapstad (APLA, Amy Biehl), 171-173
10 Julie 1997: Kaapstad (APLA), 174-175
15 Julie 1997: Kaapstad (sekuriteitsmagte, Benzien), 178-180
21 Julie 1997: Amnestie toegestaan – Dirk Coetzee, 180-188
12 Augustus 1997: Benoni (Hani,Walus, Derby-Lewis), 204-208
8 September 1997: Port Elizabeth (Nieuwoudt, Putter), 214-215
10-12 September 1997: Biko, 217-220
1 Oktober 1997: Nuwe aansoeke, 233-236
1 Oktober 1997: Port Elizabeth (De Kock), 236-238
28 November 1997: Amnestie toegestaan aan 37 ANC-lede,
    vgl 322-323, 330-334, 349
25-26 Maart 1998: Afrikaner Weerstandsbeweging (AWB), 341-344
22 April 1998: Afrikaner Weerstandsbeweging (AWB), 347-348
4 Mei 1998: Pretoria (MK), 349-350
2 Junie 1998: Pretoria (Veiligheidsmagte), 356-358
20 Julie 1998: Pretoria (Veiligheidsmagte, Vlok, Van der Merwe, De Kock), 366-371

Werksaamhede/byeenkomste van die Reparasie-en-rehabilitasiekomitee

27 Februarie 1996: Port Shepstone, 18-20
26 Oktober 1996: Mamelodi/Soweto, 90-92
17-19 Februarie: Oudtshoorn, 117-119
10 April 1997: Herbegrafnis, 122-123
10 September 1997: Johannesburg (vier lêers), 216-217
23 Oktober 1997: Reparasievoorstelle, 252-254
7 Mei 1998: Eerste reparasie-briewe uitgestuur, 350-351

2. BOSBERADE

18-19 September 1996: Somerset-Wes, 77-80
20 Februarie 1997: Kaapstad, 120-121
11-13 Januarie 1998: Robbeneiland, 331-335

6. GELOOFSGEMEENSKAPPE

7. BRIEWE/KORRESPONDENSIE

8. VERSOENINGSERVARINGS

ERKENNING

By die skryf van die KRONIEK VAN DIE WAARHEIDSKOMMISSIE het ek, behalwe my eie aantekeninge en dokumente wat ek die afgelope drie jaar bymekaargemaak het, met groot vrug gebruik gemaak van die *Amptelike Verslag van die WVK (Dele 1-5)* asook van Antjie Krog se boek *Country of my skull.*

Die twee gedigte van Hugh Lewin word met toestemming van die digter gepubliseer. Vir heelwat gegewens oor die Geloofsgemeenskappe-sitting het ek op die verslag wat Steve Martin (Universiteit van Kaap-stad) vir die WVK voorberei, teruggeval.

Die WVK was vir drie jaar lank voorbladnuus in talle koerante. Om die kroniek lewendig te hou, het ek kwistig uit die berigte aangehaal wat in Beeld, Die Kerkbode, Rapport, The Citizen, The Mail and Guard-ian, The Natal Witness, The Star, The Sunday Times en talle ander koerante verskyn het. Ek was veral aangewese op Beeld, wie se redakteur en Pretoriase bibliotekaresse my groot dank verdien. Die foto's in die boek (met die uitsondering van die Robbeneiland-fotos) kom almal – met besondere dank van my kant – uit die Beeld-argief.

Die aangrypende verwerking van "Helena" se brief is deur Angie Kapelianis gedoen en is in die program Monitor oor Radio Sonder Grense uitgesaai. Dit word met die RSG se verlof gebruik.

Die illustrasies word met toestemming van die kunstenaars gepubliseer, 'n woord van dank aan hulle vir die geleentheid om dit te kon gebruik.

www.ingramcontent.com/pod-product-compliance
Lightning Source LLC
Chambersburg PA
CBHW081426270326
41932CB00019B/3113